Reise-Taschenbuch

kapstadt & western cape

Dieter Losskarn

Senkrechtstarter

Wenn bei der Fahrt von A nach B sowohl A als auch B unbedeutend werden, sind Sie höchstwahrscheinlich auf der Kap-Halbinsel zwischen Noordhoek und Hout Bay unterwegs. Der Chapman's Peak Drive verbindet die beiden Küstenorte mit ihren weißen Sandstränden. Auf der einen Seite ragen steile rote Felswände in den meist blauen Himmel, auf der anderen donnert die Brandung des Atlantiks gegen gewaltige Granitbrocken. Und um diese 114 Bilderbuch-Kurven auch zu riechen, zu hören, zu schmecken und zu spüren, sollten Sie sich unbedingt ein Cabrio für den Tag gönnen!

Überflieger

Wo Rooibos, der Wundertee, wächst …

Freiluftgalerie der Bushman-Graffiti

Lambert's Bay

Clanwilliam

Cederberge

Zwischen roten Felsen wandern

Wupperthal

Ideal für Offroad-Abenteuer

Wind- und Kite-Surfer's Lieblinge

Citrusdal

Das Land der Zitrusfrüchte

Viktoria-nische Wüsten-oase

Seafood satt am Beach

Langebaan

Matjiesfontein

Coole City

Weinland

Total entspannt

Paarl

Franschhoek

Hübsch sind die kapholländischen Weingüter. Hier schaut man tief ins Glas.

Barrydale

Kapstadt

Tafelberg

Stellenbosch

Somerset West

Fish & Chips on the Rocks

Hout Bay

Das Wahr-zeichen!

Wo Blumen blühen

Simon's Town

Schöne Aussichten rund ums Kap

Kap der Guten Hoffnung

Wale, Weiße Haie, Pinguine und Paviane

Hermanus

Wale sichten

Wahnsinns-Küsten-panorama

Cape Agulhas

Afrikas südlichster Punkt

Kapstadt & Umgebung — vom Atlantik umbrandet! Mal eben drüberfliegen, von Ost nach West und von Süd nach Nord. Viel Meer, viel Strand, viel Relaxen!

Karoo!

Afrikas Sternenhimmel erleben ...

Prince Albert
Verschlafenes Städtchen

Swartberg Pass
Geschottertes Pass-Abenteuer

Oudtshoorn
Strauße, Strauße und nochmals Strauße

Knysna
Tor zum Indischen Ozean

Plettenberg Bay
Schöne, endlose Strände

Tsitsikamma National Park
Die perfekte Symphonie aus Wald und Meer am Ende des Garden Route National Park

Garden Route

Natur zwischen Bergen und Ozean hautnah erfahren

Querfeldein

Fundstücke — zwischen Atlantik und Indischem Ozean, Bergen und Wein, Pavianen und Pinguinen. In Kapstadt und Umgebung haben Besucher oft den Eindruck, dass Afrika nirgendwo ist.

Art déco satt

In Kapstadt finden sich einige attraktive Art-déco-Gebäude. Ein schönes Beispiel ist das alte Postamt *(General Post Office)* in der Darling Street. Gegenüber steht das in den 1930er-Jahren erbaute und an das berühmte Chrysler-Gebäude in New York erinnernde Old Mutual Building. Aufwendige Skulpturen stellen Geschichte, Flora, Fauna und Menschen Südafrikas dar. Für die Öffentlichkeit ist nur das Erdgeschoss zugänglich, das aber sehr reizvoll ist. Ein Schmuckstück der Art-déco-Architektur ist das Gebäude von Muller & Sons Optometrists mit seinen Chromelementen. Die größte Konzentration von Art-déco-Gebäuden am Kap findet sich am Greenmarket Square.

»Es ist wirklich wunderschön. Man könnte meinen, Gott besuche jeden Ort der Welt, aber tatsächlich leben würde er in Afrika.« (Will Smith)

Alles so schön bunt hier

In Kapstadts ältestem und farbenprächtigstem Stadtviertel Bo-Kaap leben Kap-Muslime, oft fälschlicherweise als Kap-Malaien bezeichnet. Sie sind alteingesessene Südafrikaner. Viele kamen als Sklaven nach Kapstadt, andere waren politische Gefangene oder Exilanten aus den ostindischen Kolonien der Holländer. Da die Handelssprache zwischen Indien und dem heutigen Indonesien damals Malaiisch war, kam es zu der Bezeichnung Kap-Malaien. Jedes Haus hat in Bo-Kaap eine andere Farbe, ein buntes Paradies für Fotografen.

Pinguine, Paviane & Meer

Die Kap-Runde ist definitiv einer der landschaftlich reizvollsten Tagesausflüge Südafrikas. Nach einer Weinprobe in Constantia, wo vor Jahrhunderten die ersten Trauben Südafrikas gekeltert wurden, geht es an der Küste der False Bay Richtung Süden. Baden Sie mit Pinguinen am Boulders Beach, knipsen Sie das Foto am hölzernen Kap-der-Guten-Hoffnung-Schild und nehmen Sie eine der schönsten Küstenstraßen der Welt unter die Räder.

American Way of Drive

Die Route 62 durch die semiaride, kleine Karoo ist die ruhige, abgelegene Alternativstrecke zur N 2. Als diese eröffnet wurde, geriet Südafrikas ›Route 66‹ in Vergessenheit. In den letzten Jahren erlebt sie eine Renaissance als Touristenattraktion – auch dank Highlights wie dem Diesel & Crème Roadhouse oder dem Karoo Art Hotel.

Ein Ort made in Germany

Eine der schönsten von Deutschen gegründeten Missionsstädte ist Elim. Seit 1824 kaum verändert, reihen sich reetgedeckte, weiß verputzte Häuschen an der Straße auf, und die Uhr im Kirchturm funktioniert immer noch so korrekt wie 1764, als sie installiert wurde. Typisch ›made in Germany‹!

Robinson-Feeling
An der Westküste wurde das Fischessen direkt am Strand erfunden. Mit Muschelschalen als Besteck werden hier verschiedene Seafood-Gänge goutiert. Vorreiter waren ›Die Strandloper‹ in Langebaan und ›Muisbosskerm‹ in Lambert's Bay.

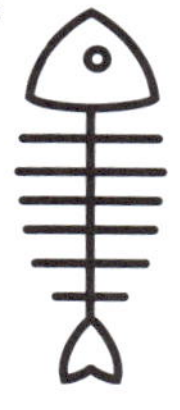

»Ich kann mich an keinen Morgen in Afrika erinnern, an dem ich aufgewacht bin und nicht glücklich war.« (Ernest Hemingway)

Vom Himmel in die Hölle

Der 1888 eröffnete Bergübergang Swartberg Pass gehört zu den schönsten Südafrikas. In engen Spitzkehren geht es an den akkurat aufgeschichteten Natursteinmauern vorbei nach oben. Da denkmalgeschützt, ist er auch heute noch ungeteert. Wer von der Passhöhe weiter nach Die Hel, also in ›die Hölle‹, will, muss verteufelt gut fahren – vor allem auf den letzten vier der 37 km langen Strecke nach Die Hel. Die steilen Kehren, die dort ohne Randbefestigung ins 1000 m tiefer liegende Tal hinunterstürzen, erfordern etwas Mut und Geschick.

Graffiti-Art: Was einst Protest war, ist heute populäre Kunst. Vor allem in den Townships, wie hier in Langa.

Inhalt

Vor Ort

Kapstadt 14

Kap-Halbinsel 68

Weinland 98

Westküste 134

Cederberge 150

Overberg-Region 164

Garden Route 188

Karoo 216

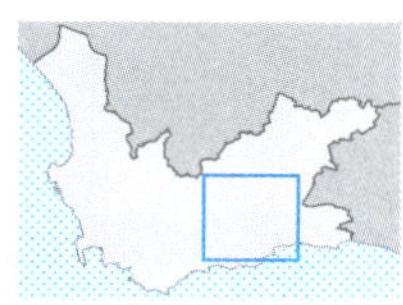

Das Kleingedruckte

Auf der Kap-Halbinsel treiben Bärenpaviane ihr Unwesen – sie organisieren Überfälle auf Picknickplätze, knacken Autos und setzen auch gerne mal zum Direktangriff an – wohl dem, der hier kein Cabrio fährt …

Das Magazin

Vor

Ort

Adrenalinschub über der City: Abseiling vom Tafelberg

Kapstadt

Wo Afrika zu Ende ist — liegt seine aufregendste Metropole. Mitten in der Natur, am Fuß des über tausend Meter hohen Tafelbergs. Kapstadt, die relaxte Mother City, wo Beach wichtiger ist als Büro.

Seite 19

The Gardens

Der einstige Gemüsegarten der ersten Siedler am Kap ist heute ein romantischer Ruhepol mitten in der Stadt.

Seite 66

Cape Town E-Prix

Kapstadts erster E-Prix fand 2023 statt. 25 000 Zuschauer jubelten den 22 Fahrern zu – die größte internationale Veranstaltung und die beste Stimmung seit der Fußball-WM 2010. Alle waren sich einig, dass dies der City-Kurs mit der weltweit schönsten Kulisse ist. Der E-Prix findet nun jährlich im Februar statt.

Capetonians gelten als relaxt. In Kapstadt wird einfach gelebt …

Seite 26

District Six

Zu Besuch in einem zerstörten Stadtteil. Kapstadts erstes multikulturelles Viertel war der einstigen Apartheidregierung ein Dorn im Auge und musste deshalb weichen. Ein geführter Rundgang erschließt heute den District Six.

Seite 33

Victoria & Alfred Waterfront ✪

Das einst heruntergekommene Hafenviertel ist seit vielen Jahren Südafrikas Touristenattraktion Nummer eins und lohnt einen Besuch.

Seite 40

Tafelberg

Das Wahrzeichen der Mother City ragt über 1000 m hoch aus der Stadt. Der gleichnamige Nationalpark mit zahlreichen Wandermöglichkeiten beginnt somit direkt in der City.

Seite 41

Wandern auf den Löwenkopf

Der Aufstieg auf den charakteristischen Gipfel des Lion's Head bietet grandiose Ausblicke auf die Stadt.

Seite 44

Slave Lodge

Im zweitältesten Gebäude Kapstadts hausten früher die Sklaven der Kap-Kolonie. Heute befindet sich dort ein interessantes Kulturmuseum. Im Innenhof steht der rekonstruierte Grabstein von Jan van Riebeeck.

Seite 46

Grand Daddy Boutique Hotel

Auf dem Dach des Grand Daddy Boutique Hotel in der Long Street stehen sieben silberne, amerikanische Airstream-Wohnwagen, in denen aussichtsreich mit Blick auf den Tafelberg übernachtet werden kann.

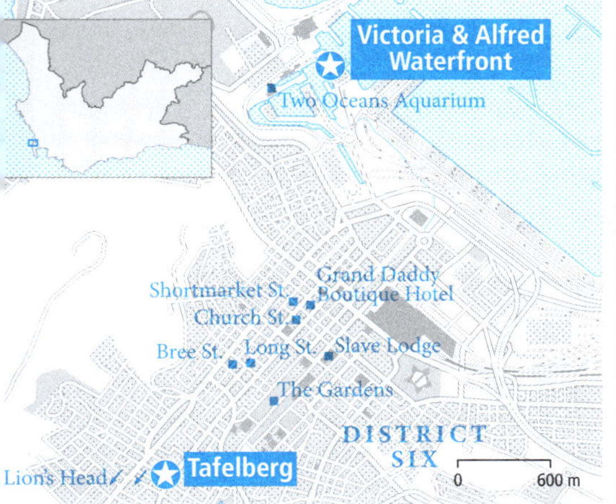

Im Two Oceans Aquarium können Sie mit Rochen und Schildkröten tauchen!

Kapstädter wissen, dass sie in einer der schönsten Städte der Welt leben, was Nicht-Kapstädter, vor allem jene aus Johannesburg und Durban, oft als Arroganz und Blasiertheit missverstehen.

City of Cool

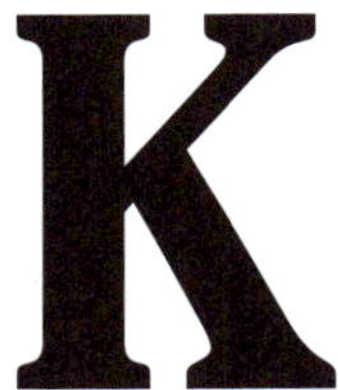

Kapstadt ist die einzige Millionenmetropole der Welt, die direkt in einem Nationalpark liegt. Naturnah sozusagen. Die Wanderung in die ›Wildnis‹ des Tafelbergmassivs beginnt mitten in der City. Während am **Table Mountain** ab und zu Menschen in Bergnot geraten und mit Hubschraubern gerettet werden müssen, schlürfen andere unten in der Stadt ihren Espresso oder nippen an einem Cocktail.

Die **älteste Stadt Südafrikas** gehört zu den schönsten und aufregendsten der Welt. Spötter sagen allerdings, Afrikas südlichste Metropole heiße deshalb **Mother City,** weil hier alles neun Monate in Anspruch nehmen würde. Eine durchaus treffende Beschreibung. Capetonians sind relaxt oder *laid-back,* wie man auf Englisch sagt. So laid-back, also ›zurückgelehnt‹, behaupten Kritiker, die meist aus der Industrieprovinz Gauteng mit den Großstädten Johannesburg und Pretoria kommen, dass sie fast horizontal seien.

In Gauteng im Norden wird gearbeitet, in Kapstadt wird gelebt. Die Stadt hat etwa vier Mio. Einwohner. Die wenigsten davon scheinen freitags bis 17 Uhr zu arbeiten. Der Rest hat sich nach einem langen, weinseligen Lunch bereits an einen der Strände abgesetzt. Manch ein überraschter Besucher wundert sich auch hin und wieder über Schilder an verschlossenen Läden, die eigentlich geöffnet sein sollten, auf denen steht: »Gone fishing«, die Umschreibung für ›keinen Bock mehr‹ auf Kapstädter Art. Südländische Siesta-Stimmung paart sich mit afrikanischem Zeitgefühl – mit dem Vorteil, dass es in Kapstadt trotzdem erstklassige Restaurants und Übernachtungsmöglichkeiten mit gutem Service gibt.

Wichtigstes soziales Ereignis des Tages ist der *Sundowner,* der obligatorische Sonnenuntergangsdrink, der möglichst aussichtsreich oder naturnah zelebriert wird: also entweder am Beach, am Berg oder auf dem Dach eines trendigen Hotels.

O

ORIENTIERUNG

Karte 3
Infos: Kapstadts enpfehlenswerte Touristen-Information befindet sich an der Ecke Burg & Castle Street in der City (www.capetown.travel).
Verkehr: Zum schnellen Kennenlernen der Stadt bietet sich eine Tour im roten Cape Town City Sightseeing Bus an (s. auch S. 64).
Tipp: Mit der vorbezahlten »iVenture Card« lassen sich die wichtigsten Sehenswürdigkeiten deutlich billiger erfahren (www.iventurecard.com).

Kultur & Lifestyle

Die pulsierende Metropole ist Afrikas trendigste Stadt. Ein Tor zum gesamten Schwarzen Kontinent. Kapstädter wissen, dass sie in einer der attraktivsten Städte der Welt leben, was Nicht-Kapstädter oft als Blasiertheit oder Arroganz missverstehen. Hedonismus ist hier Lebensart, kein gefährlich-unsittlicher Zustand. Die Atmosphäre steckt an und wirkt ganz offensichtlich besonders infektiös auf mitteleuropäische Besucher. Diese finden trotz aller Exotik einen ähnlichen Kulturkreis, eine unglaubliche Lebensqualität, grandiose Landschaften und ein angenehmes subtropisch-mediterranes Klima. Kein Wunder, dass in den letzten Jahren Zehntausende von ihnen in der Mother City hängen geblieben sind und mit Engagement und Ideenreichtum zum kulturellen Mix der Stadt beitragen. Noch etwas zum südafrikanischen Zeitverständnis: *Just now* und *now now,* wörtlich übersetzt ›jetzt sofort‹ und ›augenblicklich‹, kann alles bedeuten: von zwei Stunden bis zu zwei Wochen. *In a minute* kann einen ganzen Tag heißen. Wenn also jemand sagt: *»He's just gone out for a minute«,* wird der Betroffene mit an Sicherheit grenzender Wahrscheinlichkeit erst am nächsten Tag wieder auftauchen. Trotz allem sind Südafrikaner bei Terminen erstaunlich pünktlich. Ausnahme: Dinnerpartys in Kapstadt.

Pünktlich ist uncool

Zum eingeladenen Zeitpunkt zu erscheinen, ist völlig uncool. Die Gastgeber sind meist noch in der Dusche, das Essen im Rohzustand. Die beliebtesten Gesprächsthemen beim Dinner sind Sport (wie schlecht die südafrikanischen Rugby- und Cricket-Teams abgeschnitten haben und wer daran schuld ist), Fernsehen (was ist in der letzten Folge von »Game of Thrones« oder »Survivor« passiert ist), Kriminalität (wie diese immer schlimmer wird), Sex (wer es mit wem, wie und wie oft tut), Politik (wer gerade

Das wahrscheinlich wichtigste soziale Ereignis des Tages: der Sundowner

Kolonialarchitektur neben Wellblechhütten, quirlige Metropole inmitten atemberaubender Natur – Kapstadt lebt von seinen Gegensätzen.

wie viel Geld veruntreut hat), Korruption (viele Südafrikaner beschweren sich darüber und diskutieren im nächsten Augenblick, wie man Elektrizitätswerk, Kranken- und Diebstahlversicherung austricksen kann), Auswanderung (wer wohin abgehauen ist).

Rekordzahl an Feiertagen

Südafrika ist außerdem Weltspitzenreiter in der Anzahl von Feiertagen. Und damit auch wirklich keiner ›verloren‹ geht, gilt: Wenn ein Feiertag auf einen Samstag oder Sonntag fällt, ist der darauf folgende Montag frei. In Südafrika, aber ganz speziell in Kapstadt, wird der Mittwoch oft als ›kleiner Samstag‹ angesehen, was den Donnerstag zum ›kleinen Sonntag‹ werden lässt, der dann fast immer von heftigen Kopfschmerzen und Katerstimmung begleitet wird.

Gasthaus der Meere

Seit den Zeiten der ersten Erkundung des südlichen Afrika fieberten Seefahrer dem Anblick des mächtigen Tafelbergs entgegen. Für sie war er so etwas wie ein gigantisches Hinweisschild auf eine gastfreundliche Wirtschaft – und so kam Kapstadt zu einem seiner Namen: *Tavern of the seas* – Gasthaus der Meere. Auch für den heutigen Besucher stellt der einen Kilometer über die Stadt aufragende Tafelberg eine immer sichtbare Orientierungshilfe dar.

Chirurgen zu Weinbauern

Der erste Kap-Gouverneur **Jan van Riebeeck** landete 1652 nach 104 Tagen auf See mit den drei Schiffen Goede Hoop, Dromedaris und Reiger in der Tafelbucht. Im Tal am Fuß des Tafelbergs pflanzte er Gemüse, tauschte Vieh von den nomadisierenden Khoi ein, ließ ein Krankenhaus (er arbeitete in Holland als Chirurg!), die Fundamente der Festung und ein Dock zum Reparieren der Schiffe bauen – und er war der erste Weinbauer Südafrikas.

Aus dem kleinen Gemüsegarten entstand eine pulsierende Metropole: die

Mutterstadt – Mother City – Südafrikas. Wo früher Kraut und Rüben wuchsen, findet sich heute Kapstadts grüne Lunge, The Gardens – das historische Herz und ein guter Startpunkt für einen Rundgang durch die City, für den man sich, bei Besichtigung aller Museen und Ausstellungen, am besten eher zwei als einen Tag Zeit nehmen sollte.

Historische City

Entstanden aus Kraut und Rüben

Die **Gardens** ❶ sind etwas für Ruhesuchende. Nur einen Steinwurf von der verkehrsreichen Adderley Street entfernt singen hier Vögel, plätschern Springbrunnen, spenden mächtige Eichen Schatten und laden ausgedehnte Rasenflächen zu einer Rast ein. Die graubraunen, zahmen Eichhörnchen, die Besuchern gerne aus der Hand fressen, sind allerdings keine echten Südafrikaner. Cecil Rhodes, der einstige Kap-Premier, Geschäftsmann, Diamantenkönig und Visionär (er wollte die englischen Kolonien von Kapstadt bis Kairo ausdehnen), brachte in den 1890er-Jahren ein Pärchen der ursprünglich aus Amerika stammenden Nager aus England mit. Mittlerweile gehören die *grey squirrels* in den Wäldern rund um das Kap zu den angestammten Bewohnern. Manchmal schaut das eine oder andere auch mal zu Cecil hoch, dessen 1909 aufgestellte Bronzestatue in den Gardens steht, den rechten Arm sehnsüchtig Richtung Norden ausgestreckt. Die Inschrift darunter sagt: »*Your hinterland lies there*«.

Zu van Riebeecks Zeiten hieß der Park **Company's Garden.** Ein kleiner Teil wird heute noch so genannt. Hier wurden von der Ostindisch-Niederländischen Handelskompanie (VOC) Gemüse und Obst angebaut für die an Vitaminmangel leidenden Schiffsbesatzungen, die auf dem Weg nach Indien das Kap ansteuerten. Heutzutage gibt es statt Gurken und Karotten säuberlich geharkte Blumenbeete – ein kleiner botanischer Garten mitten in der Stadt. Ein fest angestellter Gärtner zog Setzlinge im Garten, die später an die ersten freien Bürger verteilt wurden, um sie auf ihre Grundstücke zu verpflanzen.

Art déco in Rosa

Auf der gegenüberliegenden Seite in der Orange Street ist die eindrucksvolle Einfahrt des über 100 Jahre alten **Belmond Mount Nelson Hotel** 1 zu sehen, ein Portier in schneeweißem Anzug und Tropenhelm weist Gästen den Weg ins Innere der Art-déco-Nobelherberge, die ganz in Rosa aus dem grünen Buschwerk leuchtet.

Der Rundgang verlässt nun kurz den Park und folgt der Annandale Road und Hatfield Street in den Stadtteil **Gardens,** wo früher keine Häuser standen, sondern Salatköpfe und Spinat gediehen. Die Wandel Street führt in den alten Kern des Viertels mit seinen schönen, bunten viktorianischen Reihenhäuschen. Hier wurde in den letzten Jahren kräftig renoviert. Schicke Pubs, exklusive Restaurants und stilvolle *guest houses* öffneten ihre Pforten. Besonders gut ist die Revitalisierung des Dunkley Square gelungen: Einige hübsche Lokale und Hotels warten in dieser Oase der Ruhe mit südeuropäischem Flair auf entspannungswillige Gäste.

Nenn mich einfach Erz

Schräg gegenüber der Slave Lodge ragt die **St. George's Cathedral** ❷ auf. Im Innern des 1897 von dem bekannten südafrikanischen Architekten Herbert Baker entworfenen anglikanischen Gotteshauses fühlt man sich wie in einer europäischen Kathedrale. Bischofsgräber und kerzengeschmückte Altäre verstärken diesen Eindruck. Lediglich die eigenwillig

Strand Street
Castle Street
Hout Street
Shortmarket Street
Longmarket Street
Church Street
Wale Street
Dorp Street
Leeuwen Street
Pepper Street
Bloem Street
Buiten Street
Green Street
Orphan Street
Buitensingel
Dean St.
Buitengracht
Loop Street
Long Street
Bree Street
New Church Street
Burg Street
St. Georges (Krotoa) Mall
Adderley St.
Keerom Street
Queen Victoria Street
Government Ave.
Vredenburg Lane
The Gardens
0
100
200 m
DHL Stadium
Beach Rd.
Granger Bay Boulevard
GREEN POINT
Victoria & Alfred Waterfront
Portswood Road
Basin
Helen Suzman Boulevard
Upper Portswood Rd
Vesperdene Rd.
Boundary Rd.
Strand St.
Ebenezer Rd.
Somerset
De Smit St.
Napier St.
Alfred St.
Dixon St.
Hudson St.
Waterkant St.
Signal Hill
Longmarket St.
Voetboog Rd.
Yusuf Dr.
SCHOTSCHE KLOOF
Wale St.
BO-KAAP
Upper Bloem St.
Buitengracht St.
Shortmarket St.
Bree St.
Loop
Longmarket St.
Wale
Dorp St.
Leeuwen St.
Pepper St.
Bloem St.
Bree St.
Long St.
Loop St.
Burg St.
siehe Detailkarte
Buitensingel
Queen Victoria St.
The Gardens
Government Ave.
Parliament St.
St. John's St.
Orange
Annandale
Dunkley St.
Hatfield St.
Wandel St.
Scott St.
Signal Hill Rd.
Woodside Rd.
Carstens St.
TAMBOERSKLOOF
Tamboerskloof Rd.
Belle Ombre Rd.
U. Buitengracht St.
New Church St.
Warren St.
Hastings St.
St. Michael's Rd.
Bay View Ave.
Wilkinson St.
Kloof St.
Camp St.
Weltevreden St.
GARDENS
Welgemeend
Lingen
Camp
Upper Orange

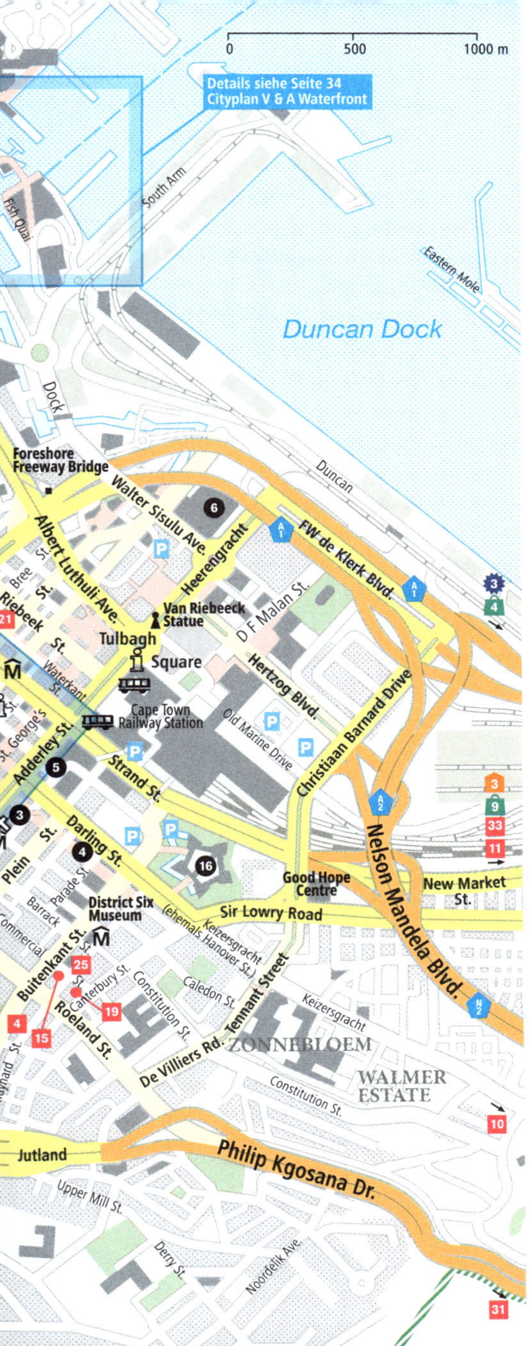

Kapstadt

Ansehen

- ❶ Gardens
- ❷ St. George's Cathedral
- ❸ Groote Kerk
- ❹ City Hall
- ❺ Trafalgar Place
- ❻ Cape Town International Convention Centre
- ❼ St. Georges (Krotoa) Mall
- ❽ Bree Street
- ❾ Long Street
- ❿ Greenmarket Square
- ⓫ Church Street
- ⓬ Bo-Kaap
- ⓭ Auwal Mosque
- ⓮ De Tuynhuys
- ⓯ Houses of Parliament
- ⓰ Castle of Good Hope
- ⓱ Koopmans-De Wet House
- ⓲ – ㉘ s. Cityplan S. 34
- ㉙ S. A. Slave Church Museum
- ㉚ Iziko South African Museum und Planetarium
- ㉛ S. A. Jewish Museum und Great Synagogue
- ㉜ Cape Town Holocaust Centre
- ㉝ Iziko South African National Gallery
- ㉞ Slave Lodge
- ㉟ Bo-Kaap-Museum

Fortsetzung S. 22

Kapstadt Fortsetzung von Seite 21

Schlafen

1 Mount Nelson
2 Onomo Hotel Inn on the Square
3 WEX1
4 The Grand Daddy & Airstream Trailer Park
5 Dysart Boutique Hotel
6 Victoria Junction Hotel
7 Protea Hotel Fire & Ice
8 Daddy Long Legs Art Hotel
9 Gorgeous George
10 Fritz Boutique Hotel
11 Himmelblau Boutique B & B
12 5 Camp Street
13 Ashanti Lodge
14 Villa Viva
15 – 20 s. Cityplan S. 34

Essen

1 Ëlgr
2 Carne on Kloof
3 Aubergine
4 Perseverance Tavern
5 Dog's Bollocks
6 Pizza Warehouse
7 Burger & Lobster
8 Hartlief Deli
9 Ala Turkish Doner
10 Royale Eatery
11 Three Feathers Diner
12 Loco
13 Beerhouse on Long
14 Jason Bakery
15 Belly of the Beast
16 Sea Breeze Fish & Shell
17 Chef's Warehouse at the Bailey
18 Café Mozart on Church
19 Downtown Ramen
20 Thirty Ate
21 Obi Restaurant
22 Dapper
23 House of Machines
24 Ramenhead
25 Galjoen
26 Simply Asia
27 The Nines
28 Jerry's Burger Bar
29 Soi Bar
30 Biesmiellah
31 Starlings
32 Upper Union
33 The Pot Luck Club & Gallery
34 – s. Cityplan S. 34

Einkaufen

1 Merchants on Long
2 – 3 s. Cityplan S. 34
4 Canal Walk
5 – 7 s. Cityplan S. 34
8 Church Street Market
9 Neighbourgoods Market
10 Association for Visual Arts (AVA) Metropolitan Gallery
11 Worldart
12 The Cape Gallery

Bewegen

1 Gleitschirmfliegen
2 Abseiling
3 – 5 s. Cityplan S. 34

Ausgehen

1 The Waiting Room
2 The Dubliner
3 Grand West Casino
4 The Blue Room @ Grub & Vine
5 s. Cityplan S. 34

geschnitzte, schwarze Holzmadonna stellt wieder den Bezug zu Afrika her – und erinnert zugleich daran, dass hier der 2021 verstorbene Erzbischof und Friedensnobelpreisträger Desmond Tutu zu Zeiten der Apartheid massiv gegen diese Politik gepredigt hat. Unvergessen ist seine Nähe zur Gemeinde. Auf einem seiner T-Shirts, mit denen der stets humorvolle Geistliche in der Öffentlichkeit auftrat, war zu lesen »*Just call me Arch*«. Schwer vorstellbar, dass ein deutscher Erzbischof mit einem T-Shirt herumläuft, auf dem ›Nenn mich einfach Erz‹ steht. Kapstadts relaxtes Klima wirkt sich eben auch auf Geistliche aus.

5 Wale St., T 021 424 73 60, www.sgcathedral.co.za

Wo Sklaven versteigert wurden

Eine weitere bedeutende Kirche befindet sich unterhalb des Cultural History Museum. Die 1841 erbaute **Groote Kerk** ❸ ist das Mutterhaus der Holländisch-Reformierten Kirche und wurde von den Afrikanern einst die »moeder van ons almal« (Mutter von uns allen) genannt. Die Große Kirche ist das älteste Gotteshaus im Land. In ihrem jetzigen Erscheinungsbild wurde sie 1841 eingeweiht. Kirchturm und andere Elemente stammen allerdings noch von der 1704 erbauten Vorgängerkirche. Sehenswert im Innern sind die von dem deutschen Bildhauer Anton Anreith handgeschnitzte Kanzel mit ihren beeindruckenden Löwenskulpturen, die gewölbte Holzdecke und die Grabsteine, die als Bodenbelag dienen.

Auf dem Platz vor der Kirche, dem Church Square, wurden bis 1834 die Sklaven der gegenüberliegenden Lodge unter einem Baum versteigert. Ein kleines Denkmal markiert die Position des Baums.

43 Adderley St., T 021 422 05 69, www.grootekerk.org.za

Ort der Versöhnung

Westlich des Castle steht vor der grandiosen Kulisse des Tafelbergs die ebenfalls imposante **City Hall** ❹. Das 1905 erbaute Gebäude ist eine beeindruckende Mischung aus italienischer Renaissance und britisch-kolonialem Baustil. Sehr sehenswert ist der gewaltige Marmortreppenaufgang im Innern. In der City Hall ist die zentrale Bücherei untergebracht. Außerdem gibt das **Cape Town Symphonic Orchestra** donnerstags und sonntags Konzerte (T 021 462 12 50 u. 021 421 41 75).

Der große Parkplatz vor dem Gebäude, die **Grand Parade,** war einst der militärische Paradeplatz Kapstadts. Hier wurde Nelson Mandela 1990 direkt nach seiner Freilassung von einer unüberschaubaren, begeisterten Menschenmenge gefeiert. 2007 ließ sich an gleicher Stelle das nationale Springbok-Rugby-Team hochleben, nachdem es die Weltmeisterschaft in Frankreich gewonnen hatte.

Darling St., T 021 400 22 30

Flower-Power

Seit Generationen haben die Blumenverkäufer ihren Platz am intensiv nach Blüten duftenden **Trafalgar Place** ❺, ein enger Durchgang zur Adderley Street. In hässlichen Zementtrögen stehen die wunderschönen, bunten Blumen, die es in Kapstadt nirgendwo preisgünstiger gibt als hier. Laut schnatternd und charmant lächelnd schaffen es die *Coloureds,* fast jedem ein Sträußchen anzudrehen. Im **Golden Acre Shopping Centre,** einem großen, eher unattraktiven Einkaufskomplex in der Adderley Street,

City Hall: Hier rief einst Nelson Mandela nach seiner Freilassung zur Versöhnung auf.

H

DAS HOLLYWOOD SÜDAFRIKAS

Zwischen November und März wimmelt es in Kapstadt und Umgebung nur so von internationalen Produktionsgesellschaften. Werbefilme und Pressefotos von neuen Produkten, vor allem Mode und Autos, werden bevorzugt in der Western Cape Province in Szene gesetzt. Zwischen den Cape Flats und Stellenbosch an der N 2 entstanden moderne Filmstudios, deren Ausstattung sich vor Hollywood nicht verstecken muss. Das Licht am Kap ist ideal, die Luft fast immer transparent klar und die landschaftliche Vielfalt auf kleinstem Raum enorm. Außerdem scheint in Kapstadt fast immer die Sonne, wenn in Mitteleuropa der Winter regiert. Vor allem die City mit ihren steilen, stadtauswärts aus Bo-Kaap führenden Straßen wird oft zu New York oder San Francisco umfunktioniert. Da tappt dann schon mal Godzilla auf eine aus dem Big Apple eingeflogene Würstchenbude, oder ein gelbes New-York-Taxi schleudert mit quietschenden Reifen um eine Straßenecke. Beliebteste Location in der Innenstadt ist nach wie vor die historische Long Street mit ihren zahlreichen alten Gebäuden, Läden und den an New Orleans erinnernden Balkongeländern.
Ob Mercedes, Porsche, BMW oder Mini – in den Werbeprospekten und -filmen der großen Automobilhersteller tauchen oft Kap-Landschaften im Hintergrund auf. Doch nicht nur Werbung, auch Fernseh- und Kinofilm-Produzenten entdecken die Mother City und ihre Umgebung. Zahlreiche Hollywood-Blockbuster wurden bereits hier abgedreht.

lässt sich im Erdgeschoss hinter Glas die beim Bau freigelegte Ruine eines Trinkwasserreservoirs bestaunen. Der aus Dresden stammende Deutsche Zacharias Wagner, Nachfolger Jan van Riebeecks im Amt des Kap-Gouverneurs, hatte es 1663 erbauen lassen.

Die Riebeecks ganz in Bronze

Dort, wo die Adderley in die Heerengracht Street übergeht, stehen Jan van Riebeeck und seine Frau Maria in Bronze – angeblich genau da, wo van Riebeeck erstmals Fuß auf südafrikanischen Boden setzte. Das Land hinter seinem Rücken wurde erst in den 1930er- und 1940er-Jahren durch Aufschüttung gewonnen, wobei der alte Hafen mit seiner hübschen Promenade und ein kleiner Strand begraben wurden. In der fußgängerfreundlichen Mitte der palmenbepflanzten Heerengracht Street können Besucher bis zum Kongresszentrum, dem **Cape Town International Convention Centre ❻**, flanieren. Das Kongresszentrum ist das größte in der südlichen Hemisphäre. Es verfügt über 20 000 m² Ausstellungsfläche, einen Ballsaal von 2000 m² und Platz für 600–1500 Delegierte. Im Komplex befindet sich auch das Hotel The Westin Cape Town.

CTICC, 1 Lower Long St., T 021 410 50 00, www.cticc.co.za

Autofreie Zone

Von der Heerengracht geht es in entgegengesetzter Richtung über die stark befahrene Hans Strijdom Avenue (soll demnächst in Albert Luthuli Avenue umbenannt werden) in die Fußgängerzone der backsteingepflasterten **St. Georges (Krotoa) Mall ❼**, wo sich Straßenmusiker und Händler mit kleinen Ständen finden. Die alten Gebäude der großen südafrikanischen Banken sind hier ebenso zu finden wie kleine, gemütliche Cafés und Shopping Malls, in denen es alles gibt, was das Herz begehrt.

Kapstadts Fressmeile

Die Parallelstraße zur Long Street hat sich zur Ausgehmeile Kapstadts entwickelt. Hier kann man praktisch nicht falsch liegen. Und an jedem ersten Donnerstag im Monat (Infos unter: www.first-thursdays.co.za, Facebook: First Thursdays Cape Town) wird Kapstadts City hier so richtig lebendig, wenn Dutzende von Kunstgalerien bis spät in die Nacht geöffnet sind.

In der **Bree Street** ❽ kann dann der Kunst- mit einem Gourmet-Genuss verbunden werden. Es empfiehlt sich allerdings, früh zu kommen, da sich am Abend Tausende von Besuchern hier einfinden.

Fühlt sich an wie New Orleans

Die über 300 Jahre alte **Long Street** ❾, Kapstadts älteste Straße, ist in ihrer gesamten Länge eine Sehenswürdigkeit. In den größtenteils restaurierten viktorianischen Häusern mit den an New Orleans erinnernden, schmiedeeisernen Balkongeländern sind Antiquitäten-, Trödelläden und Antiquariate, Restaurants, Pubs, *guest houses*, Backpacker-Unterkünfte und Boutiquehotels untergebracht. Am besten geht man im Zickzack durch die Straße, um so möglichst viele der hübschen Hausfassaden aus verschiedenen Perspektiven bewundern zu können. Die meisten der wunderbaren historischen Gebäude strahlen nach einer Renovierung wieder in alter Pracht.

Von Kitsch zu Kunst

Der kopfsteingepflasterte **Greenmarket Square** ❿ ist einer der schönsten Plätze der Stadt und zugleich ihr ältester. 1834 wurde hier die Abschaffung der Sklaverei verkündet. Außer sonntags ist immer Kunsthandwerksmarkt. Neben ›Airport Art‹, also billig gemachten Massensouvenirs, finden sich auch immer wieder schöne Stücke. Alt-Hippies verkaufen in wehenden Gewändern und Sandalen selbst gemachten Schmuck, Schwarze bieten aus Draht gebogene Autos und Motorräder an. Es riecht nach Räucherstäbchen und *dagga*, dem südafrikanischen Marihuana, bevorzugt konsumiert von Kapstadts Rasta-Gemeinde.

Die Parkplätze hier sind wie überall in der City gebührenpflichtig und zudem nicht ganz einfach zu ergattern. Sobald es dann geklappt hat und der Wagen steht, kommt auch gleich ein uniformierter Parkwächter, der abkassiert, je nachdem, wie lange man parken möchte. Das Kennzeichen notiert sie/er in einem Handcomputer.

Auch die *bergies*, Kapstadts Penner, lieben den Platz. Sie sind an ihren Einkaufswagen zu erkennen, in denen sie ihre wenigen Habseligkeiten aufbewahren. In ihrer Gemeinschaft gibt es keine Hautfarbenunterschiede, am unteren Rand der Gesellschaft leben Weiße, Coloureds und Schwarze scheinbar harmonisch zusammen.

Architektonisch reizvoll ist das Gebäude der ehemaligen Polizeistation, das leider nicht mehr für die Öffentlichkeit zugängliche, 1755 erbaute **Old Town House.** Auch Kapstadts schönste, reich verzierte Art-déco-Gebäude lassen sich von dem Platz aus bewundern. Besonders prachtvoll ist das eindrucksvolle **Shell-Haus** (10 Greenmarket Square) mit seinen klassischen Elementen, das in zwei Phasen (1929–41) fertiggestellt wurde – heute ist hier das **Onomo Hotel Inn on the Square** untergebracht. Schräg gegenüber steht das **Namaqua Building** (Ecke Burg/Shortmarket St.), ein schön restauriertes Eckhaus mit zartrosa-beiger Außenfassade.

Durch die **Church Street** ⓫ geht es zurück zur Long Street, die beim alten, restaurierten türkischen Dampfbad endet. Von hier aus ist es nicht mehr weit zu den Gardens, dem Ausgangspunkt des Stadtrundgangs.

TOUR
Zu Besuch in einem ausgelöschten Stadtteil

Unterwegs im District Six

Im Gegensatz zum historischen Viertel Bo-Kaap wurde Kapstadts sechster Distrikt, östlich der Innenstadt, zu Apartheidzeiten dem Erdboden gleichgemacht. Im Stadtteil **Woodstock,** der direkt daneben lag, lässt sich heute noch anhand einiger alter Gebäude erahnen, wie es im District Six einst ausgesehen hat.

Lässt sich die Erinnerung an sein ehemaliges Zuhause dadurch auslöschen, dass man alle Straßenschilder abschraubt und ins Meer wirft? Ein Mann war zu Apartheidzeiten tatsächlich damit beauftragt, alle Schilder im Atlantik zu versenken. 20 Jahre lang hat er sie in seinem Haus versteckt gehalten. Heute sind sie ein beeindruckendes Mahnmal im **District Six Museum.**

Ein Zuhause verschwindet nicht dadurch, dass man die Straßenschilder abschraubt.

Seit 1867 existierte das erste Multikulti-Viertel Kapstadts, ursprünglich eine lebendige, bunte Gemeinschaft von befreiten Sklaven, Kaufleuten, Handwerkern, Arbeitern und Immigranten.

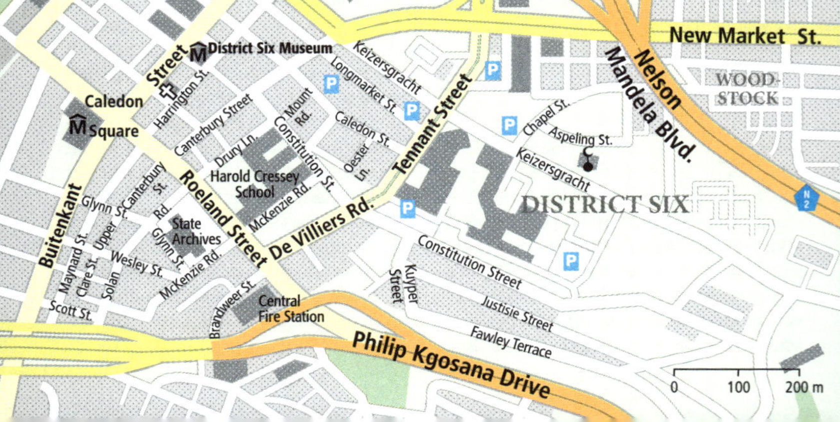

Infos

Karte 3, G/H 4

Dauer: Museum ca. 30 Min., geführte Tour durch das Viertel 2,5 Std.

Planung: District Six Museum, 25a Buitenkant St., T 021 466 72 00, www.districtsix.co.za, Mo 9–14, Di–Sa 9–16 Uhr, So nach Voranmeldung

Kosten: Eintritt 50 Rand

Von ehemaligen Bewohnern des Viertels geführte Touren kosten 65 Rand pro Person.

Treffpunkt District Six Museum

Das ehemalige Stadtviertel wird im District Six Museum wieder lebendig, das 1994 ursprünglich nur als vorübergehende Ausstellung gedacht war. Jetzt ist es eines der interessantesten Museen der Stadt. Es ist ein Ort, an dem die Vergangenheit wieder präsent wird. Ehemalige Bewohner sollen Erinnerungen an ihre Häuser und deren Umgebung aufschreiben und in einem großen Stadtplan, der auf dem Boden ausgebreitet ist, eintragen.

Zu Fuß durch District Six

Vielleicht treffen Sie im Museum den schlanken, fast zierlichen Mann mit dem weißen Fez, der hier arbeitet. Er hat die Zwangsumsiedlungen am eigenen Leib erfahren und darüber ein im Shop erhältliches Buch geschrieben: »Noor's Story«. Noor Ebrahim ist Muslim, er wurde 1944 in der **Caledon Street** 247 in District Six geboren. Im Gegensatz zu vielen anderen Vertriebenen hatte seine Familie genug Geld, um sich 1975 im citynahen Athlone ein Haus zu kaufen, anstatt in die windgepeitschten, trostlosen Cape Flats ausweichen zu müssen.

Der Guide zeigt auf Orte, die sich in nichts aufgelöst haben: das ehemalige Entbindungsheim, die an weiße Südafrikaner verkauften Wohnblöcke von Bloemhof und Blöcke, die abgerissen wurden, um Platz für Garagen und einen Swimmingpool zu schaffen. Dann folgt Brachland. Endlose offene Flächen, innenstadtnahes wertvolles Bauland. Doch die von der damaligen Regierung erwarteten weißen Landkäufer blieben aus.

Hier und dort ragen Vortreppen oder Reste von Terrassen aus dem Grün. Eine mächtige Palme steht einsam im grasüberwucherten Schutt. 1948 brachten Mekkapilger den Samen mit, aus dem sie vor ihrem Haus die Palme sprießen ließen. Das Haus ist verschwunden, die Palme ist heute ein Mahnmal. Die kopfsteingepflasterte Richmond Street zieht sich steil nach oben, Richtung Tafelberg. Ein altes Schwarz-Weiß-Foto im Museum zeigt sie von kleinen, hübschen Häuschen gesäumt, mit auf und ab flanierenden Menschen. Heutzutage steht kein Gebäude mehr. Zwischen den Pflastersteinen wuchert Unkraut. Endzeitstimmung. Kirchen und Moscheen wurden nie geschlossen und die Menschen finden sich damals wie heute zum Gottesdienst ein. Besucher sind willkommen.

Bo-Kaap ⚲ Karte 3, E/F3/4

Bo-Kaap *(Top Cape)* ⓬ erstreckt sich hoch über der City zwischen Signal Hill und der Buitengracht Street. Eines nach dem anderen werden die alten, farbenprächtigen Gebäude an der Straße restauriert oder aufwendig und stilvoll neu gebaut.

Ein paar Schritte weiter hat der Besucher das Gefühl, in die Anfangstage Kapstadts zurückversetzt worden zu sein. Steile, enge und kopfsteingepflasterte Straßen und Gassen führen durch das muslimische Viertel. Wie das zerstörte Stadtviertel District Six war den weißen Machthabern während der Apartheid auch Bo-Kaap ein Dorn im Auge. Glücklicherweise setzte sich das Denkmalschutzamt für seinen Erhalt ein. So blieb das älteste Wohngebiet Kapstadts – 1780 begann die Besiedlung Bo-Kaaps – mit seinen hübschen kleinen Häuschen und den Moscheen bis heute relativ original erhalten. Das erste Haus wurde 1794 von einem freigelassenen Sklaven gekauft. Ein nettes Fotomotiv ist das bunte **Rose Corner Café,** ein alter Laden gegenüber dem Bo-Kaap Museum.

Wenn der Muezzin ruft, Frauen mit Kopftuch und Männer mit Fez herumlaufen, hat man das Gefühl, irgendwo in Nordafrika zu sein. Aus offenen Fenstern dringt der Geruch von Räucherstäbchen und mischt sich mit einem starken Mokka-Aroma, das aus einer anderen Richtung herüberduftet. Ein paar Männer liegen unter ihren aufgebockten Autos und reparieren sie. Die Menschen sind freundlich, die meisten Haustüren stehen offen, Nachbarn unterhalten sich, das Leben spielt sich auf der Straße ab.

Seit Jahren ist es auch für Weiße *en vogue*, im charmanten, traditionsreichen Stadtviertel Bo-Kaap zu leben; die zunehmende ›Yuppifizierung‹ begann bereits vor ein paar Jahren alteingesessene Bewohner zu beunruhigen. Die Preise für die kleinen Häuschen schossen rasant nach oben. In Bo-Kaap, wie in den Townships am Stadtrand, empfiehlt sich eine geführte Tour, die man in der Touristeninformation in der Burg Street buchen kann. Die **Auwal Mosque** ⓭ in der Dorp Street ist die älteste Moschee Südafrikas.

Relaxt in Kapstadt regieren

Der südafrikanische Präsident residiert die Hälfte des Jahres in Kapstadt, im wunderschön restaurierten **De Tuynhuys** ⓮, das 1680 als Lodge für Besucher, die das Castle nicht betreten durften, gebaut worden war. Sein jetziges Erscheinungsbild bekam es 1795. Die benachbarten **Houses of Parliament** ⓯ stehen auch Besuchern offen. Ausländische Touristen müssen jedoch ihren Pass vorlegen. Die organisierten, kostenlosen Touren durch die Parlamentsgebäude finden das ganze Jahr über statt.

90 Plein St., Besuchereingang Parliament St., T 021 403 22 66 oder 021 403 33 41, www.parliament.gov.za, organisierte Touren: Mo–Fr 9–12 Uhr (Beginn zur vollen Std.), Eintritt frei, Buchung eine Woche im Voraus, Reisepass mitbringen

Steinaltes Bauwerk

Wir bleiben bei den Anfängen Kapstadts. Das **Castle of Good Hope** ⓰ ist Südafrikas ältestes Gebäude. Jan van Riebeecks erstes Fort stand allerdings etwas weiter westlich von der heutigen Steinkonstruktion, die von 1666 bis 1679 errichtet wurde. Die beeindruckende Festung musste niemals in ihrer langen Geschichte einen Angriff abwehren, obwohl sie gut dafür gerüstet gewesen wäre. Die Pentagon-Konstruktion mit Bastionen an jeder der fünf Ecken war typisch für holländische Befestigungsanlagen des 17. Jh. Die Soldaten konnten so jeden Meter der Außenmauer einsehen. Die Wachtürme wurden nach den Besitztümern des Prinzen Wilhelm von

Oranien benannt: Nassau, Oranje, Leerdam, Buren und Catzenellbogen. Kurz nach der Fertigstellung ließ Gouverneur Simon van der Stel den Eingang zum Meer hin schließen, da die Frühlingsspringfluten immer wieder ins Innere plätscherten. Als neuer Zugang entstand das noch heute benutzte Seitenportal.

Im Innern der Festung sind drei Museen untergebracht. Die Good Hope Gallery präsentiert zeitgenössische südafrikanische Kunst. Im Military Museum kommen Waffen- und Uniformfreunde auf ihre Kosten. Die William Fehr Collection ist eine öffentlich zugängliche Kunstsammlung. Die Kollektion stammt von dem Geschäftsmann William Fehr (1892–1967) und umfasst Möbel, Keramik, Metallwaren, Glas aus der Zeit zwischen dem 17. und 19. Jh. und chinesisches Porzellan aus dem 17. und 18. Jh. Die Gemälde und Grafiken sind berühmt für ihre Darstellung der Anfänge Kapstadts und lassen die Lebensweise der ersten Siedler lebendig werden. Der Besuch dieser Museen und Ausstellungen ist im Eintrittspreis zum Castle enthalten, sie können unabhängig von der Festungsführung besichtigt werden (T 021 469 11 60, 021 462 37 51).

Das Castle ist heute Hauptquartier des Armeekommandos der Western Cape Province. Die sehenswerte Wachablösung *(Changing of the Guards)* in Uniformen, die der historischen Zeremonie nachempfunden ist, findet Mo–Fr um 12 Uhr statt, die Castle-Schlüsselübergabe *(Key Ceremony)* werktags um 10 und 12 Uhr.
Ecke Darling/Castle St., T 021 787 12 49, tgl. 9–16, geführte Touren Mo–Sa 11, 12, 14 Uhr, 30 Rand, 5–16 Jahre 15 Rand

Einst direkt mit Meerblick

In der Strand Street, die vor der Landgewinnung tatsächlich am Meer entlangführte, ist, eingequetscht zwischen modernen Gebäuden, ein historisches Bauwerk erhalten geblieben: das 1701 errichtete **Koopmans-De Wet House** 17 mit einer der elegantesten Fassaden der

Anderswo muss vielleicht die Handtasche farblich zu den Schuhen passen – in Bo-Kaap orientiert man sich da eher an der Farbe der Hausfassade!

TOUR
Cape Town Underground

Im Bauch der Mother City

Infos

Karte 3, F/G 4

Startpunkt: Castle of Good Hope

Dauer: etwa 2 Std.

Ausrüstung: festes Schuhwerk, bei Wasser im Tunnel werden Gummistiefel gestellt

Kontakt: Good Hope Adventures, Matt Weisse, T 082 482 40 06, www.goodhopeadventures.com

Unterhalb Kapstadts findet sich ein ganzes Netz von Tunneln, die teilweise Jahrhunderte alt sind. Camissa – ›Platz des süßen Wassers‹ – nannten die San den Wasserlauf, der einst in aller Offenheit vom Tafelberg in die Tafelbucht floss.

Kanäle gegen Heimweh

Das Erste, was seefahrende Holländer bauten, wenn sie mit ihren Schiffen irgendwo ankamen, waren Kanäle oder Grachten, wie diese in den Niederlanden heißen. Wie zu Hause in Amsterdam. Am Kap war das 1652 nicht anders. Die ersten Straßen Kapstadts liegen parallel und in rechten Winkeln zu den Frischwasserläufen, die vom Tafelberg zum Meer sprudelten. All diese Bäche wurden schließlich zu Grachten.

Was sich heute noch in manchen Straßennamen widerspiegelt: Die **Heerengracht** war die erste Hauptstraße der Siedlung, sie folgte, flankiert von Grachten mit kleinen Brücken, dem Verlauf des Fresh River zum Fort.

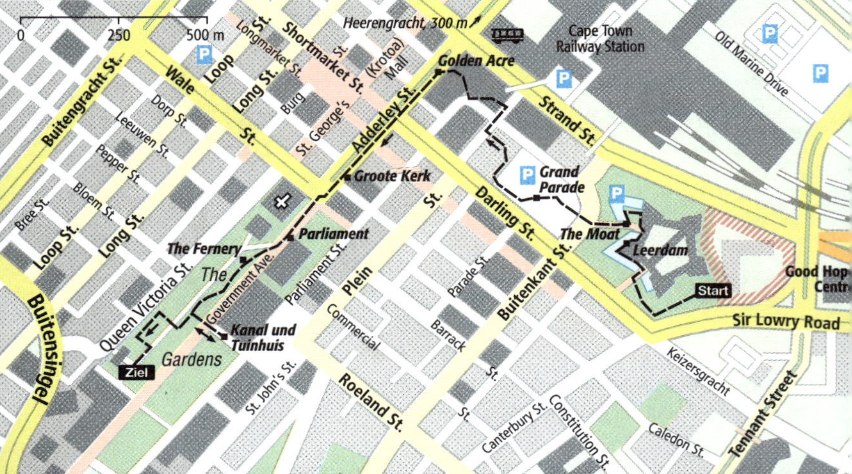

Sie zog sich durch das Zentrum der Stadt und war eine Verlängerung der Achse durch die Company Gardens. Rechts und links standen Stadthäuser der Bürger mit ihren Verandas und ganz unten am Meer befand sich der hölzerne Anlegesteg. Im Jahre 1767 war aus der Straβe eine attraktive Promenade geworden. Ein Reisender beschrieb sie 1778 als ›die schönste Straβe, gesäumt von Eichen, an der die attraktivsten Häuser der Stadt gebaut wurden‹.

Underworld: Entdecken Sie Kapstadt von ganz unten!

Leider bezog sich das nur auf das Aussehen. Der Rest war äuβerst stinkhaft. Wenn der ablandige Wind in die Tafelbucht wehte, merkten ankommende Schiffspassagiere sofort, dass in Kapstadt die Kacke am Dampfen war. Die Grachten wurden für alles benutzt, was weggespült werden konnte. Daraufhin begann die Stadtverwaltung 1838 mit dem Überbauen der Kanäle. Der Charakter des alten Kapstadt veränderte sich total. Aber es roch besser. Ende der 1850er-Jahre war das letzte Stückchen der Heerengracht bedeckt und die darüber verlaufende Straβe wurde **Adderley Street** genannt. Als die Beulenpest 1901 in Kapstadt ausbrach, wurden die letzten noch existierenden Grachten in District Six zugemacht. Die Straβen **Buitengracht** und **Keizersgracht** erinnern heute an die stinkhaften Anfänge der Mother City.

Ab nach unten

Das kleine Loch am **Castle of Good Hope** mit dem Gullydeckel obendrauf führt zu Kapstadts mysteriöser Unterwelt. Und in eine andere Welt. In lange vergessene **Kanäle,** die sich unter der Stadt entlangschlängeln und permanent frisches Trinkwasser vom Tafelberg ins Meer transportieren. Kapstadt verdankt seine Existenz den im Tafelberg entspringenden Frischwasserquellen. Als die ersten Europäer ans Kap kamen, zählten sie vier Flüsse und 36 Quellen, alle flieβen heute unterirdisch und enden ungenutzt im Atlantik.

Backsteine per Schiff von England

Hier unten hört man noch dumpf die Geräusche der Stadt. Motorräder knattern und Lastwagen und Züge lassen die Wände leicht zittern. Wenn sie einen der schmiedeeisernen **Kanaldeckel von 1895** treffen, hallt es durch den Tunnel. Jeder einzelne der viktorianischen Backsteine im oberen Tunnelbereich kam per Schiff aus England hierher. Damals gab es am Kap noch keinen Brennofen, der 1000 Grad erreichen konnte, was notwendig war, um Tonziegel zu brennen. Die untere Hälfte, die ehemalige gemauerte **Gracht,** bestand aus lokalen Backsteinen. Die frühesten Tunnel sind aus Schiefer, der auf Robben Island gebrochen wurde.

Es ist schwül-warm hier unten und es riecht modrig. Die Taschenlampen der im Gänsemarsch gehenden Gruppe stochern ins Dunkel. Immer mal wieder fällt Licht aus einem Seitentunnel in die **Hauptröhre.** Anfangs sind die Kanäle nur etwa 1,5 Meter hoch, man läuft gebückt, nach etwa 20 Minuten sind sie dann hoch genug, um aufrecht zu gehen.

Matt Weisse, der Tunnel-Guide, unternimmt die Touren seit Jahren. Und er spricht aufgrund seiner Vorfahren auch Deutsch. Er sagt den Teilnehmern, genau auf den Tunnelboden zu sehen. Über die Jahre hat er viele Relikte der Vergangenheit hier entdeckt, Knöpfe von Seemannsuniformen oder alte Münzen, die irgendwann einmal in die Kanalisation gefallen sind. Die permanenten Tunnelbewohner sind weniger erfreulich, recht große Kakerlaken, die schabend über die Wände kratzend flüchten, wenn das Licht der Taschenlampen auf sie trifft.

Frühe Bunker

Ab und zu gelangen leider Abwässer in die Tunnel, wo es dann wie zu Frühzeiten am Kap intensiv ›duftet‹. Wann immer das passiert oder wenn nach Regenfällen der Wasserstand zu hoch sein sollte, weicht Matt auf die ebenfalls abenteuerlichen Tunnel und Bunker in der Nähe der Waterfront oder in Llandudno an der Atlantikküste aus. Sie sind militärischen Ursprungs und wurden ab 1795 angelegt.

Stadt. Das von außen recht klein wirkende Gebäude ist innen erstaunlich geräumig. Die großen Räume mit hohen Decken sind im Stil des späten 18. Jh. eingerichtet. So lebten reiche, modebewusste Städter in den letzten Jahren der holländischen Regierung, damals noch mit unverbautem Meerblick. Es gibt hier Porträts und Ansichten von Kapstadt, europäische und Kap-Möbel *(stink- und yellowwood)*, deutsches und holländisches Glas sowie seltenes Porzellan zu bewundern. In dem Haus wohnte Maria Koopmans-De Wet (1838–1906), eine führende Angehörige der feinen Gesellschaft, Kunstmäzenin, Afrikaner-Nationalistin und eine herausragende politische Persönlichkeit: Sie wurde unter Hausarrest gestellt, als sie gegen die von den Engländern eingerichteten Konzentrationslager protestierte, in denen während des Burenkriegs Tausende von Afrikanerfrauen und -kinder ums Leben kamen.

35 Strand St., T 021 481 39 35, www.iziko.org.za/museums/koopmans-de-wet-house, Mo–Fr 10–17 Uhr, 40 Rand, 6–18 Jahre 20 Rand

Victoria & Alfred Waterfront ✪

Karte 3, F/G 1–2

Entgegen der landläufigen Meinung war die Tafelbucht kein idealer Hafen. Sie bot zwar teilweise Schutz vor den sommerlichen Südostwinden, in den winterlichen Nordwestern havarierten aber Hunderte von Schiffen, wobei viele Menschen ums Leben kamen. Es gab keinen Kai, wo Güter entladen werden konnten, sie mussten mit kleineren Booten gelöscht und von Trägern, schultertief im eisigen Wasser,

Über eine Schwenkbrücke geht's vom roten Clocktower zum South Quay.

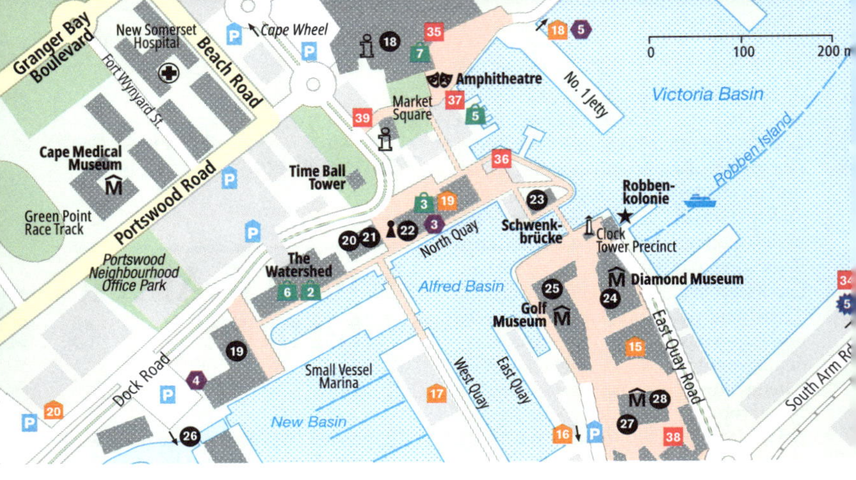

Victoria & Alfred Waterfront

Ansehen

1 – 17 s. Cityplan S. 21
18 Victoria Wharf Shopping Centre
19 Two Oceans Aquarium
20 Dock Road Complex
21 Time Out Market
22 Nobel Square
23 Port Captain's Building
24 Clocktower Precinct
25 Chavonnes Battery
26 Roggebaai Canal
27 Silo District
28 Zeitz Museum of Contemporary Art Africa (MOCAA)
29 – 35 s. Cityplan S. 21

Schlafen

1 – 14 s. Cityplan S. 21
15 Silo Hotel
16 Radisson Red
17 Cape Grace Hotel
18 The Table Bay at the Waterfront
19 The Victoria and Alfred Hotel
20 The Breakwater Lodge

Essen

1 – 33 s. Cityplan S. 21
34 Beluga
35 Baia
36 Pier
37 Harbour House
38 The Yard Ferryman's Tavern

Einkaufen

1 s. Cityplan S. 21
2 Avoova
3 Mungo & Jemima
4 s. Cityplan S. 21
5 Cape Union Mart
6 Imagenius
7 Carrol Boyes Functional Art

Bewegen

1 – 2 s. Cityplan S. 21
3 Tafelbucht-Trip
4 Canal Cruise
5 Heliport

Ausgehen

1 – 4 s. Cityplan S. 21
5 Cabo Beach Club

---

mühsam an Land geschleppt werden. Die Landungsbrücke, die van Riebeeck bauen ließ, wurde bis weit ins 19. Jh. benutzt.

Erst 1860 legte Prinz Alfred, der zweite Sohn Königin Victorias, den Grundstein für die über einen Kilometer lange Wellenbrechermauer. Ein Teil von ihr ist heute rechts und links des opulenten Eingangsbereichs zum Luxushotel The Table Bay at the Waterfront zu sehen. Das 1870 fertiggestellte, erste geschützte Hafenbecken wurde zu Ehren des Prinzen Alfred Basin genannt. Seine Mutter kam aber auch nicht zu kurz, sie war nur etwas später dran: Das 1905 vollendete zweite Becken bekam den Namen Victoria Basin.

Weiter westlich liegt hinter dem New Basin Südafrikas erstes 6-Sterne-Hotel, das **One & Only** von Sol Kerzner, dessen wunderbares Wellnesszentrum auf einer künstlichen Insel im gefluteten Kanal liegt, der mit dem Victoria Basin verbunden ist. Hinter dem Hotel findet sich eine ›Haltestelle‹ der Taxiboote von **City Sightseeing Canal Cruise** (www.citysightseeing.co.za), die u. a. die 30-minütige V & A Harbour & Seal Cruise anbieten (Erw./Kinder 70/40 Rand).

Auf der anderen Seite, im Osten der historischen Becken, wartet mit den Shops und Geschäften des **Victoria Wharf Shopping Centre** ⓲ die mit Abstand meistbesuchte Touristenattraktion Südafrikas. Das Werftviertel ist weltweit eine der erfolgreichsten Revitalisierungen eines alten Hafens. Jedes Wochenende parken hier Tausende von Autos. Auf den Piers und Kais wimmelt es von Menschen. Die Gebäude sind bis ins kleinste Detail restauriert oder im alten Stil neu gebaut worden. Die Waterfront hat sich in den letzten Jahren immer weiter Richtung Mouille Point, Sea Point und City ausgedehnt, neue Hotel- und Restaurantprojekte kamen hinzu. Es gibt nun praktisch keinen Platz mehr für neue Bauprojekte.

Die Waterfront ist allerdings ganz und gar kein steriles Kunstgebilde: Fischerboote und auch Dampfer laufen nach wie vor im Hafen ein und kreieren so den einzigartigen Charme. In einem gigantischen Trockendock, direkt neben dem berühmten **Cape Grace Hotel,** werden Schiffe neu gestrichen und gewartet. Seit der Fußball-WM 2010 ist die Waterfront direkt mit dem Stadion in Green Point verbunden. Damit besteht seither wieder eine direkte Verbindung zwischen der City Kapstadts und dem Meer.

Besucher tauchen ab

Das **Two Oceans Aquarium** ⓳ auf rund 4000 m² Fläche lockt mit rund 3000 Meeresbewohnern aus dem Indischen und Atlantischen Ozean – vom Seepferdchen bis zum Pinguin. Im **Predator Exhibit** können Besucher selbst abtauchen (s. S. 61). Hier leben die Räuber der Meere, u. a. *ragged tooth sharks* und einige Mantarochen. Die Haie werden jeden Sonntag um 15 Uhr gefüttert. Das Predator Exhibit ist mit 2 Mio. l Wasser der größte Tank im Komplex und hat auch die dicksten Acrylscheiben (28 cm). Interessant zu beobachten sind außerdem die wirklich gigantischen *giant spider crabs* aus Japan, ein Elefantenfisch von der südafrikanischen Westküste und das – für Feinschmecker verlockende – Felshummer-(Langusten-)Aquarium.

Victoria & Alfred Waterfront, Dock Rd., T 021 418 38 23, www.aquarium.co.za, tgl. 9.30–18 Uhr; bei Online-Buchung (spart Geld und Schlangestehen am Ticketschalter) 220 Rand, 14–17 Jahre 165 Rand, 4–13 Jahre 105 Rand; Fütterungszeiten: Haie So 15 Uhr, Pinguine tgl. 11.45, 14.30 Uhr

Lernen Sie kochen

Im **Dock Road Complex** ⓴ am Nobel Square begann einst die Industrialisierung Kapstadts, denn ein Teil davon war Elektrizitätswerk und Lichtstation. Von hier aus wurden 1882 die ersten elektrischen Lichter Südafrikas angeknipst. Die Diamantenstadt Kimberley in der Free State Province folgte vier Monate später. Das Elektrizitätswerk sollte ursprünglich nur die Kais und Lagerhäuser erhellen, später erleuchtete es auch das Parlament und das Somerset Hospital. Heute befindet sich hier – neben den Statuen der vier verstorbenen südafrikanischen Nobelpreisträger – der **Time Out Market** ㉑ (tgl. 9–18 Uhr). Was 2014 in Lissabon begann und in New York, Miami, Chicago sowie Dubai weitergeführt wurde, hat im November 2023 seinen Weg an die Kapstädter Waterfront gefunden. Das Konzept: Eine Fülle an typischen kulinarischen Spezialitäten der Region kann an Dutzenden von ›Ständen‹ delektiert werden – alles unter einem Dach. Hier kommen prominente Köche und Cocktailmixer zusammen, die in 14 Küchen und vier Bars ihre Kreationen zaubern. Außerdem gibt es eine Bühne für Livekonzerte sowie viel Platz zum Sitzen, drinnen und draußen. Interessant für Besucher sind die regelmäßig angebotenen, mehrstündigen Kochkurse bei der **Stir Crazy Cooking School** (www.stircrazycooking.co.za).

Dickliche Nobelpreisträger

Der Platz zwischen dem Time Out Market und dem Victoria & Alfred Hotel nennt sich **Nobel Square** ㉒. Hier stehen Südafrikas vier verstorbene Friedensnobelpreisträger als etwas comichaft, dicklich wirkende Bronzestatuen. Trotzdem fotografieren sich Besucher gerne mit den Abbildern des Zulu-Führers Albert Luthuli (1960), des coolen Erzbischofs Desmond Tutu (1984) und der beiden Ex-Präsidenten Frederik de Klerk und Nelson Mandela, die den Preis in Oslo 1993 zusammen verliehen bekamen.

Robben im Hafen

Das imposante hellblaue **Port Captain's Building** ㉓, das auf den meisten Waterfront-Fotos zu sehen ist, beherbergte einst das Büro des Hafenkapitäns. Das hübsche Haus mit den zwei Giebeln wurde 1904 errichtet, als sich der Hafen in rasantem Tempo weiterentwickelte. Heute ist hier die Victoria & Alfred Waterfront Company untergebracht, eine private Gesellschaft, die für sämtliche Entwicklungen in der Waterfront verantwortlich ist.

Per Schwenkbrücke geht es vom Pierhead zum South Quay, wo sich der Ablegeplatz der Schiffe befindet, die Touristen nach Robben Island schippern. Direkt an der Anlegestelle lebt eine Kolonie Pelzrobben, sodass man die Tiere gut aus der Nähe beobachten kann.

Waterfront-Wahrzeichen

Der **Clocktower Precinct** ㉔ ist eine stilvolle Erweiterung der Waterfront mit Restaurants, Bars und Geschäften sowie dem eindrucksvollen Nelson Mandela Gateway. Von hier aus legen die Touristenboote zur Überfahrt nach Robben Island ab. Es gibt außerdem ein Museum, das den Besuchern das Leben auf der Insel in vergangenen Zeiten anschaulich vermittelt.

Das Zentrum des Precinct bildet der achteckige, im gotischen Stil erbaute Clock Tower, der zu den ältesten Gebäuden im Hafen gehört. Vor dem Umzug ins Captain's Building war hier das Büro des Hafenkapitäns untergebracht. Das Bauwerk wurde 1882 vollendet und 1997 gerade noch vor dem Verfall gerettet, indem es endlich wunderschön restauriert wurde.

Wiederentdeckte Kanonen

Bei den Bauarbeiten am Clocktower Precinct wurden 1999 die Kanonen der **Chavonnes Battery** ㉕ entdeckt, die einen Teil der Militäreinrichtung der Holländer aus dem Jahr 1715 darstellen. Die geborgenen Kanonen sind nun an Ort und Stelle in einem Museum zu bewundern.

www.chavonnesbattery.co.za, T 0 21 416 62 30, tgl. 9–16 Uhr, 70 Rand, 10–18 Jahre 55 Rand

Kapstadts Monaco

Gegenüber dem auf drei Seiten von Wasser umgebenen **Cape Grace Hotel** befindet sich das exklusive Wohngebiet der Waterfront Marina mit Penthouse-Preisen in zweistelliger Millionenhöhe (Euro wohlgemerkt). Von den privaten Anlegestellen geht

Typischer Straßenverkauf in der Township Khayelitsha

es entweder ins Meer oder mit Taxibooten auf dem **Roggebaai Canal** ㉖ Richtung Cape Town International Convention Centre. *Roggebaai* ist übrigens Holländisch und bedeutet übersetzt Rochenbucht, was den künstlichen Wasserlauf zum Rochenbucht-Kanal macht. So nannten die ersten holländischen Seefahrer die Bucht nach dieser damals sehr häufig dort anzutreffenden Fischart. Der Name Tafelbucht wurde erst später populär.

Der coolste Teil der Waterfront

Mit 57 m Höhe war der Getreidesilo nach drei Jahren Bauzeit bei seiner Eröffnung 1924 das höchste Gebäude südlich der Sahara. Nach fast 80 Jahren im industriellen Herzen Kapstadts wurde er geschlossen. Und heute ist er Kern des aufregenden **Silo District** ㉗ an der Waterfront.

Oberhalb des **Zeitz Museum of Contemporary Art Africa (MOCAA)** ㉘ befindet sich auf sechs Stockwerken das Silo Hotel. Mit 28 Zimmern und einem spektakulären Penthouse ist es eines der coolsten (und leider teuersten) Hotels Südafrikas.

Townships

Karte 2, B/C 2/3

Eine Tour von Kapstadts Innenstadt in Richtung der **Cape Flats,** in die Wohngebiete der Coloureds und Schwarzen, ist eine Exkursion von der Ersten in die Dritte Welt. Nach wie vor sollte ein solcher Ausflug auf keinen Fall ohne die Begleitung eines professionellen, lokalen Führers unternommen werden. Guides können über die Touristeninformation gebucht werden.

Unser Stolz

In **Gugulethu** leben hauptsächlich Xhosa, die aus den ehemaligen Homelands Transkei und Ciskei nach Kapstadt gekommen sind, um dort Arbeit zu finden. Der Name Gugulethu kommt aus ihrer Sprache und bedeutet ›Unser Stolz‹. Ihre Traditionen haben die Bewohner zum größten Teil beibehalten, was manchmal fast unglaubliche Szenen hervorbringt – z. B. wenn junge männliche Xhosa nach ihrer Beschneidungszeremonie, nur mit einem Lendenschurz bekleidet, den ganzen Körper weiß bemalt, die stark befahrene Autobahn N 2 in der Nähe ihrer Townships entlanglaufen. Ein Überbleibsel aus der Apartheidzeit sind die Straßenbezeichnungen NY 1, NY 2, NY 3 usw., wobei NY für Native Yard steht, was so viel wie ›Eingeborenenbereich‹ bedeutet.

Hier hat das Haus- und Wohnungsbauprogramm der Regierung bereits Früchte getragen. Massive Steinhäuser

TOUR
Smileys & Cappuccino

Township-Tour

Kiff Kombi Tours, T 072 213 38 88, www.kiffkombitours.co.za

Alternative: **Township Tours Cape Town,** T 072 624 42 11, www.townshiptoursimivuyo.co.za

Smileys sind der Zenit im kulinarischen Angebot der Townships und werden dort fast überall im Freien auf Holztischen angeboten. Es sind gegrillte und anderweitig (zum Beispiel mit glühenden Blattfederelementen vom Schrottplatz) gegarte **Schafsköpfe.** Mit zunehmender Erhitzung ziehen sich die Lippen zurück, entblößen die Zähne und erwecken den Eindruck eines (unfreiwilligen) Grinsens. Daher der Name: Smiley. Was? Sie wollen auch noch eine Township-Vorspeise? Kein Problem. Wie wäre es mit gerösteten Walkie-Talkies? Ahnen Sie es? Ja, das sind tatsächlich Hühnerköpfe und -füße, die gerne vor dem Essen geknabbert werden. Hinuntergespült wird das Ganze mit dickflüssigem, sämigem Maisbier.

Eine Township-Tour sollte definitiv zum Kapstadt-Besuchsprogramm dazugehören. Abseits der Glitzerwelt der Waterfront schlägt hier das afrikanische Herz der Stadt. Auf alle Fälle nur organisiert im Minibus und mit einem ortskundigen Führer machen, der in den Townships lebt oder aufgewachsen ist. Nicht auf eigene Faust!

Die meisten Kapstadt-Touristen wollen sich aber nicht wie Zoobesucher rein- und wieder rausfahren lassen, sondern suchen ein authentisches Tourangebot. Deshalb am besten mit Leuten buchen, die vor Ort leben und die lokalen Projekte kennen und unterstützen.

Infos

Karte 2, B/C 2/3

Startpunkt: Kiff Kombi Tours Büro in Kloof Street oder an Ihrem Hotel/Guest House

Dauer: etwa 3,5 Std.

Hinweis: Bitte vorher fragen, wenn Sie in den Townships Fotos machen. Und keinen Schmuck oder Handys offen tragen.

Übrigens: Das Kap-Slang-Wort ›Kiff‹ bedeutet ›extrem cool‹, ›außergewöhnlich‹ usw. Und aufgrund seines alten VW-Kombis bekam Drew immer Komplimente: »That Kombi is so kiff man!« Der Firmenname war geboren.

Kiff Kombi Tours gehört zu den »Top 10 Tours in Cape Town«.

Wie **Thulani,** der diesmal unser Xhosa-Guide für den Trip ins afrikanische Herz Kapstadts ist. Wir verlassen die dunkle, verräucherte **Blechhütte,** in der das traditionelle Maisbier hergestellt wird. Es sieht aus wie Müsli und wird von Frauen gebraut. Und von Männern getrunken. Glücklicherweise muss ich weder Smileys noch das Bier selbst probieren. Thulani holt seine Gäste an deren Hotels oder Gästehäusern ab.

Art in Africa

In **Langa** finden sich sehr viele Graffiti, sowohl von lokalen als auch von internationalen Spray-Künstlern. Auffällig sind die Elefanten des südafrikanischen Falko One. Pflichtstopp ist das bereits 1926 etablierte **Guga S'Thebe Arts and Culture Centre,** ein Kunst- und Kulturzentrum in Langa, einem der ältesten Townships Südafrikas. Hier wird Kunsthandwerk hergestellt und verkauft.

Es geht weiter durch enge Straßen, die mit Blechverschlägen gesäumt sind. In den **Shacks** finden sich alle möglichen Mini-Läden, vom Barbier bis zum Reifenflicker, vom Lebensmittelladen bis zum Tischler. Schafe und Hühner werden lebend verkauft. Wir halten an einem ausrangierten Container, dessen dunkles Inneres vollgestopft ist mit Tierfellen, Hörnern, Pavianpfoten, Pythonhäuten, Stachelschweinstacheln und unzähligen Fläschchen und Gläsern mit recht eigenartig aussehenden Inhalten: die Praxis des lokalen Naturheilers.

Cappuccino im Township

Absolutes Kontrastprogramm ist dann das **Department of Coffee,** der erste trendige Kaffee-Laden im Township, mit Cappuccino, Latte usw., serviert allerdings hinter dicken Eisengittern. Drei arbeitslose Jugendliche haben diesen seit einigen Jahren sehr erfolgreichen Coffee Shop am Bahnhof von Khayelitsha etabliert. Zuvor haben sie Autos gewaschen.

Department of Coffee: 158 Ntlazane St., T 073 300 95 19, Facebook: Department of Coffee

Innovative Projekte sind der Schwerpunkt von James' Township-Touren unter dem Namen **Uthando,** was auf Xhosa ›Liebe‹ bedeutet (www.uthandosa.org). Zusammen mit seinem schwarzen Partner Xolani bringt er Besuchern Fair-Trade-Projekte näher.

Elefanten sind das Markenzeichen des Graffiti-Künstlers Falko One. Er selbst wuchs in Kapstadts Township Mitchells Plain auf.

für die schwarze Mittelschicht sind entstanden. Die früher illegalen, privaten Bierschwemmen, *shebeens* genannt, sind nun lizenziert und heißen *taverns.*

Auslands-Investment

Das Township **Crossroads** war einst mit 500 000 in Verschlägen ohne Wasser, Strom und Kanalisation untergebrachten Menschen ein gewaltiges Slumgebiet. Immer noch gibt es Tausende von Buden aus Wellblech, alten Straßenschildern, Holzplanken und Kartons, die, eng aneinandergebaut, den heißen Sommern und feuchtkalten Wintern der Cape Flats trotzen. Jedoch sind mittlerweile viele Straßen geteert, es gibt Busverbindungen, Müllabfuhr, Wasser und Strom. Auch ausländische Firmen engagieren sich hier mit Hausbauprogrammen.

Millionensiedlung

Khayelitsha ist das farbige Pendant zum schwarzen Crossroads. Auch hier werden neben den zugigen Wellblechverschlägen feste Steinhäuser gebaut. Einst für 30 000 Menschen geplant, wohnen dort heute weit über eine Million Menschen.

Tafelberg

Karte 2, A/B 2/3

Das Wahrzeichen der Stadt ragt über 1000 m aus ihr heraus. Eines der beiden schönsten Fotos vom Tafelberg macht man vom Bloubergstrand aus. Mit über 300 Routen nach oben ist der Berg ein Wanderparadies. Man erreicht das Tafelberg-Plateau aber auch per Seilbahn und kann oben einem Rundwanderweg folgen.

Table Mountain Aerial Cable Way, Lower Cableway Station, Tafelberg Rd., www.tablemountain.net, Zeiten variieren je nach Saison, wetterbedingt wird der Betrieb u. U. eingestellt, erste Fahrt bergauf tgl. 8 Uhr, Mai–15. Sept. 8.30 Uhr, letzte Fahrt bergab zwischen 18 und 21.30 Uhr (s. Website), einfache Fahrt 220 Rand, 4–17 Jahre 120 Rand, Hin- und Rückfahrt 395 Rand, 4–17 Jahre 195 Rand

Lion's Head und Signal Hill

Gegenüber dem Tafelberg liegen **Lion's Head** – der Löwenkopf – und **Signal Hill.** Eine wunderschöne Wanderung führt auf den Gipfel des Lion's Head, von dem Sie eine Superaussicht haben. Auch der Blick vom Signal Hill ist den Weg wert, von der Kloof Nek gelangen Sie über eine Straße auf den 350 m hohen Gipfel, der Ihnen das Panorama über die City, die Waterfront, Robben Island und den Tafelberg eröffnet.

Museen

Spielen Sie einfach mal die Orgel

29 S. A. Slave Church Museum: Die Missionskirche aus dem Jahr 1802, in der das Museum untergebracht ist, gilt als ältestes unverändert erhalten gebliebenes Gotteshaus Kapstadts. Das Innere ist prunkvoll ausstaffiert, mit *yellowwood-* und *stinkwood*-Galerien, die auf ionischen Säulen ruhen, einer herrlichen chinesischen Chippendale-Kanzel, einer deutschen Ladegast-Orgel von 1903 (Besucher, die Orgel spielen können, sind willkommen, das auf diesem einzigen in Südafrika erhaltenen Exemplar zu tun), Eichenbänken und Teakbalkonen. Die beiden Säulen im Eingangsbereich sind aus einem Schiffsmast gefertigt. Eine Kopie des alten holländischen Kaufvertrags hängt an der rechten Säule. Der Boden der Kirche ist mit dem letzten Schiefer bedeckt, der im Steinbruch von Robben Island gebrochen wurde. Interessierte Besucher erfahren viel über die Missionsgeschichte der Kapprovinz.

40 Long St., T 021 423 67 55, Mo–Fr 9–16 Uhr, Eintritt frei

Walgesang und Sterne

30 Iziko South African Museum und Planetarium: Südafrikas ältestes Museum sollten auch Besichtigungsmuffel nicht auslassen. Beeindruckend sind die vier Stockwerke hoch hängenden Walskelette und die dazu über große Boxen abgespielten Walgesänge.

In einem Nebengebäude ist das **Planetarium** untergebracht, das u. a. den Sternenhimmel der südlichen Hemisphäre in beeindruckenden Shows erläutert.

25 Queen Victoria St., T 021 481 38 00, www.iziko.org.za/museums/south-african-museum, tgl. 10–17 Uhr, 60 Rand, an einigen Feiertagen Eintritt frei; Planetarium: T 021 481 39 00, www.iziko.org.za/museums/planetarium, 100 Rand, tgl. Shows

Synagoge statt Kino

31 S. A. Jewish Museum und Great Synagogue: Südafrikas erste und älteste Synagoge wurde 1863 erbaut, wo 1958 das ursprüngliche Jewish Museum untergebracht war. Seit 1996 gehört dieser alte Teil des Museums zum neuen, im Jahr 2000 eröffneten South African Jewish Museum. Der 1905 errichteten Great Synagogue wäre um ein Haar ein wenig geistliches Schicksal beschieden gewesen. Nachdem es Schwierigkeiten gab, die Hypothek für das reich verzierte Gebäude zu zahlen, wollten die Kreditgeber ein Kino daraus machen. Das Geld wurde schließlich doch noch aufgebracht, und heute dient die Synagoge mit ihrer gewaltigen zentralen Kuppel Kapstadts jüdischer Gemeinde als Gebetsort.

88 Hatfield Rd., T 021 465 15 46, www.sajewishmuseum.co.za, So–Do 10–17, Fr 10–14 Uhr, 200 Rand

TOUR
Mehr als nur ein Berg

Wanderung auf den Tafelberg

Bei den Khoi, den ursprünglichen Kap-Bewohnern, hieß das riesige flache Sandsteinmonument, das dramatisch über der Tafelbucht aufragt, Hoeri 'Kwaggo – Meeresberg. 1503 nannte ihn der portugiesische Admiral und Seefahrer Antonio de Saldanha dann **Taboa do Cabo.** Und so heißt das Wahrzeichen Kapstadts bis heute: **Table Mountain, Tafelberg.** Also nichts wie hinauf!

De Saldanha musste sich bei der ›Erstbesteigung‹ des Tafelbergs noch mühsam einen Weg nach oben suchen. Heute stehen über **300 Routen** auf den 1087 m hohen Gipfel zur Auswahl – von der anstrengenden Wanderung bis zur anspruchsvollen Klettertour.

Der bequemste Weg auf den Gipfel: mit der 1929 installierten Seilbahn, die seither gut 20 Mio. Passagiere nach oben und wieder zurück transportiert hat.

Gefährlich unterschätzt?
Die Nähe zur Stadt sollte nicht dazu verleiten, die Tafelberg-Wanderung für ein leichtes Spiel zu halten. Immer wieder kommen Leichtsinnige bei plötzlichen Wetterumschwüngen um. Und das trotz einer perfekt funktionierenden Bergrettung, der nur aus Freiwilligen bestehenden Wilderness Search and Rescue (WSAR,

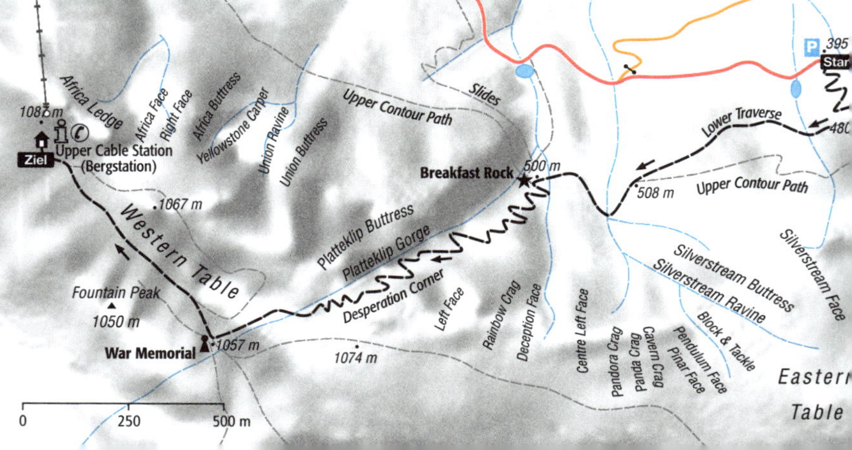

Vorsicht: ›Citynah‹ bedeutet noch lange nicht ›anspruchslos‹!

www.wsar.co.za). Bei plötzlichem Nebel sollte man daher unbedingt warten, bis er sich verzieht.

Plattekloof-Gorge-Wanderung
Die direkteste Route auf den Tafelberg ist gleichzeitig auch die beliebteste – und eine der anstrengendsten, obwohl Einheimische sie aufgrund ihrer Popularität gerne als Adderley Street (eine belebte Straße in der City) bezeichnen. Die Strecke ist nur 3 km lang, doch das heißt nichts. Wer fit ist, schafft sie in einer Stunde, ›Sesselhocker‹ in etwa drei Stunden.

Infos

Karte 2, A/B 2

Startpunkt: Trailhead kurz nach dem Eingang zur Tafelberg-Seilbahn

Dauer: 1 bis 3 Std., je nach Fitness

Ausrüstung: festes Schuhwerk, Windjacke, genug Wasser, Essen sowie eine gute Taschenlampe

Karte: Table Mountain, 175 Rand, www.slingsbymaps.com

Achtung: besser in kleinen Gruppen wandern, um das Überfallrisiko zu minimieren

Infos zu Wetter, Café/Bistro usw. unter T 021 424 81 81, www.tablemountain.net

Der Pfad selbst ist gut ausgebaut, mit Natursteintreppen und mit Felsbrocken gefüllten Drahtgeflechten, die Erosionsprozesse verhindern sollen. Um den Startpunkt der Wanderung zu erreichen, stellt man das Auto am bewachten **Parkplatz** 1,5 km hinter der unteren **Tafelbergstation** ab. Sie können von der Touristeninfo in der Burg Street auch mit dem Bus hierherfahren. Der Pfad beginnt moderat, führt an ein paar Bäumen und einem Bach vorbei, der sich nach Regen in einen reißenden Fluss verwandeln kann. Nach 10–20 Min. ist der **Breakfast Rock** (Frühstücksfelsen) erreicht, an der Kreuzung zum ausgeschilderten Contour Path. Im Sommer hat man hier die letzte Chance auf etwas Schatten, bevor es nach oben geht.

Zunächst geht es links den **Contour Path** entlang, etwa 100 m auf sehr steinigem Untergrund. Dann an der nächsten Kreuzung rechts (klare Markierung vorhanden). Von nun an geht es sehr, sehr steil nach oben. Kurze Verschnaufpausen lohnen sich schon wegen der fantastischen Aussicht auf die City und die Tafelbucht dahinter.

Der Pfad führt im Zickzack bergan. Sobald die Schlucht enger wird, bekommt man das Gefühl, es bald geschafft zu haben. Kurz darauf sind die mächtigen Sandsteinfelsen erreicht, die das Ende des Anstiegs markieren. Noch ein paar Natursteintreppen und das Plateau ist am **War Memorial** erreicht. Das letzte Stückchen durch die dramatische Schlucht ist das schönste der Tour.

Ausflug in die Geschichte

32 Cape Town Holocaust Centre: In unmittelbarer Nachbarschaft zur alten Synagoge und der neueren Great Synagogue liegt das interaktive Hi-tech-Holocaust-Zentrum. Es gehört zu den eindrucksvollsten Museen im Land. Es zeigt die Geschichte der südafrikanischen Juden, die hauptsächlich aus Litauen kamen. Im Erdgeschoss steht der Nachbau eines jüdischen Stetls, eines litauischen Dorfes.

Albow Centre, 88 Hatfield Rd., T 021 462 55 53, www.ctholocaust.co.za, So–Do 10–17, Fr 10–13 Uhr, Eintritt frei

Erfrischende Township-Kunst

33 Iziko South African National Gallery: In der Galerie haben seit dem Ende der Apartheid auch Werke schwarzer und farbiger Künstler einen Platz gefunden. Schwermütig stimmende Ölgemälde finden sich so neben erfrischender Recycling-Kunst aus den Townships. Die farbenprächtigen Malereien der Ndebele werden ebenso präsentiert wie die Werke von Xhosa, Zulu und anderen südafrikanischen Völkern. Regelmäßig finden auch Fotoausstellungen statt. Im netten Gallery Café gibt es Getränke und kleinere Gerichte. Der Gallery Shop verkauft Postkarten und Drucke von den Exponaten sowie Township Art und andere interessante Souvenirs.

Government Av., T 021 467 46 60, www.iziko.org.za/museums/south-african-national-gallery, tgl. 10–17 Uhr, 60 Rand

Ehemalige Sklavenunterkunft

34 Slave Lodge: Das nach dem Castle zweitälteste Gebäude Kapstadts, 1679 errichtet, diente der Niederländisch-Ostindischen Kompanie (Vereenigde Oostindische Compagnie = VOC) einst als Sklavenquartier. Zwischen 1679 und 1811 beherbergte das Haus bis zu 1000 Sklaven. Die Lebensverhältnisse waren katastrophal, und etwa 20 % der Menschen starben pro Jahr. Ein Teil der Kap-Geschichte wird heute in dem früher Cultural History Museum genannten Gebäude anhand zahlreicher Exponate illustriert. Besonders interessant sind die frühen Poststeine *(postal stones)*, unter denen die ersten Seefahrer in ölgetränktem Tuch ihre Briefe für nachfolgende Schiffe hinterließen. Oben auf den Steinen war meist der Name des Schiffes, die geplante Route, Ankunfts- und Abfahrtsdatum sowie der Name des Kapitäns eingraviert.

Eine weitere Ausstellung zeigt die Geschichte der südafrikanischen Währung und des Postsystems einschließlich einer Briefmarkensammlung. Antike Möbel, Glas, Keramik, Waffen aus aller Welt, Musikinstrumente und Spielzeug aus den vielen Ländern, deren Menschen in der Kapprovinz vertreten sind, füllen weitere Räume. Eine archäologische Abteilung zeigt ägyptische, griechische und römische Objekte, der Japan-Raum einen voll ausstaffierten Samurai-Kämpfer. Im ersten Stock lassen sich in speziell klimatisierten Räumen historische Gewänder bewundern. Im Hof steht schließlich der rekonstruierte Grabstein Jan van Riebeecks.

Ecke Adderley/Wale St., T 021 467 72 29, www.iziko.org.za/museums/slave-lodge, Mo–Sa 10–17 Uhr, 60 Rand

In Kapstadts ältestem Stadtteil

35 Bo-Kaap-Museum: Ein Rundgang durch das Bo-Kaap-Viertel beginnt mit einem Besuch des gleichnamigen Museums. Das Haus wurde im 18. Jh. erbaut und zeigt das Heim einer wohlhabenden muslimischen Familie des 19. Jh. Einige Quellen behaupten zwar, dass das Haus einst dem türkischen Lehrer Abu Bakr Effendi gehörte, der ans Kap kam, um einen Streit in der muslimischen Gemeinde zu schlichten. Er besaß zwar einige Häuser, dieses gehörte aber nicht dazu. Der runde Tisch im Wohnzimmer zählte allerdings zu seinen Besitztümern, und an ihm sitzend soll er das erste Buch in Afrikaans geschrieben haben. Typisch für das Zimmer ist das Fehlen von Gemälden und Bildern an den Wänden, da der Islam keine Abbildungen von Menschen und Tieren erlaubt. In einem v-förmigen Holzständer, dem *koersie,* liegt ein ledergebundener Koran. Das Schlafzimmer zeigt eine Brautkammer. Die traditionelle Kopfbedeckung einer muslimischen Braut ist die *medora,* die aus einem weißen Stoff besteht, der reich mit Gold und Silber bestickt ist und oft wie ein Turban gefaltet wird. Unter dem Bett steht ein Paar traditioneller Holzsandalen, *kaparrangs* genannt.

71 Wale St., T 021 481 39 39, www.iziko.org.za/museums/bo-kaap-museum, Mo–Sa 10–17 Uhr, 60 Rand

Schlafen

Kapstadt bietet neben den klassischen Luxushotels auch gemütliche, günstige Gästehäuser bzw. Bed-&-Breakfast-Unterkünfte in Privatbesitz, oft in historischen Mauern. Die Besitzer sind meist selbst anwesend, können viel zur Stadt und zum Land erzählen und servieren leckeres Frühstück. Ein besonderer Tipp in Kapstadt sind Boutiquehotels, in denen aufgrund der ausgefallenen Deko die Übernachtung selbst zum Sightseeing wird.

Die große, alte Dame

1 **Mount Nelson:** Das ›Nellie‹ ist Kapstadts bekanntestes, über 100 Jahre altes Nobelhotel, im Art-déco-Stil, sehr englisches, sprich schweres Interieur. Website auch auf Deutsch.

76 Orange St., Gardens, T 021 483 10 00, www.mountnelson.co.za, €€€

Direkt am Marktplatz

2 **Onomo Hotel Inn on the Square:** Sehr kreative Hotelkette mit Herbergen in ganz Afrika. Designer vom gesamten Kontinent gestalten diese 3-Sterne-Hotels, die sich nach mindestens einem Stern mehr anfühlen, innen in einer holistischen Art und Weise – der Grund, warum man dort gleich ankommt. Die Übernachtungspreise sind trotz des hohen Komforts überraschend günstig. Die Lage mitten in der City könnte nicht besser sein. 165 Zimmer mit freiem WLAN, Restaurant im Haus.

10 Greenmarket Sq., T 021 423 20 50, https://onomo-hotel-cape-town-inn-on-the-square.h-rez.com, €

Im Trendviertel Woodstock

3 **WEX1:** Sehr geräumige und stilvoll-modern eingerichtete Apartments mit Küchenzeile im In-Viertel Woodstock. Sicheres Parken im neu gebauten Komplex, der sich prima in das einst schäbige Kleinindustrieviertel einfügt. Vom Balkon aus sieht man nicht nur Tafelberg und Tafelbucht, sondern auch einige interessante Renovierungsprojekte. Die Atmosphäre im Hotel ist hip, cool und international, dafür sind die Preise überraschend niedrig. Shop und Restaurant im Erdgeschoss, Außenpool.

85 Albert Rd., Woodstock, T 073 778 89 16, https://perchstays.co.za/wex1, €

Die Lage des Onomo Hotels am Greenmarket Square ist fast nicht zu toppen.

Stilecht

4 The Grand Daddy & Airstream Trailer Park: Das Boutiquehotel startete vor vielen Jahren einen Trend in der Stadt. Damals haben es die kreativen Besitzer des Daddy Long Legs, ebenfalls in der Long Street, übernommen, auf Grand Daddy umgetauft und umgestylt. Ergebnis: 25 supertrendige Zimmer. Der Gag: Übernachtung in sieben historischen Airstream-Wohnwagen, die per Kran aufs Dach des Hotels gehievt wurden, von wo man einen unglaublichen Blick auf den Tafelberg genießt.

38 Long St., City, T 021 424 72 47, www.granddaddy.co.za, €–€€

Geschmackvoll & elegant

5 Dysart Boutique Hotel: Wunderbares Guesthouse in Seh- und Gehweite zum Cape Town Stadium, zur City und Waterfront. Flatscreen und WLAN sind selbstverständlich. Das ganze Haus sowie das rechts angrenzende Gebäude sind mit geschmackvoller Kunst dekoriert. Bettwäsche und Matratzen sind vom Feinsten und dazu 24-Std.-Service. Dysart fühlt sich tatsächlich mehr wie ein Boutiquehotel denn wie ein *guest house* an.

17 Dysart Rd., Green Point, T 021 439 28 32, www.dysart.de, €

Manhattan-Ambiente

6 Victoria Junction Hotel: Designhotel im kühlen Manhattan-Stil. Loft-Apartments mit Selbstversorgerküchen, alle Zimmer mit CD-Spieler.

Ecke Somerset/Ebenezer St., Green Point, T 021 418 12 34, www.southernsun.com/garden-court-victoria-junction, €

Cool & relaxt

7 Protea Hotel Fire & Ice: 189 Hightech-Zimmer im trendigen Design und 12 Suiten. Relaxtes, cooles Hotel mit recht kleinen, für die zentrale Lage aber recht günstigen Zimmern. Im Restaurant gibt es leckere Burger und Milkshakes. Gutes Preis-Leistungs-Verhältnis.

Sunset Watching mal anders: im Daddy Long Legs Art Hotel

64 New Church St., Tamboerskloof, T 021 488 25 55, www.marriott.com (bei Destination ›Cape Town‹ eingeben), €

Absolut trendy

8 Daddy Long Legs Art Hotel: Jedes einzelne der 13 Art Rooms (Kunstzimmer) ist von einem anderen Kapstädter Künstler, Musiker oder Poeten gestylt worden, daher ist jedes eine kleine Sehenswürdigkeit für sich. Untergebracht in einem schönen, vierstöckigen viktorianischen Haus von 1903. In der Long Street gibt es viele Cafés.

134 Long St., City, T 021 422 30 74, www.daddylonglegs.co.za, €

Cooles Designer-Stadthotel

9 Gorgeous George: Boutiquehotel im Herzen Kapstadts, untergebracht in zwei denkmalgeschützten Gebäuden – eines davon war mal eine Bank. In den 32 Zimmern trifft industrielles Ambiente mit Stahl und Beton auf viktorianische Romantik. Das Gigi Rooftop auf dem Dach mit Restaurant, Cocktailbar, Pool und Aussicht auf die City verspricht *sky high fun* und steht auch Nichtgästen offen (tgl. 12–15, 18–22, Bar 12–23.30 Uhr).

118 St. George's Mall, T 021 612 09 99, www.gorgeousgeorge.co.za, €

Citynah

10 **Fritz Boutique Hotel:** Hübsches, kleines Hotel mit 13 Zimmern; gelungene Mischung aus Art déco und Moderne. Satellitenfernsehen mit deutschen Programmen. Von einigen Zimmern Blick auf Tafelberg und Lion's Head, citynah und trotzdem ruhig.

1 Faure St., Gardens, T 021 480 90 00, https://the-fritz-hotel.hotels-capetown.com, €

Viktorianisch gemütlich

11 **Himmelblau Boutique B & B:** Nur drei, dafür aber sehr schöne Zimmer in einem wunderbar restaurierten, viktorianischen Haus. Das deutsche Pärchen Katrin und Claus-Steffen betreibt ihr gemütliches B & B mit viel Liebe zum Detail. Claus ist Künstler (www.localhero.co.za), und eines seiner außergewöhnlichen Gemälde wäre sicherlich ein schönes Erinnerungsstück an Kapstadt.

35 Breda St., Oranjezicht, T 021 461 27 13, www.himmelblau.co.za, €

Garten-Suiten für Selbstversorger

12 **5 Camp Street:** Die Ferienwohnungen in Kapstadts Stadtteil Gardens bieten gemütliche Zimmer in zentraler und sicherer Lage (Nähe Kloof St.). Man kann von dort auf den Tafelberg wandern oder tagsüber zu Fuß in die Innenstadt gehen. Das Personal ist sehr nett und im Sommer kann man sich in einem kleinen Pool abkühlen.

5 Camp St., Gardens, T 021 423 82 61, www.5campstreet.co.za, große Garden Suiten (die tgl. gereinigt werden), mit Pool, Kitchenette, WLAN, Kühlschrank, TV, Geschirrspüler, Grill, €–€€

Günstig und citynah

13 **Ashanti Lodge:** Unterkunft für alle – sowohl für Gruppenmenschen, die gerne Küche, Pool und Bar miteinander teilen, als auch für individuelle Reisende, die ihre Privatsphäre schätzen. Es gibt ›normale‹ Doppelzimmer und sehr günstige Mehrbettzimmer.

11 Hof St., Gardens, T 021 423 87 21, www.ashanti.co.za, €

Nachhaltig, citynah, aussichtsreich

14 **Villa Viva:** Vier zusammenhängende, historische Gebäude wurden hier zu einem coolen Gästehaus verbunden. ›Backpacker‹ wäre als Beschreibung wohl nicht angebracht, obwohl es neben Doppelzimmern und Loftapartments mit Tafelberg-Blick auch schöne Mehrbettzimmer gibt. Die verschiedenen Innenhöfe, Gemeinschaftsräume, die Bar und das Zelt kreieren eine dorfähnliche Atmosphäre innerhalb der im Herzen von Kapstadt liegenden Herberge. Toller Pool und Garten. Ein Großteil der Einkünfte fließt in das nachhaltige ›Water for all – all for water‹-Projekt (www.vivaconagua.org).

74 New Church St., City, www.villaviva-capetown.com, T 021 423 55 55, €

Beton-Kathedrale

15 **Silo Hotel:** Eines der ungewöhnlichsten Hotels Südafrikas mit nur 28 Zimmern, jedes individuell eingerichtet. Die rostigen Schächte des ehemaligen Getreidesilos wurden stilvoll in das Interieur integriert und schaffen dieses einzigartige Industrie-Ambiente. Die Fenster sind nach außen gewölbte Schmuckstücke, die das Gebäude nachts magisch strahlen lassen. Wenn nicht von Gästen komplett gebucht, ist die Rooftop-Bar auch von Nichtgästen buchbar. Ein Sundowner hier bietet eine einzigartige Aussicht auf Stadt und Hafen.

Silo Sq., V & A Waterfront, T 021 670 05 00, www.theroyalportfolio.com/thesilo, €€€

Im roten Bereich

16 **Radisson Red:** Absolut cooles Hip-Hotel, direkt gegenüber dem Silo Hotel. Von der Dachterrasse lassen sich die besten Fotos von diesem schießen, vor allem kurz nach dem Sundowner, wenn die Silofenster leuchten. Vorherrschende Farbe im Hotel ist, Sie ahnen es bereits, Rot. Hier vereinen sich Kunst, Musik und Mode. Ein echt aufregender Platz. Prima Frühstück mit viel Auswahl an frischen Sachen. Etwas mehr Zeit dafür einplanen.
Silo 6, Silo Sq., T 087 086 15 78, www.radissonred.com/cape-town, €–€€

Relaxter Luxus

17 **Cape Grace Hotel:** Sehr stilvoll in das viktorianische Ambiente der Waterfront integriert. Kapstadts relaxtes Luxushotel, ausgezeichneter Service, die Zimmer verfügen entweder über eine schöne Aussicht auf den Tafelberg oder über die Tafelbucht.
West Quay Rd., T 021 410 71 00, www.capegrace.com, €€€

Bombastisch

18 **The Table Bay at the Waterfront:** Kapstadts luxuriöse Sun-Hotel-Antwort auf das Palace Hotel in Sun City bei Johannesburg. Der sehr schöne Wellnessbereich ist auch für Nicht-Gäste zugänglich.
Quay Six, T 021 406 50 00, www.suninternational.com/table-bay, €€€

UNTERWEGS IN DEN TOWNSHIPS

Grundsätzlich sollten alle Township-Besuche organisiert und nicht auf eigene Faust unternommen werden. Die Gefahr sich zu verfahren und das Überfall- bzw. Entführungsrisiko sind zu groß. Transfers erfolgen auch zu den in den Townships gelegenen Restaurants. Infos gibt es bei Cape Town Tourism.

Hafenblick

19 **The Victoria and Alfred Hotel:** Im viktorianischen Stil erbautes Hotel im restaurierten Hafenviertel. Frühstück mit Blick auf den Hafen; 68 Zimmer.
The Pierhead, Dock Rd., T 021 419 66 77, www.vahotel.co.za, €€–€€€

Günstiges Knastambiente

20 **The Breakwater Lodge:** Das preiswerteste Hotel in der Victoria & Alfred Waterfront gehört zur Protea-Gruppe; die 191 kleinen, aber sauberen Zimmer sind in einem ehemaligen Gefängnis untergebracht. Service: TV, Radio, Telefon, 24-Std.-Rezeption.
Portswood Rd., T 021 406 19 11, www.breakwaterlodge.co.za, €–€€

Wo Afrikas Herz klopft

Bonani, Majoro's, Kopanong & Lungi's: Diese vier Bed-&-Breakfast-Unterkünfte finden sich in den Townships Thornton und Khayelithsa, sie sind einfach, dafür aber blitzsauber. Die Gastgeber bei Bonani, Majoro's, Kopanong und Lungi's sind extrem nett und wirklich sehr zuvorkommend. Kontakt mit Einheimischen ist hier garantiert.
Bonani B&B, Thornton, 32 Pieke Rd, T 021 531 42 91, www.bonanibandb.co.za, €
Majoro's B&B, Khayelithsa, 69 Helena Crescent, Graceland, T 021 794 16 19, www.mycapetownstay.com/MajorosBB, €
Kopanong, Khayelitsha, C329 Velani Crescent, T 021 361 20 84 o. 082 476 12 78, www.kopanong-township.co.za, €
Lungi's B&B, Khayelitsha, 42426 Sivivane Street, T 071 005 88 17, www.lungis.co.za, €

Essen

Ein nicht so alter Schwede

1 **Elgr:** Elgr ist Altnorwegisch für Elch, doch Chef Jesper ist kein Norweger (sondern Schwede) und auch nicht alt. Das elegant-relaxte Stadtrestaurant in der als Fressmeile Kapstadts bekannten Kloof

Street bietet neben leckerer Pizza aus dem Holzofen auch viele Tapas, die man am Tisch teilen kann. Die Gerichte wechseln häufig, sie sind saisonal, frisch und immer vom Einfallsreichtum des in der offenen Küche agierenden Jesper beeinflusst. Ein Sommelier hat die passenden Tröpfchen aus der üppigen Weinsammlung parat.

75 Kloof St., City, T 021 422 03 84, www.elgr.co.za, Di/Mi 17–23, Do–Sa 12–15, 18–23 Uhr, €€

Steakparadies

2 Carne on Kloof: Der italienische Promikoch Giorgio Nava verwendet nur Fleisch von seinen eigenen Freiland-Tieren, die er in der Karoo auf seiner Farm züchtet. Tipp: Carpaccio, gefolgt von Steak. An den Wänden hängen traditionelle *Yellowwood*-Wassertröge, die Giorgio auf Auktionen erworben hat. Schwester-Restaurant ›Carne SA‹ in der City (70 Keerom St., T 021 424 34 60).

153 Kloof St., Gardens, T 021 426 55 66, www.carne-sa.com, Mo–Sa 18.30–22 Uhr, €–€€

Echter Klassiker

3 Aubergine: Altmeister Harald Bresselschmidt kocht eine aufwendige, von der Nouvelle Cuisine beeinflusste Frischeküche mit erlesenen regionalen Zutaten und seit Jahren auf konstantem Sterneniveau. Im Vergleich zu Europa isst man hier allerdings überaus preiswürdig – und auch nicht viel teurer als in anderen, eher durchschnittlichen Kapstädter Restaurants. Besonders erwähnenswert: die ungemein edle Weinkarte, die 2023 zur besten Südafrikas gekürt wurde.

39 Barnet St., City, T 021 465 00 00, www.aubergine.co.za, Mo–Mi u. Fr 18–21.30, Do 12–14, 18–21.30, Sa 12–14, 18–22 Uhr, €€–€€€

Ältester Pub

4 Perseverance Tavern: Ältester Pub Kapstadts (1808 eröffnet), 60er-Jahre-

Burger-Paradies: Dog's Bollocks

Musik, gute *pub lunches*. Unter der Woche ist eine Reservierung ratsam, am Wochenende zwingend.

83 Buitenkant St., Gardens, T 021 461 24 40, https://perseverance-tavern.business.site, Mo–Sa 12–22 Uhr, €

Nicht wörtlich nehmen

5 Dog's Bollocks: Der direkt übersetzte Name bedeutet ›Hundehoden‹, hat aber zum Glück nichts mit diesen zu tun. Es ist vielmehr eine typisch englische Bezeichnung für etwas ganz Großes. In diesem Fall die substanziellen Hamburger. Man bestellt und schreibt seinen Namen auf eine Schiefertafel. Der Burger wird handgemacht und der Name ausgerufen, sobald der Klops im Brötchen fertig ist.

Yard 6, Roodehek St., Gardens, T 082 885 57 19, FB: The Dog's Bollocks, €

Killer-Pizza

6 Pizza Warehouse: Um die Ecke von Dog's Bollocks in den gleichen Räumlichkeiten werden Pizzen regelrecht zelebriert. Und stilecht serviert. Es gibt vier verschiedene Pizza-Stile zur Auswahl: Neapolitanisch: die traditionelle Neapel-Pizza, Romanisch: eine eckige, voluminge, krustige Pizza, New York: massiv mit verschiedenen Auflagen, und California: mit ganz dünner Kruste. Der Teig für jede Pizza ist sorgfältig handgemacht und ruht mindestens 24 Stunden für besten Geschmack. Jede Pizza wird frisch zubereitet. Die Zutaten sind alle farmfrisch und aus biologischem Anbau. Es gibt verschiedene Standard-Pizzen, man kann aber auch seine eigene zusammenstellen. Serviert werden sie auf einem Tablett mit Zutaten wie Oliven, getrocknetem und frischem Chilli, frischem Basilikum und Rucola sowie gehacktem Knoblauch. Fazit: Lust auf richtig gute Pizza, dann hierherkommen.

Yard 6, Roodehek St., Gardens, T 021 461 81 34, Facebook: Pizza Warehouse, €

Dekadentes ›Fast Food‹

7 **Burger & Lobster:** Hier wird eines der berühmten Fast-Food-Gerichte, der ordinäre Burger, zum delikaten Gourmet-Essen geadelt. Der Hammer, diese Hummer-Burger. Nicht gerade günstig, aber richtig gut.

105 Bree St., City, T 021 422 42 97, www.burgerandlobster.co.za, tgl. 12–22.30 Uhr, €€

Man isst Deutsch

8 **Hartlief Deli:** Die frisch gebackenen Laugenstangen mit Tatar sind der Hammer, dazu ein Paulaner Weißbier vom Fass – und eventuelle Entzugserscheinungen sind wie weggefegt.

Shop No 38, Gardens Centre, Mill St., Gardens, T 021 465 27 29, www.hartlief.co.za/gardens-deli, Mo–Fr 8–19, Sa 8–17, So & Fei 9–14 Uhr, €

Endlich am Kap angekommen

9 **Ala Turkish Döner:** Für Südafrikaner sind Döner noch etwas Exotisches, das türkische Fast Food ist in der Mother City praktisch nicht erhältlich. Aber jetzt! Und dazu noch richtig gut und günstig. Mit kleinen Tischchen im Freien und toller Aussicht auf Lion's Head und die bunten Häuser von Bo-Kaap. Es gibt entweder Beef oder Chicken. Dazu darf der erfrischende Joghurt-Drink Ayran nicht fehlen.

102 Wale St., Bo-Kaap, T 073 600 36 48, tgl. 10.30–20 Uhr, €

Burger satt

10 **Royale Eatery:** Das Burger-Restaurant war einst ein Highlight in der Long Street und ist dann nach Claremont umgezogen. Die mehr als 50 verschiedenen Gourmet-Burger sind aber nach wie vor sehr lecker. Es gibt zwei weitere Filialen: Mouille Point (The Deck on Beach, T 021 879 34 02); Waterfront (Harbour View, Shop 6160B, T 021 879 3445).

20 Vineyard Rd., Claremont, T 021 206 63 36, www.royaleeatery.com, Mo–Sa 12–23.30 Uhr, €

Burger-Meister

11 **Three Feathers Diner:** Im trendigen Woodstock gelegen und im amerikanischen Diner-Stil dekoriert, sprich Amischlitten und Motorräder. Die 11 großen Burger im Angebot tragen alle US-amerikanische Autonamen. Jeden Freitagmittag macht der griechischstämmige, südafrikanische Besitzer Christos einen Schweinenacken-Braai, gewürzt nach geheimem Großmutter-Rezept. Für einen Festpreis (€) kann gegessen werden bis zum Abwinken. Dazu gibt es handgeschnittene Pommes, griechischen Salat und frisches Tzatziki.

78 Bromwell St., Woodstock, T 021 448 66 06, Facebook: Three Feathers Diner, tgl. 9.30–17, Mi–Fr 18 Uhr bis spät, €

Top-Italiener

12 **Loco:** Authentischer Italiener mit schönem Ambiente (teilweise exponierte, historische Ziegelwände). Die traditionelle Trattoria serviert trotz der relaxten Atmosphäre hochpreisiges, italienisches

Essen auf Sterneniveau. Einfach, aber mit absolut erlesenen Zutaten. Die Pasta wird natürlich vor Ort hergestellt.

75 Kloof St., City, T 021 424 75 04, FB: Loco Restaurant, Di–Do 12–22, Fr/Sa 12–22.30, So 12–21.30 Uhr, €€€

Bierisch gut

13 **Beerhouse on Long:** Die größte Bierauswahl in der Mother City: 25 vom Fass und 99 aus der Flasche, sowohl von lokalen als auch von internationalen Brauereien, ausgefallen und bekannt, günstig und teuer. Dazu werden kleine herzhafte Gerichte gereicht, wie Flammkuchen aus Bierteig. Das knallgelbe Restaurant mit großem Balkon im ersten Stock ist in der Long Street nicht zu übersehen. Absolut cooles Innendekor, mit Kronleuchtern, natürlich aus leeren Bierflaschen hergestellt. Die 99 Flaschenbiere sind mit jeweiliger Bestellnummer beleuchtet hinter der Theke ausgestellt.

223 Long St., City, T 021 424 33 70, www.beerhouse.co.za, Facebook: BeerhouseSA, tgl. 11–2 Uhr, €

Der Biker-Bäcker

14 **Jason Bakery:** Der Schein trügt. Jason mit seinen Tätowierungen, Muskelshirt und schwarzer Harley vor dem Laden sieht einfach so gar nicht aus wie der gute Bäcker, der er ist. Seine Sauerteig-Brote sind in Kapstadt und Umgebung bekannt, und Fans fahren viele Kilometer, um in deren Genuss zu kommen. Gerichte wie Pizza, Sandwiches, Suppen, Pies und Kuchen. Favoriten sind die Speckcroissants und die Sesam-Bagels mit Lachs.

185 Bree St., City, T 021 424 56 44, www.jasonbakery.co.za, Mo–Fr 7–15.30, Sa 8–14 Uhr, €

Klein, aber mehr als fein

15 **Belly of the Beast:** Hier gibt es immer nur ein Essen. Und das für alle Gäste gleichzeitig. Handwerklich sehr hochklassige und superleckere Frischeküche mit Top-Produkten. Es gibt ein mittägliches Fünf-Gänge-Menü und abends eines mit sechs Gängen. Achtung: Das überragende Preis-Genuss-Verhältnis des 24-Plätze-Restaurants hat sich bei Kapstädtern

Peepshow à la Jason Bakery

TOUR
Gin-Tour durch Kapstadt

The Gin Jol

Wenn Kapstädter zum Ausdruck bringen wollen, dass sie eine gute Zeit haben, dann benutzen sie das Wort ›*jol*‹. Im Kontext klingt das dann so: ›*I am having a jol*‹. Ein garantierter Jol ist eine Gin-Tour durch Kapstadt. Wie wäre es zum Beispiel damit, nach diversen Gin-Proben ihren G/T-Favoriten in einem ehemaligen Leichenschauhaus oder einem historischen Sklavengefängnis serviert zu bekommen?

Männer lieben Rosa?

Wir treffen die rosa Dame am historischen **Heritage Square,** mitten in Kapstadt. Sie ist die neueste Kreation der **Cape Town Gin Company** (www.capetowngincompany.com). Nach deren traditionellen, trockenen Wacholder-Gins (Classic Dry Gin) und dem danach mit Rooibostee für 12 Stunden mazerierten Rooibos-Gin komplettiert nun die *Pink Lady* das Gin-Trio. Die zarte

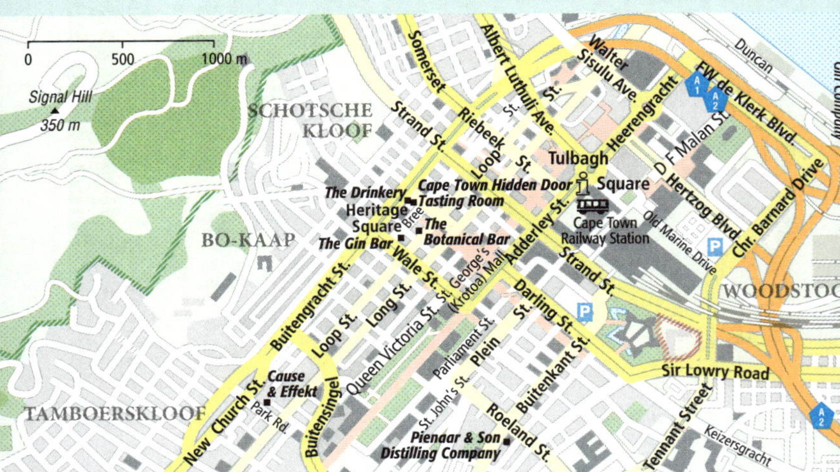

Infos

Startpunkt: Kiff Kombi Tours Büro in der Kloof Street oder am jeweiligen Hotel/ Guest House der Teilnehmer

Dauer: 5 Std.

Kosten: 1330 Rand p. P.

Achtung: Aufgrund der garantierten Feuchtfröhlichkeit dieser Tour vorher gut essen und danach nicht mehr in den Mietwagen steigen!

Kontakt: Kiff Kombi Tours, 8 Kloof St., 7. Stock, T 072 213 38 88, www.kiffkombitours.co.za/the-gin-jol

Rötung kommt von den Rosen- und Hibiskusblättern, denen der pure Gin etwa sechs Stunden lang ausgesetzt wurde. Entgegen allen Erwartungen mögen Männer das rosa Getränk ganz besonders gerne. Probieren Sie ihn im **Cape Town Hidden Door Tasting Room.**

Die nächste Station ist das Trendviertel **Woodstock,** wo die dort ansässige Gin-Destille dessen Namen trägt. Die **Woodstock Gin Company** (www.woodstockgin co.co.za) destilliert vier verschiedene Gins, quasi in einem Nebenzimmer, in relaxter Hobby-Atmosphäre: die beiden *Inception*-Kreationen basieren zum einen auf Wein, zum anderen auf Bier. Dann gibt es noch den *High Tea Gin* mit Rooibos- und Honigbusch-Pflanzenbestandteilen versetzt und den in amerikanischen Eichenholzfässern maturierten Cask Aged Gin. Zu jeder Probe gibt es einen passenden Snack, von Biltong über Käse und Oliven, bis zu bitterer Schokolade – was interessante Geschmackskombinationen zur Folge hat.

Von Arschlöchern und Idioten

Der Hinterhof-Eingang zu **Pienaar & Son Distilling Company** (www.pienaarandson.co.za) ist unscheinbar. Doch drinnen erwartet den Besucher eine Hightech-Destillationsanlage aus blinkendem Edelstahl – und Andre, der Sohnteil und Gründer von Pienaar & Son. »Die Technologie hat sich überall weiterentwickelt, warum soll ich dann noch wie vor 200 Jahren destillieren?«

Die Ginproben bei Andre sind so relaxt wie er selbst. Er gibt nichts vor, lässt seine Besucher den Geschmack selbst erleben. »Mich haben diese arroganten Weinproben immer genervt, wo ein Arschloch (Weinkenner) dem Idioten (mir) den Wein erklärt. Deshalb geht es bei uns betont relaxt zu. Das Produkt spricht für sich.«

Single ist ein Doppelter

Es gibt zwei erstklassige Gins, den traditionellen *Empire* und den deutlich kräftigeren *Orient.* Während ›normaler‹ Gin etwa 43 % Alkoholgehalt aufweist, haben Pienaar & Son auch eine *Drought Edition* (Dürre-Edition) im Angebot. Das Motto des 80 %igen, wassersparenden Gins ist: *›If you want a double, pour a single‹* – Wenn du einen Doppelten möchtest, schenk dir einen Einfachen ein.

Adressen

The Gin Bar: 64A Wale St., T 071 241 22 77, www.theginbar.co.za, Mo–Do 17–0, Fr/Sa 15–18.30 Uhr

Cause & Effect: 2A Park Rd., MLT House, Gardens, T 072 917 11 83, Facebook: Cause Effect Cocktail Kitchen, Di–Fr 12–1.30, Sa 20–1.30 Uhr

The Drinkery: Heritage Sq., 100 Shortmarket St., T 071 191 50 34, www.instagram.com/thedrinkeryza, Mo–Fr 17–23.30, Sa 18–23.30 Uhr

Und was wird die Zukunft bringen? »Whiskey«, sagt Andre und zeigt auf zwei gerade befüllte Fässer aus amerikanischer Eiche. »Die werden in etwa drei Jahren wieder geöffnet. Dann haben wir einen Whiskey-Trend am Kap. Und ich bin bereit. Wenn nicht, dann trinken wir ihn selber.« Ein guter Grund, um mal wieder bei Pienaar & Son vorbeizuschauen.

Gruftiger Gin

Nach so viel Probieren fehlt zum perfekten Abschluss des *Gin Jols* nur noch eine passende, stilvolle Gin-Bar, wo es zur Abwechslung mal einen kompletten Gin & Tonic gibt und nicht nur ein kleines Schlückchen. Eine der coolsten und skurrilsten von ihnen – **The Gin Bar** – befindet sich in einem ehemaligen Leichenschauhaus. Der gruftige Raum mit seinen uralten und rohen Backsteinmauern (siehe unten Foto) ist nur zu erreichen, indem man einen Boutique-Schokoladen-Laden und einen verträumten Mini-Innenhof durchquert. Na dann, cheers! Die hier offerierten Gin-Cocktails wecken selbst Tote auf. Oder vielleicht auch besser nicht.

In Deutschland erhältlich

Bei **The Cape House** (www.capehouse.eu) in Mainz gibt es eine ganze Reihe südafrikanischer Gins direkt zu kaufen.

mittlerweile herumgesprochen, daher rechtzeitig buchen!

110 Harrington St., City, T 076 220 54 58, www.bellyofthebeast.co.za, Di–Sa 12–14, 18.30–23, So/Mo 12–14, 18.30–23 Uhr, €€€

Top-Seafood in simplem Ambiente

16 **Sea Breeze Fish & Shell:** Schlicht möbliert, aber kulinarisch hochklassig ist dieses Meeresfrüchte-Restaurant in der Fressmeile Bree Street. Die Karte umfasst klassische und Kap-malayisch beeinflusste Gerichte, wobei Letztere oft einen besonderen Touch haben. Ausführliche Weinkarte. Tipp: zweimal täglich Austern-Happy-Hour.

213 Bree St., City, T 074 793 93 49, www.seabreezecapetown.co.za, tgl. 12–21.30 Uhr, €€

Kreativster Koch am Kap

17 **Chef's Warehouse at the Bailey:** Direkt gegenüber vom ehemaligen Chef's Warehouse hat der irische Promi-Chef und Multi-Restaurantbesitzer Liam Tomlin im März 2023 seinen neuen Esstempel im Erdgeschoss des The Bailey eröffnet. Und die altbekannten kulinarischen Spezialitäten sind zurück: Salz- und Pfeffer-Tintenfisch mit Chilli *(salt & pepper squid with chilli)*, Ananas und karamelisierter Ingwer *(pineapple & caramelized ginger)*, vietnamesische Reispapierrollen *(Vietnamese rice paper rolls)* und sein klassisches Risotto. Dazu gibt es einige neue Gerichte, konzeptionalisiert von Liam und dem Chef des im Gebäude darüberliegenden The Bailey, Asher Abramowitz.

The Bailey, 91 Bree St., City, T 021 773 04 40, www.the-bailey.co.za, Mo–Sa 12–21 Uhr, €€€

Funky-historisch

18 **Café Mozart on Church:** Vom extrem kreativen Madame Zingara aufgepeppter Klassiker in einem historischen Haus, wo günstige und ausgefallene Gerichte serviert werden. Tische im Freien mit Blick auf den Church-Street-Antikmarkt.

37 Church St., City, T 021 422 17 65, https://mozartonchurch.co.za, Mo–Sa 9–17 Uhr, €

Schlicht Japanisch

19 **Downtown Ramen:** Hier wird deutlich mehr Wert auf das Essen gelegt als auf die Einrichtung, die eher schlicht ist. Wie der Name schon sagt, werden hier japanische Nudelsuppen und Bao (brotähnliche Knödel, gefüllt mit Fleisch oder Vegetarischem) serviert. Für den Durst gibt es japanisches Bier.

103 Harrington St., City, T 068 150 34 20, FB: Downtown Ramen, Mo–Sa 12–23 Uhr, €

Cooles Interieur

20 **Thirty Ate:** Die Küche mixt geschickt europäische und afrikanische Einflüsse, mit Schwerpunkt auf den exzellenten Fleischsorten, die Südafrika zu bieten hat. Neben Steaks, die auf der Zunge zergehen, gibt es Meze, Calamari, Gourmetburger und dekadente Nachspeisen. Außerdem günstige Tagesgerichte.

The Grand Daddy, 38 Long St., City, T 021 424 72 47, www.granddaddy.co.za, Mo–Fr 6.30–22, Sa/So 7.30–22 Uhr, €€

Kult-Japaner

21 **Obi Restaurant:** Besitzer Papa San besaß einige Kult-Restaurants in Tokio, bevor es ihn in Kapstadts Long Street verschlug. Entsprechend weit sind seine zeitgenössischen und ausgefallenen japanischen Gerichte von den zumeist erhältlichen Rainbow Rolls entfernt. Tipp: das Bento Box Lunch Special mit Miso-Suppe, Krabben California Rolls, Lachsrose, Nigiri (Thunfisch und Lachs) sowie vegetarisches Tempura mit Tentsuyu-Sauce.

14 Long St., City, T 021 418 40 40, www.obirestaurant.co.za, Di–Sa 12–14, 18–21 Uhr, €€

Cars & Coffee

22 **Dapper:** Hervorragende Frühstücke und leichte Lunches mit einer Kulisse, die das Herz jedes Oldtimer-Fans schneller schlagen lässt. Der Coffee Shop befindet

sich in den gleichen Räumen wie der Klassiker-Händler Club 9 Showroom (www.club9.co.za).

61 Bree St., T 021 001 25 60, www.dappercoffeeco.co.za, Mo–Fr 7–15, Sa 8–12 Uhr, €

Nicht nur Kaffeemaschine

23 **House of Machines:** Neben prima Kaffee, leckeren, kleinen Gerichten, Craft-Bieren, coolen Männerklamotten und Livemusik gibt es in dieser hippen Bar auch einen Custom-Motorrad-Shop, der durch eine Glaspartition vom Rest des Lokals getrennt ist. Prädikat cool.

84 Shortmarket St., T 021 426 14 00, www.thehouseofmachines.com, FB: The House of Machines, Mo–Fr 7–0, Sa 9–24 Uhr, €

Schlürfen erlaubt

24 **Ramenhead:** In Japan ist es verpönt, in Ramen-Restaurants während des Essens zu reden. Aber dafür darf man (und frau) die Suppen schlürfen und sogar aus der Schüssel trinken. Also Serviette umlegen und los. Kunden sehen, wie die Nudeln vor Ort handgemacht werden. Die nahrhaften Brühen ›reifen‹ oft tagelang. Die Speisekarte ist klein, aber die Gerichte sind sehr lecker und fair gepreist. Cooles Interieur. Wie in Japan üblich, kann nicht vorgebucht werden – also Geduld mitbringen.

Ground Floor, Speaker's Corner, 37 Parliament St., T 067 312 80 61, www.ramenhead.co.za, Di 18–21, Mi–Sa 12–14.30, 18–21 Uhr, €€

In Kapstadt und der Kapprovinz gibt es so viele hervorragende Restaurants, dass es mehrere Urlaube braucht, um alle auszuprobieren!

Nachhaltig Fisch genießen

25 **Galjoen:** Vom erfolgreichen Belly-of-the-Beast-Team wurde im Juni 2023 dieses nachhaltige Fischrestaurant eröffnet. Nur Meeresfrüchte, die auf der grünen Liste stehen und lokal gefangen werden, kommen auf den Tisch. Was es nicht in Südafrika gibt, steht nicht in der Karte. Außerdem bezieht Galjoen seine frische Ware ausschließlich von kleineren Fischfangunternehmen. Vorherige Reservierung notwendig (Buchung über die Website, nicht telefonisch). Semi-industrielles Hafenambiente.

99 Harrington St., City, www.galjoencpt.co.za, Mi–Sa Lunch ab 12.30, Di–Sa Dinner ab 18.45 Uhr, €€

Günstiges Thai-Essen

26 **Simply Asia:** Im historischen Heritage Square untergebracht, mit Tischen im Freien. Leckeres und günstiges Thai-Essen mit allen Klassikern wie Ente, Hühnchen, Nudeln und viel Vegetarischem.

96 Shortmarket St., City, T 021 426 43 47, www.simplyasia.co.za, Mo–Fr 11–22, Sa/So 11.30–22 Uhr, €

Kapstadts trendigster Platz?

27 **The Nines:** Das Dachterrassen-Restaurant mit Cocktail Lounge ist definitiv einer der Trendplätze der Kapstädter Atlantik-Seite. Hier ist sehen und gesehen werden angesagt. Die 270-Grad-Aussicht auf Sea Point und den Atlantik ist grandios, speziell zum Sundowner, wenn die Sonne fast schon kitschig schön im Meer versinkt. Das Essen ist überraschend gut,

der Service trotz hektischer Betriebsamkeit aufmerksam. Einige kommen zum Lunch – und bleiben bis zum Sundowner. Sie fangen mit Austern und Sekt an, gefolgt von Alaska King Crabs, Tiger Prawns, Risotto oder einer Scholle *à la meunière* (Müllerinart). Die Speisekarte reicht von knackig-frischen Salaten bis zu trocken maturierten Steaks. Nicht zu vergessen sind die unwiderstehlichen Nachtische.

19 Kloof Rd., 9th Floor, Station House, Sea Point, T 021 745 66 09, www.thenines.co.za, tgl. 12–23 Uhr, €€€

Die besten Ribs der Stadt

28 **Jerry's Burger Bar:** Der Platz hat zwar ›Burger‹ im Namen, die schmecken auch nicht schlecht, aber der absolute Killer sind die vom Knochen fallenden Pork Short Ribs. Göttlich. Dazu ein Bier vom Fass.

Heritage Square, 98 Shortmarket St., City, T 021 569 13 55, www.jerrysburgerbar.co.za, tgl. 11–22.30 Uhr, €

Cocktails in Badewannen

29 **Soi Bar:** Neonlicht und Cocktails in Mini-Badewannen? Klingt im ersten Moment komisch, aber die asiatische Küche mit einem westlichen Touch enttäuscht nicht. Die Pekingente im Pfannkuchen ist genauso verführerisch wie das im Pfännchen brutzelndeTeriyaki-Beef. Besitzer Harry Huang wuchs im chinesischen Restaurant seiner Eltern in Gqerberha (dem ehemaligen Port Elizabeth) auf, und seine Detailverliebtheit inkludiert Cocktails wie den Apollo, der in einer pinkfarbenen Mini-Badewanne mit Schaum, Blütenblättern und einem kleinen Astronauten serviert wird. Das Interieur ist Instagram-erprobt.

9 Kloof Nek Rd., Gardens, T 079 038 28 93, www.soibar.co.za, Di–So 12–22 Uhr, €

Alkoholfrei

30 **Biesmiellah:** Kapmalaiisches Lokal mit vielen traditionellen Gerichten wie Breyani mit Huhn und Hammel sowie diversen Currys, kein Alkoholausschank.

2 Upper Wale St., Bo-Kaap, T 021 423 08 50, www.biesmiellah.co.za, €

Heimelig

31 **Starlings:** Wer nicht weiß, was sich hinter dieser unscheinbaren Hecke in Claremonts geschäftiger Belevedere Road befindet, fährt bestimmt daran vorbei. Das Restaurant ist in einem charmanten Wohnhaus mit Holzböden und einem herrlichen Garten untergebracht. Das Interieur erinnert an »Alice im Wunderland« – überall liebevolle Details und Ornamente, zu Lampenständern umfunktionierte alte Bücher, von der Decke hängen Teekannen. Zum Glück ist das Essen ebenso außergewöhnlich wie die Einrichtung. Es sieht gut aus und es schmeckt. Berühmt ist das Starlings für seine Peri-Peri Chicken Livers (Hühnerleber mit Chilli), serviert mit pochierten Eiern. Zum Frühstück sind die Eggs Benedict ein Gedicht. Und natürlich gibt es auch Kaffee und Tee und – ja – Käsekuchen.

94 Belvedere Rd., Claremont, T 072 051 04 91, www.starlings.co.za, Mo–Fr 7–16, Sa 7–15 Uhr, €

Viktorianisch auf zwei Etagen

32 **Upper Union:** Wieder so ein Ort, wo das Essen auf dem gleichen Niveau ist wie die absolut außergewöhnliche Inneneinrichtung. Auf zwei Stockwerken präsentiert sich das Upper Union elegant-viktorianisch. Kleine und große Gerichte, alles sehr geschmackvoll. Umfangreiche Weinliste und tolle Cocktails.

3 Upper Union, Gardens, T 021 891 03 60, www.upperunion.co.za, tgl. 11.30–22 Uhr, €€€

Schwein gehabt

33 **The Pot Luck Club & Gallery:** Das Restaurant mit der besten nächtlichen Aussicht auf Tafelberg, City und die Tafelbucht. Der Glas-Stahl-Bau wurde direkt auf das Dach eines riesigen, alten Getreidesilos gesetzt, hoch über der Biscuit Mill, wo sich

dieses weitere Lokal von Promikoch Luke Dale-Roberts befindet. Gäste gelangen mit einem gläsernen Aufzug nach oben. Der knusprige Schweinebauch mit Lukes XO-Dressing ist ein Gedicht, ebenso wie die Enten-Frühlingsrollen und die Gänseleber mit Champagnerchutney.

Old Biscuit Mill, 375 Albert Rd., Woodstock, T 021 447 08 04, www.thepotluckclub.co.za, Mo–Sa 12–14, 18–22 Uhr, €€€

Renaissance eines Klassikers

34 **Beluga:** Das bei Einheimischen und Besuchern beliebte Beluga mit euro-asiatischer Küche wurde im Jahr 2000 in The Foundry, einer ehemaligen Gießerei in Green Point, eröffnet. Wie bei vielen anderen Lokalen kam mit Covid das Aus. Jetzt ist der ›Wal‹ zum Glück wiederauferstanden. Nicht mehr im gemütlichen Backstein-Look wie zuvor, sondern modern, kühl und elegant, direkt dort, wo alle Passagiere der riesigen Kreuzfahrtschiffe an Land gehen. Die Speisen sind immer noch sehr gut, von den Austern über Sushi bis zu den Fisch- und Fleischgerichten. Die Aussicht auf den ›richtigen‹, eher industriellen Hafen ist anders als nebenan in der touristischen Waterfront.

Cape Town Cruise Terminal, 1. Stock, Duncan Rd., Waterfront, T 021 418 29 48, www.beluga.co.za, tgl. 7–22 Uhr, €€

Seafood mit grandiosem Blick

35 **Baia:** Eines der besten Seafood-Restaurants in Kapstadt, mit unschlagbarer Tafelberg-Aussicht. Der Besitzer ist Portugiese und kauft immer selbst den Fisch frisch und nur in höchster Qualität ein. Die Küche ist daher klassisch-exzellent.

Victoria Wharf, 1. Stock, T 021 421 09 35/36/37, www.baiarestaurant.co.za, Fr–So 12–15.30, tgl. 18–22 Uhr, €€€

Zweitbestes Restaurant im Land

36 **Pier:** Das Restaurant gehört zur La-Colombe-Gruppe, was bereits ein Garant für die Erfüllung allerhöchster kulinarischer Ansprüche ist. 2023 wurde es bei den alljährlichen ›Food Oscars‹, den Woolworths Eat Out Awards, nach dem La Colombe in Constantia selbst zum zweitbesten Restaurant des Landes gekürt. Also Kontostand checken – und ausprobieren. Das Lunch Menu und das Chef's Experience Menu gibt es auch für Vegetarier. Und natürlich existiert keine normale Weinkarte, sondern eine wahrhaftige Weinbibel. Eine herrliche Inneneinrichtung, erstklassiger Service und ein toller Blick auf den Hafen runden diese erlesene Essenserfahrung stilecht ab.

9 Breakwater Blvd., T 021 879 63 29, www.pier.restaurant, die Uhrzeiten erfahren Sie bei der Buchung, €€€

Ableger in der Waterfront

37 **Harbour House:** Das berühmte Fischlokal in Kalk Bay (an der Kap-Halbinsel) hat ein Schwester-Restaurant in der Waterfront eröffnet. Lichtes, luftiges IKEA-Ambiente mit viel hellem Holz und Glas, wo der frische Fisch aus dem Hafenstädtchen auf den Tisch kommt, hier wie dort mit Blick auf das Geschehen im Hafen. Ideal für Sundowner-Cocktails vor dem Essen auf der Terrasse im ersten Stock. Super Sushi-Bar.

Quay 4, T 021 418 47 44, 021 418 47 48, www.harbourhouse.co.za, tgl. 12–16, 18–22 Uhr, €€€

Indisch-mediterrane Fusionsküche

38 **The Yard:** Direkt neben dem berühmten Zeitz Museum of Contemporary Art Africa gelegen, im coolen Silo-Distrikt der Waterfront. Das Essen sieht nicht nur sehr fotogen aus, es schmeckt auch prima. Für den kleinen Hunger gibt es verschiedene Tapas.

Erdgeschoss, Silo 4, Silo District, T 021 879 11 57, www.theyardsilo.co.za, Mo–Sa 8–22, So 8–15 Uhr, €€

Ältester Hafenpub

Ferryman's Tavern: Gut besuchter Pub, in dem frisch gebrautes Bier ausgeschenkt wird. Die Atmosphäre ist gemütlich, mit vielen Holzbalken und Steinwänden über zwei Stockwerke. Ein echtes Original.

East Pier Rd., T 021 419 77 48, www.ferrymans.co.za, Facebook: Ferrymans Restaurant and Bar, tgl. 11–2 Uhr, €

Die afrikanische Seite der Stadt

Wer in der **Township** essen möchte, sollte das mit einer Township-Tour kombinieren, das ist sicherer und außerdem sind dann die meist traditionellen Gerichte im Preis enthalten. Für ein typisches Township-Essen empfiehlt sich:

Mzanzi Restaurant: Authentische südafrikanische Township-Essenserfahrung am Büfett von Nomonde und Vukile Siyaka. Die einzelnen Gänge sind nichts Besonderes: Chakalaka, Krautsalat, gegrilltes Hühnchen, traditioneller Eintopf, Umnqusho und Malva-Pudding. Aber so soll das Essen hier sein – bodenständig, hausgemacht, zum Wohlfühlen. Die Atmosphäre ist lebendig, zum Essen spielt eine Township-Marimba-Band live. Vorbuchung notwendig. Mit Uber oder Taxi fahren oder den Begleitservice nutzen. Sie erreichen den sicheren Parkplatz von Mzanzi und werden bei der Rückfahrt flankiert von einem Mitarbeiter.

15 km außerhalb des Zentrums von Kapstadt, 45 Harlem Ave., Langa, T 073 709 23 24, www.mzansi45.co.za, tgl. Frühstück, Lunch & Dinner, festes Menü, €€

Einkaufen

Shoppen in allen Facetten

In der **Long Street** ❾, der längsten und ältesten Straße Kapstadts, findet sich eine Fülle an Läden mit Trödel, antiquarischen Büchern, alten Comics, Vintage-Klamotten und vielem mehr. Achtung: nicht nach Einbruch der Dunkelheit in der Long Street shoppen, dann ist eher die Waterfront angesagt.

MASSGESCHNEIDERTE KUNSTTOUREN

Die Kunstkenner von **Artroute** (www.artroute.co.za) organisieren individuell zusammengestellte Touren in kleinen Gruppen zu lokalen Künstlern und Galerien. Mit leckerem Pop-up-Lunch im Trendviertel Woodstock. Die Werke können dann direkt bei den Künstlern gekauft werden, was natürlich preislich attraktiver ist, als sie in Galerien zu erwerben.

Afrikanisches Design

1 **Merchants on Long:** Mode & Lifestyle vom gesamten afrikanischen Kontinent. Kerzen, Düfte, Ornamente, wunderbares Geschirr, coole Kinderbücher und einzigartige Stofftiere (Website checken). Und das alles präsentiert in einem der schönsten historischen Häuser der Stadt. Der Shop in dem Gebäude von 1896 ist schon allein eine Sehenswürdigkeit für sich.

34 Long St., City, T 021 422 28 28, 021 286 41 78, FB: Merchants on Long, www.merchantsonlong.com

Shopping im Hafen

Kapstadts meistbesuchte Attraktion, die **Victoria & Alfred Waterfront** ⓲, bietet Einkaufen im pittoresken Hafenviertel.

T 021 408 76 00, www.waterfront.co.za, Mo–Sa 9–21, So 10–21 Uhr

Kunst aus Straußeneier-Schalen

2 **Avoova:** Zu den stilvollsten Südafrika-Souvenirs gehören die Kreationen aus Straußeneier-Schalen von Avoova. Die kleinen Scherben werden zu versiegelten Mosaiken zusammengesetzt. Diese finden sich in Möbeln, Dekostücken, Modeschmuck und Alltagsgegenständen wie Kerzenständern, Schalen und Tellern wieder.

17 Dock Rd., V&A Waterfront, T 066 565 36 88, www.avoova.com

Schönheit liegt ja bekanntlich im Auge des Betrachters. Auf dem Church Street Market findet man sowohl Kitsch als auch Kunst.

Mode von lokalen Designern

3 **Mungo & Jemima:** Für »Frauen jeden Alters« gibt es hier stilvolle, südafrikanische Mode und Accessoires. Qualitativ hochwertig und exklusiv.

Shop 2, Dock Rd., T 021 418 11 80, www.mungoandjemima.com, tgl. 10–19 Uhr

Das Größte

4 **Canal Walk:** Afrikas größtes Einkaufszentrum, direkt an der N 1.

Century Blvd., Century City, T 021 529 96 99, www.canalwalk.co.za, tgl. 9–21 Uhr

Bereit für Abenteuer?

5 **Cape Union Mart:** Ein Paradies für Outdoor-Fans. Hier gibt es alles, vom Wanderschuh übers Zelt bis zum GPS-Gerät. Der Cape Union Mart hat mehrere Filialen im Land, aber der Waterfront-Shop ist der größte, mit der besten Auswahl und absolut sicher zum gemütlichen Einkaufen.

Shop 142, 19 Dock Rd., T 021 419 00 19, www.capeunionmart.co.za, tgl. 9–21 Uhr

Künstlerisch

6 **Imagenius:** Aufwendig dekorierter Laden mit ausgefallenen Geschenkideen, die allesamt von südafrikanischen Designern und Künstlern entworfen und hergestellt wurden.

Shop B7 Watershed, V&A Waterfront, T 060 962 28 70, Facebook: Imagenius Cape Town, tgl. 10–18 Uhr

Original südafrikanisch

7 **Carrol Boyes Functional Art:** Eine der bekanntesten südafrikanischen Künstlerinnen. Die funktionale, greifbare, handschmeichelnde Kunst, bestehend aus Bestecken, Vasen, Türgriffen, Seifenhaltern usw., gefertigt aus Zinn, Aluminium und Edelstahl, wird auch weltweit in exklusiven Shops angeboten. Die sinnlichen Kreationen gehören zu den schönsten Made-in-South-Africa-Souvenirs. Carrol Boyes hat im Lower Level des Victoria Wharf Shopping Centre einen eigenen Laden, weitere Shops finden sich in Cavendish, im Canal Walk sowie in Paarden Eiland.

Shop No 6180, V&A Waterfront, T 021 418 05 95, www.carrolboyes.com

Antik

8 **Church Street Market:** Die Antikläden der Straße offerieren Teile ihres Angebots auch unter freiem Himmel.

Zwischen Burg und Long St., City, Mo–Sa 8–16 Uhr

Schöner shoppen

Der Markt auf Kapstadts schönstem Platz – dem **Greenmarket Square** 10 – ist eine Institution: T-Shirts, Kleidung, Kunsthandwerk.

City, Mo–Fr 8–17, Sa 8–14 Uhr

Wochenendmarkt

9 **Neighbourgoods Market:** Eine historische, abbruchreife Keksfabrik wurde hier vor vielen Jahren im trendigen Stadtteil Woodstock mit Restaurants und Geschäften stilvoll restauriert. Samstags fin-

det ein Markt statt, der Neighbour Goods Market, für Freunde guten Essens und Trinkens. In einer Art Markthalle sind dann Dutzende von Ständen mit allen Arten von kulinarischen, biologisch und natürlich hergestellten Genüssen aufgebaut.

Old Biscuit Mill, Woodstock, 373–375 Albert Rd., T 021 448 14 38, www.neighbourgoodsmarket.co.za, Sa 9–15 Uhr

Mediale Kunst

10 **Association for Visual Arts (AVA) Metropolitan Gallery:** Zeitgenössische südafrikanische Kunst aller Medien, weltweiter Versand der Kunstobjekte, nicht profitorientiert.

35 Church St., T 021 424 74 36, www.ava.co.za, Mo–Fr 10–17, Sa 10–13 Uhr

Pop Art & funky

11 **Worldart:** Pop Art und andere, coole zeitgenössische Kunst hängt in dieser Galerie in Kapstadts Antikmeile. Das Ambiente ist lebendig und jung.

54 Church St., T 021 423 30 75, www.worldart.co.za, Mo–Fr 10–17, Sa 10–13 Uhr

Naturstudien

12 **The Cape Gallery:** In einem schön restaurierten, historischen Haus untergebracht, spezialisiert auf Studien von Pflanzen, Tieren, vor allem Vögel von südafrikanischen Künstlern.

60 Church St., T 021 423 53 09, www.capegallery.co.za, Mo–Fr 9.30–17, Sa 10–14 Uhr

Bewegen

Über den Wolken

1 **Hoch hinaus:** Mit einem Tandem-Gleitschirmflug vom Lion's Head oder Signal Hill aus Kapstadt aus der Vogelperspektive erleben (ab 1200 Rand).

Hi5 Tandem Paragliding, T 082 825 11 11, www.hi5paragliding.co.za
Wallendair, T 021 762 24 41, www.wallendair.com

DA TAUCHT WAS

Im 6 m tiefen Tank des **Predator Exhibit** im **Two Oceans Aquarium** tauchen nicht nur Seeschildkröten, Rochen, schwarze Muschelknacker mit menschenähnlichen Gesichtern, sondern auch Sie, wenn Sie Lust haben. Ihre Begleiter können Sie dann von außen im Tank fotografieren. Dieses Unterwasser-Abenteuer ist in natürlicher Umgebung, also freier, mariner Wildbahn nicht so wiederholbar. Voraussetzung ist eine PADI-Open-Water-Tauch-Qualifikation. Wer noch nie vorher getaucht ist, kann den eintägigen Scuba-Kurs mit dem Divemaster Iain Robertson buchen. Seine Tauchschule findet sich seit vielen Jahren im Aquarium. Tank-Tauchen kostet 1045 Rand inkl. Ausrüstung, ein Auffrischungskurs 1665 Rand.

Luftige Höhen

2 **Abseiling vom Tafelberg:** Aus adrenalinfördernder Höhe wird abgeseilt – inklusive eines unvergleichlichen Ausblicks. Im Programm sind auch Gipfelwanderungen.

Activity Hub: Simon's Town, Western Cape, www.activityhub.co.za, 850 Rand

EISLAUFEN

Attraktion im Olympiaformat für große und kleine Kinder ist die Eisbahn The Ice Station. Schlittschuhe können vor Ort ausgeliehen werden. Es finden auch regelmäßig Eisrevuen mit Kunsteisläufern aus aller Welt statt. Ein aktueller Veranstaltungsplan findet sich auf der ausführlichen Website www.icerink.co.za.

TOUR
Sax in the City

Jazz-Tour durch die Mother City

Jazz ist in Südafrika mehr als eine Musikrichtung unter anderen. Er repräsentierte nach dem Zweiten Weltkrieg ein Stück urbaner Kultiviertheit – und war Ausdruck des Protestes gegen die Apartheid. Auf einer Tour durch Kapstadts Jazz-Szene lässt sich daher nicht nur hervorragende Musik, sondern auch viel Geschichte entdecken.

Sonntag ist Jazz-Tag

Auch wenn es zunächst verwunderlich klingen mag: Kein Tag eignet sich besser für eine Jazz-Tour durch die Mother City als der Sonntag. Schon vormittags können Sie im Hotel **Winchester Mansions** in **Sea Point** mit einem Live-Jazz-Brunch starten, der bei schönem Wetter im lauschigen Innenhof stattfindet. Dort erwarten Sie nicht nur ein Glas Sekt und ein kostenloses Exemplar der Sonntagszeitung, sondern auch verschiedene Eiergerichte, Sushi und Nachspeisen am Büfett. Sollten Sie danach immer noch nicht genug (von Jazz und/oder Essen) haben, geht es weiter zum Lunch in das herrlich opulent dekorierte **Kloof Street House** mit seinem schönen Garten. Jeden Sonntag gibt es dort von 13 bis 15 Uhr Jazz live im Garten.

Infos zu Jazzkonzerten: u. a. in »Top of the Times« (Beilage der »Cape Times«), im »Argus« sowie im Magazin »Cape«

Erinnerung an den District Six

Der dritte und letzte Stopp unserer Tour liegt etwas außerhalb der Stadt. Im stilvollen **Hanover Street Jazz Club** im **Grand-West-Casino-Komplex** treten regelmäßig afrikanische Größen wie Jimmy Dludlu und Mama Kaap auf. Der Name des Clubs erinnert an die einstige Hanover Street (heute Darling Street), die eine der bekanntesten Straßen im multikul-

Live-Jazz unter freiem Himmel an der Waterfront

turellen District Six war, der in der Zeit der Apartheid dem Erdboden gleichgemacht wurde. Die Verbindung zwischen Jazz und Apartheid kommt nicht von ungefähr: In den 1960er-Jahren fielen die neuen Klänge der schwarzen Musikbewegung aus Amerika in Südafrikas Townships auf fruchtbaren Boden, sie standen für eine schwarze amerikanische Kultur, die sich nicht nur in der Musik, sondern auch in Mode und Sprache widerspiegelte und als modern und erstrebenswert galt – im krassen Gegensatz zu dem Lifestyle, den die südafrikanische Regierung propagierte.

Jazz am Kap

Der Cape Jazz kombinierte amerikanische Traditionen mit lokalen Klängen, also mit den Einflüssen zugewanderter Bevölkerungsgruppen, der Kirchenchöre und Township-Bands. Einflüsse, die deutlich bei den international bekannten Interpreten **Abdullah Ibrahim** (der 2023 seinen 88. Geburtstag feierte), **Basil Coetsee** (1998 verstorben) oder **Robbie Jansen** (2010 verstorben) zu hören sind. Nach dem Ende der Apartheid waren es ausländische Musiker, allen voran Paul Simon, die auf Südafrikas Jazz-Talente aufmerksam machten. Seither expandiert die Kapstädter Jazz-Szene ständig. Exilanten kehrten zurück, internationale Stars reisen zu Auftritten an, und das öffentliche Interesse an Jazz-Konzerten ist groß. »Breakfast Included« (www.breakfastincluded.co.za), »Straight and Narrow«, Dan Shout (www.danshout.co.za) – wer gern Jazz hört, sollte im aktuellen Livemusik-Programm auf diese Namen achtgeben. Und wenn der 66 Jahre alte Jimmy Dludlu spielt – nicht lange überlegen, unbedingt sofort buchen!

Infos

Grand West Casino: 1 Vanguard Drive, Goodwood, T 021 505 77 77, www.grandwest.co.za

Kloof Street House: 30 Kloof St., City, T 021 423 44 13, www.kloofstreethouse.co.za

Winchester Mansions: 221 Beach Rd., Sea Point, T 021 434 23 51, www.winchester.co.za, Live-Jazz-Brunch So 11–14 Uhr, 195 Rand/Person

S

BESONDERE STADTRUNDFAHRTEN

Die informative, zweistündige Stadtrundfahrt mit **City Sightseeing Cape Town** (Tickets ab 180 Rand bei Online-Buchung unter www.citysightseeing.co.za, T 021 511 60 00) bietet einen guten ersten Überblick über das, was es in Kapstadt zu sehen und zu unternehmen gibt. Gefahren wird in doppelstöckigen, oben offenen Bussen. Man kann die Tour am Stück fahren oder an den einzelnen Stationen (Waterfront, Clock Tower, Cape Town Tourism, Iziko S. A. Museum, Castle, Gold Museum, Jewel Africa, Cableway, Camps Bay, Sea Point) aussteigen und später weiterfahren. Die Stadtrundfahrt kann auch telefonisch gebucht werden. Neben der roten gibt es auch die blaue Route (je 17 Stopps), die in die Vororte und die Kap-Halbinsel entlang bis Hout Bay führt.

Schöne Aussichten

❸ **Tafelbucht-Trip:** Das Segelschiff Spirit of Victoria legt an der Waterfront ab; auch *sunset* und *champagne cruises.*

T 021 418 32 34, www.waterfrontadventures.co.za

Wassertaxi

❹ **Canal Cruise:** Lernen Sie die Waterfront vom Roggebaai-Kanal aus im Taxiboot kennen. Es gibt vier Stopps, an denen beliebig ein- und ausgestiegen werden darf: One & Only Hotel, City Lodge, Harbour Bridge und Cape Town International Convention Centre, wo sich auch eine Haltestelle des Cape-Town-Sightseeing-Busses befindet. Bus und Taxiboot lassen sich gut kombinieren.

City-Sightseeing-Kiosk, Dock Rd., T 0861 733 287, www.citysightseeing.co.za/en/capetown/city-sightseeing-harbour-cruise, Tickets 35/64 Rand sind online, direkt auf dem Boot oder am Ticketkiosk vor dem Aquarium erhältlich

Rundflug über Kapstadt

❺ **Heliport:** Von der Waterfront aus zur Kap-Halbinsel oder ins Weinland.

Infos: Cape Town Tourism, T 021 408 76 00

Ab in den Canyon

Bei **Xtreme Adventures** kann man neben einigen anderen Abenteuersportarten auch einen Kloofingtrip durch die **Suicide Gorge** buchen.

www.extremescene.co.za

Afrikanisches Herz der Stadt

Organisierte Township-Touren am besten im Kapstädter Tourismusbüro oder über das Hotel/B&B, in dem übernachtet wird, buchen. Auch direkt bei den folgenden Anbietern:

Township Tours Cape Town, T 072 624 42 11, www.townshiptoursimivuyo.co.za
Uthando, T 021 683 85 23, www.uthandosa.org. Liebevoll geführte, private Halbtagestouren. Besucher lernen viel über soziale Programme in den Townships.
Nomvuyo's Tours, T 083 372 91 31, www.nomvuyos-tours.co.za. Geführte Tour durch Khayelitsha, der Schwerpunkt liegt hier auf persönlichen Kontakten mit den Bewohnern.

Ausgehen

Wo bin ich?

The Art of Duplicity: Gehört zu den 50 besten Bars der Welt, sie muss aber erstmal gefunden werden. Eine Ode an die Prohibitionszeit der 1920er-Jahre in den USA. Hier gibt es die beste Cocktail-Erfahrung der Stadt, sowohl von der Substanz als auch vom Stil her. Besucher müssen den Hinweisen auf der Website folgen und zwischen den Zeilen lesen können, um diese Bar, die in einem ehemaligen Lagerhaus hinter einer Ladenfront von 1894 untergebracht ist, zu finden. Sie ist deshalb auch

nicht im Cityplan markiert. Ich will Ihnen ja nicht den Suchspaß verderben. Mi, Fr & Sa spielt ab 21.30 Uhr eine Live-Jazzband.
www.170120.co.za

Wartezimmer

1 The Waiting Room: Was ursprünglich als ›Wartezimmer‹ für das darunterliegende Royale-Eatery-Restaurant gedacht war, ist nun ein funkiger Club mit Blick auf die Long Street. Di ist immer Livemusik und Mi–Sa sorgen DJs für Stimmung.
273 Long St., T 021 422 45 36, Facebook: The Waiting Room, Mo–Sa 17–2 Uhr (Sommer),, Di–Sa 18–2 Uhr (Winter)

Guinness vom Fass

2 The Dubliner: In dem typisch irischen Pub, untergebracht in einem historischen Haus, gibt es neben Guinness vom Fass auch Pubgerichte und abends (Mo–Sa) Livemusik. Laut und ab 22 Uhr immer gute Stimmung.
251 Long St., City, T 021 424 12 12

Kapstadt im Kleinen

3 Grand West Casino: Die Kasinogebäude sind Kopien berühmter historischer Gebäude Kapstadts wie des Postamts, der Bahnhofsstation, der Tivoli Music Hall und des berühmten Grand Hotel, das einst in der Adderley Street stand und in dem sich Gäste stilvoll aufs Ohr legen können. Die Grand-West-Interpretation sieht allerdings nur von außen aus wie das abgerissene, historische Hotel. Neben Blackjack und Einarmigen Banditen gibt es viel Show- und Musikentertainment im Roxy und Hanover Street Night Club. Der Restaurantkomplex mit ständigem Dämmerhimmel ist im Stil eines alten Kapstädter Viertels The District genannt.
1 Vanguard Drive, Goodwood, T 021 505 77 77, www.grandwest.co.za

Kultiviert absacken

4 The Blue Room @ Grub & Vine: Die Livemusik- und Cocktail Lounge des Grub-&-Vine-Restaurants. Angenehmes Interieur mit Ledersofas, Holzböden, exponierten Backsteinwänden und Marmortischplatten. Imponierende Wein- und Cocktail-Liste. Die Musikrichtung passt zur Inneneinrichtung – gefühlvolle Jazz- und Blues-Musik, interpretiert von den besten Musikern des Landes.
103 Bree St., T 087 153 52 44, www.theblueroom.co.za, Live-Konzerte Di–Sa ab 20, Dinner Di–Sa 18–19.30 Uhr

Angesagt

5 Cabo Beach Club: Cooler geht es kaum, allein der transparente Pool ist einen Besuch wert. Hier trifft sich das trendige Kapstadt zum Essen und Cocktailtrinken, zum Im-Liegestuhl-Liegen und Die-Füße-in-den-Sand-Stecken. Die Preise für das prima Essen und die Getränke, einschließlich exzellenter Weine, sind trotz des trendigen Ambientes sehr fair.
12 South Arm Rd., V&A Waterfront, T 021 137 54 01, www.cabobeachclub.co.za, tgl. 12 Uhr bis spät

Lassen Sie sich mitreißen vom chaotischen Coon Carnival!

Feiern

- **Cape Minstrel Carnival (Coon Carnival):** ca. 3 Wochen ab 2. Januar, Tweedenuwejaar. Tausende von Coloureds ziehen an Karneval in ihren farbenprächtigen Satinkostümen singend und tanzend durch die Straßen zum Stadion von Green Point, wo ein großer Sängerwettbewerb stattfindet.
- **Cape Town E-Prix:** Febr. Mit dem vollelektrischen E-Prix demonstriert Kapstadt eindrucksvoll seine Nachhaltigkeit. Und mit dem Kurs durch die Straßen der Stadt, zwischen Tafelberg und Tafelbucht, macht die Mother City so richtig einen auf Monaco.
- **Cape Town Cycle Tour:** Anfang bis Mitte März. Eine Woche nach der Fahrradmesse Lifecycle Week in der Waterfront folgt das größte Radrennen der Welt, die Cape Argus Pick n Pay Momentum Cycle Tour (www.capetowncycletour.com).
- **Two Oceans Marathon:** Kapstadts berühmter Oster-Marathon, wo es 56 km rund um die Kap-Halbinsel geht (www.twooceansmarathon.org.za).
- **MCQP Mother City Queer Project:** Großes Schwulenfestival mit spektakulärer Parade in der City (FB: MCQP).
- **Encounters – South African International Documentary:** Film Festival, Dokumentarfilme mit afrikanischem Fokus (www.encounters.co.za).

AUTORENTIPP

In Kapstadt und Umgebung nehme ich gerne ein **Uber.** Es ist das sicherste und zuverlässigste Nahverkehrsmittel. Ich habe die kostenlose Uber-App auf meinem Handy, mit der Barzahlungsoption. Wo immer ich dann in Kapstadt bin, die App findet meine Position. Ich tippe ein, wohin ich fahren möchte, und die App sagt mir exakt, was das kosten wird. Ich bestätige, und in normalerweise wenigen Minuten ist der Fahrer da. Seine aktuelle Position kann ich auf dem Handy-Display verfolgen, genau wie die verbleibende Zeit bis zu seinem Eintreffen. Auch Autotyp und Kennzeichen erscheinen vorher auf dem Display. Checken Sie, ob es das richtige Fahrzeug ist! **UberX** sind Kleinwagen für bis zu vier Pers., **UberXL** größere Fahrzeuge für bis zu sechs Pers. und die etwas teureren **UberBlack** Limousinen wie Mercedes C-Klasse. Uber-Tarife sind deutlich günstiger als normale Taxigebühren. Von den südlichen Vororten in die City kostet ein UberX ca. 350 Rand, vom Cape Town International Airport an die Waterfront etwa 400 Rand. Infos: www.uber.com.

Infos

- **Cape Town Tourism:** Touristeninformation, die Unterkünfte und Mietwagen reservieren kann und Infos über Stadt und Umgebung bereithält, Internetcafé, Souvenirshop, Buchungen für Nationalparks.
City Centre Visitor Centre, The Pinnacle, Ecke Burg/Castle St., T 086 132 22 23, www.capetown.travel, Okt.–März Mo–Fr 8–18, Sa 8.30–14, So 9–13 Uhr, April–Sept. Mo–Fr 8–17.30, Sa 8.30–13, So 9–13 Uhr

- **Anfahrt und Herumkommen:** Um von Kapstadt in andere größere Städte des Landes zu gelangen, empfiehlt sich als Verkehrsmittel das Flugzeug. Günstiger, dafür deutlich langsamer, sind die komfortablen Überlandbusse und Züge (nur erste Klasse empfehlenswert). In Kapstadt kann man auf das neue Busnetz von MyCiti (www.myciti.org.za) zurückgreifen; Fahrten mit der Bahn sind hingegen nicht zu empfehlen, da das Überfallrisiko zu hoch ist. Bei den recht günstigen Mietwagentarifen empfiehlt es sich, ein Auto zu mieten.

Zugabe The Lost Highway

Perfekte Filmkulisse

Mitten in Kapstadt steht seit den 1970er-Jahren eine Überführung, die im Nichts endet: die Foreshore Freeway Bridge. Das Mahnmal für Misswirtschaft ist ein sehr beliebtes, internationales Film- und Fotomotiv. Etliche Fahrzeuge sind nach Hollywood-typischen Autojagden hier bereits fotogen in die Tiefe gestürzt und – natürlich – explodiert. Das bei Retrorentals (www.retrorentals.co.za) gemietete Mercedes SL-Cabrio zum Glück nicht. ■

Kap-Halbinsel

Einer von Südafrikas schönsten Tagestrips — Auf der Kaprunde, zwischen False Bay und Atlantik, gibt es Wildlife pur: Pinguine, Paviane, Wale und Weiße Haie. Höhepunkt ist die spektakuläre Küstenstraße Chapman's Peak Drive.

Eintauchen

Seite 73

Kirstenbosch Botanical Gardens

Der botanische Garten von Kapstadt gehört mit Recht zu den schönsten der Welt. Und die sommerlichen Picknick-Konzerte sind ein Muss.

Seite 75

Fischessen in der Gischt

Aussichtsreicher lassen sich Meeresfrüchte wohl nirgendwo auf der Kap-Halbinsel genießen. Die Brandung spritzt direkt gegen die riesigen Glasfenster des Live-Bait-Restaurants in Kalk Bay.

Essen Kap-Paviane Meeresfrüchte am Strand?

Seite 81

Boulders Beach ✪

Hier lebt eine Festlandkolonie von Brillenpinguinen, die von Holzstegen aus nächster Nähe beobachtet und – am besten frühmorgens – fotografiert werden können. Das Reservat gehört zum Table Mountain National Park.

Seite 84

Schwimmen am Kap

Auf dem Weg zum Cape Point bieten sich die relativ angenehm temperierten Gezeitenpools in Bordjiesdrif und Buffels Bay zu einem erfrischenden Bad an.

Seite 86

Cape Point und Kap der Guten Hoffnung

Das sagenumwobene Kap gehört einfach zu einem Kapstadt-Besuch dazu. Folgen Sie auch den wunderbaren, weniger besuchten Nebenstrecken im Park – sie führen zu einsamen Gezeitenpools, in denen es sich brandungsgeschützt und menschlicher temperiert baden lässt, sowie zu einigen schönen Wanderwegen. Foto am berühmten Kap-Schild nicht vergessen!

Seite 76

Oben ohne

Mit einer lokalen Cabrio-Cobra-Replika ums Kap düsen – eine sinnliche Erfahrung, mit dem Wind im Haar, Meerluft in der Nase und Dutzende von Kurven. Highlight ist der Chapman's Peak Drive, eine der schönsten Küstenstraßen der Welt.

Seite 96

Premier Kap-Hits

Alan Winde, der Ministerpräsident der Western Cape Province, verrät im persönlichen Gespräch seine Lieblings-Locations und was man darüber hinaus am Kap auf keinen Fall verpassen sollte.

Das ›gestreifte Pferd‹ ist eine coole Surfer-Kneipe, mit leckeren Fish & Chips. (s. S. 75).

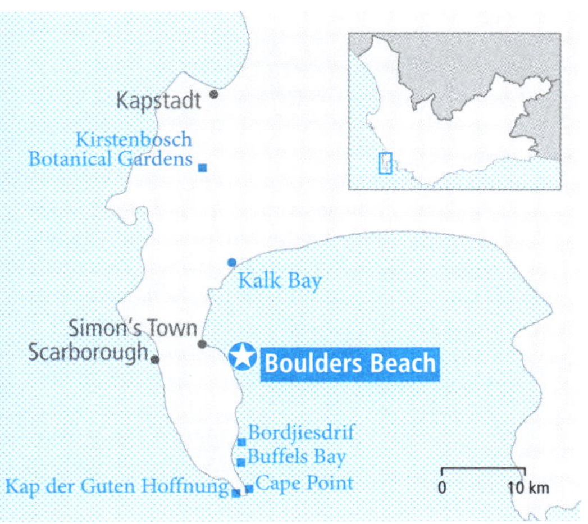

Affengeil: Die Paviane am Kap mopsen unachtsamen Besuchern nicht nur deren Sandwiches, sie öffnen mittlerweile auch unverschlossene Autotüren. Wann klaut einer der Primaten den ersten Mietwagen?

erleben

Schöne Aussichten rund ums Kap

Auf dem Weg zum berühmt-berüchtigten Kap der Guten Hoffnung gibt es einiges zu sehen und zu erleben. Erster Halt sind definitiv die **Kirstenbosch Botanical Gardens,** die zu den schönsten botanischen Gärten der Welt gehören. Entweder gemütlich durch die verschiedenen Vegetationszonen bummeln oder schweißtreibend die **Skeleton Gorge** (Skelettschlucht) zum Tafelberg hochkraxeln.

Erfrischender wird es dann in **Muizenberg,** an der False Bay, einem der beliebtesten Surferstrände Kapstadts. Hier ritt einst die berühmte Krimiautorin Agatha Christie die Wellen. Im pittoresken Hafenstädtchen **Kalk Bay** ankern nicht nur fotogen-bunte Boote, es gibt auch einige prima Fischrestaurants, direkt dort wo die Wellen auf die Felsen branden. Und Wühlmäuse kommen in diversen Trödelläden auf ihre Kosten.

Die sehr englisch wirkende, historische Marinestadt **Simon's Town** ist ebenso sehenswert wie die Pinguin-Festlandkolonie am Boulders Beach.

Jenseits von Simon's Town ist die Strecke dann so holprig und eng wie früher überall an der Kap-Halbinsel. Von **Smitwinkels Bay,** einem nur über einen steilen Fußpfad nach unten erreichbaren, kleinen Ort, ist es nicht mehr weit bis zum Eingang zum **Cape of Good Hope Nature Reserve** auf der linken Seite. Meistbesuchte Highlights im Park sind Cape Point und das Kap selbst mit dem meistfotografierten Schild Südafrikas.

Nach dem Kap der Guten Hoffnung folgt auf der wilderen Atlantikseite der permanent von Steinschlag gefährdete, 1922 eröffnete **Chapman's Peak Drive,** eine der spektakulärsten Küstenstraßen der Welt. Er verbindet **Noordhoek** mit **Hout Bay** über Dutzende von atemberaubenden Kurven. Einheimische nennen ihn liebevoll ›Chappies‹.

Den Abschluss der Kap-Runde bilden die Strandorte **Hout Bay, Camps Bay** und **Clifton** – allesamt ideale Sundowner-Locations.

O

ORIENTIERUNG

Infos: Ein Großteil der Kap-Halbinsel gehört zum Table Mountain National Park. Alle Infos finden sich auf der hervorragend gemachten Website der Nationalparkbehörde: www.sanparks.org.

Ankommen: Die Fahrt in das Cape of Good Hope Nature Reserve ist mit dem eigenen Auto möglich. Eintritt: 376/188 Rand Erw./Kinder. Bargeld wird nicht mehr akzeptiert.

Von Kapstadt an die False Bay

Karte 2, B 2–4

Am Anfang der Tour kommen die Botaniker unter den Reisenden voll auf ihre Kosten. Die **Kirstenbosch Botanical Gardens** wurden 1913 an den Südosthängen des Tafelbergs angelegt. Überragt vom mächtigen Castle Rock wachsen hier nahezu 6000 einheimische Pflanzen des südlichen Afrikas, vom riesigen *yellowwood tree* bis zu den kleinen Frühlingsblumen des Namaqualandes. Der 528 ha große Garten wird ausgiebig zur Umwelterziehung genutzt, und vormittags sind meist Gruppen von Schulkindern anzutreffen. Ein Gebiet von 36 ha ist mit Fußpfaden durchzogen, die zwischen Rasenflächen, Erika- und Proteen-Beeten verlaufen. Ein Teil der Bittermandelhecke, die der erste Kap-Gouverneur Jan van Riebeeck 1660 gepflanzt hatte, um die Kap-Kolonie vor angreifenden Buschmännern zu schützen, steht heute noch. Im Souvenirshop können Pflanzen für den heimischen Garten gekauft werden.

Eine Attraktion ist der **Centenary Tree Canopy Walk,** auch *The Boomslang* (Die Baumschlange) genannt, der 2014 zum 100. Geburtstag des Botanischen Gartens gebaut wurde. Eine 130 m lange Stahl- und Holzbrücke führt vom Waldboden durch die Bäume und deren Wipfel nach oben. Die 360-Grad-Aussichten auf die umliegenden Berge, den Garten und die Cape Flats ist grandios. Der Skyway verschwindet praktisch in den Bäumen, hat

Um das hundertjährige Bestehen der Botanical Gardens zu zelebrieren, wurde dort ein spektakulärer Baumwipfel-Wandersteg errichtet.

also einen kaum spürbaren Effekt auf die Umwelt. Er ist rollstuhlfreundlich und kostenfrei.

Rhodes Drive, T 021 799 88 99, www.sanbi.org/gardens/kirstenbosch, Facebook: Kirstenbosch National Botanical Garden, April–Aug. tgl. 8–18, Sept.–März tgl. 8–19 Uhr, 220/40 Rand Erw./Kinder, unter 6 Jahre Eintritt frei; Sunset Concerts, Dez.–April So ab 17.30 Uhr, s. Lieblingsort S. 73

ACHTUNG: HAI-SOCIETY

Die False Bay ist ein beliebter Aufenthaltsort für Weiße Haie. Grund ist die kleine Robbeninsel in der Bucht, wo sich deren Leibspeise in großer Zahl tummelt. Weil paddelnde Surfer von unten aussehen wie verletzt zappelnde Kap-Pelzrobben, kommt es immer wieder zu Angriffen – manche enden tödlich. Deshalb gibt es offizielle Hai-Beobachter entlang der False Bay. Gesponsert vom World Wild Life Fund (WWF) und ausgestattet mit polarisierten Sonnenbrillen, Ferngläsern und Funkgeräten, suchen sie das Wasser nach den Räubern der Meere ab. Ein Spotter sitzt oben am Boyes und am Clarence Drive, hoch über der Küste, der andere unten am Strand. Sobald sie etwas sehen, wird eine Sirene angeschaltet. Ein Flaggensystem dient als zusätzliche Warnung:
Schwarze Flagge: schlechte Sicht; kein Hai zu sehen.
Grüne Flagge: gute Sicht; kein Hai zu sehen.
Rote Flagge: Ein Hai wurde in der Gegend gesehen, ist aber wieder verschwunden, Vorsicht ist angeraten.
Weiße Flagge mit einer schwarzen Hai-Silhouette: Hai in Sicht; sofort raus aus dem Wasser!
In der Saison werden so Dutzende von Haien gesichtet und rechtzeitig gemeldet – das System funktioniert.

»Two Oceans« ist Quatsch

Seit der Landung der ersten holländischen Schiffe in der Tafelbucht kam es immer wieder vor allem im dichten Nebel zu Fehlnavigationen. Seefahrer verloren die Orientierung und dachten, sie wären bereits angekommen; die riesige Bucht war allerdings die falsche, daher der Name **False Bay.** Im Vergleich zu den Atlantikstränden auf der Westseite der Kap-Halbinsel ist hier das Meer immer ein paar Grad wärmer. Viele Besucher glauben, das liege daran, dass auf der Ostseite der Indische Ozean auf den Sand brandet, was allerdings nicht stimmt: Atlantischer und Indischer Ozean treffen nicht am Kap der Guten Hoffnung, sondern erst etwa 300 km weiter südöstlich am Cape Agulhas, Afrikas südlichstem Punkt, aufeinander. Trotzdem wird der Begriff Two Oceans oft auf der Kap-Halbinsel gebraucht. Es klingt einfach so gut.

Muizenberg ist der erste Strandort der False Bay. Das bereits um die Wende zum 20. Jh. populäre Seebad Muizenberg, in dem einst Südafrikas Geldadel, von Rhodes bis Oppenheimer, fürstlich residierte, war ein bisschen heruntergekommen, da und dort bröckelte der Putz. Nachdem der Ort jahrelang im Schatten der Atlantikküste lag, wurden und werden die alten Häuser der Art déco und Edwardischen Beachfront nun nach und nach restauriert. Die 2022 renovierten bunten, viktorianischen Umkleidekabinen am Strand aus dem 19. Jh. sind leider immer für die gesamte Saison vermietet, können also nicht tageweise genutzt werden.

Bei den Einheimischen wird der Vorort liebevoll ›Muizies‹ genannt. Kapstädter neigen dazu, lange Namen abzukürzen. Der Stadtteil Observatory wird da zu ›Obs‹, Gugulethu zu ›Gugs‹

Lieblingsort

Rock & Klassik auf dem Rasen

In den **Kirstenbosch Botanical Gardens** (Karte 2, B 2) kann ich mich immer gut entspannen, doch auf die sonntäglichen Konzerte dort freue ich mich jedes Jahr wieder ganz besonders. Mit weinseligem Picknick auf der grünen Hangwiese sitzen und der Musik vor der Tafelbergkulisse zu lauschen ist ein Traum. Manchmal spielt bei den Sunset Concerts (Nov./Dez.–April) das Cape Town Symphony Orchestra, ein andermal Bryan Adams oder eine angesagte lokale Band. Die Konzerte beginnen um 17.30 Uhr (Einlass 16 Uhr, Tickets je nach Konzert 200–300, 6–18/21 Jahre 150–180 Rand). An den Wochenenden vor Weihnachten erklingen die »Carols by Candlelight«: Am Eingang erhalten die Besucher dann eine Kerze. Wenn es dunkel wird, werden diese angezündet und Hunderte von Menschen singen zusammen Weihnachtslieder.
Rhodes Drive, Newlands, T 021 799 88 99, Information Office: T 021 799 87 83 (werktags), aktuelles Programm unter ›Events‹ auf www.sanbi.org, Tickets am Eingang oder online unter www.webtickets.co.za.

Auch unter ›Edwardian Beach Houses‹ bekannt: die bunten Holz-Badehäuschen von Muizenberg

und der edle Rotwein Cabernet Sauvignon wenig respektvoll zu ›Cab‹.

Hier surfte Agatha Christie

Der Ort begann mit einem kleinen, weiß verputzten Cottage. 1742 errichtete die Holländisch-Ostindische Kompanie hier ein Zollhaus, um die lokalen Farmer abzukassieren, die ihre Produkte an die Besatzungen der anlegenden Schiffe verkaufen wollten. Einer der ersten Offiziellen war ein Sergeant Muys, daher der Name Muis Zijn Bergh, ›dem Muis sein Berg‹. Noch heute ist der Beach Surfzentrum. Zu viktorianischen Zeiten ritten hier Krimi-Autorin Agatha Christie und der irische Dramatiker George Bernard Shaw die Wellen.

Jaws – der Weiße Hai

Da in der False Bay Mini-U-Boot-große Weiße Haie leben, checken Shark Spotter hoch oben am **Boyes Drive,** der von Muizenberg pittoresk am Berg nach Kalk Bay führt, das klare Wasser. Sehen sie die charakteristischen Schatten in Strandnähe, lösen sie eine Sirene aus und entsprechende Warnflaggen werden am Beach gehisst. Nichtsurfer sagen, dass Surfen in Muizenberg nur noch mit Skateboard-Fahren im Krüger Park vergleichbar ist. Die Haie haben es allerdings nicht bewusst auf Menschen abgesehen. Von unten sieht das Board eines Surfers für einen Hai aus wie eine Robbe, und wenn der Reiter auch noch paddelt, ähnelt das einer verletzten Robbe und der Hai attackiert – mit meist fatalen Folgen.

Hippos am Kap

Nordöstlich von Muizenberg liegt das **Rondevlei Nature Reserve,** wo die einzigen Flusspferde der Kap-Halbinsel leben. Dort lassen sich von speziellen Hütten aus auch Wasservögel beobachten.

Der Badeort **St. James** ist ebenfalls bekannt für bunte, viktorianische Holz-Umkleidekabinen. Ein Gezeitenpool lädt zum sicheren Baden ein.

Berühmt für seine Antik- und Trödelläden ist der historische Ort **Kalk Bay,** hier kann man stundenlang stöbern. Auch der kleine Hafen ist einen Besuch wert, besonders dann, wenn die Fischer ihren Fang direkt am Kai verkaufen.

Die Alternative zur Küstenstraße M4 ist der **Boyes Drive** an den Hängen der Muizenberg- und Kalk-Bay-Berge, der fantastische Blicke auf die False Bay bietet. Die Strecke beginnt kurz vor Muizenberg und endet in Kalk Bay. Der nächste Ort an der False Bay ist **Fish Hoek.**

Essen

Leckere Ribs

Tigers Milk: Relaxtes Lokal mit cooler Einrichtung, wie z. B. einem Motorrad an der Wand, und Blick auf den Surfstrand von Muizenberg. Das Lokal gehört den gleichen Besitzern wie La Parada und Harbour House, was gutes Essen garantiert. Die Ribs sind allein schon einen Besuch wert.

Muizenberg, Ecke Beach & Sidmouth Rd., T 021 788 18 69, www.tigersmilk.co.za/muizenberg, €

Relaxte Surfer-Atmosphäre

The Striped Horse: Mit alten Stühlen und Sesseln ausgestattete sehr coole Kneipe. Es gibt Bier vom Fass und erstaunlich leckere Fish & Chips.

Muizenberg, 12 York Rd., T 063 661 57 13, FB: The Striped Horse Muizenberg, Mo 12–22, Di/Mi 12–24, Do/Fr 12–1, Sa 12–24, So 11–22 Uhr, €

Seafood mit Aussicht

Harbour House Restaurant: Fangfrischer Fisch, am Meer serviert – hier hat man fast das Gefühl, mitten in den Wellen zu speisen. Schwester-Restaurant in der Waterfront. Beim Fischessen am Kap muss man einfach aufs Meer oder einen Hafen gucken können. Und das geht in den beiden Harbour-House-Restaurants einfach prima.

Kalk Bay Harbour, hinter Main Rd., Kalk Bay, T 021 788 41 36, www.harbourhouse.co.za, tgl. 12–16, 18–22 Uhr, €€

Lässig

Live Bait: Die günstigere und weniger vornehme Fischrestaurant-Alternative zum Harbour House im Hafen von Kalk Bay. Vor allem im Winter, wenn die Gischt heftig gegen die großen Scheiben spritzt.

Kalk Bay Harbour, Kalk Bay, T 021 788 57 55, www.livebait.co.za, tgl. 12–22 Uhr, €

Relaxt

The Brass Bell: Schmackhaftes Seafood und tolle Aussicht auf die False Bay in einem lockeren Ambiente.

Kalk Bay Station, Main Rd., Kalk Bay, T 021 788 54 55, www.brassbell.co.za, €

Alternativ

Olympia Café & Deli: Nettes alternatives Restaurant mit frischen Backwaren, sehr gutem Cappuccino, importierter Pasta; schöner Blick auf den Hafen von Kalk Bay.

134 Main Rd., Kalk Bay, T 021 788 63 96, tgl. 7–21 Uhr, www.olympiacafe.co.za, €

Einkaufen

Porzellanladen

The Whatnot: Unglaublich große Auswahl an altem Porzellangeschirr. Vorsicht: Im Laden ist es sehr eng, und Sie wollen bestimmt nicht zum Elefanten werden.

70 Main Rd., Kalk Bay, T 021 788 18 23, Sommer tgl. 9.30–17.30, Winter tgl. 9.45–17 Uhr

Ein Paradies für Bücherwürmer.

Quagga Art & Books: Wertvolle, alte Bücher, u.a. exzellente Afrikana-Bände, einschließlich alter Karten und Fotografien.

84 Main Rd., Kalk Bay, T 021 788 27 52, Mo–Sa 9.30–1, So 10–17 Uhr

Trödelladen

Kalk Bay Trading Post: Der typische Trödelladen, in dem es von Spielzeugautos bis Schellackplatten alles gibt, befindet sich im ehemaligen Postamt.

71 Main Rd., Kalk Bay, T 021 788 95 71, tgl. 9.30–17.30 Uhr

Kunsthandwerk

Cape to Cairo: Für neuwertiges, aber geschmackvolles Kunsthandwerk sollte man hier vorbeischauen.

100 Main Rd., Kalk Bay, T 021 788 45 71, Winter tgl. 9.30–17, Sommer bis 17.30 Uhr

Bewegen

Surfspaß

Gary's Surf School: Der Strand von Muizenberg ist wegen der warmen Wassertemperaturen und der idealen Wellen

TOUR
Oben ohne wird das ein sinnlicher Trip

Mit der Cobra ums Kap

Infos

Karte 2, A/B 2–6

Startpunkt: in Kapstadts City

Dauer: mindestens einen halben, besser einen ganzen Tag

Bekleidung: Da Sie oben ohne unterwegs sind, Kappe oder Beanie nicht vergessen. Und Sonnenschutz für die exponierten Hautregionen.

Achtung: Kein Essen in der Cobra lassen, sonst attackieren die Paviane.

Kosten: Miete/Tag ab 3500 Rand

Kontakt: Ross, T 083 321 91 93, www.capecobrahire.com, oder T 083 376 03 76, www.cobraexperience.co.za

Besser eine Schlange als Auto als mit dem Auto in der Schlange. Mieten Sie doch eine in Kapstadt hergestellte Cobra und donnern Sie oben ohne um die Kap-Halbinsel.

Ungedämpft über Kopfsteinpflaster

Es brabbelt, grunzt und ballert aus den dicken, verchromten Sidepipes, dass es eine wahre Freude ist. Wellness für die Ohren von Menschen mit Benzin im Blut. Offen, ungedämpft und ganz nah an der Straße. Die ist momentan kopfsteingepflastert und so steil, als wäre sie irgendwo in San Francisco. Aber das hier ist Kapstadts ältestes Viertel, **Bo-Kaap,** die Oberstadt.

Kaum zu glauben, dass sich nur ein paar Minuten von hier, am In-Strand Camps Bay, Supermodels sonnen. In Bo-Kaap leben hauptsächlich Moslems, seit dem 18. Jh., Frauen sind oft verschleiert und die Männer tragen lange wallende Gewänder, wenn sie aus einer der kleinen Moscheen kommen. Beschauliche Szenen wie in Nordafrika – abgesehen von der Cobra, deren V8-Sound von den alten Hausmauern widerhallt.

Traumstraße mitten in der City

Ich spüre es, die heiser fauchende Cobra wird ungeduldig, sie will raus aus dem urbanen Umfeld, rüttelt und schüttelt sich im Leerlauf. Zum Glück ist Kapstadt eine der wenigen Millionen-Metropolen der Welt, die in einem Nationalpark liegt. Daher beginnt die erste Traumstraße direkt in der Stadt. Zunächst durch die **Long Street,** die älteste Straße der Stadt, wo nachts in den vielen Bars und Clubs der Bär los ist. Dann die steile **Kloofnek Road** nach oben, rechts ab und am Parkplatz zum **Lion's Head** vorbei. Hier gibt es

keine Häuser mehr, dafür wunderbare, einheimische Fynbos-Vegetation und eine fantastische Aussicht auf den gegenüberliegenden Tafelberg und die Stadt zu seinen Füßen.

Durch einige herrliche Kurven auf griffigem Asphalt, wo sich die Cobra erstmals ein bisschen freiblasen kann, geht es zum Parkplatz auf der anderen Seite, mit weiteren, großartigen Vistas: diesmal auf Hafen, Waterfront, das Cape Town Stadium, die Tafelbucht und Robben Island.

Ab ans Kap
Durch die südlichen Vororte **Woodstock, Rondebosch** und **Wynberg** schlängelt sich die Cobra Richtung Süden. Im viktorianischen Strandbad **Muizenberg,** wo um 1900 bereits Agatha Christie über die Wellen geritten ist, finden sich täglich Dutzende von Surfern ein. **Kalk Bay** ist ein Fischerhafen wie aus dem Bilderbuch, wo sich mit **Live Bait** (nomen est omen = Lebend-Köder) eines von mehreren prima Seafood-Restaurants befindet. Im Ort selber gibt es etliche Antik- und Trödelläden zum Shoppen und Stöbern. Und einen Eisladen, der herrliche selbstgemachte Icecream verkauft.

Simon's Town wirkt mit seinen historischen Häusern wie ein englisches Seebad im Süden der britischen Insel, einschließlich authentischer Fish & Chips. Am **Boulders Beach** haben Pinguine vor ein paar Jahren eine Kolonie gegründet, die nun Teil des Table Mountain National Park ist. Besucher können die watschelnden, flugunfähigen Halbmeter von Holzstegen aus beobachten und fotografieren.

Affengeil

Noch interessanter als die Pinguine sind die Paviane. Einige Clans leben frei auf der Kap-Halbinsel. Sie sind intelligent und lernfähig, geben ihre Fertigkeiten auch an ihre Kids weiter. Sie haben mittlerweile keine Probleme mehr damit, eine Autotür zu öffnen, um dann das Innere bei der Nahrungssuche zu verwüsten. Also Türen verschließen und Fenster zu. Im Falle der Oben-ohne-Cobra hilft nur kräftiges Gasgeben.

Hinter Simon's Town wird die Strecke enger und kurviger – ideales Cobra-Territorium. Links das Meer, vorne der brüllende V8 und darüber der blaue Himmel – Kapriolen vom Feinsten. Im **Cape of Good Hope Nature Reserve** darf dann das berühmte Bild mit dem Schild am Kap der Guten Hoffnung nicht fehlen. Zurück geht es auf der wilderen Atlantikseite der Cape Peninsula. Weniger Häuser und heftigere Brandung. Auch die Straße ist hier deutlich schmaler.

Mit der Cobra unter Afrikas Himmel – der pure Genuss

Höhepunkt des Trips ist eine der schönsten Küstenstraßen der Welt, der berühmte **Chapman's Peak Drive,** spektakulär in den nackten Fels gesprengt und mit über hundert Kurven. Hier entwickelt sich das V8-Konzert zum Donnerwetter. Im Halbtunnel kommt so richtig Freude auf, während die letzten Sonnenstrahlen die roten Sandsteinwände aufglühen lassen. **Hout Bay** bietet sich für einen Sundowner an, den obligatorischen, landestypischen Sonnenuntergangsdrink, am besten direkt am Beach im **Dunes Restaurant.**

Vorbei an der Bergkette der **12 Apostel,** die sich bis zum ikonischen Tafelberg ziehen, ballert die Cobra im letzten Licht des Tages nach **Camps Bay** und dort die Flaniermeile entlang. Sie macht hier selbst zwischen Lambos, Bentleys und Ferraris eine gute Figur. Ein prima Endpunkt zu diesem atemberaubenden Trip, der den Fahrer oder die Fahrerin garantiert mit einem breiten Grinsen auf dem Gesicht zurücklässt – geschüttelt und gerührt.

ein absolutes Surfermekka. Einer der ältesten Hasen vor Ort ist Gary, bei dem auch Anfänger sehr gut aufgehoben sind. Sein Laden und die Surfschule befinden sich natürlich direkt am Strand.

34 Beach Rd., Muizenberg, T 021 788 98 39, www.garysurf.com

Simon's Town

Karte 2, B4

Die historische Stadt **Simon's Town** ist seit über zwei Jahrhunderten der wichtigste Marinestützpunkt des Landes. Benannt nach Kap-Gouverneur Simon van der Stel, war die Stadt im Winter Ankerplatz für die Schiffe der Niederländisch-Ostindischen Kompanie (VOC). Der Hafen liegt im Schatten des berüchtigten Nordwestwindes, der im Winter die Schiffe in der Tafelbucht schon mal versenken konnte. Die Engländer bauten Simon's Town 1814 zur Marinebasis aus. Die Geschütze stammen meist aus der Zeit des Zweiten Weltkriegs, als Südafrika einen deutschen U-Boot-Angriff in der False Bay befürchtete.

Die Hauptstraße wird auch *Historical Mile* genannt, da ein historisches Haus neben dem anderen steht – die meisten von ihnen sind mehr als 150 Jahre alt.

Insel-Turm

Am Hafeneingang von Simon's Town steht einer der interessantesten Leuchttürme des Landes, **Roman Rock.** Der runde, gusseiserne Turm wurde 1861 in ungewöhnlicher Lage errichtet. Er erhebt sich auf einem Felsen im Wasser, der nur bei Ebbe sichtbar wird. Bei Flut scheint der Turm aus dem Meer zu wachsen. Es dauerte vier Jahre, bis das in England vorgefertigte Werk auf dem Felsen endlich seinen endgültigen Platz gefunden hatte. Das Licht reicht 16 Seemeilen weit, der Turm steht 17 m über dem Meeresspiegel.

B

DAS BOOT

Die deutschen U-Boot-Crews Wolf und Eisbär waren abkommandiert rund um Kapstadt, der Hauptschiffahrtsline zwischen Ost und West, Öltanker, Truppen-, Versorgungs- und Munitionsschiffe zu zerstören. Zwischen September und Oktober 1942 versenkten sie so gut 100 000 Tonnen an Schiffen. U 172 saß zwischen Robben Island und Green Point und torpedierte in die Tafelbucht einlaufende Schiffe. Am 3. Oktober versenkten drei deutsche U-Boote 33 000 Tonnen Schiffe an der Kap-Halbinsel. Die Südafrikaner gerieten in Panik und ihre Air Force schickte die Ventura Kampfbomber aufs Meer. Am 8. Oktober wurde U 179 in der Nähe von Kapstadt bei Dassen Island von einem britischen Zerstörer versenkt. 61 deutsche Marinesoldaten verloren dabei ihr Leben.

Museen

Was für ein Hundeleben

Simon's Town Museum: Das Museum ist in der Old Residency untergebracht, der 1777 erbauten Winterresidenz des Gouverneurs. Seither diente das Gebäude verschiedenen Zwecken: Es war Gericht, Sklavenunterkunft, Gefängnis, Seefahrer-Krankenhaus, Zollhaus und Regierungsbüro. Heute können Besucher eine Fülle von Ausstellungsgegenständen bewundern: Uniformen, Logbücher und ein nachgebautes Pub, wie es zu Zeiten des Zweiten Weltkriegs aussah, sowie Erinnerungen an **Just Nuisance** – dies war eine Dänische Dogge, die britischen Soldaten während des Zweiten Weltkriegs als Maskottchen diente. Der riesige Hund wurde nach seinem Ableben 1944 mit militärischen Ehren bestattet. Eine weiße Flagge bedeckte seinen Sarg, und 200 Offiziere und Soldaten standen Spalier, als zu seinen Ehren Salut geschossen wurde. Eine Bronzestatue des beliebten Hundes steht am Jubilee Square in der Stadt.

The Residency, Court Rd., T 021 786 30 46, www.simonstown.com, Mo–Fr 9–16, Sa 10–13 Uhr, So, Fei 11–15 Uhr

Südafrikas stolze Marine

South African Naval Museum: Nur eine Tür weiter befindet sich das South African Naval Museum. Hier wird die Seefahrtsgeschichte des Landes in detaillierter Form interessant präsentiert.

West Dockyard, Court Rd., T 021 787 46 86, www.simonstown.com, tgl. 10–16 Uhr

Für große (und kleine) Kinder

Warrior Toy Museum: In diesem kurzweiligen Museum kommen alle auf ihre Kosten. Neben Zinnsoldaten sind Spielzeugautos, Puppen, Boote und Modelleisenbahnen ausgestellt. Ein Teil der Exponate kann käuflich erworben werden.

1067 King George Way, T 021 786 13 95, Fr 10–14, Sa/So 10–16 Uhr, 10 Rand

Schlafen

Wale gucken

Whale View Manor: Schönes Gästehaus mit Meer- oder Bergblick und zehn verschieden eingerichteten Themenzimmern, von Shalimar über Massai bis zu Marrakesch. Günstig gelegen, nahe am Pinguinstrand und Kap der Guten Hoffnung. Es gibt sowohl ein Restaurant als auch ein stilvolles Wellnesszentrum für Gäste.

402 Main Rd., T 021 786 32 91, www.whaleviewmanor.co.za, €€

Für Selbstversorger

Cottons Cottages: Die attraktiven Häuschen im Seemannsstil mit Küche, Waschmaschine, Geschirrspüler, Trockner, TV und Video verfügen über herrliche Meer- und Bergblicke.

Paradise Rd., T 021 701 03 77, www.cottonscottages.com, €–€€

Essen

Mediterrane Atmosphäre

The Lighthouse Café: Das angenehm lichte und helle Restaurant im Provence-Beach-Stil an der Hauptstraße offeriert eine ausführliche Speisekarte mit Pasta, Pizzen mit knusprigen Böden, Salaten, Steaks und natürlich Seafood. Der Fisch kommt größtenteils aus Kalk Bay. Und auch die Weinliste passt. Die beste Wahl in Simon's Town.

90 St. Georges St., T 021 786 90 00, www.thelighthousecafe.co.za, Frühstück und Lunch tgl., Dinner Mi–Sa, €

Leckerbissen

The Sweetest Thing: Die Konditorei hat nicht nur – wie der Name bereits andeutet – leckere Kuchen im Angebot, sondern auch leichte Lunch-Gerichte, wie die geschmackvollen Pies mit verschiedenen Füllungen, z. B. Lamm oder Steak.

82 St. Georges St., T 021 786 42 00, Facebook: The Sweetest Thing Patisserie, tgl. 8–17 Uhr, €

Ab ans Kap – von Simon's Town zum Cape Point

Jenseits von Simon's Town ist die Strecke dann so holprig und eng wie früher überall an der Kap-Halbinsel. Man hat vor lauter grandioser Natur nicht das Gefühl, so nahe an einer Millionenmetropole zu sein.

Boulders Beach

Karte 2, B4

Einer der schönsten Strände der Kap-Halbinsel liegt südlich von Simon's Town. Gewaltige Granitfelsen gaben ihm seinen Namen: **Boulders Beach**. Neben üblichen Strandgenüssen wie Sand und Meer bietet er ein weiteres Highlight: *African penguins,* Afrikanische Pinguine, die hier seit 1985 geschützt in einer Kolonie leben. Kein bisschen schüchtern watscheln sie herum – beobachtet von Touristen auf Holzstegen. Immer wieder stoßen sie ihre charakteristischen Laute aus, die so weit von Vogelgezwitscher entfernt sind wie der Klang eines VW-Käfers von dem eines Porsche. Wer nicht hinschaut, könnte schwören, dass Esel für die Geräusche verantwortlich sind und nicht die süßen kleinen Pinguine. Im Gänsemarsch wackeln die schwarz-weiß Befrackten zum Meer, wo sie sich in stromlinienförmige agile Schwimmer verwandeln. Manche von ihnen legen bei ihrer Nahrungssuche bis zu 100 km pro Tag zurück.

www.sanparks.org, tgl. April–Sept. 7–17, Okt.–März 6–18 Uhr, 176/88 Rand

Vogelkacke als Dünger

Neben Simon's Town gibt es nur noch zwei weitere Pinguin-Festlandkolonien im südlichen Afrika: Stoney Point, Western Cape, und eine in Namibia. Früher lebten die flugunfähigen Vögel auf kleineren Inseln, wo sie sich ihre Nester metertief in den Guano gruben. Als man herausfand, dass sich der Vogelkot fantastisch als Dünger eignet, wurden die dicken Schichten abgetragen, und die Pinguine hatten keine geschützten Brutplätze mehr. Sie fingen

Sollten Sie sich irgendwann an den putzigen Pinguinen satt gesehen haben, liegt Ihnen immer noch der wunderschöne Boulders Beach zu Füßen.

TOUR
Schiffswracks am Kap der Stürme

Wanderung im Cape of Good Hope Nature Reserve

Infos

Karte 2, A 5

Startpunkt: Parkplatz bei Olifantsbos
Dauer: 1,5 Std.

Anspruch: einfache, relaxte Wanderung

Der Eintritt zum Kapteil des Table Mountain National Park kostet 376/188 Rand Erw./Kinder.

www.sanparks.org

Der Name verspricht mehr, als er hält. Wer **Shipwreck Trail** hört, also Schiffswrack-Pfad, stellt sich gleich vor, dass man hier an idyllisch am Strand havarierten, rostigen Dampfern vorbeiflaniert. Nicht ganz. Immer perfekter gewordene Satellitennavigation sorgt am Kap der Stürme dafür, dass es nur noch ganz selten ›Nachschub‹ gibt.

Rostige Reste

Der trotzdem sehr schöne Wanderweg (etwa 2 Std. hin und zurück) im **Cape of Good Hope Nature Reserve** führt von der **Olifantsbos Bay** zu den rostigen Resten der Thomas T. Tucker, eines amerikanischen Schiffs, das 1942 mit Kriegsmaterial an Bord auf Grund lief. Ganz in der Nähe liegt das Wrack der 1954 gesunkenen Nolloth. Von beiden sind aber nur noch wenige, rudimentäre Metallteile erhalten geblieben, die kaum mehr eine Schiffsform erkennen lassen.

Der eigentliche **Thomas T. Tucker Shipwreck Trail** (3 km, 1,5 Std.) ist leicht zu laufen: einfach dem Pfad mit den gelben Markierungen durch die Fynbos-Vegetation bis zum Strand folgen. Kurz vor dem Beach geht es noch über ein paar Steinbrocken. In den Felsenpools am Wasserrand lebt es – von Seesternen bis Krabben.

Nach einer kurzen Wanderung am Strand tauchen die rostigen Reste der **Thomas T. Tucker** auf, ein amerikanisches Liberty-Schiff, das hier auf die Felsen auflief, als es

Nach einem Torpedoangriff sank die Tucker am Kap. Alle an Bord überlebten.

1942 einem Torpedoangriff auszuweichen versuchte. Keine Angst, die komplette Besatzung überlebte!

Der Platz bietet sich für eine Pause an. Von hier geht es entweder auf der gleichen Route zurück oder weiter zum ›Wrack‹ der **Nolloth** und über einen von zwei Rundwanderwegen zum Ausgangspunkt.

Die Schiffswrackrunde (**Shipwreck Circuit,** 5 km, 2,5 Std.) ist ebenfalls ganz easy zu packen. Am Rostrest der Nolloth vorbei zur Inlandsanhöhe und von dort zurück zum Olifantsbos-Parkplatz.

Die ausgeschilderte **Sirkelsvlei-Runde** (6,5 km, 3 Std. 45 Min.) ist ein klein bisschen anstrengender. Sirkelsvlei ist ein großes, natürliches Frischwasser-Reservoir, das von Quellen im Untergrund gespeist wird. Diese Rundwanderung hat ihren Ausgang an der Schranke, oberhalb von Olifantsbos. Entweder am Meer entlang und im Inland zurück oder umgekehrt.

1200 verschiedene Pflanzen am Weg

Wer nicht so sehr auf rostiges Metall steht, wird sich an den über 1200 verschiedenen Fynbos-Pflanzen am Kap erfreuen. Oder an der Fauna. Hier gibt es Strauße, Klippschliefer, Bergzebras, Buntböcke, Kuhantilopen und Schlangen sowie Trupps von Pavianen, die am Strand nach Meeresfrüchten suchen. Deshalb auch kein Essen mitnehmen: Die riechen und wollen das dann.

Übrigens: Das ist der einzige Ort in Afrika, wo Bärenpaviane unter Naturschutz stehen. Überall sonst werden sie abgeschossen. Die recht häufig zu sehenden Buntböcke gehören zu den seltensten Antilopen der Welt und waren zu Beginn der 1900er-Jahre fast ausgerottet.

an, im Sand oder unter Felsen zu nisten. Durch ihre Umsiedlung aufs Festland sind die Pinguine und ihre Jungen nun jedoch großen Gefahren ausgesetzt: Leoparden, Hunde und Katzen bedrohen sie. Anfang des 20. Jh. gab es noch schätzungsweise 1 Mio. Brutpaare, heute sind es auf der ganzen Welt nur noch etwa 20 000. Seit dem Jahr 1998 gehört Boulders Beach zum Table Mountain National Park.

Paviane genießen Meeresfrüchte

Hinter dem Boulders Beach verläuft die kurvenreiche Straße immer direkt am Meer entlang, vorbei an **Miller's Point** und **Smitswinkelbay.** Hier besteht eine gute Chance, auf einen der vier Bärenpavian-Clans zu treffen, die am Kap leben. Sie dürfen auf keinen Fall gefüttert werden. Wer die Tiere einmal beim Gähnen beobachtet hat, weiß, warum: Ihre Zähne sind nicht nur lang, sondern auch messerscharf. Eine Besonderheit der etwa 250 auf der Kap-Halbinsel lebenden Paviane ist ihre Ernährung, die neben Grassamen, Wurzeln, Blumen, Insekten und kleineren Säugetieren auch Muscheln und Krustentiere beinhaltet, die von den Primaten bei Ebbe am Strand aufgesammelt werden.

Schlafen

Der bei den Pinguinen schläft

Boulders Beach Lodge & Restaurant: Zwölf geschmackvoll eingerichtete Zimmer und zwei Apartments für Selbstversorger stehen zur Verfügung. Von hier aus geht man nur ein paar Minuten zu Fuß zur Pinguinkolonie. Sehr lockere Atmosphäre; Terrassenrestaurant, leckere hausgemachte Kuchen und sehr guter Cappuccino, Souvenirshop.

4 Boulders Pl., Boulders Beach, T 021 786 17 58, www.bouldersbeach.co.za, €–€€

Cape of Good Hope Nature Reserve

Karte 2, A/B 5/&

Nachdem man Smitswinkelbay passiert hat, geht es links in das **Cape of Good Hope Nature Reserve.** Seit 1936 steht die Südspitze der Kap-Halbinsel mit einer Fläche von fast 8000 ha und einer Küstenlinie von 40 km unter Naturschutz. 1998 wurde sie in den Table Mountain National Park integriert. Über 1100 Pflanzenarten gibt es hier, 14 von ihnen kommen nur im Park vor. Ein Netz von kleineren Straßen durchzieht das Gebiet. Wer sich an die am Eingang überreichte Karte hält, wird sich jedoch gut zurechtfinden.

Selbst wenn am Kap der Guten Hoffnung oder am **Cape Point** Trubel herrscht, finden sich am Ende der anderen Sträßchen oft ruhige Orte. Manche von ihnen, wie **Bordjiesdrif** und **Buffels Bay,** bieten gemauerte Gezeitenpools, in denen das angespülte Meerwasser von der Sonne aufgewärmt wird, was den atlantischen Badespaß schmerzfreier macht. Vor allem der Weg zur **Olifantsbos Bay** sei hier empfohlen.

Obwohl die Fynbos-Vegetation am Kap nicht sehr nährstoffreich ist, leben im Naturreservat einige Wildtiere, vor allem Kap-Bergzebras, Buntböcke, Elenantilopen, Greis- und Rehböckchen. Nach Regenfällen kommen Dutzende von Schildkröten auf die Straßen gekrochen, um das Wasser aus den Pfützen zu trinken. Die Geschwindigkeitsbeschränkungen im Park sollten schon deshalb unbedingt beachtet werden.

Cape of Good Hope Nature Reserve: www.tmnp.co.za, tgl. April–Sept. 7–17, Okt.–März 6–18 Uhr, Tagesticket 376/188 Rand

Lieblingsort

Wo Venus badet

Nicht nur meiner Meinung nach ist der **Venuspool** (📍 Karte 2, B 5) im Cape of Good Hope Nature Reserve das schönste, natürliche Felsenschwimmbecken an der Kap-Halbinsel. Von der Sonne gewärmt, ist er voller Leben. Fische, Seegurken, Anemonen und Seesterne lassen sich hier sicher erschnorcheln, weg vom offenen Meer. Bei Ebbe sieht man, dass die Felsen von (leckeren) Muscheln bedeckt sind, die bereits Lust auf das Dinner mit gekühltem Sauvignon Blanc machen. Im Park die erste Abfahrt nach links Richtung Bordjiesrif nehmen, dann Richtung Black Rocks. Dort parken und ein Stückchen der ab da gesperrten Straße folgen. Infos unter www.sanparks.org.

Cape Point und Kap der Guten Hoffnung

Karte 2, B 6

Am Cape Point geht es zu Fuß über 125 Stufen oder per Zahnradbahn die letzten steilen Meter zum höchsten Punkt hinauf, von wo sich ein guter Blick über die gesamte False Bay bis zu den **Hottentots Holland Mountains** bietet. Bei gutem Wetter ist sogar der 80 km Luftlinie entfernte Danger Point auszumachen. Als Aussichtspunkt dient das Fundament des 1857 erbauten, heute allerdings nicht mehr existierenden Leuchtturms. Exakt 209,5 m weiter unten brandet die See ungestüm gegen die schroffen Felsen. **Cape Point** und das **Kap der Guten Hoffnung** sind durch einen Pfad aus Holzstegen miteinander verbunden; die beiden Punkte liegen rund 30 Gehminuten voneinander entfernt.

Cape Point ist einer der wichtigsten Leuchttürme an der afrikanischen Küste.

Hier steht man mitten in einer Landschaft, die Legenden erzeugt – wie die vom Fliegenden Holländer. Sein Schiff verschwand 1680 spurlos, als er versuchte, das Kap der Guten Hoffnung bei stürmischem Wetter zu umrunden. Kapitän Hendrick van der Decken soll geschworen haben, dass, wenn ihm Gott schon nicht helfe, es eben der Teufel tun werde. Diese Blasphemie blieb nicht ohne Folgen. Als Strafe wurde der Kapitän mit seinem Schiff und der Besatzung dazu verdammt, mit zerrissenen Segeln und geborstenen Masten am Kap zu spuken.

Kein Ozean-Treff

Der wohl am häufigsten besuchte Leuchtturm des Landes steht am Kap der Guten Hoffnung, genauer gesagt am **Cape Point.** Und es ist auch nicht nur ein Turm, sondern es sind deren zwei. Der ältere, hoch oben auf dem Felsen, wurde am 1. Mai 1860 eingeweiht. Aufgrund der häufigen Nebel am Kap war er allzu oft komplett ›eingehüllt‹ und blieb für die Schiffe unsichtbar. Deshalb errichtete man 1914 knapp 100 m tiefer einen weiteren Leuchtturm. Dessen Licht ist nun 87 m über der Flutmarke und 34 Seemeilen weit zu sehen.

Vom Kap nach Hout Bay

Nach der Ausfahrt aus dem Cape of Good Hope Nature Reserve geht es nach links. Kurz darauf liegt rechts die **Cape Point Ostrich Farm,** eine Straußen-Schaufarm, die Besuchern auf einer geführten Tour die Besonderheiten des flugunfähigen Großgeflügels näherbringt.

Von der Straußenfarm führt die M65 in das ruhige **Scarborough.** So haben vor Jahren viele Siedlungen auf der Kap-Halbinsel ausgesehen. Bekannt geworden ist der Ort durch einen verwitterten Felsen an der Hauptstraße, der aufgrund seiner Form **Camel Rock** genannt wird.

Cape Point Ostrich Farm, An der M 65, T 021 780 92 94, www.capepointostrichfarm.com, tgl. geführte Touren 9.30–17.30 Uhr

Essen

Gesund & frisch

Hub Café, Sopra & Foragers: Im zweistöckigen Gebäude von The Village Hub werden leckere Sachen offeriert. Das **Hub Café** im Erdgeschoss erfreut mit prima Sandwiches und Lachs-Bagels. Im **Sopra** (italienisch für ›drüber‹) kocht Toni, der italienische Mitbesitzer von The Village Hub. Hier gibt es eher größere Gerichte wie dünnteigige, knusprige Pizzas sowie Fleisch- und natürlich Fischspeisen. Die meisten Zutaten stammen von den Farmern der Kap-Halbinsel und näheren Umgebung. Das Fleisch ist aus Freilandhaltung, das Gemüse aus Bioanbau. Dies ist einer meiner Lieblingsplätze am Kap. Auch wegen des **Forager**-Ladens, wo es viel Gutes zum Mitnehmen gibt, von frischen Milchprodukten bis zu Fertiggerichten ohne Konservierungsstoffe. Eine kleine Bäckerei komplettiert die Essensdestination.

2 Watsonia on Main, T 071 342 52 10, www.thevillagehub.co.za, Facebook: The Hub Café Scarborough, Di–Fr 12–20.30, Sa 9–20.30, So 9–16 Uhr, €

Noordhoek Karte 2, A4

Auf einer engen, aber aussichtsreichen Küstenstraße geht es weiter. In einem großen Bogen landeinwärts umrundet sie die Lagunen an der Chapman's Bay. Mit 5 km Länge besitzt **Noordhoek** den längsten Strand der Kap-Halbinsel. Da es hier oft windet und das Meer sehr kalt ist, wird er eher von Wanderern, Reitern und neoprengeschützten Surfern besucht.

Importiert aus England

Gut 10 km südlich von Noordhoek ragt der Leuchtturm **Slangkop** ins Bild. Mit 33 m ist er der höchste gusseiserne Leuchtturm an der südafrikanischen Küste. Der runde, weiß gestrichene Turm von 1919 steht in **Kommetjie** (sprich: Komicki) auf der Kap-Halbinsel. Er ragt 41 m über die Flutlinie und sein Licht ist 33 Seemeilen weit zu sehen. Leider ist er nur noch von außen zu besichtigen und zu fotografieren, am besten von oben, von der Straße aus.

Schlafen

Mitten im Farm Village

Noordhoek Village Hotel: Das ökofreundliche Hotel wurde mitten im Noordhoek Farm Village im alten Stil erbaut und nutzt ausschließlich Solarenergie. Zur Verfügung stehen 20 leicht konservativ eingerichtete Nichtraucherzimmer, vier davon behindertenfreundlich. Schöner Garten. Zwei tolle Restaurants und ein Pub liegen direkt vor der Tür. Freies WLAN in allen Zimmern.

Noordhoek Farm Village, Ecke Chapman's Peak Drive/Village Lane, T 021 789 27 60, www.noordhoekhotel.co.za, €

Stilvolle Themenzimmer

Wild Rose Country Lodge: Reetgedecktes Anwesen, stilvoll eingerichtete Zimmer mit Berg- oder Seeblick und verschiedenen Themen wie African Room, Kalahari Room und Moroccan Room usw.

4 Bodrum Close, T 021 785 41 40, www.wildrose.co.za, €

Essen

Gourmet-Farmladen

The Foodbarn: Der prominente französische Koch Franck Dangereux hat mit dem Farmrestaurant einen Gang zurückgeschaltet vom Gourmettempel La Colombe, wo er früher für die Küche verantwortlich war. Die romantischen Candle-Light-Dinner (oft ausgebucht) an weiß gedeckten Tischen sind ein Traum. Delikate Backwaren.

Noordhoek Farm Village, Ecke Village Lane/ Noordhoek Main Rd., Noordhoek, T 021 789 13 90, www.thefoodbarn.co.za, tgl. 12–14.30, Mi–Sa 19–21.30 Uhr, €€

Ideal für Frühstück und Lunch

Café Roux: Leckere Gerichte in sehr relaxter Umgebung, drinnen und draußen, kleines Menü mit saisonal frischen Zutaten. Wie das gesamte Farm Village auch sehr familien- und kinderfreundlich. Hier treten oft Livebands auf.

Noordhoek Farm Village, T 021 789 25 38, www.caferoux.co.za, tgl. 8.30–17 Uhr, €

Am Eingang zu Chappies

Jakes on the Common: Am Fuße des berühmten Chapman's Peak Drive befindet sich dieses coole Restaurant mit dem rostigen Wrack eines alten Pick-ups als Eyecatcher im Garten. Das Gebäude wurde im Jahr 2017 neu als Restaurant gebaut.

1 Chapman's Peak Drive, T 021 789 04 45, www.jakes.co.za/jakes-on-the-common, tgl. 11.30–24 Uhr, €

Bewegen

Strandleben

White Sands, Scarborough, Misty Cliffs und Kommetjie: An all diesen Stränden finden Surfer sehr gute Bedingungen vor.

Einsam, wild und wunderschön: der 5 km lange Strand von Noordhoek

Noordhoek: Der 8 km lange, weiße Sandstrand ist vor allem bei Wanderern und Reitern beliebt; zum Schwimmen ist es zu kalt, und die Strömungen sind zu stark.

Chapman's Peak Drive

Karte 2, A 3–4

Nördlich von Noordhoek beginnt eine der spektakulärsten Küstenstraßen der Welt. Die Strecke des Chapman's Peak Drive wurde von Sträflingen zwischen 1915 und 1922 hoch über dem Meer in die Klippen gesprengt. Benannt ist die Straße nach John Chapman, einem englischen Seemann, der 1607 hier an Land ging, um die Hout Bay (Holzbucht) zu erkunden.

Vom 160 m hohen Aussichtspunkt Chapman's Peak, dem Scheitelpunkt der Strecke, bietet sich ein fantastischer Blick über die Hout Bay mit dem gleichnamigen Ort bis zum über 300 m hohen Gipfel des Sentinel, der aussieht wie ein schlafender, alter Mann.

Aufgrund massiver Steinschläge und einiger tödlicher Unfälle war die berühmte Straße ab Januar 2000 knapp vier Jahre lang gesperrt. Sie wurde aufwendig renoviert und Anfang 2004 als Mautstraße (61 Rand pro Auto, eine Strecke) wieder eröffnet. Die Befahrung erfolgt allerdings weiterhin auf eigene Gefahr. Und Steinschläge gibt es trotz der Schweizer Stahl-Fangnetze und Betoneinspritzungen immer noch.

Hout Bay

Karte 2, A3

Kurz vor Hout Bay taucht rechts der Straße die Ruine des alten, von den Engländern 1796 zum Schutz der Bucht erbauten Forts auf. Das einst verschlafene Fischernest gehört mittlerweile zu den beliebtesten Wohngebieten rund um Kapstadt, die Haus- und Grundstückspreise sind entsprechend hoch. Nirgendwo sonst auf der Kap-Halbinsel ist der Fisch frischer. Die Mariner's Wharf im Hafen, mit gutem Fischrestaurant und Shops, ist eine Mini-Interpretation von Kapstadts Victoria & Alfred Waterfront.

Im Hafen bieten mehrere Unternehmen Schiffstouren um den Sentinel herum an. Die Tour geht zum gewaltigen Wrack eines Pipelinelegers mit Hubschrauber-Landeplattform, der in einem heftigen Wintersturm 1994 auf die Klippen geworfen wurde und dabei zerbrach. Auf dem Rückweg passiert das Schiff Duiker Island. Im Sommer, wenn über 4000 Kap-Pelzrobben das 1500 m² große Felseiland bevölkern, ist es nicht nur laut wie auf einem Heavy-Metal-Konzert – je nach Windrichtung wird die Bootsfahrt zu einem atemberaubenden Erlebnis.

Welt der Vögel

In der **World of Birds,** Afrikas größtem Vogelpark, wandelt der Besucher durch diverse Volieren, in denen mehr als 4000 Vögel umherflattern und dabei ein vielstimmiges Vogelkonzert veranstalten.

Valley Rd., T 021 790 27 30, www.worldofbirds.co.za, tgl. 9–17 Uhr, Erw./Kinder 130/50 Rand

Schlafen

Romantik pur

Tintswalo Atlantic: Eine der romantischsten Lodges mit der wohl besten Lage Südafrikas, unterhalb des Chapman's Peak Drive, direkt am Atlantik. Alle zehn Suiten und die Präsidentensuite sind nach berühmten Inseln benannt und entsprechend dekoriert (es gibt sogar eine Robben Island Suite). Aber nicht nur das Bett für die Nacht ist ein Hit, das Essen ist ebenfalls exzellent. Luxus dieser Klasse ist natürlich sehr teuer, aber in diesem Fall den Preis wert. Nichtgäste können die herrliche Lage und Aussicht ebenfalls genießen, wenn sie im hervorragenden Restaurant **Chefs Warehouse at Tintswalo Atlantic** (T 021 541 01 65, www.chefswarehouse.co.za, tgl. 12–21 Uhr, €€€) reservieren.

Chapman's Peak Drive, von Hout Bay auf der Main Rd. Richtung Chapman's Peak Drive, kurz hinter der Mautstation rechts, T 087 754 93 00, 543 15 10, www.tintswalo.com/atlantic, €€€

Nachhaltiger Luxus

Vyn Guest House: Im Juni 2023 eröffnetes, nachhaltiges Gästehaus auf den Dünen von Kronenzicht mit Blick auf Sandy und Hout Bay. Es gibt fünf komfortable Suiten. Nomen est omen – *vyn* ist das Afrikaans-Wort für ›Wein‹. Davon haben die deutschen Besitzer genug gelagert.

26 Brunia Way, Kronenzicht, T 071 491 98 72, www.vyn-guesthouse.co.za, €€€

WOCHENEND-VERGNÜGEN

Mit der Biscuit Mill in Woodstock fing es an, aber der **Bay Harbour Market** hat das Konzept des Wochenendmarkts weitergeführt. Einer der schönsten Weekend Markets in und um Kapstadt. Am Wochenende finden sich viele Besucher im teilweise heruntergekommenen Hafen von Hout Bay ein. In ehemaligen Lagerhallen gibt es Essensstände, Dutzende Biere vom Fass, Wein, sehr guten Kaffee, Klamotten, Souvenirs – alles einzigartig und individuell, hier ist kein Platz für Massenware. Die Atmosphäre ist authentisch und spiegelt das relaxte Lebensgefühl von Hout Bay prima wider. Bei Livemusik am Nachmittag kann man hier gut und gerne ein paar Stündchen verbringen. Am besten dort (bewacht) parken. Nicht vom Hout-Bay-Strand zu Fuß durch den Hafen zum Markt laufen, da kommt es immer wieder zu bewaffneten Überfällen auf Besucher (Bay Harbour Market: 31 Harbour Rd., Hout Bay, T 083 275 55 86, www.bayharbour.co.za, Fr 17–21, Sa/So 9.30–16 Uhr).

Essen

Scheune mit Ambiente

Quentin at Oakhurst: Wunderbar restaurierte und schön dekorierte Scheune. Kronleuchter hängen von den Decken, die Wände zieren alte Wagenräder, Farmgegenstände und angejahrte Emailleschilder. Traditionelle, herzhafte, südafrikanische Gerichte, von Besitzer Quentin selbst zubereitet.

Oakhurst Farm, Main Rd., T 021 790 48 88, www.oakhurstbarn.com, Di–Sa 18–23 (Küche bis 21.30), So Frühstück 9–12, So Lunch 13–16 Uhr, €€–€€€

Fish & Chips

Fish on the Rocks: Hinter der Fischfabrik am Meer gibt es besonders gute *fish and chips*. Deren Genuss auf den Holzbänken vor dem grellgelb gestrichenen ›Wahrzeichen‹ des Hafens von Hout Bay ist ein Muss. Es schmeckt zwar ähnlich wie in England, aber die Umgebung ist hier deutlich reizvoller. Und wem die Warteschlange am Sonntagmittag zu lang ist, der kann es schräg gegenüber, im Hafen selbst (5 Rand Eintritt), bei **Laughing Lobster** versuchen. Das Ambiente ist dort zwar nicht ganz so urig, der Fisch aber ebenfalls gut.

1 Harbour Rd., Hout Bay, T 021 790 00 01, 790 11 53, www.fishontherocks.com, €

Mediterranes Feeling

Deli Delish: Leichte mediterrane Gerichte, gute Qualität. Eine Gelegenheit vor Ort für Frühstück und Lunch.

8 Beach Crescent, T 021 790 53 24, FB: Delish Restaurant in Hout Bay, tgl. 8–16.30, Fr/Sa auch 18–21.30 Uhr, €

Super-Pizza

Massimo's: Massimo sorgt dafür, dass die legendären Rundgerichte perfekt an die Tische kommen. Gemütlich und freundlicher Service.

Oakhurst Farm Park (neben Spar), Main Rd., T 021 790 56 48, www.massimos.co.za, Mi–Fr 17 Uhr bis spät, Sa/So 12 Uhr bis spät, €

Direkt am Beach

Dunes: Beliebtes Restaurant mit Cocktailbar am Strand; hier gibt es Windhoek-Lager vom Fass, gute Fish & Chips, die Aussicht ist super, das Publikum relaxt.

1 Hout Bay Beach, T 021 790 18 76, www.dunesrestaurant.co.za, Winter Mo–Fr 12–22, Sa, Fei 9–22, So 9–18, Sommer tgl. 9–23 Uhr, €

Bewegen

Seehund-Konzert

Mehrere Charterunternehmen bieten im Hafen von Hout Bay empfehlenswerte **Bootsausflüge** an (Seal Island 130/70 Rand, Sundowner Cruise 350/175 Rand) – zur Robbeninsel Duiker Island und zum hinter dem Sentinel liegenden Schiffswrack.

Nauticat, T 082 829 80 18, 790 72 78, www.nauticatcharters.co.za
Drumbeat Charters, T 021 791 44 41, www.drumbeatcharters.co.za
Circe Launches, T 021 790 10 40, www.circelaunches.co.za

Deine Spuren im Sand

Schöner **Spaziergang** am Strand von Hout Bay. Der Sandstrand wird flankiert von den Bergen Sentinel und Chapman's Peak.

Von Hout Bay nach Kapstadt

Karte 2, A 2–3

Auf einer steilen Straße geht es von Hout Bay aus weiter. Am Hout Bay Nek, zwischen dem 758 m hohen Judas Peak (rechts) und dem Little Lion's Head (links), bietet sich ein gewaltiger Ausblick auf das Meer und den Villenvorort **Llandudno,** wo es zwar einen erstklassigen Strand, aber weder Kneipen noch Geschäfte gibt. Die Bewohner des Nobelortes haben sich so entschieden, um auf diese Weise weniger Touristen anzulocken. So ganz geht die Rechnung nicht auf: Es ist trotzdem jedes Wochenende die Hölle los, denn die Leute bringen einfach ihre Picknickkörbe mit.

Zugegeben, das Restaurant sieht nicht gerade nach Sterne-Niveau aus, aber das »Fish on the Rocks« in Hout Bay ist absoluter Kult – und das nicht ohne Grund!

Camps Bay kann es mit seinem von Palmen gesäumten Strand und der Flaniermeile mittlerweile mit den schönsten kalifornischen Stränden aufnehmen. Bistros und Cafés laden zum Sehen und Gesehenwerden ein. Luxus-SUVs und Harleys cruisen auf und ab. Ferraris lassen ihre Zwölfzylindermotoren kreischen. Die kühlen Atlantiktemperaturen treiben Wasserratten allerdings in die Swimmingpools, die fast alle Hotels zu bieten haben.

Der Küstenstreifen zwischen **Camps Bay** und **Clifton** gilt als die ›Copacabana‹ von Kapstadt, wobei Clifton selbst, außer seinem wirklich sehr schönen Strand, nicht viel zu bieten hat. Es sei denn, man schaut sich gerne die Häuser der Reichen an, die dort wie Schwalbennester an der steilen Felswand kleben.

Egal ob im ruhigen Noordhoek, im relaxten Hout Bay, im trendigen Camps Bay oder im edlen Clifton übernachtet wird, die Sonnenuntergänge sind fast immer spektakuläre Inszenierungen der Natur. Typisch südafrikanisch werden sie mit einem Sundowner, einem Sonnenuntergangsdrink, zelebriert.

City-Leuchtturm

Über das dicht besiedelte **Sea Point** geht es vorbei an Südafrikas ältestem Leuchtturm im Stadtteil **Green Point** bzw. **Mouille Point.** 1824 wurde der Turm bis zu einer Höhe von 16 m aufgemauert, 1865 stockte man ihn auf 20 m Höhe auf und stattete ihn mit einem elektrisch betriebenen Leuchtfeuer aus. Unverkennbar ist das diagonal rot-weiß gestreifte ›Kleid‹ des Bauwerks, das in der Zwischenzeit wunderbar restauriert wurde.

Schlafen

Aussichtsreich

The Twelve Apostles Hotel & Spa: An der wunderbaren Küstenstraße am Fuße der 12 Apostel zwischen Camps Bay und Llandudno gelegen, mit der wohl besten Atlantik- und Fynbos-Aussicht der Stadt.

Victoria Rd., Oudekraal, T 021 437 90 00, www.12apostleshotel.com, €€€

Busch-Feeling

Camps Bay Retreat: Oase der Ruhe im hektischen Camps Bay, paradiesischer Garten, drei Pools, Wellnesszentrum, Tennisplatz, DVD-Sammlung, Weinkeller. Das elegante Herrenhaus Earl's Dyke Manor kontrastiert prächtig mit dem mitten im ›Busch‹ liegenden, über eine Hängebrücke erreichbaren Deck House.

7 Chilworth Rd., The Glen, Camps Bay, T 021 437 83 00, www.campsbayretreat.com, €€

California Dreaming

The Bay Hotel: Kalifornisch anmutendes Luxushotel mit einer fantastischen Aussicht aufs Meer. 78 Zimmer.

69 Victoria Rd., Camps Bay, T 021 437 97 01, 430 44 44, www.thebay.co.za, €€–€€€

Lichtblick

La Splendida: Direkt gegenüber vom Greenpoint-Leuchtturm befindet sich dieses Boutiquehotel mit 24 schönen Zimmern. Sie haben die Wahl: entweder Berg- oder Meerblick.

121 Beach Rd., Mouille Point, T 021 439 51 19, www.newmarkhotels.com, €

Klein und edel

Ocean View Guest House: Im Grünen, unterhalb des Tafelbergs gelegenes, edles *guest house,* eigener Fluss, Meerblick, alle Zimmer mit exklusiver Ausstattung.

33 Victoria Rd., Bakoven, T 021 438 19 82, www.oceanview-house.com, €–€€

Luxuriös-verspielt

The Marly: Ein Bilderbuch-Beachhotel an der Flaniermeile in Camps Bay. Beim Sundowner auf der Dachterrasse mit Swimmingpool und 360-Grad-Aussicht (auf Atlantik, Lion's Head und Tafelberg)

kommt das Gefühl auf, es ›geschafft‹ zu haben. Es gibt insgesamt 38 Zimmer in dem Fünf-Sterne-Boutiquehotel mit Wellnesszentrum. In unmittelbarer Nähe finden sich mehrere prima Restaurants.
The Promenade, 201 Victoria Rd., Camps Bay, T 021 437 12 87, www.themarly.co.za, €€€

Essen

Populär und aussichtsreich

The Nines: Im quirligen Sea Point findet sich dieser Kapstädter Trendplatz. Sehen und gesehen werden, ist hier angesagt. Aber trotz aufgebretzelter Kundschaft ist das Essen erstaunlich gut – und die Aussicht vom Balkon und durch die großen Fenster grandios. Das Motto des Restaurants: Das Leben ist zu kurz für zu kurze und miese Lunches. Das Rooftop-Restaurant & Cocktail Lounge im 9. Stock gehört eindeutig zur Kategorie Erlebnisgastronomie.
Station House, 19 Kloof Rd., Sea Point, T 021 745 66 09, www.thenines.co.za, tgl. 12–23 Uhr, €€€

Burger – sonst nichts

Stud. The Burger Shop: Hier zählen weder Inneneinrichtung noch lange Speisekarte mit unzähligen Auswahlmöglichkeiten. Der Fokus liegt eindeutig auf bestmöglichen Burgern. Und davon gibt es genau drei verschiedene. Mehr nicht. Ok, ein paar superleckere Pommes dazu. Wer das wohl berühmteste Fast Food liebt, kommt hier voll auf seine Kosten. Das Fleisch *(boran beef)* stammt übrigens von der Freilandfarm der Besitzer in Stellenbosch. Cash-freie Zone.
315 Main Rd., Sea Point, T 021 203 62 54, www.studtheburgershop.co.za, tgl. 11–23 Uhr, €

Fantastische Atlantik-Aussicht

Salsify at the Roundhouse: Das Salsify verbindet ausgezeichnetes Essen und exzellenten Service mit historischem Ambiente und grandioser Aussicht. Kein Wunder, dass es 2023 bei den Eat Out Woolworths Awards zum drittbesten Restaurant des Landes gewählt wurde. Serviert wird französisch-provenzalisch beeinflusste Küche mit lokalen, frischen Zutaten, fast ausschließlich aus Bio-Anbau.
Roundhouse Rd., The Glen, Camps Bay, T 021 010 64 44, www.salsify.co.za, Di–Sa 12.30–14, 18–20.30, So 12.30–14 Uhr, €€€

Grandios & mit eigenem Strand

The Grand Café and Beach: Eine alte Bootshalle wurde hier in einen megatrendigen, ausgefallen dekorierten Esstempel verwandelt. Wer sich das Essen nicht leisten möchte, nimmt vielleicht nur einen Cocktail am kleinen Privatstrand im Liegestuhl zu sich. Schon die Location an sich ist eine Sehenswürdigkeit. Wurde im Sommer 2018 noch mal aufwendig renoviert.
Hull Rd., Granger Bay, T 072 586 20 52, www.grandafrica.com, tgl. 12 Uhr bis spät, €

Hier kommt der frische Felshummer für die Seafood-Platte …

Traumhaft am Fuß der 12 Apostles gelegen: Camps Bay

Lecker Sonntagsfrühstück

Sotano: Mediterranes Ambiente und Blick auf Südafrikas ältesten Leuchtturm und den Atlantik. Bei Einheimischen wegen des herrlichen Sonntagsfrühstücks beliebt. Im unteren Bereich des La Splendida Boutiquehotels untergebracht.

121 Beach Rd., Mouille Point, T 021 433 17 57, www.sotano.co.za, tgl. 7–22.30 Uhr, €

Trendig-mediterran

Tiger's Milk: Cooler und trendiger geht es kaum in Camps Bay. Luftig-leichte kalifornische Easy-Going-Atmosphäre, gepaart mit sehr gutem Essen und freundlich-aufmerksamem Service machen diesen Platz zu einem Hit an der Flaniermeile. Tische zum Gucken draußen oder drinnen auf zwei Stockwerken. Herrliche Tapas und ausgezeichnete Frühstücke. Im November 2018 nach einer Renovierung wiedereröffnet, jetzt mit herrlichem Holzdeck draußen.

33 Victoria Rd., T 021 286 21 06, www.tigersmilk.co.za/camps-bay, tgl. 8–2 Uhr, €

Schickeria-Treff

Café Caprice: Es locken leckere Gerichte wie der Royal Burger. In schöner Lage an der Strandpromenade. Treffpunkt für prominente Kapstädter, Hollywoodstars und fast unwirklich schöne Models.

37 Victoria Rd., Camps Bay, T 021 438 83 15, www.cafecaprice.co.za, tgl. 9 Uhr bis spät, €

Prima Steakhouse

Bo-Vine Wine & Grill House: Perfekt gegrillte Steaks, geschmackvoll, zart und saftig. Das Restaurant verkünstelt sich nicht, sondern fokussiert auf seine Stärken als Grillhaus. Der Service ist manchmal vielleicht ein bisschen langsam, aber wir sind schließlich in Kapstadt und an der Küste, das lässt oft auch die Kellner relaxen. Sonntag ist der geschäftigste Tag der Woche.

Shop 1, The Promenade Shopping Centre, 85 Victoria Rd., Camps Bay, T 063 712 63 10, www.bovinegrillhouse.com, tgl. 12–24 Uhr, €€–€€€

Vornehm mit Aussicht

Bungalow: Ausgelesen schickes Publikum. Shorts und T-Shirts sind hier – wie in anderen Locations an der Golden Mile, der Flaniermeile von Camps Bay – auch deutlich underdressed und man könnte an den platzanweisenden *welcome hosts* (= Türsteher) scheitern. Ein deutscher Akzent ist aber oft eine gut funktionierende Eintrittskarte. Das Essen ist sehr gut und die Aussicht, auch aufs Meer, sowieso.

Glen Country Club, 3 Victoria Rd., Clifton, T 021 438 20 18, www.thebungalow.co.za, tgl. 12–23 Uhr, €€–€€€

Mitten im Geschehen

Surf Shack: Im Epizentrum der Bar- und Restaurantszene gelegen. Spezialisiert auf Seafood, kein Wunder bei dem Ozeanblick. Idealer Sundowner-Platz.

201 The Promenade, Victoria Rd., Camps Bay, T 021 437 18 02, www.surfshackdiner.co.za, tgl. 12–23 Uhr, €€

Sushi mit Strandblick

Paranga: Hier kommen Sushi-Freunde voll auf ihre Kosten. Ja, selbstverständlich mit genialer Aussicht aufs Meer. Da kommt das Essen ja ursprünglich her.

Shop 1, The Promenade, Victoria Rd., Camps Bay, T 021 438 04 04, www.paranga.co.za, tgl. 12–23 Uhr, €€–€€€

Am Anfang war das Feuer

Zenzero: Hier dreht sich alles um Feuer. Es gibt nicht nur gleich zwei offene Feuerplätze im Restaurant (vor allem an frischen Winterabenden sehr gemütlich), der Koch bereitet auch viele seiner Gerichte am offenen Feuer in der offenen Küche zu. Es gibt sowohl Fisch- als auch Fleischgerichte. Aber auch Vegetarier kommen auf ihre Kosten. Und ja, es gibt auch Pizza aus dem Holzofen für den ›kleinen‹ Hunger.

Shop 2A, The Promenade, Victoria Rd., Camps Bay, T 021 438 00 07, www.zenzerorestaurant.co.za, Mo–Fr 12–23, Sa/So 9–23 Uhr, €€–€€€

Frischerer Fisch geht kaum

Codfather: Seit vielen Jahren gibt es diesen konstant guten Seafood-Klassiker in Camps Bay. Der frische Fisch wird hinter Glas präsentiert. Die Gäste suchen sich die Stücke für ihre Meersfrüchteplatte selbst aus. Vorher geht es aber noch an die Sushi-Bar.

37 The Drive, Camps Bay, T 021 438 07 82, www.codfather.co.za, tgl. 12 Uhr bis spät, €€

Kein Schickimicki

Primi Camps Bay: Und jetzt noch ein Ort, wo sie unbesorgt mit T-Shirt, Shorts, Kind und Kegel einlaufen können. Das Restaurant gehört zu der sehr empfehlenswerten Kette von Primi. Der Service ist immer freundlich und das Essen, von Pasta bis Pizza, gut.

18–22 Brighton Court, Victoria Rd., Camps Bay, T 021 438 91 49, www.primi-world.co.za, tgl. 12–22 Uhr, €

Bewegen

Tauchen rund ums Kap

Kapstadt bietet zwar nicht die besten Tauchgründe Südafrikas, aber der Blick unter Wasser lohnt sich trotzdem sehr, vor allem hier: Coral Gardens bei Oudekraal, Schiffswracks vor Hout Bay, Smitwinkels Marine Reserve. Im Atlantik taucht es sich besser im Sommer nach einem Southeaster, im Winter bietet sich die wärmere False Bay an. Aufgrund der kühlen Atlantiktemperaturen fallen die Neoprenanzüge jedoch immer etwas dicker aus. Tauchgänge kosten ab 850 Rand plus 800 Rand für die Ausrüstung. Internationale Tauchscheine sind günstiger zu erwerben als anderswo.

B

BADEN AM KAP – DIE SCHÖNSTEN STRÄNDE

Die Strände entlang der 150 km langen Küstenlinie der Kap-Halbinsel sehen keinesfalls alle gleich aus – jeder hat seinen eigenen Charakter. Zunächst gibt es eine klare Zweiteilung: die östliche Seite, zur False Bay hin, und die westliche Atlantikseite. Die Strände dort sind zwar geschützt vor dem Southeaster, die Wassertemperaturen dafür aber aufgrund der kalten Benguela-Strömung eher frostig. Auf der anderen Seite ist es windiger, dafür ist das Wasser etwa 5 °C wärmer. An den populären Stränden gibt es Lebensretter und Beach-Patrouillen. Generell versprechen die Strände der Kap-Halbinsel ein sicheres Badevergnügen. Im Zweifelsfall sollte man Einheimische fragen, ob das Baden an nicht ausgewiesenen Stränden sicher ist (Infos zu Surfbedingungen, Gezeiten und Wind: T 021 788 59 65).

Zugabe
Premier Kap-Hits

Fragen an den ›Chef‹ der Western Cape Province

Was mag Alan Winde am Kap am liebsten? Fragen wir den Ministerpräsident der Western Cape Province doch direkt.

Wohin gehen Sie in der Mother City, wenn der kleine oder große Hunger kommt? Und für ein romantisches Dinner?

Der beste Platz für ein Bier und einen Snack ist das Blue Room in der Bree Street, weil es dort richtig guten Jazz dazu gibt. Im Sommer genieße ich die Restaurants gegenüber vom Camps Bay Beach. Und für ein romantisches Dinner sind Kloof Street House oder das 12 Apostles fantastisch.

Was machen Sie abends, um abzuschalten?

Ich liebe es, in Jazzclubs zu gehen. Oder in eine andere Livemusik-Lokalität zwischen der City und Woodstock, wo es lokal gebrautes Bier und guten Wein gibt.

Welche Weingüter gefallen Ihnen besonders gut?

Da haben wir am Kap die Qual der Wahl! Meine Favoriten sind Mullineux and Leeu Family Wines sowie Boschendal in Franschhoek, außerdem Kanonkop, Muratie und Peter Falke Wineries in Stellenbosch. Und da habe ich noch nicht mal über die Weinregionen Constantia Valley oder Westküste gesprochen, oder über die jenseits der Berge, wo sich die Wine Estates von Robertson und Montagu befinden. Ich kann mich nicht auf ein Lieblingsweingut festlegen. Wichtig ist, dass Besucher genügend Zeit für alle unsere Weinregionen einplanen.

Was zeigen Sie Leuten, die Sie in Kapstadt besuchen kommen, zuerst?

Geschichte und Kunst, aber auch Sehenswürdigkeiten. Auf alle Fälle Tafelberg, Cape Point, die Pinguine, aber auch die Waterfront mit dem Zeitz MOCAA Museum. Ja, und das Weinland und die Küste – von Kalk Bay bis Simon's Town. Wir haben eine umfangreiche Kultur- und Kunstszene, dazu Geschichte, präsentiert in zahlreichen Museen und Galerien. Und dann ermutige ich Besucher immer auch, die kleinen Städtchen rund um Kapstadt zu erkunden.

Und wohin gehen Sie, wenn Sie sich einfach mal totlachen möchten?

Wir haben jedes Jahr ein wundervolles Comedy Festival, das Cape Town Funny Festival, aber Kabarettisten treten das gesamte Jahr über in Kapstädter Liveshows auf.

Was machen Sie am Western Cape am allerliebsten?

Ich liebe es, mit meinem Fahrrad um die Kaphalbinsel zu fahren, speziell die Strecke zum Chapman's Peak Drive über Camps Bay und dann weiter nach Noordhoek. Das ist auf Asphalt, aber wir haben auch einige Weltklasse-Mountainbiketrails auf dem Tafelberg und in Stellenbosch. Eigentlich ist die gesamte Provinz ein Straßen-, Schotter- und Mountainbike-Mekka.

Was ist Ihr schönstes Wochenendziel am Kap?

Meine Heimatstadt ist das fantastische Knysna im Herzen der Garden Route. Aber wir haben noch weitere dieser wunderbaren kleinen Städte wie Hermanus zum Walegucken, Montagu zum Wandern oder Weintrinken und Langebaan zum Kitesurfen, für Bootsfahrten in der Lagune und für Meeresfrüchte. Und dann gibt es noch die wirklich schöne Cederberg-Region, wo Sie während des ganzen Jahres auf tollen Wanderwegen Ruhe und Frieden finden werden.

Und was sollen Touristen von ihrem Besuch mit nach Hause nehmen?

Sie werden Erinnerungen an einen der magischsten Orte der Erde und außerdem die Sehnsucht nach einem erneuten Kap-Besuch mitnehmen, um noch mehr zu sehen und zu erleben. Dazu vielleicht noch ein buntes Madiba-Hemd, etwas Biltong und eine Flasche ihres Lieblingsweins – den können sie dann sicherlich in Europa nachkaufen, wenn sie ihre Urlaubserfahrungen auffrischen wollen. Aber was sie auf alle Fälle mitnehmen werden, sind die freundlichen Gesichter unserer Menschen im Gastgewerbe.

Blue Room – www.theblueroomza.com, **Kloof Street House** – www.kloofstreethouse.co.za, **12 Apostles** – www.12apostleshotel.com, **Mullineux & Leeu** – www.mlfwines.com, **Boschendal** – www.boschendal.com, **Kanonkop** – www.kanonkop.co.za, **Muratie** – www.muratie.co.za, **Peter Falke** – www.peterfalkewines.com, **Zeitz MOCAA** – www.zeitzmocaa.museum, **Cape Town Funny Festival** – www.funnyfestival.co.za ■

Als Ministerpräsident der Western Cape Province hat Alan Winde viele Veranstaltungen auf seiner To-do-Liste, (gerne) auch Fußballspiele.

Weinland

Wein und Berge — Südafrika ist weltberühmt für seine exzellenten Tröpfchen. Es gibt Dutzende von herrlichen Weingütern, traditionell und hypermodern, erstklassige Restaurants und romantische Übernachtungsmöglichkeiten.

Seite 101

Weinregion Constantia ★

Hier begann Südafrikas Weinbau vor knapp 400 Jahren. Auf den wunderschönen, kapholländischen Weingütern Steenberg, Groot Constantia, Klein Constantia, Buitenverwachting und Constantia Glen lassen sich die edlen Tropfen stilvoll genießen.

Seite 110

Franschhoek ★

Das französische Erbe sorgt für reichlich Charme, der gute Wein tut ein Übriges. Dies ist der Ort im Weinland für einen romantischen Ausflug. Und Südafrikas Gourmet-›Metropole‹!

Boland Hiking Trail: zwischen Bergen und Wein wandern.

Seite 116

Zweitälteste Stadt Südafrikas

Entlang der Dorfstraße von Stellenbosch – Dorp Street – stehen etliche wunderbar restaurierte, kapholländische Häuser aus der Pionierzeit der europäischen Besiedlung.

Seite 122

Schmetterlings-Refugium

Kinderfreundlich ist die Butterfly World, wo Dutzende der schönsten Falter der Welt herumflattern. Außerdem gibt es in dem tropischen Paradies noch exotische Vögel und Reptilien zu bewundern.

Seite 126

Auf historischen Pässen – im Weinland

Der Bain's Kloof Pass ist nach seinem berühmten Erbauer benannt und ein veritabler Ausflug in die Vergangenheit, als Pferdekutschen den Bergübergang zwischen Wellington und Ceres benutzten. Heute ist er zwar geteert, aber immer noch eng und kurvenreich. Vom Campingplatz vor der Brücke gelangt man zu den Felsenpools von Tweede Tol. Das erfrischt richtig.

Seite 129

The Goatfather

Das Goatshed Restaurant auf dem Fairview-Weingut ist ein Ort zum gemütlichen Mittagessen wie aus dem Bilderbuch. Auf den Gaumen warten neben exzellenten Tropfen auch 25 verschiedene, vor Ort gereifte leckere Käsesorten.

Seite 131

Komplett denkmalgeschützt

Die Church Street von Tulbagh wird von 32 weißen kapholländischen Häuschen flankiert und ist die einzige Straße Südafrikas, in der jedes Gebäude unter Denkmalschutz steht.

Im Weinland wird übrigens auch Bier gebraut – nach dem Reinheitsgebot.

Winzerprobleme am Kap: Hungrige Paviane reduzieren häufig die Erträge, wenn die Trauben in den Mägen der gefräßigen Primaten verschwinden.

Historisches Herz des Weinbaus

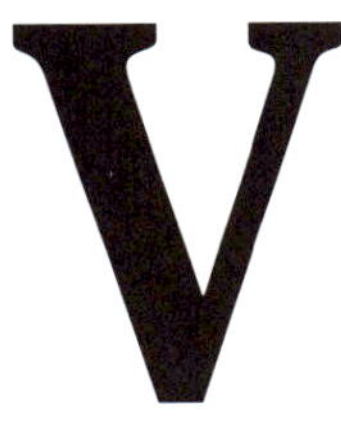

ORIENTIERUNG

Infos: Die Info-Büros von Stellenbosch, Franschhoek und Paarl sind alle in historischen Gebäuden untergebracht: www.stellenboschtourism.co.za, www.franschhoek.org.za, FB: Visit Paarl.

Planung: Für die Erkundung des Weinlands bietet sich Franschhoek als Basis an.

Von **Constantia,** wo vor knapp 400 Jahren der erste Kap-Wein gekeltert wurde, geht es entlang der Küste der False Bay nach **Somerset West.** Über spektakuläre Bergpässe erreicht man die historischen Weinstädte **Franschhoek, Stellenbosch, Paarl** und **Tulbagh.** Hier pflegt man eine jahrhundertealte Weinbautradition. In schönen Landhotels und Restaurants können die edlen Tropfen in Ruhe genossen werden.

Am Ende des 18. Jh. waren die Nachkommen der Weinpioniere bereits unvorstellbar reich. Die Kriege in Europa, vor allem die Französische Revolution, ließen dort so manche Weinquelle versiegen, und die Kap-Winzer konnten erstmals große Mengen nach Übersee absetzen. Vor allem die Engländer liebten die Sherrys, Port- und Dessertweine, die ihnen halfen, die feuchtkalten Winter besser zu ertragen. Die roten Constantia-Süßweine waren so beliebt, dass der französische König Louis Philippe den gesamten Jahrgang von 1833 aufkaufte.

Es gibt keine Aufzeichnungen darüber, wie der berühmte Wein damals hergestellt wurde. Der Geschmack entsprach einem delikaten Sultaninenlikör. Zu den historischen Fans gehörten Friedrich der Große, Bismarck wie auch die holländischen und britischen Könige. Napoleon trank auf St. Helena eine Flasche am Tag, und kurz vor seinem Tod bat er noch um ein letztes Glas.

In den 1980er-Jahren wurden Abkömmlinge alter Van-der-Stel-Reben entdeckt und auf dem Gut Klein Constantia gepflanzt. Seither gibt es den *Vin de Constance* wieder. Unbedingt probieren – so viele gekrönte Häupter können sich nicht irren.

Mit den Erlösen aus den Weinverkäufen in der Vergangenheit entstanden die wunderschönen Anwesen, die das Weinland so attraktiv machen. Die alten kapholländischen Bauten wurden erweitert, ausgebaut, die heute nahezu unbezahlbaren Inneneinrichtungen aus *yellow-* und *stinkwood* kamen dazu.

Weingüter rund um Constantia ✪

Karte 2, B 3

Auf der M 63 geht es in südöstlicher Richtung aus Kapstadt hinaus. Rund um Constantia, eines der nobelsten Wohnviertel Kapstadts, liegt Südafrikas älteste Weinregion. Im 17. Jh. wurden hier erstmals Trauben zu Wein gekeltert.

Ältestes Weingut

Das älteste Weingut ist das von **Steenberg,** wo sich heute ein berühmter Golfplatz und ein elegantes Hotel befinden. Nach wie vor wird hier auch Wein gekeltert, Steenberg ist berühmt für seine Chardonnays und Sauvignon Blancs. Die Farm Steenberg, früher Swaaneweide, gehörte einst dem Kap-Gouverneur Simon van der Stel, bis er sie seiner ›Freundin‹, der aus Deutschland eingewanderten Katharina Ustings, vermachte. Die junge Lübeckerin überlebte nicht nur die strapaziöse Schiffspassage von der Hansestadt ans Kap, sondern auch ihre ersten drei Ehemänner, was ihr einen legendären Ruf einbrachte.

Swaaneweide ist Afrikaans und bedeutet Schwanenwiese. Die ersten Weißen an diesem Ort hatten die hier wild vorkommenden ägyptischen Gänse für (in Afrika nicht natürlich beheimatete) Schwäne gehalten. Katharina und ihr vierter Ehemann bauten ihr erstes Haus auf der Farm im Jahr 1682.

Edle Tropfen

Simon van der Stel zog sich zeitgleich auf seinen Ruhesitz, das benachbarte Weingut **Groot Constantia,** zurück. Dort begann er mit der Produktion der heute weltberühmten Constantia-Weine. Von den klimatischen Verhältnissen her bietet Constantia eine Traumlage: viel Sonne, kombiniert mit den kühlenden Seewinden vom Atlantik, die den Reifeprozess der Trauben etwas verzögern – ideale Voraussetzungen für Winzer, die sehr

In der Weinregion am Kap werden die reifen Trauben jedes Jahr sechs Monate früher als an Rhein, Main und Mosel gelesen.

W

DIE BESTEN WEINE DES LANDES

Thelema Mountain Estate: Helshoogte Pass, T 021 885 19 24, www.thelema.co.za, Weinproben Mo–Fr 9–17, Sa 10–15 Uhr. Cabernet Sauvignon und Chardonnay.
Kanonkop Estate: Elsenburg, T 021 884 46 56, www.kanonkop.co.za, Weinproben Mo–Fr 8.30–17, Sa 8.30–12.30 Uhr. Cabernet Sauvignon und Pinotage.
Neil Ellis Wines: Jonkershoek Valley, T 021 887 06 49, www.neilellis.com, Weinproben Mo–Fr 10–16.30, Sa, Fei 10–17 Uhr. Sauvignon Blanc.
Meerlust: Faure, T 021 843 35 87, www.meerlust.co.za, Weinproben n. V., 30 Rand/Person, Weinverkauf: Mo–Fr 9–17, Sa 10–14 Uhr. Berühmt für den Rubicon, einen Cabernet-Merlot-Verschnitt.
Mulderbosch Vineyards: Koelenhof, T 021 882 24 88, www.mulderbosch.co.za; Weinproben nach Vereinbarung (T 021 881 81 40), Verkauf Di–So, Fei 10–18 Uhr. Chardonnay und Sauvignon Blanc.
Paul Cluver Estate: Elgin, T 021 844 06 05, www.cluver.com, Weinproben Mo–Fr 9–12.30, 13.30–17, Sa 9–13 Uhr. Sauvignon Blanc und Pinot Noir.
Waterford Estate: Blaauwklippen Rd., Helderberg, Stellenbosch, T 021 880 04 96, www.waterfordestate.co.za, Weinproben Mo–Fr 9–17, Sa 10–15 Uhr. Sauvignon Blanc, Chardonnay, Cabernet Sauvignon.
Zevenwacht: Langverwacht Rd., Kuilsrivier, T 021 900 57 00, www.zevenwacht.co.za, Weinproben tgl. 8–17 Uhr. Shiraz, dazu hauseigener Käse.

edle Tropfen keltern und Qualitätsweine produzieren wollen.

Das Herrenhaus von **Groot Constantia** gehört zu den schönsten der gesamten Kapprovinz. Eine mächtige Eichenallee führt vom Eingangsportal auf das *manor house* (Herrenhaus) zu. Besucher müssen jedoch vorher auf einen der Parkplätze des Gutes ausweichen. Zu Fuß gelangt man geradewegs zu dem prächtigen Gebäude im schönsten kapholländischen Stil. Vor dem künstlichen Teich soll ab und zu der Geist von Simon van der Stel lustwandeln. Wahrscheinlich passiert das immer dann, wenn die Weinproben besonders ausgiebig geraten. Der Bauherr und ehemalige Kap-Gouverneur hat bis zu seinem Tod 1712 hier gelebt. Nach seinem Ableben wurde die ursprüngliche Constantia-Farm aufgeteilt in Groot Constantia, Klein Constantia und Buitenverwachting.

Groot Constantia erlebte seine Blütezeit zwischen 1778 und 1885, als es im Besitz der Familie Cloete war. Das einstöckige, reetgedeckte Anwesen in der klassischen kapholländischen U-Form wurde 1925 durch einen Brand fast völlig zerstört. Nach einer gelungenen Restaurierung erstrahlt das mit Möbeln aus dem 18. Jh. ausgestattete Haus heute wieder im alten Glanz.

Wer sich für die Geschichte des Weinbaus am Kap interessiert, sollte das kleine Weinmuseum (tgl. 10–17 Uhr) besuchen. Es führt den Besucher bis in die vorchristliche Zeit zurück und bestätigt wieder einmal, dass bereits die alten Griechen und Römer gerne dem Wein zusprachen.

T 021 794 51 28, www.grootconstantia.co.za, Weinproben und Weintouren tgl. 10–17 Uhr

Wo alles begann

Das benachbarte Gut **Klein Constantia** steht etwas im Schatten von Groot Constantia. Die historischen Gebäude sind zwar bescheidener, aber trotzdem sehr hübsch und den Besuch wert.

T 021 794 51 88, www.kleinconstantia.com, Mo–Fr 10–17, Sommer Sa 10–17, So 10–16, Winter Sa 10–16.30 Uhr, So geschl., Kellerführung n. V.

Jenseits aller Erwartungen

Das Weingut **Buitenverwachting** (Afrikaans für ›jenseits aller Erwartungen‹) produziert fruchtig-frische Chardonnays und Sauvignon Blancs, die an weiße Burgunder erinnern.

Klein Constantia Rd., T 021 794 51 90, www.buitenverwachting.co.za, tgl. 9–17 Uhr, Führungen durch die Keller 11,15 Uhr

Wein und Wurst

Constantia Glen ist eines der neueren Weingüter der Region und eine gute Alternative zu den Constantia-Klassikern. Unbedingt eine der leckeren Käse- und Charcuterie-Platten zur Weinprobe dazubestellen. Vor allem die Sauvignon Blancs sind von sehr guter Qualität.

Constantia Main Rd., T 021 795 56 39, www.constantiaglen.com, tgl. 10–17 Uhr

Schlafen

Kapholländischer Luxus

Cellars-Hohenort Country House Hotel: Absolut ruhig, mitten in Constantia gelegen; luxuriöses Hotel, dessen Weinkeller aus dem 17. Jh. stammt. Mitglied in der Hotelvereinigung Relais & Châteaux.

Constantia, 93 Brommersvlei Rd., T 021 794 21 37, www.thecellars-hohenorthotel.com, €€–€€€

Ruhige Lage

Villa Coloniale: Ruhig, mitten im Constantia-Weingebiet gelegenes, stilvolles historisches Gästehaus. Cornelia und Raymond, das golfbegeisterte Deutsch-Schweizer Besitzerpaar, kümmert sich engagiert um die Gäste.

11 Willow Rd., T 021 794 20 52, www.villacoloniale.com, €€

Essen

Das beste Restaurant im Land

La Colombe: Ausgezeichnetes Essen in einem Restaurant im provenzalischen Stil auf dem Gelände des Silvermist-Weinguts. Die erlesenen Speisen sind auf riesigen Schiefertafeln aufgelistet, sehr nette Bedienungen. La Colombe wurde 2023 bei den Eat Out Woolworths Awards zum besten Restaurant Südafrikas gewählt.

Silvermist Wine Estate, Constantia Nek, T 021 794 23 90, www.lacolombe.restaurant, tgl. Lunch 12–13.30, Dinner 18–20 Uhr (jeweils Tischvergabe), €€€

Kulinarik mit Aussicht

Chefs Warehouse Beau Constantia: Das Restaurant gehört zur Gourmettempel-Sammlung des irischen Promikochs Liam Tomlin und ist neben La Colombe und Foxcroft das dritte in Constantia, das 2023 bei den Woolworths Eat Out Awards in die Top Ten des Landes gewählt wurde. Die Tapas-Speisekarte ist legendär, die Aussicht bis zur False Bay grandios. Saisonale, lokale Ingredienzen begleiten die kulinarische Reise.

1043 Constantia Main Rd., Constantia Nek, T 021 794 86 32, www.chefswarehouse.co.za, tgl. 12–14.30, Mo–Sa 18–20.30 Uhr, €€€

Unter Eichen

Foxcroft: Das dritte kulinarische Highlight in Constantia ist Foxcroft, das zur La-Colombe-Gruppe gehört. Modernes, minimalistisches Interieur mit Tischen im Freien unter mächtigen Eichen, was eine fast europäische Atmosphäre schafft. Die offene Küche bietet sowohl mittags als auch abends Sechs-Gänge-Menüs (auch vegetarisch) an. Natürlich exzellenter Service und erlesene Weinkarte. Im Herzen des Weinlandes zuhause, kennen sich die Angestellten und der Sommelier entsprechend gut aus bei den Tröpfchen.

Shop 8, High Constantia Centre, Groot Constantia Rd., T 021 202 33 04, www.foxcroft.restaurant, tgl. ab 12 Uhr, €€€

Deutsche Küche

Hartlief Deli: Wenn Sie nach so viel edler Sternekost etwas bodenständig Deftiges suchen, dann sind Sie hier richtig. Für Kap-Deutsche ist die Metzgerei mit Imbiss ein lukullischer Wallfahrtsort. Wer Leberkäs-Brötchen, Debrecziner, Brezeln, Laugenstangen und Käsekuchen vermisst, kommt hierher.

High Constantia Centre, Main Rd., T 021 794 17 06, www.hartlief.co.za/constantia-deli, Mo 9–16, Di–So 8–16 Uhr, €

Einkaufen

Gut versorgt

Die beschriebenen Weingüter verkaufen ihre eigenen Anbauprodukte vor Ort, die Weine gibt es dort auch flaschenweise.

Alles unter einem Dach

Constantia Village Shopping Centre: Die Mall wurde komplett modernisiert und bietet viele tolle Geschäfte und Restaurants.

Constantia Rd., T 021 794 50 65, www.constantiavillage.co.za, Mo–Fr 9–18, Sa 9–17, So 9–14 Uhr

Somerset West

C5

Südlich von Constantia trifft die Straße bei **Muizenberg** auf die False Bay und führt an ihr entlang nach Osten, auf die steil aufragende, gezackte Bergkette der **Hottentots Holland Mountains** zu. In den ersten drei Monaten jeden Jahres verwandelt sich der über dem Städtchen **Somerset West** liegende Helderberg in ein rotes Blütenmeer. Viele Blumen liebende Touristen tummeln sich dann auf dem Rundwanderweg des 245 ha großen **Helderberg Nature Reserve,** um die Disa-Orchideen zu bewundern.

Alternativstrecke

An der R 44 zwischen **Stellenbosch** und **Somerset West** liegen zwei Weingüter relativ nahe beieinander, zu denen sich ein Abstecher unbedingt lohnt. Von Stellenbosch auf der R 44 kommend, biegen Sie zunächst in die Annandale Road links ab und folgen den Hinweisschildern zu den Uva Mira Mountain Vineyards (s. unten). Zurück auf der R 44 geht es nach einigen Kilometern wiederum links ab in Richtung Somerset West zu den Eikendal Vineyards (s. S. 105).

Der Porsche unter den Weingütern

Mit 620 m Höhenlage ist **Uva Mira Mountain Vineyards** eines der höchstgelegenen Weingüter des Landes. Das verlängert aufgrund des kühleren Klimas den Reifeprozess der Trauben und führt zu einer deutlichen Qualitätsverbesserung der Weine. Weingut-Besitzer Toby Venter ist nicht nur der Porsche-Importeur Südafrikas, er hat auch die historische Grand-Prix-Rennstrecke Kyalami bei Johannesburg mit einer Investition von mehreren hundert Millionen Rand vor Immobilien-Haien, die dort Wohneinheiten errichten wollten, gerettet. Wie beim Wein auch geht es ihm um den Erhalt von Kultur für die Nachwelt. Das passt auf die Rennstrecke, die mittlerweile zu den weltbesten gehört und auf der 2025 wieder ein afrikanischer Formel-1-Grand-Prix stattfinden soll, als auch auf seine Weine. Sein Ziel ist nicht geringer als zukünftig den besten Rotwein der Welt zu produzieren. Ob er auf dem Weg dazu ist, beurteilen Sie selbst. Seine Weine lassen sich bei einer Probe

Die Kampferbäume auf dem Gelände des Vergelegen Wine Estate wurden zu Zeiten Willem Adriaans gepflanzt.

testen. Dazu werden Käse- und Wurstplatten im Probierraum angeboten.

Annandale Rd., T 021 880 16 83, www.uvamira.com, tgl. 10–17 Uhr, Weinproben mit 3 & 5 Proben (60 & 100 Rand), Käse- und Wurstplatten €€

Korruption am Kap

Etwas außerhalb von Somerset West liegt das **Vergelegen Wine Estate.** Vergelegen bedeutet ›weit weg‹, denn zu Ochsenwagenzeiten war es ein weiter Weg vom Weingut bis nach Kapstadt. Auch Vergelegen ist im kapholländischen Stil erbaut worden. Zum Bau des prunkvollen Anwesens beschäftigte Willem Adriaan, der Sohn Simon van der Stels und sein Nachfolger im Amt des Kap-Gouverneurs, illegal 600 Sklaven der Niederländisch-Ostindischen Kompanie. Trotz ihrer Verdienste um den südafrikanischen Weinbau blieben und bleiben die beiden Gouverneure wegen ihres Einsatzes von Sklaven der VOC umstritten. Die Kap-Bürger rebellierten schließlich gegen ihre korrupten Oberen und wurden sie auch tatsächlich los. Willem Adriaan ging im April 1708 ins Exil, sein Vater starb im Juni 1712. Von da an nahmen die freien Kap-Bürger ihre Geschicke mehr oder weniger selbst in die Hand. Wie man sieht, hat die Korruption in Südafrika eine lange Tradition.

Vom Dach des achteckigen, in einen Hügel integrierten Weinkellers hat man eine tolle Aussicht. Der Blick reicht weit über die False Bay bis hin zur Kap-Halbinsel und über die Weinberge zu den Hottentots Holland Mountains, die es auf dem weiteren Weg ins Herz des Weinlandes zu überwinden gilt.

Lourensford Rd., T 021 847 13 34, www.vergelegen.co.za, Weinverkostung T 021 847 13 37, tgl. 9.30–16.30 (Verkauf bis 17) Uhr, Führung tgl. 11.30, 15 Uhr (keine Kinder)

Schlafen

Auf einem Weingut

Eikendal Vineyards: Neben erlesenen Weinen – vor allem der Sauvignon Blanc ist ein Gedicht –, die in einem schönen Probierraum genossen werden können, gibt es hier auch eine Übernachtungsmöglichkeit, die **Eikendal Lodge,** sowie das sehr empfehlenswerte italienische Restaurant Cucina di Giovanni (s. Essen).

R44, T 021 855 14 22; Weingut: www.eikendal.com, Di–So 11–19 Uhr; Lodge: www.eikendallodge.com, €

Historisches Landgut

Erinvale Estate Hotel: Fantastische Lage, historisches Cape-Dutch-Gebäude, stilvolle Zimmer, zwei Restaurants.

Somerset West, Lourensford Rd., T 021 847 11 60, www.erinvale.co.za, €€

Deutsch-schweizerische Besitzer

Cape Edelweiss: Vor ein paar Jahren zogen Diana (D) und Stefan (CH) ans Kap, kauften ein kapholländisches Haus mit Aussicht und bauten es zum komfortablen B&B um. Das reetgedeckte Anwesen steht auf einem großen Grundstück mit herrlichem Berg- und Meerblick. Die Gäste müssen auch nicht unter dem lästigen Loadshedding leiden – dank Solaranlage steht Edelweiss immer unter Strom und das Internet funktioniert. Extra Lounge mit Bar für Gäste und 12 m langer Pool. Vier große Zimmer.

1 Vermeer Rd., Somerset West, T 076 831 25 76, www.cape-edelweiss.com, €€

Essen

Beste Pizza im Freien

Cucina di Giovanni: Hier kommt der Autor wegen der sehr leckeren, im Holzofen gebackenen Pizza her. Und ja, natürlich auch wegen des exzellenten Eikendal Sauvignon Blanc. Außer den belegten Teigkreisen gibt es eine reichhaltige Auswahl an italienischen Gerichten. Witzig: Der Besitzer des Restaurants ist Grieche – dafür macht er das aber richtig gut. Einschließlich Espresso und Grappa zum Abschluss. Supernette Bedienungen und ein herrlicher Garten zum Sitzen im Freien, wenn die Sonne scheint und der Wind ruht.

R44, Eikendal Vineyards, Stellenbosch, T 021 855 50 33, www.giovannicapetown.co.za, Di–Sa 12–22, So 12–16 Uhr, €

Im Namen des Pferdes

Equus Restaurant: Pferde sind das dominante Thema in diesem Edelrestaurant, das einem Architekturmagazin entsprungen zu sein scheint. Die Küche ist exzellent. Unbedingt rechtzeitig vorbuchen.

Leider kann das Essen auf dem Elgin Railway Market nicht mit dem tollen Dekor mithalten.

Cavalli Stud and Wine Farm, Strand Rd., R 44, T 021 855 32 18, www.cavallistud.com, Mi–Sa 12–15, 18.30–21.30, So 12–15 Uhr, Hauptgericht 190–290 Rand

Feiern

- **Helderberg Festival of Lights:** Dez.–Jan., Somerset West. In den Straßen von Somerset West blinkt und funkelt die aufwendigste Weihnachtsbeleuchtung der ganzen Kapprovinz.

Infos

- **Helderberg Tourism Bureau:** 186 Main St., South Vines, Somerset West, T 021 851 40 22.

Von Somerset West nach Franschhoek C5/6

Kurz hinter Somerset West schlängelt sich die gut ausgebaute Verbindungsstraße N 2 den Sir Lowry's Pass hoch, den ersten Bergübergang dieser Tour. Wie viele Bergstraßen der Kapprovinz begann auch diese ihre Existenz zunächst als Wildwechsel, später wurde der Weg dann von den Buschmännern genutzt. 1828 ließ Gouverneur Sir Lowry Cole schließlich eine Passstraße bauen, allerdings ohne vorher die Genehmigung des Londoner Kolonialbüros einzuholen. Als die englischen Bürokraten deswegen drohten, sein Gehalt zu konfiszieren, kamen ihm die Kapstädter Bürger zu Hilfe und boten ihm an, für seine finanziellen Verluste aufzukommen. Daraufhin machte die Londoner ›Zentrale‹ einen Rückzieher.

Verbunden mit Kapstadt

Durch den Bau der Straße war das kaum besiedelte Hinterland mit dem ›Marktplatz‹ Kapstadt und seinem Hafen verbunden, und Südafrika hatte seine erste ordentliche Passstraße. Bei klarer Sicht bietet sich vom Aussichtspunkt (402 m) ein toller Blick über die gesamte Kap-Halbinsel und die Cape Flats bis zu Kapstadts Wahrzeichen, dem Tafelberg.

Bei **Grabouw,** im fruchtbaren Groenland Valley, zweigt die R 321 zum Viljoens Pass ab. Grabouw ist das Zentrum des Elgin District, eines berühmten Apfelanbaugebietes. An der Kreuzung empfiehlt sich ein kurzer Stopp am **Orchard Elgin Country Market.**

Art-déco-Markt

In **Elgin** befindet sich am alten Bahnhof einer der vielen am Kap so beliebten Wochenendmärkte, der **Elgin Railway Market.** Architektonisch ist der aufwendig gebaute Elgin Railway Market sehr gelungen, mit gewaltigen Toren, vielen Art-déco-Details und unglaublichen Deckenventilatoren. Leider haben die Macher bei der Auswahl der einzelnen Pächter kein gutes Händchen gezeigt. Vom Ambiente verführt, erwarten Besucher mehr als das gebotene Fast Food, das die Hallen mit ranziger Luft füllt. Aber sehenswert ist der Markt auf alle Fälle.

Die stilechteste Art und Weise dort am Bahnhof einzulaufen, ist per historischem Dampfzug. **Ceres Rail** (www.ceresrail.co.za) unternimmt diese nostalgischen Trips fast jedes Wochenende. Startpunkt ist in der V & A Waterfront in Kapstadt.

Elgin Railway Market, Oak Avenue, Elgin, T 021 204 11 58, www.elginrailwaymarket.co.za, Fr 16–20, Sa 9–20, So 9–18 Uhr

Wasser marsch

Nördlich von **Grabouw** geht es auf der R 321 weiter. Nach einigen Kilometern

TOUR
Von Pool zu Pool

Wanderung auf dem Boland Hiking Trail

Der Boland Hiking Trail in den zerklüfteten **Hottentots-Holland-Bergen** bietet eine Reihe von Wanderoptionen mit Übernachtungshütten in Landroskop oder Boesmanskloof.

Die erste Tagesetappe führt von **Nuweberg** zur **Landdroskop-Hütte** (12 km, 3–4 Std.). Vom Parkplatz folgt man zunächst etwa 4 km einem Jeep Track, dann wird es ernster. Es geht steil nach oben zu einer Felsformation, die aufgrund ihres Aussehens Sphinx getauft wurde. Hier ist Halbzeit, ein guter Platz für eine Pause mit Aussicht. Mit viel Fantasie haut das hin mit der Sphinx. Der Pfad ist gut mit aufgemalten Fußabdrücken gekennzeichnet. Der Weg, der hier **Palmietpad** genannt wird, trifft unterhalb der Gipfel des Nuweberg und **Landdroskop** auf den **Palmiet River,** der vor allem im heißen Sommer eine willkommene Erfrischung bietet. Die Hütten tauchen dann rechts auf, aber nicht zu früh freuen: Die Entfernung täuscht etwas, es ist noch ein ganzes Stück zu laufen. Vor allem, weil es noch einmal runter und wieder rauf geht.

Das wunderschöne Hottentots-Holland-Naturreservat ist durch seine Vielfalt an Bergfynbos charakterisiert.

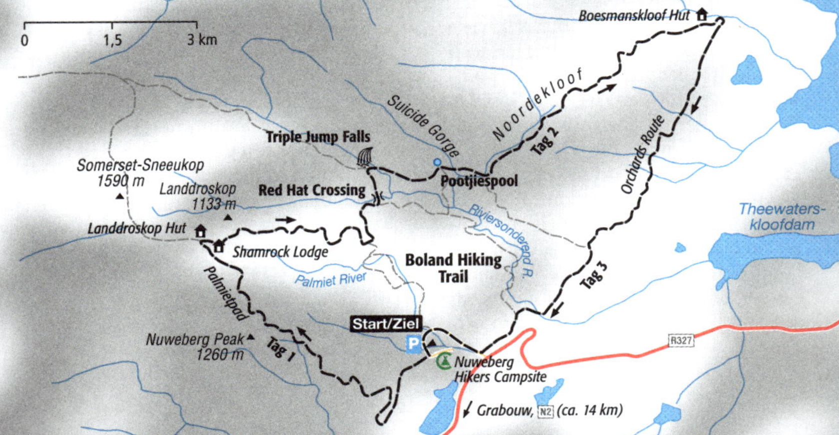

Infos

C5

Hottentots Holland Nature Reserve, Parkplatz Nuweberg ca. 14 km von Grabouw und der N 2

Länge: 43,6 km

Dauer: 3 Tage, anstrengender Rundwanderweg

Kontakt: Cape Nature Conservation, T 021 659 35 00, www.capenature.co.za

Kosten: Erw. 70 Rand, Kinder 40 Rand, 480 Rand/Pers. für die beiden Hüttenübernachtungen.

Wer nur einen Teil gehen möchte, hat die Wahl zwischen zwei verschiedenen Routen: Boegoekloof Trail (24 km; 8 Std.) und Palmiet Trail (6 km; 2 Std.)

Baden in der Selbstmordschlucht

Am nächsten Tag geht es von **Landdroskop** nach **Boesmanskloof** (17,6 km, 7 Std.). Wer abkürzen möchte, kann auch von hier zurück auf den Jeep Track nach Nuweberg (8 km, 2 Std.) absteigen. Die Drei-Tages-Wanderung geht runter zum **Riviersonderend River** und quert diesen über eine Hängebrücke bei **Red Hat Crossing.** Unbedingt hier in den natürlichen Pools schwimmen, denn danach geht es wieder schweißtreibend steil nach oben. Der Blick in die Schlucht ist atemberaubend. Als Nächstes steigt man dann zu einem anderen Fluss hinunter, in die **Suicide Gorge,** einen beliebten *Kloofing*-Ort (s. auch S. 238). Hier findet sich mit **Pootjiespool** das schönste Felsenbad des Trails. Wer genug Mut hat, rutscht den bemoosten Wasserfall hinunter. Bevor es wieder steil bergauf geht, noch die Wasserflaschen füllen, da es bis zu den Hütten kein Wasser mehr gibt. Die Ausblicke zurück von Noordekloof und die Gipfel von Nuweberg, Landdroskop und Somerset-Sneeukop sind beeindruckend und Lohn der Mühe – vor allem im letzten Nachmittagslicht, wenn die Felsen fast blau schimmern. Die Proteen sind hier wunderschön. Steil geht es hinunter ins Tal.

Am dritten Tag wird es einfach, die **Orchard Route** genannte Strecke von **Boesmanskloof** zurück nach **Nuwekloof** ist nur 14 km lang, wofür man 2–3 Std. einplanen sollte. Unterwegs gibt es wieder **Felsenpools** oder – für jene, die im Winter laufen – heiße Duschen am Parkplatz Nuweberg.

Variante als Tagestrip

Wie alle Wanderwege im Reservat beginnen die beiden gut ausgeschilderten Tagestouren hinter dem Parkbüro, bei Nuweberg. Sie sind Teil des Boland Trail. Der erste Teil des Boegoekloof Trail folgt sowohl dem Palmiet Trail als auch der ersten Etappe des Boland Trail. Die anspruchsvolle Tageswanderung führt durch einen **Canyon (Kloof),** den der Palmiet River geschaffen hat. An der Brücke nicht den Fluss queren, sondern weiter an seinem Ufer entlang und den Canyon hinaufgehen. Zwischendurch muss man durch Felsenpools schwimmen – eine tolle Erfrischung im Sommer.

Der **Palmiet Trail** ist deutlich einfacher. Nach 4 km am Palmiet River entlang ist ein wunderbarer Sandstrand erreicht.

ist der **Viljoens Pass** überwunden und es geht hinunter in ein Tal. Der Verkehr nimmt immer mehr ab. Links und rechts gedeihen Apfelbäume, deren Früchte – *Granny Smith* und *Golden Delicious* – auch für europäische Gaumen keine Unbekannten sind.

Vorbei am gewaltigen Wasserreservoir des **Theewaterskloof Dam** führt der Weg hinter der Brücke über den Damm nach links auf die Berge zu. Kurz darauf schlängelt sich die Straße in spektakulären Kurven auf den 701 m hohen **Franschhoek Pass** – ein straßenbaulicher Höhepunkt der Kapprovinz. Oben heult zwischen schroffen Felsen der Wind, unten liegt **Franschhoek** mit seinen sattgrünen Weinfeldern. Von hier aus fliegen oft Kapstadts Paraglider zu Tal. Weniger gefährlich, doch nicht minder beeindruckend windet sich die Straße in vielen Kurven nach unten. Kurz vor Erreichen des Weinortes treffen Besucher oft auf einen der hier lebenden Pavianclans, deren Mitglieder rechts und links der Straβe nach Essbarem suchen.

Schlafen

Coole Wohnwagen

Old Mac Daddy Airstream Trailer Park: Die ländliche Version des Airstream-Trailer-Parks Grand Daddy in Kapstadts Long Street. Auch hier wird in individuell von verschiedenen Künstlern entworfenen und dekorierten klassischen, amerikanischen Airstream-Wohnwagen genächtigt. An jeden von ihnen wurde ein Häuschen mit Wohnraum und Badezimmer angebaut. Die Aussicht ins Tal ist fantastisch. Achtung: Die obersten Wohnwagen *Yellow Submarine, Secret Life of Plants* und *Dirkie Sanchez* sind nur über eine lange steile Treppe zu erreichen. Am einfachsten gelangt man zu *Birdy* und *Love Cake,* direkt am kleinen Stausee. Restaurant ›The Barn‹ im Haupthaus. Tipp: die Schnitzel (120–150 Rand).

Elgin Valley, T 021 844 02 41, www.oldmacdaddy.co.za, €–€€

Essen

Frisch von der Farm

Orchard Elgin Country Market: Groβer Farmladen mit Restaurant zum Drinnen- und Drauβensitzen.

Ecke N 2/R 321, T 021 859 28 80, tgl. 7–18 Uhr, €

American Barbecue

Hickville Smokehouse: Die US-amerikanische oder, genauer gesagt, die texanische Version des südafrikanischen Braai wird hier zelebriert, in authentischer Holzhaus-Atmosphäre. Dort wird auch das Fleisch vor dem Grillen entsprechend geräuchert. Am Wochenende oft ausgebucht.

An der N 2 von Kapstadt kommend, 1,2 km nach Paul Cluver links, Elgin, T 021 300 13 96, www.hickville.co.za, €

Franschhoek ✪ ♥C5

Nicht nur der Name erinnert an Frankreich, das kleine Städtchen mit seinen Bistros und Cafés sieht auch fast so aus und könnte mit etwas Fantasie auch irgendwo in der Provence liegen. Dass der Wein oft besser und wesentlich günstiger ist als im ›echten‹ Frankreich, ist ein weiterer Pluspunkt, der nicht nur frankophilen Reisenden gut bekommt. Etliche Weingüter bieten in Führungen und Proben Einblicke in den Weinbau der Region.

Jagd auf die Hugenotten

Eine dramatische Entwicklung in Europa ist für die Gründung des Ortes und für den Qualitätsschub des Kap-Weins verantwortlich zu machen. Der französische König Ludwig XIV. erklärte 1688 das Edikt von Nantes, das allen Einwohnern die Glaubensfreiheit versprach, für ungültig. Überall in Frankreich begann daraufhin die gnadenlose Jagd auf die Hugenotten – es ging um Leben und Tod. 164 von ihnen gelang auf Schiffen der Niederländisch-Ostindischen Kompanie die Flucht nach Kapstadt. Sie ließen sich in der (heute *french corner* genannten) Gegend um Franschhoek nieder. Frankreichs Verlust war ein kultureller Gewinn für das Kap, wo bis dahin nur 600 holländische und deutsche *free burgher* lebten.

Manche der Hugenotten, die aus dem Süden Frankreichs stammten, waren mit dem Weinbau vertraut und betrieben dieses Handwerk in ihrer neuen Heimat weiter. Alle neun damals von ihnen gegründeten Farmen haben auch heute noch mit Weinbau zu tun: La Dauphine, Burgundy, La Bir, Champagne, Cabrière, La Terre de Luc, La Cotte, La Provence und La Motte. Viele traditionelle Afrikaner-Familien tragen die Namen der damaligen hugenottischen Einwanderer: Malan, de Villiers, Malherbe, Roux, Barre, Thibault und Marais. Französisch sind heute allerdings nur noch die Speisekarten einiger Restaurants in Franschhoek abgefasst, die einstige Muttersprache spricht hier niemand mehr.

Mindestens eine Übernachtung sollte in Franschhoek eingeplant werden, schon wegen der frischen Croissants, die in den kleinen Hotels und Bed & Breakfast-Unterkünften jeden Morgen gereicht werden.

Die (W)Einwanderer

An die Hugenotten und ihr Vermächtnis erinnert das Hugenotten-Denkmal, das 1988 zum 250. Jahrestag der Landung der französischen Flüchtlinge eingeweiht wurde. Das stattliche, trotzdem filigran wirkende Granitmonument birgt viel Symbolik. Dominant sind die drei eleganten Bögen, die die Heilige Dreifaltigkeit darstellen sollen, überragt von einer goldenen Sonne (Rechtschaffenheit) und einem einfachen Kreuz (Treue). Vor den Bögen steht eine weibliche Figur, die eine Bibel in der rechten und eine zerbrochene Kette (Religionsfreiheit) in der linken Hand hält. Sie trägt ein blumengeschmücktes Kleid (Adel), steht mit gespreizten Beinen auf der Erde (geistige Freiheit) und wirft ihren Umhang ab (Unterdrückung). Weitere Symbole sind die Harfe (schöne Künste), ein Bündel Getreide, ein Rebzweig (Landwirtschaft) sowie ein Spinnrad (Industrie).

Linker Hand der Ecke Huguenot/Lambrecht St., gegenüber dem Huguenot Museum, Straße in Richtung Franschhoek Pass

Out of Frankreich

Im 1976 eröffneten Huguenot Memorial Museum sind viele Möbelstücke der frühen französischen Siedler ausgestellt. Das Gebäude selbst ist eine Rekonstruktion des 1791 nach Entwürfen des Franzosen Louis Thibault erbauten eleganten Cape-Dutch-Anwesens Saasveld, das einst in Kapstadts Kloof Street stand. Nach dessen Abbruch wurden

F

ÜBER DEN FRANSCHHOEK PASS IM WEINLAND

Über den gut ausgebauten Franschhoek Pass im Weinland zu cruisen, gehört zu den Höhepunkten eines Kap-Trips. Zum besonderen Erlebnis wird die Tour mit einem legendären, polternden, hubraumstarken Zweizylinder unterm Hintern: einer Harley. Die amerikanischen Maschinen kann man, einschließlich Ausrüstung, in Kapstadt für einen oder mehrere Tage mieten.

Holz, Fenster, Türen und Steine des Hauses von der Tafelbucht nach Franschhoek transportiert, um dort das heutige Museumsgebäude zu errichten.

Lambrecht St., T 021 876 25 32, www.museum.co.za, Mo–Sa 9–17, So 14–17 Uhr, Erw. 50 Rand, Kinder 30 Rand

Weingüter

Sabrage oblige

Das Weingut der deutschen Von-Arnim-Familie, **Haute Cabrière,** ist weit über die Stadtgrenzen hinaus für seine edlen Schaumweine bekannt und außerdem für die eher unkonventionelle, aber publikumswirksame Art, die Flaschen zu öffnen. Statt einfach den Draht, der den Korken festhält, zu entfernen, schlägt man hier traditionell den Hals der Flasche mit dem Säbel ab. Auf Französisch wird das *sabrage* genannt. Neben den Schaumweinen, die nach dem Gründer des Weinguts, dem Hugenotten Pierre Jourdan benannt sind, ist Haute Cabrière vor allem für seine Pinot-Noir-Rotweine berühmt, die man unbedingt probieren sollte. Das Restaurant (€€) im ›Glaskasten‹ mit herrlicher Aussicht auf die Berge darf auch nicht ausgelassen werden.

Cabrière Estate, T 021 876 36 88, 876 85 00, www.cabriere.co.za, Proben & Kellertouren Mo–Fr 9–17, Sa, Fei 10–16, So 11–16 Uhr (vorherige Anmeldung für die Tour mit Sabrage am Sa: T 021 876 85 00)

Kapholländische Perle

Das Gut **Plaisir de Merle** wurde 1693 von Charles Marais gegründet, das Herrenhaus – ein wunderschönes Beispiel kapholländischer Architektur – stammt aus dem Jahr 1764. Unbedingt probieren: Cabernet und Merlot.

Simondium, T 021 874 10 71, www.plaisirdemerle.co.za, Proben Mo–Fr 8.30–17, Sa 10–16 Uhr

Schlafen

Provenzalischer Luxus

Le Quartier Français: Neben 32 komfortablen Zimmern (und zwei einzeln stehenden Villas) mit handbemalten Bettdecken im Provence-Stil gibt es eine Gourmetküche im Haus, das La Petite Colombe. Tipp für Frischverheiratete ist die Honeymoon Suite mit eigenem Swimmingpool.

16 Huguenot St., T 021 876 21 51, https://leeucollection.com/lqf/stay, €€€

Romantik pur

Akademie Street Boutique Hotel and Guesthouse: Ein verwunschener Garten mit überwucherten Pfaden macht dieses kleine Etablissement mit seinen fünf Suiten und drei luxuriösen Gästehäuschen so beliebt. Gelatenheid ist ein doppelstöckiges Refugium mit Badewanne unter Bäumen. Wurde bereits zum romantischsten Gästehaus Südafrikas gewählt. Sehr schöner Swimmingpool und legendäres Frühstück.

5 Akademie St., T 082 517 04 05, www.aka.co.za, €€€

Schöner wohnen

Allée Bleue: Exklusive Übernachtungsmöglichkeiten in historischen Cottages auf der Weinfarm. Wunderbar dekorierte Zimmer, die das Alte geschickt mit Modernem kombinieren.

Groot Drakenstein, an der Kreuzung R 310/R 45, zwischen Boschendal und Franschhoek, T 021 874 10 21, www.alleebleue.co.za, €€

Tolle Aussicht

La Petite Ferme: Die kleinen, schön eingerichteten Häuschen, für sich im Weinberg gelegen, verfügen jedes über eine eigene Terrasse und einen Pool; dank der Lage kommt hier noch Nachmittagssonne hin. Reichhaltiges Frühstück

Erst studieren, dann probieren? Haute Cabrière lässt Ihnen bei der Reihenfolge freie Wahl …

im Cottage oder im angeschlossenen Restaurant.

Franschhoek Pass Rd., zwischen Pass und Ort links der Straße gelegen, T 021 876 30 16/18, www.lapetiteferme.co.za, €€

Essen

Unter den Top Ten

Arkeste: Das Restaurant von Chefkoch Richard Carstens befindet sich in einem historischen Haus in einem bewaldeten Teil des Chamonix-Weingutes und beschreibt sein Ambiente treffend mit *»relaxed fine dining«*. Seit 30 Jahren kreiert Carstens ausgefallene, schmackhafte Gerichte. Sein Alaska-Lachs *(baked salmon Alaska)* ist so legendär wie seine französisch-japanischen Fusionsgerichte. Seine Kunst liegt darin, dass nie ein Geschmack den anderen überwältigt. Sie betonen sich eher gegenseitig.

Chamonix Wine Estate, Uitkyk St., T 021 876 84 15, www.arkeste.com, Mi–Sa 18–20.15, So 12–14.30 Uhr, €€€

Spitzenklasse

La Petite Colombe: Das Schwesterrestaurant zu den beiden Gourmet-Tempeln Foxcroft und La Colombe in Constantia. Delikate, ungewöhnliche Gerichte von höchster Qualität, einschließlich eines vegetarischen Gourmet-Menüs.

16 Huguenot Rd., T 021 202 33 95, www.lapetitecolombe.com, tgl. Lunch & Dinner, €€€

Versteckte Perle

Franschhoek Kitchen: Eine wunderbare Aussicht paart sich hier mit zeitgenössischer, südafrikanischer Küche, pur und einfach, aber von höchster Qualität, mit frischen Zutaten aus der Umgebung. Wenn es draußen zu frisch ist, bietet sich das herrlich eingerichtete Innere zum Essen an. Ein kulinarischer Hotspot im Ort. Saisonale Änderungen in der Karte.

Holden Manz Wine Estate, Green Valley Rd., T 021 876 27 29, www.holdenmanz.com, Facebook: Holden Manz Wine Estate, tgl. 12–15, 19–21 Uhr, €€

Im Keller

Haute Cabrière Cellar Restaurant: Das in einem Keller untergebrachte Restaurant gehört zu den besten im Weinland. Alle Gerichte auf der Karte sind auch als halbe Portionen erhältlich und die ausgezeichneten Cabrière-Weine lassen sich glasweise bestellen. Tipp: Franschhoek-Lachsforelle mit Pistazien- und Senfkörnerkruste, serviert mit Rahmspinat und Rotweinbutter.

Cabrière Estate, Lambrechts Rd., R 45, T 021 876 36 88, 876 85 00, www.cabriere.co.za, Mai–Sept. Di–So 12–15 (Lunch), Fr/Sa auch 15–19 (Kleinigkeiten), 19–21 (Dinner), Okt.–April Di–Sa 12–15 (Lunch), 15–19 (Kleinigkeiten), 19–21 Uhr (Dinner), So nur Lunch, €€€

Local Hero

Reuben's: Reuben hat eine echte ›Tellerwäscherkarriere‹ hinter sich – vom Kellner zum im ganzen Land gepriesenen Gourmetkoch. Das Essen in seinem Restaurant schmeckt genauso fantastisch wie es präsentiert wird. Im Sommer kann man schön auf der Terrasse sitzen. Den Innenhof schmückt eine viel bewunderte Flugzeug-Tragfläche, die als Bartheke dient.

2 Daniel Hugo Rd., T 021 876 37 72, www.reubens.co.za, Lunch & Dinner Mo, Mi–So 12–15, 18.30–21 Uhr, €

Nur für Schwindelfreie

Fyndraai: Wer nicht ganz schwindelfrei ist, sollte beim Betreten des Restaurants nicht nach unten blicken. Der durchsichtige Boden gibt den Blick auf die ausgegrabenen Reste des alten Weinkellers von 1740 frei. Die Küche ist stark südafrikanisch beeinflusst, mit drei kulinarischen Stilrichtungen: Kapmalaiisch, Holländisch und Khoi.

Solms-Delta Wine Estate, Groot Drakenstein (von der R 45 ab), T 021 874 39 37, www.solms-delta.co.za, Mi–So 10–18 Uhr, €

Black Dog ist eine Sünde wert

Terbodore Café: Hier werden beste Bohnen geröstet und zu einer herrlichen Koffein-Injektion gebrüht. Der Kaffee mit dem Logo des schwarzen Hundes nennt sich Terbodore und das Restaurant präsentiert diesen. Im Sommer kann man im Garten sitzen. Im Shop gibt es viel Kaffee-Zubehör mit dem Logo und natürlich den Kaffee in verschiedenen Sorten und Röststufen. Das Restaurant serviert gute, kleinere Gerichte in relaxter Umgebung. Ein wirklich angenehmer Platz, wenn man genug vom vornehmen ›Franschhoek-Ambiente‹ hat. Die Küchlein sind eine (oder mehrere) Sünden wert.

29A Huguenot St., T 021 876 27 31, www.terbodore.com, Mo–Fr 7–17, Sa/So 7–16 Uhr, €

Feiern

• **Bastille Festival:**Juli. Im Zentrum steht der Wein der umliegenden Weingüter, die auch einen Wettbewerb im Fassrollen austragen. Infos: www.franschhoek.co.za.

Infos

• **Franschhoek Wine Valley & Tourist Association:** Infos zu Übernachtungen und Weinproben.

70 Huguenot Rd., T 021 876 36 03, www.franschhoek.org.za

Von Franschhoek nach Stellenbosch

C5

Auf dem Weg von Franschhoek nach Stellenbosch liegt ein weiteres sehenswertes Weingut, das bereits seit 1685 bewirtschaftet wird und dessen Tropfen bei Kennern sehr beliebt und geschätzt sind: **Boschendal Estate.** Idyllisch sind die sonntäglichen Picknicks (Nov.–April) im Garten unter mächtigen, Schatten spendenden Eichen.

Das ehemalige kapholländische Herrenhaus ist heute ein **Museum** mit wunderschönen Möbeln aus der Zeit der Niederländisch-Ostindischen Kompanie VOC (tgl. 9.30–17 Uhr, 20 Rand).

Pniel Rd., Groot Drakenstein, T 021 870 42 11, www.boschendal.com, Weinproben tgl. 9–16.30, Sa 8.30–12.30 Uhr

Höllisch steil

Nach so viel Kultur darf es nun wieder etwas Natur sein: der nächste Pass. Sein zunächst vielleicht abschreckender Name – Helshoogte – täuscht: Die Straße ist zweispurig ausgebaut. Zu Zeiten der Ochsenwagen dürfte der gut 300 m hohe Bergübergang vom Drakenstein-Tal nach Stellenbosch allerdings noch ›höllisch hoch‹ gewesen sein. Am **Helshoogte Pass** ist auch wieder mal ein kulinarischer Zenit erreicht, dort liegen die Weingüter **Delaire Graff Estate** und **Tokara Wine Estate** (s. Essen).

Essen

Grandiose Aussicht

Indochine: Unglaubliche Architektur, die nur von der Aussicht geschlagen werden kann. Tolle Kunstgegenstände. Das asiatisch angehauchte Indochine, in Blau und dunklem Holz gehalten, steht im Kontrast zum mit knallig orangefarbenen Sitzmöbeln gestalteten Delaire Graff Restaurant des gleichnamigen Weinguts. Aromatische asiatische Gerichte, gepaart mit lokalen Weinen.

Das Frühstück im Deli von Boschendal kann sich sehen und schmecken lassen!

Delaire Graff Estate, R 310, Helshoogte Pass, zwischen Franschhoek und Stellenbosch, T 021 885 81 60, www.delaire.co.za, tgl. 12–14.30, Mi–Sa 18.30–21 Uhr, €€€

Genuss mit Weitblick

Tokara: Man speist hier *à la carte* (auch viele vegetarische und vegane Gerichte), aber zum Dinner gibt es vier- und fünfgängige Probiermenüs mit Weinpaarung. Das Restaurant befindet sich im gleichen Gebäude wie die Weinproduktion. Die Aussicht von der Restaurantterrasse ist fantastisch.

Tokara Wine Estate, Helshoogte Pass, R 44, T 021 885 25 50, www.tokararestaurant.co.za, Di–So 12–15, Di–Sa 18–22 Uhr (Winter) bzw. tgl. 12–15 Uhr (Sommer), €€

Geniale Angus-Steaks

Werf Restaurant: Im alten Herrenhaus des Boschendal Estate wird innovative, ländliche Küche serviert, zubereitet mit den bestmöglichen Zutaten aus der Region: frisch gebackenes Brot, langsam gegrillte Rippchen und Fleisch von den Angusrindern der Farm. Oder wie wäre es mit hausgeräuchertem Fisch oder Fleisch? Bei schönem Wetter bietet sich die herrliche, aussichtsreiche Terrasse zum Sitzen an.

Boschendal Estate, T 021 870 42 07, Lunch Mi–Sa 12–15, So 12–16 Uhr, Dinner Mi–Sa 18–21 Uhr, €€€

Cooles Bistro

The Deli: Das familienfreundliche Bistro ist im alten Wagenhaus untergebracht. Es serviert leckere Frühstücke, Lunch und Nachmittagstee. Man sitzt im gemütlichen Restaurant oder draußen unter den alten Eichenbäumen.

Boschendal Estate, T 021 870 42 76, So–Di 8–21, Mi–Sa 8–17 Uhr, €–€€

Picknick im Garten

Le Pique Nique: Boschendal ist seit Langem berühmt für seine Picknicks und die reichhaltigen Picknick-Körbe. Zwei verschiedene Picknick-Bereiche – Rhone Rose Garden und das relaxtere Werf – servieren diese in den Sommermonaten auf den ausgedehnten Rasenflächen der Anlage. Es gibt u. a. Forellenfilets, Gemüse-Terrinen, Patés, Farmbrot, gegrilltes Huhn, Salate und hausgemachte Nachtische.

Boschendal Estate, T 021 870 42 73, 24 Std. vorher bestellen, €

Frisch aus dem Farmladen

The Farmshop & Butchery: Im Laden der Weinfarm gibt es das auf der Farm gezüchtete Angus-Rindfleisch, frisches Farmbrot, Marmeladen und lokales Olivenöl.

Boschendal Estate, T 021 870 42 76, Mo–Do, So 9–17, Fr, Sa 9–19 Uhr, €–€€

Blaue Stunde

Bistro Allée Bleue: Schönes Bistro mit leckeren Gerichten, zubereitet mit auf der Farm angebauten Zutaten.

Groot Drakenstein, Kreuzung R 310/R 45, zw. Boschendal und Franschhoek, T 021 874 10 21, www.alleebleue.com, Mi–So 8–17 Uhr, €

Stellenbosch C5

Als der Kap-Gouverneur Simon van der Stel in Südafrika ankam, lag unterhalb des Tafelbergs die einzige Siedlung der VOC. Anfang November 1679 machte er sich auf den Weg ins Landesinnere, wo er etwa 50 km von Kapstadt entfernt das Tal des Eersterivier (Erster Fluss) erblickte und als idealen Ort für eine weitere feste Ortschaft auserkor. Er gab der Siedlung seinen Namen: Stel-en-bosch – Stellenbosch. 1685 entstanden Kirche und Gerichtsgebäude sowie ein kleines Dorf mit eigener Verwaltung.

Damals …

Stellenbosch ist damit die zweitälteste Stadt Südafrikas und wahrscheinlich die, deren Kern noch am besten erhalten ist – obwohl ab 1710 drei große Feuer das ganze Dorf in Schutt und Asche legten. Es wurde jeweils schnell wieder alles aufgebaut, und mit der Zeit kamen

Typisch Studentenstadt, bietet Stellenbosch viele trendige Bars und Cafés, in denen man wunderbar sitzen und Leute beobachten kann.

etliche bauliche Veränderungen dazu. Die schönsten Häuser des Ortes stammen aus den Jahren 1775 bis 1820. Zu Beginn der Besiedlung pflanzten die freien Bürger reihenweise Eichen, die heute – groß und mächtig – das Stadtbild bestimmen und Stellenbosch den Beinamen Eikestad – Eichenstadt – eingebracht haben.

... und heute

Ohne den Schatten, den die alten Bäume spenden, würde ein Stadtrundgang im Sommer, wenn zwischen den Bergen kein Lüftchen weht, ein schweißtreibendes Unternehmen. Der **Rhenish Complex** (Toy and Miniature Museum, Leipoldt House) im Zentrum zählt zu den gelungensten Restaurierungsprojekten in Südafrika. An der Gebäudegruppe lässt sich ein gutes Stück der architektonischen Geschichte von Stellenbosch ablesen.

Kapholländisch satt

Auf dem Weg zur Braak ist das **Leipoldt House** ❶ in der Market Street einen genaueren Blick wert – eine interessante Mischung aus kapholländischen und englischen Architekturelementen. Das zweistöckige Haus direkt daneben ist dagegen typisch englisch. Die beiden letzteren Gebäude lassen sich leider nur von außen besichtigen. Den Komplex ergänzen die einfacheren Kap-Häuser in der Market Street; in einem von ihnen befindet sich das Stellenbosch Tourist Information Bureau.

Hält man sich auf der Market Street rechts, kommt man zum **Kruithuis** ❷, dem 1777 erbauten früheren Pulvermagazin der VOC. Heute ist in dem denkmalgeschützten zweistöckigen Gebäude mit attraktivem Glockenturm und weiß verputzter Mauer ein Museum mit antiken Pistolen und Gewehren, Hieb- und Stichwaffen sowie Erinnerungsstücken an die VOC untergebracht.

Market St., T 021 887 29 37, Mo–Fr 9.30–13, 13.30–17 Uhr, 10 Rand

Parade-Platz

Nun rückt bereits **Die Braak** ❸ ins Blickfeld, der 1703 angelegte Parade- und Marktplatz des Städtchens, der heute ein hübscher grasbewachsener Park im Zentrum ist. Um ihn gruppieren sich einige interessante Häuser, die ebenfalls zum Rhenish Complex gehören.

Blumenstraße

In Blickrichtung zum Marktplatz liegen auf der rechten Seite der Bloem Street die **Rhenish School** ❹ (Rheinische Volksschule, 1905), das **Rhenish Institute** ❺ (Rheinisches Institut, 1862) und die 1832 errichtete **Rhenish Church** ❻. Von den drei Gebäuden darf nur Letzteres besichtigt werden. Das Datum auf dem vorderen Giebel (1840) bezieht sich auf das Jahr des Erweiterungsbaus. Im Innern ist vor allem die filigran geschnitzte Kanzel sehenswert. Am anderen Ende der Straße steht das **Burgerhuis** ❼ von 1797, das erst Privat-, dann Pfarrhaus war und heute, von der Stadtverwaltung sachkundig restauriert, das Hauptquartier der Gesellschaft für den Erhalt historischer Häuser Südafrikas beherbergt.

Nur von außen bewundern

Auf dem weiteren Rundgang kommt der Besucher an vielen sehr hübschen historischen Gebäuden aus verschiedenen Epochen vorbei. Leider können nur die wenigsten dieser Häuser auch von innen besichtigt werden, da sie sich in Privatbesitz befinden.

In der Alexander Street steht das Ende des 18. Jh. erbaute **Coachman's Cottage** ❽ (Kutscherhaus, Haus Nr. 40), in dem allerdings nie ein Kutscher lebte. Auch die alte **Drostdy-Herberge** ❾ (Ecke Alexander/Bird St.) ist nicht mehr das, was sie einmal war. Hier ist heute ein Einkaufskomplex untergebracht, der allerdings geschmackvoll in die alte Bausubstanz integriert wurde. Gegenüber steht die hübsche reetgedeckte **St. Mary's**

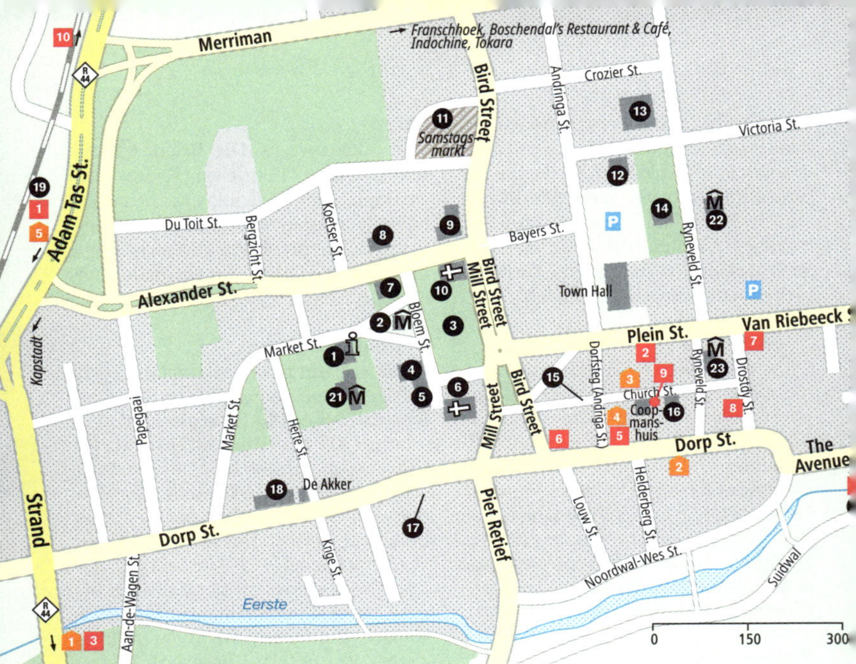

Anglican Church ⑩, die im Jahr 1852 erbaut wurde. Der Glockenturm folgte erst 32 Jahre später, 1884.

In der Bird Street auf dem Gelände der ehemaligen **Bergzicht-Farm** ⑪ findet jeden Samstag ein bunter Markt statt.

Schön und elegant

In der Victoria Street stehen nebeneinander zwei sehr schöne Häuser: das **Crozier** und das **Bergville House** ⑫, die sich beide in Privatbesitz befinden. Die doppelstöckigen, 1900 erbauten Gebäude weisen symmetrische Fassaden auf, auch die Verzierungen über der Kranzleiste sind typisch für die Zeit.

Als die Stadt 1879 ihr 200-jähriges Bestehen feierte, beschloss man, zu diesem Anlass das **Stellenbosch College** ⑬ zu bauen. 1886 wurde das beeindruckende neoklassizistische Gebäude fertiggestellt.

Direkt gegenüber steht das **Erfurt House** ⑭, das mit seinem schmiedeeisernen Balkon als eines der elegantesten Häuser in Stellenbosch gilt.

Ehemalige Mühle

Vom Rathaus an der Plein Street, 1941 in einem Pseudo-Kap-Stil erbaut, geht es hinüber zum **Dorfsteg** ⑮, der heute diagonal durch einen Häuserblock verläuft. Früher war hier der Mühlengraben, der sich durch ein malerisches Wohnviertel zur Nieuwe Molen (Neue Mühle) zog, an deren Stelle heute ein Supermarkt steht. Entlang dem Dorfsteg bringen nun nur noch die Blumenverkäufer etwas Farbe ins Bild.

In der Church Street (Kerkstraat) steht mit **D'Ouwe Werf** nicht nur Südafrikas ältestes Hotel, sondern mit dem **Coopmanshuijs** (heute ein 5-Sterne-Boutique-Hotel, www.coopmanhuijs.co.za) und dem **Hofmeyrsaal** ⑯ (39 Church St., heute ein Missionszentrum) bietet sie noch zwei andere feine Häuser.

Stellenbosch

Ansehen
1 Leipoldt House
2 Kruithuis
3 Die Braak
4 Rhenish School
5 Rhenish Institute
6 Rhenish Church
7 Burgerhuis
8 Coachman's Cottage
9 Drostdy-Herberge
10 St. Mary's Anglican Church
11 Bergzicht-Farm
12 Crozier/Bergville House
13 Stellenbosch College
14 Erfurt House
15 Dorfsteg
16 Hofmeyrsaal
17 Dorp Street
18 Oom Samie Se Winkel
19 Spier Wine Estate
20 Lanzerac Wine Estate
21 Toy and Miniature Museum
22 Sasol Art Museum
23 Village Museum

Schlafen
1 Majeka House
2 Eendracht Boutique Hotel
3 Oude Werf Hotel
4 Stellenbosch Hotel
5 Zevenwacht Country Inn

Essen
1 Rust en Vrede
2 Dusk
3 Majeka Kitchen
4 Postcard Café
5 The Terrace
6 Rykaart's
7 Fat Butcher
8 De Eetkamer
9 Helena's
10 Muratie Restaurant

Die von Eichen gesäumte **Dorp Street** 17 ist der Höhepunkt eines Stellenbosch-Rundgangs. Keine andere Straße in Südafrika bietet eine höhere Konzentration von historischen Häusern.

Oom Samie Se Winkel 18 (Onkel Sammys Geschäft, 82/84 Dorp St., www.oomsamiesewinkel.co.za, tgl. 9–17.30 Uhr), ein 1904 eröffneter viktorianischer Krämerladen, konnte sich trotz zahlreicher Supermärkte bis in die heutige Zeit halten. Allerdings hat er in letzter Zeit viel von seinem ursprünglichen Charakter verloren. Nichts ist mehr wild durcheinandergewürfelt, alles ist nun geordnet, es gibt einen bestimmten Weg, den Besucher durch den Laden gehen müssen.

Auf der Ecke, rechts neben dem Laden, befindet sich **De Akker** (90 Dorp St., FB: De Akker Pub and Restaurant, Mo–Sa ab 11 Uhr, €), ein Pub, in dem vor allem Studenten, von denen es während des Semesters etwa 12 000 in der Universitätsstadt gibt, gerne einkehren.

Weingüter

Adler, Eulen & Wein

Das 1692 gegründete **Spier Wine Estate** 19 am Ortsrand von Stellenbosch empfängt seine Gäste mit offenen Armen. Musikbands spielen vor den verschiedenen kleinen Restaurants. Im Amphitheater finden regelmäßig Open-Air-Konzerte, von Rock über Jazz bis Klassik, statt.

Fürs leibliche Wohl ist gut gesorgt. Gäste können Picknickkörbe (www.spier.co.za/food/picnics-at-spier) für zwei Personen erstehen und deren Inhalt auf dem Rasen unter Schatten spendenden, mächtigen Eichen genießen. Man sucht vor Ort aus oder hat via Website vorbestellt (z. B. saisonal, vegetarisch, für Kinder, €€). Außerdem werden regelmäßig Weinproben veranstaltet.

Bonus: Auf dem Weingut gibt es eine Eulen- und Adlerwarte (T 021 858 18 26, www.eagle-encounters.co.za, tgl.

10–17 Uhr, 100/75 Rand), wo man zahme Vögel halten darf.

Lynedoch Rd., an der R 310, T 021 809 11 00, www.spier.co.za, Weinproben tgl. 10–16 Uhr, T 021 809 11 43/7, Picknick T 021 809 11 88

Reifes Alter, guter Wein

Wer gerne in historischen Mauern nächtigt, sollte es einmal mit dem 300 Jahre alten **Lanzerac Wine Estate** ⑳ probieren. Es ist heute eines der ältesten Landhotels Südafrikas. Die Weinberge rund um das Anwesen erbringen einen sehr guten Chardonnay.

T 021 887 11 32, www.lanzerac.co.za, Kellertouren Mo–Fr 11–15 Uhr

Museen

Puppen & Automodelle

㉑ **Toy and Miniature Museum:** Im schönsten kapholländischen Stil ist das Pastorenhaus der Rheinischen Mission erbaut worden, das seit 1995 das Spielzeugmuseum beherbergt. Es hat sich auf Puppenhäuser und Automodelle spezialisiert und ist nicht nur für Kinder sehenswert.

Ecke Herte/Market St., T 021 887 29 48, Mo–Sa 9.30–17, So 14–17 Uhr, Mai–Aug. So geschl.

Beeindruckende Kunst

㉒ **Sasol Art Museum:** 1907 wurde das Haus im holländischen Neo-Renaissance-Stil als Bloemhof-Mädchenschule erbaut. Heute ist dort eine Kunstgalerie untergebracht. Die weiß gerahmten roten Klinkersteine erinnern an das Rijksmuseum in Amsterdam.

Ryneveld St., T 021 808 36 95, Mo–Fr 9–16, Sa 9–17, So 14–17 Uhr, Eintritt frei

Freilichtmuseum

㉓ **Village Museum:** In diesem Freilichtmuseum können Sie typische Stellenbosch-Häuser ausgiebig von innen besichtigen. Auf 5000 m² stehen hier im ältesten Bereich der Stadt vier schön restaurierte Originalhäuser aus verschiedenen Epochen.

Das 1709, 30 Jahre nach der Gründung Stellenboschs, erbaute **Schreuder House** ist das früheste Stadthaus Südafrikas. Es ist bereits auf der ältesten, 1710 entstandenen Zeichnung von Stellenbosch zu sehen und gehörte einst Sebastian Schreuder, einem in den Diensten der VOC stehenden sächsischen Soldaten. Der Charme dieses Hauses kommt von den dicken, weiß verputzten Wänden, dem offenen Feuerplatz in der Küche, den von den Dachsparren hängenden Zwiebeln, Kräutern und gesalzenen Trockenfischen sowie den primitiven Kap-Möbeln. Die Einrichtung steht im Kontrast zu den eher opulent ausgestatteten Heimen späterer Zeit.

Das um 1789 erbaute **Bletterman House** besitzt sechs Giebel und einen

K

KAPHOLLÄNDISCHER STIL

Als kapholländischer Stil (Cape Dutch) wird die ursprüngliche Architektur Kapstadts und der Kapprovinz bezeichnet. Typisch für die Ende des 17. Jh. entstandenen Häuser sind weißer Außenputz, ein reetgedecktes Dach und ein elegant geschwungener Giebel. Die teilweise wunderschönen Häuser verleihen der Kapprovinz ihr charakteristisches Erscheinungsbild.
Die schönsten Beispiele kapholländischer Architektur sieht man im Weinland (Groot Constantia Manor House, Vergelegen Wine Estate), in Kapstadt (Old Town House), in Hout Bay (Kronendal Estate), in Stellenbosch (Lanzerac Wine Estate und entlang der historischen Dorp Street), in Prince Albert (entlang der Church Street) und in Swellendam (Drostdy und Innenstadt).

H-förmigen Grundriss. Die Möbel zeigen, wie ein wohlhabendes Stellenbosch-Heim zwischen 1750 und 1780 eingerichtet war. Kein Wunder, denn hier wohnte einst der letzte von der VOC in Stellenbosch eingesetzte Friedensrichter, Hendrik Bletterman, der kurz nach der britischen Besetzung des Kaps einzog und die neuen Machthaber verabscheute. Als er 1824 starb, richtete die Regierung ihre Büros hier ein. Die angegliederte Scheune diente nacheinander als Sklavenschule, Theater, Pocken-Krankenhaus und bis 1979 als Polizeistation.

1803 erhielt das zweistöckige **Grosvenor House** sein jetziges Aussehen, die Grundsteinlegung geht jedoch auf das Jahr 1782 zurück. Zusammen mit dem Koopmans-De Wet House in Kapstadt ist es das am schönsten erhaltene Beispiel eines Patrizierhauses, von denen es in Stellenbosch einige gab. Das Innere ist mit elegantem, zwischen 1800 und 1830 üblichem Mobiliar bestückt.

Das **O. M. Bergh House** schließlich hatte ursprünglich ein reetgedecktes Dach und mehrere Giebel, ähnlich wie das Bletterman House. Im 19. Jh. erhielt es sein heutiges Aussehen. Damals wohnte die Familie Bergh hier, Nachkommen eines schwedischen Abenteurers namens Olof Bergh und seiner Frau Angela, einer befreiten Sklavin. Die eher schattigen Räume mit dunklen Tapeten und schweren Möbeln spiegeln den Zeitgeschmack zwischen 1840 und 1870 wider.

18 Ryneveld St., T 021 887 29 02, Mo–Sa 9.30–17, So 14–17 Uhr

Schlafen

Seit 1692

⑳ **Lanzerac Manor:** Kapholländisches Anwesen aus dem Jahr 1692, 48 Zimmer mit großzügigen, stilvoll eingerichteten Räumen. Die neu gebauten Zimmer sind ebenfalls eine gute Wahl. Das Restaurant ist weniger empfehlenswert, das hauseigene Pub mit Bier vom Fass dafür umso mehr.

Lanzerac Rd., T 021 887 11 32, www.lanzerac.co.za, €€€

Relaxter Luxus

1 **Majeka House:** Ein wunderbares Hotel in ruhiger Lage mit herrlich dekorierten Zimmern, einem sehr schönen Garten, einem Wellnesszentrum (Sanctuary Spa) und dem exzellenten Restaurant Makaron. Aufmerksamer, aber nie aufdringlicher Service. Sehr viel Understatement. Ein Highlight im Weinland.

26–32 Houtkapper St., Paradyskloof, T 021 880 15 49, www.majekahouse.co.za, €€–€€€

Neu, im alten Stil

2 **Eendracht Boutique Hotel:** Im alten Stil erbautes, modern ausgestattetes *guest house* in der historischen Dorp Street.

161 Dorp St., T 021 883 88 43, www.eendracht-hotel.com, €

Oldie but Goldie

3 **Oude Werf Hotel:** Ältestes Gasthaus im Land, Restaurant im Haus. Nach einer Renovierung hat das historische Hotel nun 58 Zimmer, wobei das Moderne sehr geschickt mit der alten Substanz kombiniert wurde.

30 Church St., T 021 887 46 08, 887 46 26, www.ouwewerf.co.za, €

Historische Mauern

4 **Stellenbosch Hotel:** Das zwischen 1692 und 1701 erbaute Hotel grenzt an die historische Dorp Street; 27 hübsch restaurierte Zimmer, alle mit Bad.

Ecke Dorp/Andringa St., T 021 887 36 44, www.stellenboschhotel.co.za, €

In Sichtweite von Kapstadt

5 **Zevenwacht Country Inn:** Grandiose Aussicht auf die Skyline von Kapstadt von diesem attraktiven Weingut aus; Country-Restaurant.

Langverwacht Rd., Kuils River, T 021 903 51 23, www.zevenwacht.co.za, €

S

DIE SCHMETTERLINGE VON BUTTERFLY WORLD

In Klapmuts, zwischen Stellenbosch und Paarl gelegen, befindet sich **Butterfly World,** das größte Freiflug-Schmetterlings-Refugium im Südlichen Afrika. Besucher sehen die Falter aus der ganzen Welt in einer tropischen Umgebung herumflattern. Und sie können sogar beobachten, wie sie aus ihren Kokons schlüpfen. Neben den Schmetterlingen gibt es noch Affen, Papageien, Schlangen und Spinnen zu sehen (36 Market St., R 44, direkt an der Klapmuts-Ausfahrt von der N 1, T 021 875 56 28, www.exoticanimalworld.co.za, tgl. 9–17 Uhr, 100/60 Rand).

Dörfliches Ambiente

The Village at Spier: Das Boutiquehotel im **Spier-Weingut** ⓳ bietet 155 Zimmer in sehr geschmackvollem Dorf-Setting mit 32 verschiedenen Häuschen im kapholländischen Stil, Gärten, Innenhöfen, Wasserläufen und Sträßchen.

R 310, Lynedoch Rd., T 021 809 11 00, www.spier.co.za, €€

Essen

Ruhe und Frieden

1 Rust en Vrede: Gehört zu den besten Restaurants des Landes. Die Atmosphäre ist ruhig und elegant, ideal für eine romantische Verabredung. Tadelloser Service. Perfekter Sommelier. Das Essen basiert auf lokalen Produkten höchster Qualität.

Annandale Rd., T 021 881 37 57, www.rustenvrede.com, Di–Sa ab 18.30 Uhr, €€€

Filmreife Atmosphäre

2 Dusk: Ein gastronomisches Erlebnis der ganz neuen, besonderen Art wie man es so weder in Stellenbosch noch sonstwo am Kap bislang gesehen, geschmeckt oder erlebt hat. Für südafrikanische Verhältnisse teuer, aber den Preis wert und eine absolut lohnenswerte Erfahrung, wenn man ganz andere als gewohnte geschmackliche Eindrücke genießen möchte. Das Essen wird mit hoher Kunstfertigkeit in der offenen Küche zubereitet. Im Restaurant ist es dunkel, nur Lichtstrahlen über den Tischen setzen die Gerichte in Szene – also das, worauf es ankommt. Jeder Gang wird kurzweilig und fundiert erklärt. Die appetitliche Website regt bereits die Geschmacksnerven an und ist eine prima Einstimmung auf das Erlebnis Dusk.

43 Plein St., T 021 023 41 00, www.duskrestaurant.co.za, Di–Sa 18–20 Uhr, €€€

Gourmet biologisch

3 Majeka Kitchen: Allein das Brotangebot mit Lavasalz vor dem Dinner ist schon den Besuch wert. Erstklassiger Service. Praktisch alle Zutaten kommen aus Bio-Anbau und Freilandhaltung. Der Kräuter- und Gemüsegarten liegt auf dem Grundstück. Fantastische Innenarchitektur.

26–32 Houtkapper St., Paradyskloof, T 021 880 15 49, www.majekahouse.co.za/restaurant/majeka-kitchen, tgl. 7–10.30, 12–15.30, 19–21.30 Uhr, €€

Bistro mit Aussicht

4 Postcard Café: Hier gibt es Kaffee, leckere Kuchen und leichte Gerichte in stilvoller, zeitgemäß-cooler Bistro-Atmosphäre. Tolle Lage und Aussicht im Jonkershoek Valley auf dem Stark-Condé-Weingut.

Stark-Condé Wine Estate, Jonkershoek Valley, T 021 861 77 03, www.stark-conde.co.za, Mi–So 9.30–16 Uhr, €

Urige Bierkneipe

5 The Terrace: Eine von Stellenboschs ›In‹-Kneipen, Terrasse mit Holzbänken im

Lieblingsort

Babylon Weinland

Gundula, die nette Gärtnerin, ist ebenso bunt gekleidet, wie der Garten blüht, und führt durch das grüne Reich von **Babylonstoren** (📍 C 5). Benannt nach einem charakteristischen Felsen, der dem Turm von Babel ähneln soll, liegt hier der wohl schönste Garten der Region. Neben Hunderten von Blumen gibt es auch unzählige Gemüse- und Gewürzpflanzen. Die Produkte enden direkt auf den Tischen des **Babel-Restaurants.** Bestehend aus coolem Glas und Stahl, ist es im ehemaligen Kuhstall untergebracht, eine geniale Symbiose aus historisch und trendy. Die Speisekarte steht auf einer großen, weiß gekachelten Wand, dominiert von einem riesigen Angusrind-Porträt. Die Weinkarte ist klein, aber prima, die meisten Tropfen gibt es auch glasweise. Der Service ist aufmerksam und freundlich, aber nie aufdringlich. Bei schönem Wetter kann man im Freien sitzen. Die Gerichte sind ausgefallen mit teilweise interessanten Geschmackskombinationen (R 45, Simondium Rd., T 021 863 38 52, www.babylonstoren.com, Garten: tgl. 9–17 Uhr, Babel: Mi–So Lunch, Fr/Sa auch Dinner, €€).

Freien, überschaubare Speisekarte. Das ist eher ein Ort, um ein Bier zu trinken; ab 20 Uhr kostenlos Livemusik.

Alexander St., T 021 887 19 42, FB: Terrace Stellenbosch, tgl. 12–24 Uhr, €

Ein Muss in Stellies

6 **Rykaart's:** Alex Rykaart hat einen klaren, unprätentiösen, aber dennoch perfekten Küchenstil, unter konsequentem Verzicht auf die anderswo oft anzutreffende, verdeckende Süße. Die Karte ist klein, und alles wird stets frisch aus den besten, gerade verfügbaren Zutaten zubereitet. Der Laden ist schlicht, aber geschmackvoll eingerichtet. Die Preise sind für das Gebotene äußerst moderat. Kleine, feine Weinkarte. Der sehr freundliche Service agiert unter der umsichtigen Leitung von Alex' sympathischer Frau Ella.

Ecke Dorp & Bird St., T 061 545 14 65, www.rykaarts.co.za, Di–Sa 12–15, 18–21 Uhr, €€

Steak beim ›fetten Metzger‹

7 **Fat Butcher:** Der Garant für grandiose Fleischqualität in gemütlich-rustikalem Ambiente. Tipp: als Vorspeise die gerösteten Markknochen vom Holzkohlegrill mit Kräutersauce und Crostini, gefolgt von einem perfekten Steak mit guten Beilagen. Rechtzeitig buchen, da sehr beliebt bei Einheimischen.

1 Van Riebeeck St., T 021 883 38 57, www.fatbutcher.co.za, Mo–Sa 12–23, So 11.30–23 Uhr, €€€

Frisch und kreativ

8 **De Eetkamer:** Das 2022 eröffnete Restaurant zelebriert eine spannende internationale Crossover-Küche mit vielen frischen, kreativen Kompositionen wie Line Fish Ceviche mit Soja- und Jalapeño-Dressing und Forellenkaviar oder Beef Tataki mit Zitrus-Soja-Dressing, Knoblauch-Emulsion und Nori. Alle Gerichte sind portionsmäßig zwischen Vorspeise und Hauptgericht angesiedelt. Die Idee ist, möglichst vieles zu zweit zu teilen und sich so ein vier- bis sechsgängiges Degustationsmenü zusammenzustellen. Funktioniert prima.

3 Drostdy Rd., T 021 001 83 08, www.de-eetkamer.co.za, Di–Sa 12–15, 17.30–21 Uhr, €€

Nobel, aber moderat gepreist

9 **Helena's:** Das nett eingerichtete Restaurant im schicken Boutiquehotel Coopmanhuijs bietet spannende Gerichte zu – für die noble Umgebung – überraschend moderaten Preisen. Bekannt für das hervorragende Seafood Bisque mit frischem Fisch, Meersfrüchten, Curry, Ingwer, Lemongrass und Ciabatta, sowie das Risotto mit frischen Waldpilzen aus dem Hemel-en-Aarde Valley – ja, die gibt es hier tatsächlich. Mittags empfiehlt sich die Sonnenterasse.

33 Church St., T 021 883 82 07, www.helenasrestaurant.co.za, tgl. 7–23 Uhr, €€

Mit Spinnweben-Romantik

10 **Muratie Restaurant:** Die wohl romantischste Art in und um Stellenbosch, um zu lunchen, in einem herrlichen, alten Garten mit uralten Bäumen und üppiger Vegetation außenherum. Panoramablick auf den Tafelberg und die mehrere Hundert Jahre alten Gebäude mit gewachsener Patina. Vor allem die Spinnweben in den antiken Fenstern werden gehegt, nicht gefegt. Die Weine aus eigener Produktion sind hervorragend. Als Vorspeise empfehlen sich die lokalen, dreieckigen, gefüllten Teigtaschen, Bobotie Samoosas genannt.

Muratie Wine Estate, T 021 865 233 0/6, www.muratie.co.za, Mi–So 9–15.30 Uhr, €

Bewegen

Gut zu Fuß

Stellenbosch Historical Walks: Von Einheimischen geführte Stadtrundgänge durch Stellenbosch.

T 021 883 96 33

Feiern

- **Oude Libertas Arts Programme:** Jan.–März. Theatervorstellungen in einem Amphitheater in den Weinbergen.
- **Stellenbosch Food & Wine Festival:** Ende Okt., T 021 886 48 67, www.wineroute.co.za. Jedes Jahr werden in der Stadthalle von Stellenbosch Küchen und Weinkeller der Kap-Region präsentiert. Wein zum Probieren und Kaufen.
- **Spier Summer Festival:** Dez.–März, www.spier.co.za. Sommerfestival auf dem **Spier-Weingut** ⓳ mit Weinproben, Konzerten und Theatervorstellungen.

Infos

- **Stellenbosch Tourism Bureau:** 36 Market St., T 021 883 35 84, www.stellenboschtourism.co.za, Mo–Fr 8.30–17, Sa 9–15, So 11–14 Uhr.
- **Stellenbosch Wine Route Office:** 36 Market St., T 021 886 43 10, www.wineroute.co.za (Website auch auf Deutsch), Mo–Fr 8.30–13, 14–17 Uhr. Infos zur Weinstraße und zu Weinproben.

Paarl

C5

Als die ersten weißen Siedler vom Kap nach Norden zogen, um das Land zu erforschen, empfing sie eine Wildnis mit vielen Löwen, Nashörnern und Elefanten. In den folgenden Jahrzehnten verwandelte sich das Naturparadies unterhalb der glänzenden Felsen in eine Farmgemeinde, die 1720 nach dem *peerlberg* Paarl genannt wurde. Die ersten 23 Farmen wurden im Oktober 1687 am Berg River vermessen, und innerhalb eines Jahrhunderts entstand das neben Stellenbosch wichtigste Weinbauzentrum des

Die heiligen Hallen der KWV (Ko-operatieve Wijnbouwers Vereniging van Zuid Afrika) in Paarl, der größten Winzergenossenschaft der Welt

TOUR
Über historische Pässe

Passepartout im Weinland

Ausgangspunkt für die Touren ist Paarl im Weinland. Alle Touren sind mit dem Auto oder dem Motorrad an einem Tag zu schaffen.

Südafrikas historische Pässe stammen allesamt aus prämotorischen Zeiten. Sie wurden während des 19. Jh. projektiert und konstruiert. Die Kutschenwege von einst stehen inzwischen unter Denkmalschutz.

Südafrikas ungeteerte **Schotterpässe** bieten abenteuerliche Ausflüge in die automobile Vergangenheit. Während die meisten Kutschenwege über die Berge zwischenzeitlich modernisiert, verbreitert und asphaltiert wurden, blieben in der westlichen Kapprovinz und auch im Weinland einige original erhalten, da sie unter Denkmalschutz stehen. Die **Bergstraßen** entstanden einst mit der unfreiwilligen Hilfe von Sträflingen. Die Arbeit war hart: Mangels Sprengstoff wurden große Felsen mit Feuer erhitzt und dann mit kaltem Wasser übergossen, um sie auf diese Weise zum Bersten zu bringen.

Die spektakulärsten Passstraßen der Kapprovinz stammen von **Andrew Geddes Bain** und seinem Sohn Thomas. Letzterer baute insgesamt 24 Pässe, dreimal so viele wie sein Vater. Der Schotte A. G. Bain kam 1816 ohne Ausbildung ans Kap, wo er zunächst als Sattler arbeitete. Später versuchte er Handelsverbindungen mit den Tswana an der Grenze zu Botswana aufzubauen und

Infos

C 4–5

Start- und Endpunkt: Als gute Basis, um die Pässe am Kap zu erkunden, bietet sich Paarl an, als Endpunkt Franschhoek.

Dauer: 1 Tag

Tipp: Auf dem Weg über den Bain's Kloof Pass ins Breede River Valley liegt links das Tor zum Campingplatz Tweede Tol, wo sich nach Zahlung eines kleinen Eintrittsgeldes herrlich in **natürlichen Felsenpools** im Fluss baden lässt. Bei der im Sommer herrschenden Hitze ein absoluter Genuss. Am Wochenende herrscht hier allerdings ziemlich viel Betrieb.

kämpfte in einem der Grenzkriege 1834/35 gegen die Xhosa. Sein Interesse am Straßenbau, für den er ganz offensichtlich ein Talent besaß, brachte ihm 1836 eine Verdienstmedaille für die Projektleitung beim Bau des **Van Ryneveld's Pass** ein. Danach arbeitete er ein paar Jahre lang auf seiner Farm, zwischendurch baute er die eine oder andere Straße für das Militär und andere Auftraggeber. Im Weinland liegen einige von Vater und Sohn Bain errichtete Pässe, die besonders reizvoll sind.

Ein guter Ausgangspunkt zur Erkundung der historischen Pässe der Weinregion ist **Paarl.** Auf der R 45 nach Norden ist der Nachbarort **Wellington** schnell erreicht. Hier wählt man die R 303 Richtung Ceres, die über den in den 1850er-Jahren erbauten, nach ihrem Konstrukteur A. G. Bain benannten **Bain's Kloof Pass** auf 595 m Höhe hinaufführt. Die mittlerweile geteerte Straße zählt zu den eindrucksvollsten Pässen in Südafrika: Es handelt sich um die mit 30 km längste Bergstraße im Land – sie ist schmal, aber seit 2022 neu geteert und bietet spektakuläre Ausblicke auf ein Wunderland an Felsformationen, Gipfeln und Bächen.

Von **Paarl** nach **Worcester,** Richtung Osten, führt eine gut ausgebaute Strecke. Liebhaber alter Passstraßen wählen jedoch den **Du Toitskloof Pass** als kurvenreiche Alternative zum N 1-Autobahntunnel. Der alte Pass (offiziell R 101) ist 11 km länger als die neue N 1-Route – und viel lohnenswerter. Dramatische Berglandschaften und Ausblicke ins Tal von Paarl lohnen den Umweg. Die ersten Arbeiter am Pass waren italienische Kriegsgefangene, die erst 1945 von ihrer Zwangsarbeit befreit wurden. Drei Jahre später war der Pass dann fertiggestellt (mit bezahlten Arbeitern aus der Gegend). Der Pass ist nach dem französischen Hugenotten François du Toit benannt, der hier einst eine Farm hatte.

Ein dritter, geradezu alpin anmutender Pass, ebenfalls von Bain geschaffen, steigt im gleichnamigen, lieblichen Weinort im Südosten von Paarl an: der **Franschhoek Pass.** Perfekt geteert, erfreuen sich an ihm jedes Wochenende Motorrad- und Sportwagenfahrer. Oben heult zwischen schroffen Felsen der Wind, unten liegt Franschhoek mit seinen sattgrünen Weinhängen.

Landes. Paarl ist heute mit gut 110 000 Einwohnern die zweitgrößte Stadt der Kapprovinz.

Afrikaans-Denkmal

Am Ortseingang ragt am Berg das weiße **Taal Monument** in den blauen Himmel. Taal ist Afrikaans und bedeutet Sprache. Das Denkmal, drei miteinander verbundene Säulen und ein spitzer, 57 m hoher Turm, soll das Afrikaans, die einzige germanische Sprache, die in Afrika entstanden ist, symbolisieren. Jedes der vier Elemente der Skulptur erinnert an eine andere Gruppe, die zur Entstehung der Sprache beigetragen hat: Khoisan und Xhosa für den afrikanischen Part, die Sklaven aus der malaiisch-indonesischen Inselwelt und – dargestellt durch die höchste Säule – die ersten europäischen Siedler.

Paarl Mountain, T 021 863 48 09, www.taalmonument.co.za, April–Nov. tgl. 8–17, Dez.–März tgl. 8–20 Uhr, 40/10 Rand

Das Museum zur Sprache

Als Straßendorf angelegt, eignet sich Paarl mit seiner 15 km langen Main Street nicht so gut für einen Stadtrundgang. Einige sehenswerte Häuser konzentrieren sich auf relativ kleinem Raum. Dazu gehört das Gebäude mit dem **Afrikaans Language Museum.** Hier wurde am 14. August 1875 verkündet, dass es eine neue Sprache am Kap namens Afrikaans gebe. Schon in den zwei Jahrhunderten zuvor war die Mischung aus Holländisch, Englisch, Französisch, Deutsch und Sprachen afrikanischer Völker gesprochen worden. Amtssprache war zu dieser Zeit immer noch Holländisch. Ab 1828, als die Briten die Macht am Kap übernahmen, sollte nur noch Englisch gesprochen werden. Der endgültige Durchbruch für Afrikaans kam erst am 8. Mai 1925, als es zweite Amtssprache wurde.

11 Pastorie Av., T 021 872 34 41, www.taalmonument.co.za, Mo–Fr 8.30–16.30 Uhr, 20/10 Rand

Ehemalige Pfarrei

Gegenüber dem Museum erwartet das **Oude Pastorie Museum** die Besucher. Das Heimatmuseum von Paarl ist in der ehemaligen Pfarrei, einem 1714 erbauten Giebelhaus, untergebracht. Hübsche *stinkwood*-Möbel, Silber- und Kupfergegenstände.

303 Main St., T 021 872 26 51, Mo–Fr 9–17, Sa 9–13 Uhr, Eintritt frei

Weingüter

In Paarl befindet sich mit der **Kooperatieve Wijnbouwers Vereniging van Zuid Afrika** die größte Winzergenossenschaft der Welt (s. Abb. S. 125).

KWV Wine Emporium, Kohler St., T 021 807 30 07, www.kwvwineemporium.co.za, Mo–Sa 9–16.30, So 10–15 Uhr, interessante Kellerführungen mit Weinprobe Mo–Sa 10.15 Uhr auf Deutsch, 10, 10.30, 14.15 Uhr auf Englisch

Wichtigste Weinauktion

Rund um Paarl liegen weitere Weingüter, die einen Besuch lohnen. Im wohl bekanntesten, **Nederburg,** einem wunderschönen, kapholländischen Anwesen, findet alljährlich im April Südafrikas wichtigste Weinauktion statt.

Sonstraal Rd., T 021 862 31 04, www.nederburg.com, Besucherzentr./Museum Mo–Fr 9–17 (Okt.–April bis 18), Sa/So 10–16, Führung Mo–Fr 10.30, 15, Mai–Sept. Sa 11, Okt.–April Sa/So 11 Uhr

Arbeiter mit Wein-Label

Der Kapstädter Anwalt Alan Nelson hat sich mit dem Weingut **Nelson's Creek** einen Traum erfüllt. Probieren: Chardonnay, Cabernet Sauvignon und Merlot. Nachdem seine Arbeiter den Nelson-Weinen durch ihren Einsatz zu mehreren Auszeichnungen verholfen hatten, löste er 1997 ein Versprechen ein:

Die Arbeiter erhielten Land, um eigenen Wein anzubauen – eine Premiere im von konservativen Buren beherrschten, südafrikanischen Weinbau. Die farbigen Arbeiter sind nun Landbesitzer und Winzer. Und die Weine sind ein Erfolg – auf der ganzen Welt.

T 021 869 84 53, www.nelsonscreek.co.za, Weinproben Mo–Sa 9–16 Uhr, So nach Vereinb.

Alles an einem Ort

Direkt neben dem bekannten Fairview Wine Estate findet sich **Spice Route.** Auf diesem Weingut bekommt man allerdings viel mehr als guten Wein. Eine interaktive Karte auf der Website zeigt alle Highlights dieses ganz besonderen Landguts. Ob Brauerei, Schnapsbrennerei, Schokoladenmanufaktur, Bar, Biergarten oder Restaurant – alles gibt es hier.

Suid Agter Paarl Rd., Paarl, T 021 863 52 00, www.spiceroute.co.za, tgl. 9–17 Uhr

Schlafen

Traumhotel in ebensolcher Lage

Grande Roche: Eines der bekanntesten Luxushotels des Landes, unterhalb der Paarlfelsen und mitten in den Reben gelegen; zwei Swimmingpools, Fitnesscenter, Tennisplätze und kleine Kapelle.

Plantasie St., T 021 863 27 27, www.grande roche.com, €€–€€€

Ruhig und aussichtsreich

D'Olyfboom Family Estate: Sehr schöne Aussicht auf die Weinberge und natürlich Paarl Mountain. Reichhaltiges Frühstück mit vielen frischen Zutaten. Modern eingerichtete, komfortable Zimmer. Kleiner Pool im Garten.

14 Napier St., T 021 870 10 80, www.dolyf boom.co.za, €

Historisches Gästehaus

Lemoenkloof Guest House: Angenehme Atmosphäre in einem georgianischen Haus von 1820, 20 Zimmer, auf Wunsch Dinner. Die Stadt ist fußläufig zu erreichen.

396 Main St. (Ecke Malan Rd., T 021 872 37 82, www.lemoenkloof.co.za, €€

Essen

Der mit den Ziegen speist

The Goatshed: Benannt nach den 400 Schweizer Bergschafen, die auf dem Weingut leben und u. a. zur Produktion der insgeamt 25 Käsesorten beitragen, die zusammen mit herrlichem, frisch gebackenem Brot auf den Tisch kommen. Nach Meinung des Autors einer der schönsten Orte für den Lunch im Weinland.

Fairview Wine Estate, Suid Agter Paarl Rd., T 021 863 36 09, www.fairview.co.za/goats hed, tgl. 9–17 (Frühstück bis 11.15, Küche bis 16.30) Uhr, €

Aromatherapie

Pappa Grappa: Gemütliches Restaurant mit schönem Garten neben der bekannten Wilderer-Destillerie, wo ausgezeichnete und preisgekrönte Schnäpse, Grappas und Gins gebrannt werden. Diese können in einer Probierstube verkostet werden. Das Restaurant ist berühmt für seine leckeren Flammkuchen. Ausgeschenkt werden Minibrauerei-Biere vom Fass und viele Weine aus der Region.

Wilderer Distillery, Simondium, T 021 863 35 55, www.wilderer.co.za, Di–Sa 11.30–21, So 11.30–17 Uhr, €

Death by Chocolate

De Villiers Artisan Chocolate Roastery & Espresso Bar: Die Schokolade wird direkt aus Kakaobohnen kreiert, der Kaffee täglich frisch geröstet. Die Aromen sind unbeschreiblich. Es gibt Schokoladenproben und Workshops (90 Min.).

Spice Route, Suid Agter Paarl Rd., T 021 863 08 54, www.dvchocolate.com, tgl. 9–17 Uhr, €

Bayrisches Reinheitsgebot

Cape Brewing Company CBC: Wer sich gefragt hat, wohin sich der bayrische Braumeister Wolfgang Ködel, der jahrelang im Paulaner Biergarten an der Kapstadter Waterfront exzellente Biere braute, nach dessen Schließung zurückgezogen hat, wird hier fündig: Für CBC braut er im großen Stil eine ganze Auswahl guter Biere, die es fast überall in Südafrika, aber vor allem am Kap, meist nicht nur in Flaschen, sondern auch aus dem Zapfhahn gibt.

Spice Route, Suid Agter Paarl Rd., T 021 863 22 70, www.capebrewing.co.za, tgl. 10–17 Uhr

Frisch und lokal

Noop: Hier kommt definitiv nichts aus der Dose. Selbst das Frischgemüse kommt aus dem Restaurant-eigenen Garten. Fleisch aus der näheren Umgebung, selbstverständlich aus Freilandhaltung. Der Fisch ist ethisch vertretbar, also nicht auf der roten Liste. Wenn etwas auf der Karte nicht erhältlich ist, liegt das daran, dass eine Zutat nicht frisch zu bekommen war. Es gibt tgl. wechselnde Specials. Sehr empfehlenswert sind das mindestens 32 Tage ›gereifte‹ Chalmar-Rind und das wunderbare Karoo-Lamm. Sitzplätze drinnen im historischen Haus oder draußen im lauschigen Garten. Super Weinliste. Die Essensfotos auf der Website lassen einem bereits das Wasser im Munde zusammenlaufen.

127 Main St., T 021 863 39 25, www.noop.co.za, Mo–Sa 11 Uhr bis spät, €

Auf dem OmmiBerg Wine Festival können Sie sich einmal um den Paarlberg schlürfen …

Faber-haft

Faber: Chefkoch Dale Stevens zelebriert seine Essenskreationen in der offenen Küche auf dem Avondale Öko-Weingut, außerhalb von Paarl. Es gibt zwei-, drei- und sogar siebengängige Menüs. Und wie vermutet ist alles Fleisch aus Freilandhaltung, der Fisch ethisch, Gemüse, Gewürze und Salate von der Farm. Andere Zutaten werden so nahe wie möglich an der Farm gekauft, um den Carbon Footprint so niedrig wie möglich zu halten. Der kulinarische Zenit in Paarl, und das ohne schlechtes Gewissen.

Lustigan Rd., Klein Drakenstein, Avondale Wine Estate, T 021 202 12 19, www.avondalewine.co.za/faber, Mi–So 12–15, Do–Sa 18.30–21 Uhr (Reservierung notwendig), €€

Feiern

- **Alle Feste in Paarl im Netz:** https://allevents.in/paarl/calendar, unter ›What's on‹ auf ›Calendar‹ klicken.
- **Paarl Show:** Ende Jan. Lokales Fest mit vielen Buden; neben Essen und Getränken wird hier auch Kunsthandwerk verkauft.
- **Weinfest in Paarl:** T 021 872 36 05. In der Kapprovinz beginnt die Weinlese März/April, deren Ende Paarl immer mit einem großen Fest feiert. Es gibt neuen Wein, Musik und viel gute Laune. Großer Parkplatz am Ortsanfang von Paarl; von hier kostenloser Shuttlebus zum Fest auf dem Paarl Mountain.

- **Bergriver Kanu-Marathon in Paarl:** Juli. Dann führt der Berg River am meisten Wasser; anstrengender, viertägiger Kanu-Marathon.
- **Food and Wine Festival:** 1. Aug.-Wochenende, in Malmesbury. Lokale Farmer offerieren ihre Produkte.

Infos

- **Paarl Tourism Bureau:** 216 Main St., T 021 872 48 42, FB: Visit Paarl, Mo–Fr 9–17, Sa 9–13, So 10–13 Uhr. Sehr hilfsbereites Personal.

Wellington

C4

Auf dem Weg von Paarl über den Bain's Kloof Pass (s. S. 127) nach Tulbagh liegt der weniger bekannte Weinort Wellington, wo sich durchaus ein Zwischenstopp lohnt.

Schlafen

Tafelberg mit Toskana-Feeling

Casa Simelia: In dem eleganten und großzügigen Selbstversorger-Häuschen Casa Simelia mit grandioser Aussicht und der mit Zypressen bepflanzten Auffahrt kommen schon fast Toskana-Gefühle auf. Wenn da nicht der Tafelberg in weiter Ferne am Horizont aufragen würde. Auf dem von Simon und seiner südafrikanischen Frau Celia betriebenen Simelia-Weingut (Simon & Celia) können bis zu vier Personen in zwei Doppelzimmern nächtigen. Zwei Nächte Minimum-Aufenthalt, aber die meisten wollen länger bleiben. Nicht vergessen: die herrlichen Simelia-Weine verkosten.

Simelia Wines & Country House, Woestkloof Farm, Simelia Wine Estate, T 072 336 80 36, www.simelia.co.za, €

Essen

Leckeres Sonntags-Farmlunch

Expérience d'Arauna: Der perfekte Platz für das Lunch am Sonntag. Farmfrische Zutaten, sehr gute, bodenständige Gerichte. Das Butter Chicken ist echt prima, aber auch die Ouma's Chicken Pies – Hühnerpasteten nach Oma-Rezept – sind nicht zu verachten. An manchen Tagen Dinner, Website checken.

Arauna Farm Wellington, Expérience d'Arauna, Slangrivierpad, Voor Groenberg, Wellington, T 082 445 05 51, 082 440 96 86, FB: Expérience d'Arauna, €

Tulbagh

C4

Eine dramatische Landschaft mit Felsen, Gipfeln und rauschenden Bächen breitet sich vor dem Besucher aus, wenn er über den historischen Bain's Kloof Pass fährt, der Wellington mit dem Breede River Valley verbindet. In Tulbagh sieht es dann so aus, als sei die Zeit stehen geblieben.

Die **Church Street** wird von 32 makellosen kapholländischen Häuschen flankiert, eines schöner als das andere - allerdings noch nicht so lange, wie man im ersten Moment vermutet. Bis in die 1960er-Jahre wurden die Häuschen sehr vernachlässigt, Giebel waren entfernt worden, um die Dächer zu vergrößern, manche Leute hatten Balkone angebaut. Dann kam der 29. September 1969 und ein Erdbeben der Stärke 6,5 auf der Richterskala. Erst die Restaurierungsarbeiten offenbarten die ehemalige Schönheit der Gebäude. Ein Team aus Historikern und Architekten entwickelte ein Wiederaufbauprogramm, dessen Ergebnis heute bewundert werden kann. Die Church Street ist die einzige Straße

Südafrikas, in der jedes Gebäude unter Denkmalschutz steht.

In der 1743 erbauten Kirche, dem ältesten Gebäude Tulbaghs, ist das **De Oude Kerk Volksmuseum** untergebracht. Im Innern der Kirche finden sich viele viktorianische Ausstellungsstücke. Interessant sind die Fotos, die zeigen, wie Tulbagh nach dem verheerenden Erdbeben aussah.

4 Church St., T 023 230 10 41, ganzjährig Mo–Fr 8.30–17, Mai–Sept. erster/letzter Sa/So im Monat Sa 10–15, So 11–15, Okt.–April Sa 9–15, So 11–15 Uhr

Schlafen

Landhotel

Tulbagh Hotel: Schöne Zimmer und ein Speisesaal mit gemütlichem Feuerplatz gestalten den Aufenthalt in diesem kleinen Boutique-Hotel auch im Winter angenehm. Sechs Zimmer mit Bad im eigentlichen Hotel, ein paar weitere im angrenzenden Witzenberg Manor sowie ein Häuschen für Selbstversorger auf der anderen Straßenseite.

23 Van der Stel St., T 023 230 00 71, www.tulbaghhotel.co.za, €

Sehr ruhig gelegen

Fynbos Guest Farm: Die Farm ›produziert‹ die weltweit beliebten Fynbos-Pflanzen, vor allem Proteen. Es gibt drei voll ausgestattete Häuschen *(cottages)* für Selbstversorger, dazu noch ein paar Caravans und Campingplätze.

Von der R 46 weg, zwischen Tulbagh und Ceres, T 072 223 46 74, www.fynbosguestfarm.co.za, €

Ferien auf dem Bauernhof

Schalkenbosch: Eine Farm von 1792, 8 km von Tulbagh entfernt, mit reetgedeckten Häuschen, auch für Selbstversorger.

T 023 230 06 54, www.schalkenbosch.co.za, €

Essen

Genuss ohne Reue

Waverley Hills: Der große Vorteil der preisgekrönten Waverley-Hills-Weine ist, dass sie ohne Schwefelzusatz gekeltert werden und daher keinerlei Nebenwirkungen aufweisen wie beispielsweise einen Kater am nächsten Tag. Und das Essen zum Wein könnte nicht besser sein. Seit 2023 gibt es auch ein Waffel-Bistro. Lecker!

An der R46, zwischen Tulbagh und Ceres, Waverly Hills Organic Wine & Olive Estate, T 023 231 00 02, www.waverleyhills.co.za/restaurant, Frühstück & Lunch Di–Sa 10–16, So 11–15 Uhr, Dinner Mi & Fr 18–22 Uhr, €

Relaxtes Ambiente

The Olive Terrace Restaurant: Das Restaurant gehört zum Tulbagh Hotel (s. links). Gutes Preis-Leistungs-Verhältnis und man kann auch sehr schön draußen sitzen.

22 Van der Stel Street, T 023 230 00 71, www.tulbaghhotel.co.za/dining, Mi–Mo 9–17 Uhr, €

Feiern

- **Tulbagh Arts Festival:** meist letztes Okt.-Wochenende, www.tulbagh-info.co.za/town/events/3504/tulbagh-arts-festival. Zelebriert werden hier hauptsächlich die Weine der Region, aber auch lokale Spezialitäten wie Oliven; auch regionales Kunsthandwerk.

Infos

- **Tulbagh Information:** 14 Church St., T 023 230 13 75, www.tulbaghtourism.co.za. Informationen zu Weingütern, Restaurants und Unterkünften.

Zugabe
This is your Captain speaking

Selfie im Cockpit

Der Autor Dieter Losskarn als Ihr Pilot? Besser nicht. Aber im Cockpit der ausgedienten Convair 580 im Wijnland Auto Museum (www.wijnlandautomuseum.co.za, Erw./Kinder 100/50 Rand) können Besucher gerne ein Selfie machen. Und danach die rostigen Reihen patinierter Klassiker unterhalb des Fliegers bewundern, die da fotogen vor sich hingammeln. ■

Westküste

Flower-Power & Seafood am Beach — die Westküste steht noch immer etwas im touristischen Schatten der Garden Route. Zu Unrecht: Es gibt prima Strände, exzellente Fischrestaurants und grandiose Natur.

Seite 137

Bester Blick bei Nacht

In der coolen Table-View-Filiale von Primi Piatti kann man von einem Fensterplatz im ersten Stock die Lichter der Stadt und den beleuchteten Tafelberg bewundern.

Seite 138

Evita se Perron

Evita Bezuidenhout ist ein Mann. Pieter-Dirk Uys, der schon während der Apartheid Politiker auf die Schippe nahm, tritt regelmäßig in seinem Domizil in Darling auf – einem ehemaligen Bahnhof (*perron* auf Afrikaans!), der skurril dekoriert ist.

Die besten Tafelbergfotos schießt man vom Bloubergstrand aus.

Seite 139

West Coast National Park

Zur Blumenblüte im Frühling strahlt der Park in überwältigender Farbenpracht. Unglaublich, wie das ausgebrannte, braune Veld in einem bunten Rausch explodiert. Blumenteppiche ziehen sich bis zum Horizont, wo das Meer auf weiße Strände brandet.

Seite 140

Postberg Wildflower Trail

Die Wanderung wartet im August/September mit einem Farbenrausch auf. Sie baut somit nicht nur Kalorien ab, sondern bietet auch unvergessliche visuelle Reize.

Seite 142

Kite- und Windsurfing

Zwischen Milnerton und Lambert's Bay testen viele Kitehersteller ihre Produkte. Das absolute Mekka für Wind- und Kitesurfer ist Langebaan.

Seite 143

Meeresfrüchte-Gelage

Im Strandloper in Langebaan werden mehrgängige Fischmenüs unter freiem Himmel am Strand serviert. Wein mitbringen!

Seite 146

Vogelinsel

Bei Lambert's Bay lassen sich Tausende von Kaptölpeln (dies ist einer von nur sechs Brutplätzen weltweit), Kormoranen und anderen Vögeln von einem Unterstand aus beobachten und fotografieren. Die Insel ist durch einen Steg mit dem Festland verbunden.

Seite 144

Buggy-Trip in die Dünen

Deon vom Farr Out Guesthouse macht Sundowner-Touren im selbst gebauten Beach Buggy.

Lassen Sie sich in viktorianische Zeiten zurückversetzen in den Kersefontein Guest Cottages! *(Seite 142)*

Nach einem Schiffbruch schwemmten einst einige Weinfässer an den Strand, wo sie schnell von Einheimischen vergraben wurden. Erst nachdem die Zöllner weg waren, wurden die Fässer wieder ausgegraben.

Ruhige Idylle im Nordwesten

Die Westküste Richtung Norden ist touristisch weniger beliebt als die viel bekanntere Garden Route und die Küste am Indischen Ozean – zu Unrecht. Beginnen wir am **Bloubergstrand,** direkt vor der Haustür Kapstadts. Von hier bietet sich der schönste Blick auf die City-Skyline von Kapstadt, den Tafelberg, die Tafelbucht und Robben Island. Je später am Nachmittag, desto besser werden die Fotos.

Langebaan hat weltweite Berühmtheit bei Kite-Surfern erlangt. Die Windverhältnisse gelten als optimal. Der **West Coast National Park** ist eines der wichtigsten Feuchtbiotope im Land. Aber nicht nur ornithologisch Bewanderte kommen auf ihre Kosten, auch Flora-Fans. Und während der Flower-Power-Zeit im September kann es hier dann auch mal zu Staus kommen! Aber zumindest aufgrund natürlicher Ursachen.

In den Küstenorten **Langebaan** und **Lambert's Bay** wird Seafood über offenen Grills am Strand zubereitet. Muschelschalen ersetzen das Besteck. Und wenn Sie das Glas mit dem gechillten Sauvignon mal absetzen, springen Sie zwischendurch in den erfrischenden Atlantik, bevor der nächste Gang kommt.

Das pittoreske **Paternoster** mit seinen weiß verputzten Fischerhäuschen ist mein liebster Ort an der Westküste. Nicht nur wegen dem tollen Sandstrand, sondern auch aufgrund der Tatsache, dass sich hier in den letzten Jahren viel getan hat. Boutiquehotels und prima Restaurants laden zum Verweilen ein. Wenn ich an der Westküste übernachte, dann in Paternoster. Ach ja, die besten Felshummer (*crayfish*) gibt's nach wie vor in Lambert's Bay.

Ganz besonders empfehlenswert sind die jeweils ersten Samstage im Monat in Paternoster. Dann findet in der ehemaligen, nun herrlich renovierten Hummer-Fabrikanlage am Hafen das »Bubbly & Oysters Festival« (siehe Facebook) statt. Sekt, Austern und Sandstrand – noch Fragen?

O

ORIENTIERUNG

Westküste: www.route27sa.com, www.sawestcoast.com
Lambert's Bay Tourism Bureau: www.lambertsbay.co.za
Planung: Der für mich schönste Ort an der Westküste ist Paternoster. Zwei, drei Nächte hier bieten sich an.

Bloubergstrand

B5

Um von Kapstadt zum Bloubergstrand zu gelangen, folgt man am besten der N 1 Richtung Paarl und fährt dann die Abfahrt **Milnerton** auf die R 27. Vom Bloubergstrand aus gesehen – seinen Namen verdankt der Strand übrigens den blau schimmernden Bergen im Hintergrund – zeigt sich Kapstadts berühmter Hausberg, der Tafelberg, von seiner besten, daher meistfotografierten Seite. Der Ort ist tatsächlich ideal: Der Parkplatz endet an den Klippen, an denen sich tosend die Wellen brechen, der Horizont wird vom Tafelberg beherrscht, Robben Island liegt gut sichtbar im Vordergrund.

Essen

Essen mit Aussicht

Primi Piatti: Im ersten Stock ist die aussichtsreiche Table-View-Filiale der trendigen Primi-Piatti-Kette untergebracht – ein idealer Platz, um entspannt den Sonnenuntergang zu genießen. Fensterplatz vorher reservieren *(window table)*. Coole Bedienungen.

Table View, 14 Beach Blvd., Shop 7, T 021 557 97 70, www.primi-world.co.za, €

In der Brandung

On The Rocks: Auf die Felsen am Strand gebaut; neben Seafood gibt es auch Exotisches wie Krokodilschnitzel; die Crêpes sind sehr gut; eine Dinner-Reservierung ist unbedingt notwendig, dann auch gleich einen Fens-

Die beste Aussicht auf den Tafelberg und die Skyline von Kapstadt bietet sich nachmittags vom Milnerton- und Bloubergstrand aus.

terplatz mit fantastischem Tafelberg-Blick buchen!

Blouberg Strand, 45 Stadler Rd., T 021 554 43 52, 554 19 88, www.ontherocks.co.za, in der Saison Mo 16–22, Di–So 9–22 Uhr, €

Mamre

B4

Über Melkbosstrand geht es zurück auf die R 27 Richtung Norden, bis zur Kreuzung mit der R 307 Richtung Atlantis. Verträumt und kurvenreich schlängelt sich die Straße durch eine hügelige Landschaft, die ein bisschen an die Toskana im Herbst erinnert, nach **Mamre,** einer kleinen, 1808 von Deutschen gegründeten Missionsstadt. Der damalige Gouverneur Earl of Caledon war so begeistert von der Missionsgründung Genadendal, dass er die Herrnhuter bat, in Mamre, das vorher Groene Kloof (Grüne Schlucht) hieß, ebenfalls eine Station zu errichten.

D

DON'T CRY FOR ME, SOUTH AFRICA

In dem winzigen, ehemaligen Bahnwärterhäuschen von Darling treten Pieter-Dirk Uys und andere südafrikanische Künstler regelmäßig vor etwa 40 Besuchern auf. Nach den Vorstellungen wird in Evitas Kombuis burische Hausmannskost serviert und im Duty Free Shop Bapetikosweti gibt es skurrile Evita-Souvenirs (Evita se Perron: Old Darling Railway Station, Arcadia St., Darling, T 022 492 28–31, -51, www.evita.co.za, Di–So 10–16 Uhr, Show-Termine s. Website & Facebook, Tickets 165 Rand).

Die schöne Kirche und die weiß verputzten, reetgedeckten Häuser sehen aus wie gemalt. Die Geistlichen halfen den völlig verarmten Khoi, ihren Lebensunterhalt selbst zu verdienen und sich selbst zu versorgen. Sie lehrten sie verschiedene Handwerke und vermittelten ihnen nebenbei christliche Lebensanschauungen. Die Männer arbeiteten in der Landwirtschaft, als Maurer, Schreiner, Gerber und Schmiede, die Frauen fertigten Hüte. Neben einem regelmäßigen Einkommen erlangten die Khoi dabei noch etwas zurück, was sie verloren hatten: Selbstvertrauen und Selbstachtung. Die von Pferden angetriebene Mühle wurde durch die heute noch existierende Wassermühle (Mo–Fr 9–12, 13–17 Uhr) ersetzt.

Darling

B4

In Darling, dem nächsten Ort auf dem weiteren Weg nach Norden, hat sich der 1945 geborene Pieter-Dirk Uys, Südafrikas bekanntester Kabarettist (s. Kasten links), häuslich niedergelassen und auch gleich sein eigenes Theater dazugekauft.

Im Frühling kommen Botaniker in und um Darling auf ihre Kosten. Obwohl der Ort streng genommen nicht mehr zum Namaqualand gehört, erstreckt sich dessen Blumengürtel bis hierhin. Im Norden dehnt sich der Blumengürtel bis zum Orange River aus.

Feiern

- **Wildflower Festival:** gegen Ende Sept., in Caledon. Eine der schönsten Blumenschauen der Kapprovinz, dicht gefolgt von der Wildflower Show in Darling (ebenfalls Ende Sept.).

Yzerfontein A4

Die R 315 verbindet Darling wieder mit der Hauptroute R 27, die über **Yzerfontein** zum **West Coast National Park** führt. Während der snoek-Saison erwacht der verschlafene Ort zum Leben. Dutzende von Schiffen laufen ständig voll beladen im kleinen Hafen ein und aus. Großhändler, aber auch Restaurant- und Ladenbesitzer aus Kapstadt kaufen die delikaten Fische direkt vom Boot. Unter lautstarkem Palaver fliegen sie in die mit Plastikfolie ausgelegten Pick-ups, die in Südafrika *bakkie* genannt werden und überhaupt nichts mit dem – genauso ausgesprochenen – *beach buggy* zu tun haben. Von Yzerfontein sind es nur noch wenige Kilometer bis zum West Coast National Park.

West Coast National Park A3/4

Der West Coast National Park gehört zu Südafrikas schönsten Feuchtgebieten. Jedes Jahr im August kommen etwa 60 000 Wasservögel aus Sibirien und anderen subarktischen Brutgebieten, um ihre Sommerresidenz im flachen Wasser der Langebaan-Lagune zu beziehen. 20 000 km lang ist ihr jährlicher Flug von den sibirischen Tundren über Zentralasien und den Mittleren Osten und schließlich entlang des Ostafrikanischen Grabens. Sie sind darauf programmiert, die warme, geschützte Lagune mit ihrem immensen Angebot an Algen, winzigen Schnecken und anderen Meeresorganismen zu erreichen. Der Schlamm der La-

Wenn die braune Landschaft in einem Farbenrausch explodiert: Ob Vogelbeobachter oder Wildblumenfans – Naturfreunde kommen im West Coast National Park voll auf ihre Kosten.

TOUR
Auf Evas Spuren

Der Postberg Flower Trail

Infos

A 3

Start: Parkplatz Tsaarsbank, auf Anfrage Gepäcktransport durch das Parkpersonal
Länge: 27,3 km
Dauer: 2 Tage
Schwierigkeitsgrad: leicht
Kosten: 234/117 Rand, sonst 110/55 Rand, Wanderpermit 250 Rand/ Person
Saison: nur Aug./ Sept. und nur mit Vorausbuchung (ab Juni möglich): Westcoast National Park, T 022 707 99 02, www.sanparks.org
Ausrüstung selbst mitbringen (Zelt, Schlafsack, Kocher, Essen, Getränke), Toiletten, Grillplätze und Feuerholz am Übernachtungspunkt vorhanden.
Wer nicht übernachten möchte, kann eine Tageswanderung auf dem Steenbok Day Trail (13,9 km; 5 Std.) unternehmen.

Der Postberg Flower Trail zählt zu den Geheimtipps am Kap. Er ist nur zur Blumensaison offen und bei schönem Wetter ein absoluter Traum. Highlights sind die riesigen bunten Teppiche von Wildblumen, welche die Flächen überziehen. Ein Farbenrausch in Rosa, Orange und Weiß – und ein Paradies für Fotografen.

Mächtige Granitfelsen

Am ersten Tag geht es von **Tsaarsbank** nach Plankies Bay (15,5 km, 6 Std.). Man folgt den weißen Pfählen und den Blumensymbol-Wegweisern durch den Busch, Richtung **Konstabelkop.** Hier fliegen oft Raubvögel. Am Boden sind Pillendreher und Löffelhunde unterwegs. Dann steigt der Pfad etwas an, auf 188 m, die nach 2 km erreicht sind. Von ›oben‹ hat man einen prima Blick auf das türkisfarbene Wasser der **Langebaan-Lagune** und die *hamlets* von Oude Post und Kraal Bay mit ihren Jachten und Hausbooten. An der **Kraal Bay** findet sich die ausgeschilderte, historische Stätte **Oude Post 1** mit den Resten eines holländischen Forts. Hier wurden auch ›Evas‹ fossile Fußspuren entdeckt. Eva's Footprints sind 117 000 Jahre alt. Es geht vorbei an den mächtigen, verwitterten und mit Flechten bewachsenen Granitfelsen, die man genauer betrachten sollte.

Herrliche Blumenpracht

Dann führt der Pfad wieder hinab, überquert eine Schotterpiste hinter den Häusern, bis man zu einem Jeep Track gelangt, der die Langebaan-Lagune unterhalb der Hänge des **Postberg Mountain** (193 m) entlangführt. Die Strecke an der Lagune ist herrlich. Bewundern Sie die Blumen und die sich immer wieder ändernden Ausblicke. Nach einer Stunde ist **Perlemoen Point** erreicht. Kurz darauf steigt der Pfad sanft Richtung **Uitkyk** an. Auf der rechten Seite sieht man die alte Donkergat-Walstation und -Militärbasis, und wenn man zurückschaut, reicht der Blick über das flache Schaapen Island und über die gesamte Langebaan-Lagune.

Der Wanderpfad verlässt den Jeep Track kurz vor dem höchsten Punkt des Hügels und führt nach rechts durch ein Meer an gelben und orangefarbenen Blumen – ein magischer Abschnitt der Wanderung, wo sich oft Wild und Strauße aufhalten. Schließlich ist der Strand von **Plankies Bay** erreicht. Man läuft weiter, das Meer auf der rechten Seite. Über einen niedrigen Felsausläufer gelangt man zu einem kleineren Sandstrand, dem Schlafplatz: so nahe am Atlantik ein wahrhaft wilder Ort. Am Parkplatz neben dem Sanitärblock kann man sein Gepäck holen und, wenn es nicht zu windig ist, am Strand unterhalb der Granitfelsen das Zelt aufbauen. Der offizielle Campingplatz ist geschützter, eine ebene, grasbewachsene Fläche neben dem Sanitärblock.

Wo Wasservögel leben

Die Route des zweiten Tages führt von **Plankies Bay** nach **Tsaarsbank** (11,8 km; 3,5 Std.). Zunächst geht es am Strand entlang bis zu der kleinen Siedlung **Kreefte Bay.** Hier verlässt der Pfad den breiteren Jeep Track und macht einen Umweg hinter den hübschen Strandhäuschen vorbei. Etwa eine Stunde nach dem Verlassen von Plankies Bay erreicht man dann einen Steg, der über den Grenzzaun des Nationalparks führt, dort ist dann auch der **16 Mile Beach** erreicht, wo viele Wasservögel zu Hause sind. In der Ferne ist ein Schiffswrack auszumachen. Hier gibt es Grillplätze und schöne Rastplätze auf den Felsen. Weiter geht es eine halbe Stunde am Strand entlang, bis der Grenzzaun erreicht ist (mit Flagge und Schild).

Anstatt hier direkt landeinwärts abzubiegen, sollte man einen kurzen Abstecher machen und etwa 20 bis 30 Minuten am Strand weiter zum Wrack der **Pantelis A Lemos** laufen, eines Eisenerzdampfers, der auf dem Weg nach **Saldanha Bay** hier 1978 auf Grund gelaufen ist. Danach geht man retour und hinein in die Dünen durch den Küstenfynbos zurück zum Auto.

gune ist unglaublich nährstoffreich. Wissenschaftler haben herausgefunden, dass jeder Kubikzentimeter Boden 60 Mio. Bakterien enthält. Wenn die Vögel im Herbst ihre lange Rückreise antreten, sind sie teilweise doppelt so schwer wie bei ihrer Ankunft. Der natürliche Kreislauf schließt sich mit dem, was sie in den Salzmarschen zurücklassen: 50 t Mist, von dem sich die Bakterien bis zum nächsten Besuch der Vögel ernähren können.

www.sanparks.org/parks/west_coast, Aug./Sept. 234/117 Rand, Nov.–Okt. 110/55 Rand

Langebaan

A3

Vom Eingang des West Coast National Park sind es nur noch ein paar Kilometer bis nach Langebaan. Der hübsche kleine Ort gehört zu den schönsten an der Westküste. Er ist berühmt für sein Beach-Restaurant Die Strandloper (s. Lieblingsort S. 143) und ein Mekka für Wind- und Kitesurfer.

Schlafen

Historische Mauern

The Farm House Hotel: Gemütliches Landhaus, 1860 im kapholländischen Stil erbaut; Restaurant im Haus, 18 Doppelzimmer.

5 Egret St., Langebaan, T 022 772 20 62, www.thefarmhousehotel.com, €–€€

Wie früher

Kersefontein Guest Cottages: Ruhige Übernachtungsmöglichkeit auf einer historischen Farm. Wildschweinjagden können organisiert werden.

An der R 45, zwischen Velddrif und Hopefield, T 022 783 08 50, www.kersefontein.co.za, €

Infos

- **Langebaan Tourism Bureau:** Bree St., T 022 722 15 15, www.langebaan-info.co.za.

Saldanha

A3

Saldanha ist weniger für Touristen geeignet. Zahlreiche Fabriken verarbeiten den vor der Küste gefangenen Fisch. Sie produzieren Konserven, Fischmehl, Hummerpastete und verpacken Seetang für den Export nach Japan. Wen der Geruch nicht stört, der kann am Hoedjiesbaai Beach an einem bewachten Strand baden.

Paternoster

A2

Paternoster ist ein attraktiver und idyllischer Ort an der Westküste. Viele der historischen, teilweise verfallenen Fischerhäuschen wurden in den letzten Jahren restauriert. Ein Platz für Leute, die Ruhe suchen.

Wer sich für Vögel und Wildblumen interessiert, sollte 12 km nördlich des winzigen Fischerdorfes Dwarskersbos nach links zum 900 ha großen **Rocher Pan Nature Reserve** abbiegen, wo von zwei Beobachtungsplattformen aus 165 verschiedene Seevogelarten beobachtet werden können. Die blühende *strandveld*-Flora verwandelt die Region im Frühjahr (Aug./Sept.) in ein Farbenmeer (tgl. 7–18 Uhr, 50/30 Rand Erw./Kinder).

Etwa 5 km außerhalb von Paternoster liegt das **Cape Columbine** im Tieties Bay Nature Reserve. Bevor der Leuchtturm errichtet wurde, strandete hier 1829 das

Lieblingsort

F(r)isch am Beach

Die Wellen donnern an den Sandstrand von Langebaan (📍 A3), Möwen kreischen, Ihre nackten Füße fühlen den Beach, während es im **Strandloper** auf Holzbänken am Strand sitzend einen Fischgang nach dem anderen gibt. Das Seafood genießen Sie stilecht mit leeren Muschelschalen als Besteck. Was fast ein bisschen Robinson-Feeling aufkommen lässt. Bis Sie den gekühlten Sauvignon Blanc aus der Eisbox holen – den hatten weder Robby noch Freitag auf ihrer Insel.
www.strandloper.com

britische Schiff Columbine. Es war nicht das einzige. Einer modernen Legende zufolge hatte der Dampfer Lisboa, der hier unterging, Rotwein geladen, der das Meer verfärbte. Angeblich gelangten einige Fässer heil an den Strand, wo sie schnell von Einheimischen vergraben wurden. Erst nachdem die herumschnüffelnden Zöllner sich aus der Gegend verzogen hatten, wurden die Fässer wieder ausgegraben. Vom weiteren Verbleib des Weins ist nichts bekannt …

Schlafen

Traumhaft schlafen am Beach

Strandloper Ocean Boutique Hotel: Die Ocean Suites mit Atlantikblick sind die schönsten Zimmer. Besitzerin Simone ist Deutsche und empfängt ihre Gäste sehr herzlich. Sie hat hier eine wunderbare Unterkunft geschaffen. Das Leeto Restaurant im Haus (€€) ist ganz hervorragend. Und einen kleinen Wellnessbereich gibt es ebenfalls. Etwas ab vom Ortszentrum (wenn man nach Paternoster hineinfährt, rechts halten) liegt das Boutiquehotel – wie der Name richtig vermuten lässt, direkt am Meer.

Patterson Slot, T 021 794 58 58, 083 654 30 01, www.strandloperocean.com, €€€

Badezuber unter Sternen

Farr Out Guesthouse: Ungewöhnlich für dieses Paternoster-Gästehaus ist, dass es nicht wie alle anderen am Atlantik liegt, sondern aussichtsreich im umliegenden Buschland. Dafür gibt es ein paar coole Sachen hier. Wie wäre es mal mit einer Nacht im Wigwam? Oder mit Milchstraße-Gucken vom holzbefeuerten Badezuber aus? Besitzerin Marion ist Deutsche und ihr Mann Deon unternimmt mit Gästen umweltschonende Sundowner-Trips in seinem Beach Buggy, in die Dünen.

17 Seemeeu Crescent, Pelgrimsrust, T 022 752 22 22, www.farrout.co.za, €–€€

Strandnah

Paternoster Seaside Cottages: Ein Online-Übernachtungsservice, der unterschiedlich große Häuschen für Selbstversorger in Strandnähe vermittelt – von idyllisch-gemütlich bis familiengeeignet. Günstige Last-Minute-Angebote in der Nebensaison und unter der Woche.

St. Augustine Rd., T 021 782 51 28, www.seasidecottages.co.za, €

Essen

Im Abseits, aber nicht kulinarisch

Wolfgat: Benannt nach der Höhle, über der sich das 2023 zu den Top Ten des Landes gekürte Restaurant von Chefkoch Kobus van der Merwe in einem 130 Jahre alten, weiß verputzten Fischerhaus befindet. Eine Vorbuchung über die Website ist dringend notwendig, möglichst noch vor Reiseantritt, da nur 20 Gäste Platz finden. Wolfgat ist daher und aufgrund seiner Populariät lange im Voraus ausgebucht. Um das siebengängige Menü zu genießen, scheuen Gourmets die zweistündige Anfahrt von Kapstadt nicht. Kobus nutzt die umliegende Vegetation und das Meer zum Foraging, also als Ressource für seine einzigartigen Kreationen. Ein echte Erfahrung.

10 Sampson St., keine telefonische Buchung möglich, nur online, www.wolfgat.co.za, Lunch Mi–So, Dinner Fr/Sa, €€€

Austern schlürfen

Noisy Oyster: Wie der Name schon andeutet, gibt es hier frische Austern (die hier Westküsten-Viagra genannt werden), serviert in relaxter Atmosphäre an schäbig-schicken Tischen und Stühlen im Freien oder drinnen. Außerdem gibt es eine Vielfalt an Fisch und Meeresfrüchten.

62 St. Augustine Rd., am Stoppschild der Kreuzung links abbiegen, T 022 752 21 96, Facebook: The Noisy Oyster, Mi–So 12–15, Mi–Sa 18–21 Uhr, €

In Paternoster findet jeden ersten Samstag im Monat ein Champagne & Oyster Fest statt. Doch nicht nur dann gibt es frisches Seafood!

St. Helena Bay A2

Hier ankerte der portugiesische Seefahrer Vasco da Gama am 7. November 1497 ein letztes Mal vor der Umsegelung des Kaps der Guten Hoffnung. Jenseits des Denkmals, das den Landeplatz in der Nähe von Stompneusbaai markiert, liegen moderne Schiffe, deren Netze das planktonreiche, kalte Wasser des Benguela-Stromes durchfischen.

Eland's Bay B1

Der verschlafene Ort Elands Bay ist vor allem bei Fischern beliebt, die mit ihren *bakkies* auf den Strand fahren und, im Wasser stehend, ihre langen Angelruten weit ins Meer auswerfen. Außer Fischern und Muschelsuchern finden sich in Elands Bay regelmäßig Surfer ein, die behaupten, dass es hier die besten Wellen der Westküste gebe.

Lambert's Bay B1

Lambert's Bay ist nicht nur für seine Wildblumenblüte im Frühling und die ganzjährig kreischenden Kaptölpel bekannt, sondern auch für seine Felshummer *(crayfish)*.

Hunderte von Besuchern fallen jedes Frühjahr in Lambert's Bay ein, und es gibt fast keinen Tag im Jahr, an dem sich nicht Windsurfer in der Bucht vor Lambert's Bay tummeln. Ideale Windverhältnisse locken die Wassersportler aus aller Welt an, zum Training, aber

S

SEAFOOD IM FREIEN

Das **Muisbosskerm,** kurz vor Lambert's Bay, existiert seit 1986 und ist Südafrikas erstes Open-Air-Seafood-Restaurant. Die Strandloper, näher an Kapstadt, eröffnete fünf Jahre später. Jedes Jahr kommen neue, ähnliche Restaurants hinzu, keines hat jedoch bisher so lange durchgehalten wie diese beiden. Baden zwischen den Gängen gehört ebenso dazu wie das fehlende Besteck, das durch Muschelschalen ersetzt wird (T 027 432 10 17, www.muisbosskerm.co.za, €€, *crayfish* gegen Aufpreis, in der Saison tgl. Lunch ab 12.30 Uhr, Dinner ab 18.30 Uhr, vorher anrufen und nachfragen, ob genug Leute gebucht haben, damit aufgemacht wird. Wein und Bier mitbringen. Ausführliches Menü auf der Website.)

auch zu den regelmäßig stattfindenden Wettbewerben. Natürlich gibt es auch Schulen für Kite- und Windsurfing vor Ort. Lambert's Bay gilt zudem als der beste Ort, um an der Westküste Wildblumen zu fotografieren. Auch Vogelliebhaber kommen hier voll auf ihre Kosten. Vom Hafen, in den man nach Zahlung eines kleinen Eintrittsgeldes einfahren darf, führt ein Steg auf die 100 m vor der Küste liegende, 3 ha große Vogelinsel.

Vogelinsel

Auf der Vogelinsel *(voeleiland)* tummeln sich Tausende von Kaptölpeln *(cape gannet)* und Kormoranen *(cape cormorant)*, die von einem geschickt in die Landschaft integrierten Unterstand aus künstlichen Felsen aus nächster Nähe beobachtet und fotografiert werden können – vor allem vom ersten Stock aus, wo kein Glas das Objektiv behindert. Die Vogelinsel ist einer von nur sechs Plätzen auf der Welt, wo Kaptölpel brüten, und der einzige, der so einfach zugänglich ist. In den Jahren 1888 bis 1990 wurde auf der Insel Guano abgebaut und als Dünger verkauft.

Infos zum Vogelbestand auf der Website von Cape Nature Conservation: www.capenature.co.za, T 027 432 16 72, 021 483 0190, Bürozeiten Okt.–März tgl. 7–19, April–Sept. tgl. 7.30–18 Uhr, bei rauer See ist der 1959 gebaute Steg geschlossen

»Another shit day in Africa«

Im Wasser tummeln sich Meeresbewohner, die gerne als Delikatesse auf den Tisch kommen. Lambert's Bay ist berühmt für seine ausgezeichneten und preiswerten Langusten oder Felshummer *(crayfish* bzw. *rock lobster),* die hier unter ihrem Afrikaans-Namen *kreef* bekannt sind. Für Kapstädter ist es am Wochenende durchaus nichts Ungewöhnliches, zum *crayfish*-Essen nach Lambert's Bay zu fahren. Jetzt gilt es nur noch, all diese Reize zu kombinieren: einen sternklaren, lauen Abend, Grillenkonzert, frischen Hummer, gekühlten Sauvignon Blanc und ein Sträußchen Wildblumen auf dem Tisch. Wenn dann noch ein Südafrikaner anwesend ist, wird er in dieser Situation, nach einem Schluck Weißwein und einem tiefen Seufzer, eine derb klingende, aber freundlich gemeinte landesübliche Lobpreisung ausstoßen, die nicht mehr steigerungsfähig ist: *»Another shit day in Africa.«*

Schlafen

Einziges Hotel vor Ort

Lambert's Bay Hotel: Einziges Hotel vor Ort; wer Schwarz-Weiß-Fotos des historischen Hauses mit den ›Modernisierungen‹

vergleicht, die dem Hotel angetan wurden, dürfte entsetzt sein. Zurückversetzt in den Originalzustand wäre das Marine, wie das Hotel früher hieß, ein toller Geheimtipp. Lichtblick: Das hoteleigene Restaurant serviert verschiedene Hummergerichte zu zivilen Preisen. Gäste können die delikaten Meeresbewohner während der vom Hotel organisierten *fishing trips* selbst fangen.

Lambert's Bay, 72 Voortrekker St., T 027 432 11 26, www.lambertsbayhotel.co.za, €

Essen

Alter Stall

Tin Kitchen: Das charaktervolle, kleine Restaurant in Elandsbaai ist in einem rustikalen Stall aus dem 17. Jh. untergebracht. Bio-Fleisch und Fisch, alle Lämmer, Rinder und Schweine stammen aus Freilandhaltung. Es gibt auch leckere Felshummer *(crayfish)* und Calamari. Die Pommes sind handgemacht, der Salat aus dem Garten. Freitagabend gibt es Pizza aus dem alten Steinofen.

Vensterklip, 1 Bonteheuwel Farm, R 366, 4 km östlich von Elandsbaai, 30 km südlich von Lambert's Bay, T 022 972 13 40, www.vensterklip.co.za, Fr, Sa, So 9–12, 12–15, Fr/Sa 18–22 Uhr, €

Bewegen

Windiges Paradies

Kite- und Windsurfen: Hier passt der Wind fast immer, was die Location weltbekannt gemacht hat.

www.capesports.co.za und www.windchaserssa.com

Infos

- **Lambert's Bay Tourism Bureau:** Church St., T 027 432 10 00, www.lambertsbay.co.za.

Nur wenige andere Tierarten haben ein solch kleines Verbreitungsgebiet wie die Kaptölpel – außer in Südafrika findet man sie noch in Namibia.

Zugabe

Flower-Power

Wenn die Wildblumen blühen

Jedes Jahr im Frühling auf der Südhalbkugel, im August und September, explodiert die ansonsten braun verbrannte Landschaft im West Coast National Park in einem unglaublichen Farbenrausch mit Tausenden von blühenden Wildblumen. Ein wahrhaft berauschender Anblick! ■

Cederberge

Die größte Freiluftgalerie der Welt — vor Tausenden von Jahren haben die San, Ureinwohner des Südlichen Afrika, wunderbare Kunstwerke in der schroffen Bergwelt der Cederberge hinterlassen.

Seite 154

Bizarre Felsen

Die Wanderungen durch die herrlichen Felslandschaften der Cederberge empfehlen sich für den südafrikanischen Frühling, also zwischen August und Oktober, dann ist es kühler und die Wildblumen blühen.

Seite 156

Obstkultur

In der Goede-Hoop-Citrus-Genossenschaft in Citrusdal kann man bei einer Besichtigung des Betriebs live erleben, wie ein Teil der 90 000 t Zitrusfrüchte, die hier jährlich geerntet werden, auf seine Reise zum Verbraucher geht.

Ein Tee hat die Gegend weltweit bekannt gemacht …

Seite 158

Uralte Felsmalereien ✪

In den verwitterten, roten Felsen der Cederberge befindet sich die größte Buschmann-Galerie der Welt. Der Sevilla Trail zwischen Clanwilliam und Wupperthal erschließt einige der schönsten Werke der San, der ursprünglichen Bewohner Südafrikas.

Seite 159

Rooibos-Safari

Besichtigung des innovativen Groenkol Rooibos Tea Estate der Engelbrechts, wo der beliebte und gesunde Tee, der nur in den Cederbergen gedeiht, angebaut wird.

Seite 161

Luxuriöse Lodge

Im Bushmans Kloof Private Game Reserve können Sie Pirschfahrten im offenen Land Rover unternehmen.

Seite 161

Wupperthal

Allein um das für deutsche Urlauber in Südafrika skurril wirkende Ortsschild zu fotografieren, lohnt sich der staubige Trip in die Einsamkeit – nicht nur für gebürtige Wuppertaler.

Seite 162

Auf allen vieren

Von Wupperthal aus bieten sich für jene Besucher, die sich in Kapstadt einen Geländewagen gemietet haben, mehrere 4x4-Strecken auf privaten Farmen an, lang oder kurz, schwierig oder etwas einfacher. Lust auf ein kleines Offroad-Abenteuer?

Seite 162

Gut beschuht

Vor einigen Jahren startete eine Marketing-Kampagne, um die berühmten, aber als etwas konservativ geltenden Veldskoene, die Lederschlappen aus Wupperthal, in ein Trendprodukt zu verwandeln. Wie schon beim Rooibostee scheint es auch hier zu klappen.

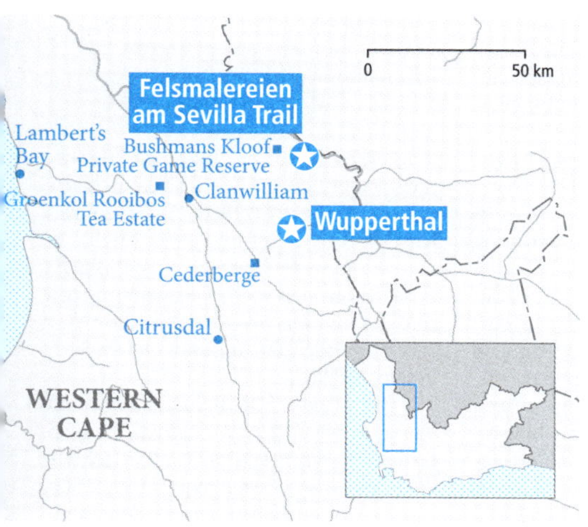

Aufgrund der fehlenden Luftverschmutzung herrschen im Naturschutzgebiet ideale Bedingungen für die Beobachtung der Sternbilder der südlichen Halbkugel.

Die schroffen Sandsteinfelsen sind zu teilweise fantasieanregenden Gestalten erodiert, die nachts oft furchterregend aussehen und Camper erschrecken. Ein Tässchen Rooibostee beruhigt dann wieder.

Land der Früchte und Berge

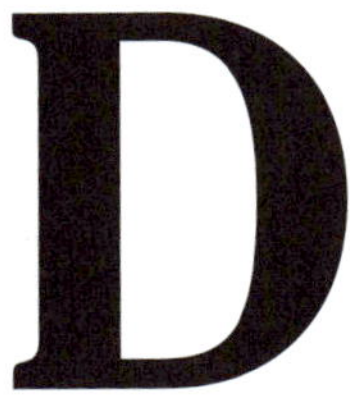

Die kühle Meeresbrise an der Westküste ist auf dem Weg ins Landesinnere schnell vergessen. Hier brennt die Sonne gnadenlos vom Himmel. Gut für qualitativ hochwertige Früchte, vor allem Orangen und Zitronen. Vorbei an den ausgedehnten Obstplantagen von **Ceres** führt die Route nach **Clanwilliam,** dem Herkunftsort des berühmten, sehr gesunden **Rooibostees.**

ORIENTIERUNG O

Infos: www.cederberg.co.za (Infos zu Felskunst, Übernachtungen und Aktivitäten in den Cederbergen). Die Touristen-Info (www.clanwilliam.info) von Clanwilliam ist in einem alten Gefängnis untergebracht.

Einkaufen: Den gesunden Rooibostee gibt es auch in Europa zu kaufen: www.africandawn.de.

Frühzeitliches Heilmittel

Die San-Ureinwohner kannten bereits vor Jahrtausenden die heilende Wirkung des etwa einen Meter hoch wachsenden Busches. Sie ernteten die feinen, nadelähnlichen Blätter der Wildpflanze, zerkleinerten sie mit Äxten, zerstießen sie mit Hämmern und ließen sie in der Sonne trocknen. Vor allem bei Magen- und Darmproblemen, aber auch bei Schlafstörungen kam das Aufgussgetränk erfolgreich zum Einsatz. Seit 1930 wird Rooibos-Tee in den Cederbergen kommerziell angebaut. Versuche, ihn irgendwo anders zu kultivieren, schlugen allesamt fehl: Er wächst nur dort. Er enthält viel Vitamin C und andere wohltuende Wirkstoffe.

Von Clanwilliam geht es durch die kaum besiedelte **Cederberg Wilderness Area** mit ihren bizarren Verwitterungsgebilden. Hier finden sich die faszinierenden **Freiluft-Galerien** mit Buschmann-Zeichnungen. Allein in dem kleinen Gebiet um den **Pakhuis Pass** finden sich mehr Felszeichnungen und -malereien pro Quadratkilometer als an irgendeinem anderen Ort im Südlichen Afrika.

Ein weiteres Highlight der Region ist das völlig abgelegene deutsche Missionsstädtchen **Wupperthal.** 1830 errichtete die Rheinische Mission hier ihre erste Station auf südafrikanischem Boden. Heute stehen noch etwa 150 weiß verputzte, reetgedeckte Häuschen in dem grünen Tal. Die beiden deutschen Missionare kamen aus Elberfeld an der Wupper. Das etwas größere Wuppertal (ohne ›h‹) in Deutschland entstand erst 99 Jahre später!

Ceres

D4

Nicht zu Unrecht trägt Ceres den Namen der römischen Fruchtbarkeitsgöttin. Das hübsche, von Bergen flankierte Städtchen und sein Umland gehören, neben Elgin, zu Südafrikas reichsten und schönsten Obstanbaugebieten. Aus dem Ceres-Tal kommen 12 % der Äpfel und 40 % aller Pfirsiche Südafrikas, 60 % der Export-Birnen, dazu nicht unbeträchtliche Mengen an Kirschen, Nektarinen, Trauben, Pflaumen, Zwiebeln und Kartoffeln. Hier befinden sich auch die größten Kühlräume des Landes und fast jeder südafrikanische Laden verkauft Fruchtsäfte mit dem Namen der Stadt auf dem Etikett. Zwischen April und Dezember finden organisierte Touren durch die Plantagen statt.

Kurz vor dem **Gydo Pass** liegt der winzige Ort **Prince Alfred Hamlet.** Die 1874 gegründete und nach Königin Victorias zweitem Sohn benannte Siedlung hat durch ihre vielen Lagerhäuser und die Bahnverladestation große Bedeutung erlangt. Vom Scheitelpunkt des Gydo Pass lässt sich beim Blick zurück nach Süden das gesamte fruchtbare Warm-Bokkeveld-Gebiet überblicken. Der Pass, wie viele ein Werk des ›Straßenmeisters‹ Andrew Geddes Bain, überquert Skurweberg und Gydoberg und stellt eine wichtige Verbindung zwischen Cold und Warm Bokkeveld dar.

Museen

Togryersmuseum: An die Zeit, als Ceres der letzte Außenposten der ›Zivilisa-

Zentrum der Zitrusfrüchte: Im fruchtbaren Tal zwischen Clanwilliam, Ceres und Citrusdal liegt ein ausgedehntes Obstanbaugebiet.

TOUR
Bizarre Felsen

Wanderung in den Cederbergen

Karten: Cederberg Conservancy Map (in den Tourism Bureaus in Clanwilliam, T 027 482 20 24, Citrusdal, T 022 921 32 10) oder Cederberg-Karte (2023 Edition) von The Map (www.slingsby-maps.myshopify.com, sehr detailliert, in Buchläden für 300 Rand, das Set besteht aus zwei wasserfesten Karten)

Die wild zerklüftete Landschaft der Cederberge ist berühmt für ihre zahlreichen, gut erhaltenen ›Buschmann‹-Felsmalereien und ihre Wanderwege – ein wahres Naturparadies. Die **Cederberg Wilderness Area** zwischen dem **Middelberg Pass** bei Citrusdal und dem **Pakhuis Pass** bei Clanwilliam ist etwa 710 km² groß. Seit 1973 steht sie unter Naturschutz. Die Cederberge – das sind spektakuläre Landschaften und Felsformationen, mit dem berühmten Maltese Cross und dem Wolfberg Arch.

Jedes Jahr 8000 neue Bäume!

Seinen Namen verdankt das Gebiet der endemischen Clanwilliam-Zeder, die zur Familie der Zypressen gehört. Buschfeuer und Abholzung reduzierten die Bestände stark. Allein 1879 endeten über 7000 Bäume als Telegrafenmasten zwischen Piketberg und Calvinia. Um den Bestand für die Zukunft zu sichern, pflanzt man nun jedes Jahr etwa 8000 neue Bäume an. *Clanwilliam cedars* wachsen in 1000–1400 m Höhe auf felsigem Untergrund.

Noch seltener ist die über der winterlichen Schneegrenze gedeihende Schneeprotea, die man vor allem um den **Sneeuberg** (2027 m), die höchste Erhebung der Cederberge, antrifft. Eine Rarität sind auch die rote Disa-Orchidee und die Nadelkissenprotea.

In den Cederbergen leben Steinantilopen, Klippspringer, Greisböckchen, Ducker, Graue Rehböcke, Paviane, Afrikanische Wildkatzen und sogar wieder Leoparden.

Infos

B–C 1–2

Planung: Permits gibt es bei Cape Nature Conservation, Clanwilliam, T 027 482 28 12. Permits und Unterkünfte für die Cederberge können auch über Cape Nature Conservation, Cape Town Head Office, T 021 483 00 00, www.capenature.co.za, gebucht werden.

Kosten: Eintritt 60/40 Rand, Übernachtung für Selbstversorger ab 640 Rand, Camping ab 300 Rand p. P.

Schönste Wanderung
Im Weingut **Cederberg Cellar** in **Dwarsrivier** gibt es das Permit und eine Kartenskizze für die wohl schönste Wanderung in der Region – zum Wolfberg Arch (16 km, ca. 8 Std.). Die **Sanddrif Campsite** (ca. 2 km vom Weingut) ist eine gute Basis für den Trip.

Zunächst folgt man der Piste links am Campingplatz vorbei. Dann teilt sich der Weg: rechts geht es nach Maalgat, geradeaus zum Wolfberg Arch. Das abgesperrte **Tor** lässt sich mit dem Code, den man mit dem Permit erhält, öffnen. Danach geht es auf einer Jeepstrecke etwa 1 km aufwärts, bis ein kleiner Parkplatz erreicht ist.

Und dann geht es steil nach oben, sehr steil. Wenn man den Berg so aufragen sieht, hält man es kaum für möglich, ihn ohne Seil erklimmen zu können. Es geht! Aber es ist natürlich anstrengend. Über Felsplatten, die als Steinstufen fungieren, geht es Schritt für schweißtreibenden Schritt bergan. Steinmännchen markieren den Weg über teilweise recht loses Geröll. Der Blick nach unten ist atemberaubend.

Grand-Canyon-Feeling
Etwa 2 Std. später ist ein Plateau erreicht. Rechts und links ragen rote Felswände in den blauen Himmel und lassen Canyon-Gefühle aufkommen. Nach dem Queren einer weiten Sandfläche steht man vor einem grünen Schild mit der Aufschrift **Wolfberg.** Von hier aus gibt es insgesamt drei Auf-/Abstiege mit jeweils unterschiedlichem Schwierigkeitsgrad. Sand und Felsen bilden abwechselnd den Untergrund. Kurz darauf zeigt sich der **Wolfberg Arch** erstmals in der Ferne. Binnen gut 1 Std. ist er endlich erreicht.

Cederberg-Trails
Verhaltenshinweise: Wanderer und Mountainbiker dürfen sich in den Cederbergen unbegrenzt aufhalten, müssen aber Regeln beachten: gültiges Permit erforderlich, kein Feuer machen (Gaskocher mitnehmen), Wasser nicht mit Seife verunreinigen, Abfall mit zurücknehmen. Langstreckenwanderer können in primitiven Berghütten oder in Höhlen übernachten, Tagesbesucher auf dem Algeria-Forest-Campingplatz.

tion‹ war, erinnert das Togryersmuseum mit Kutschen und Ochsenwagen.

Transportreiter-Museum, 8 Orange St., T 023 312 20 45, Mo–Fr 8.30–17 Uhr

Schlafen, Essen

Luxus in der Wildnis

Kromrivier Cederberg Park: Wo es vor ein paar Jahren nur einen Campingplatz und einfache Selbstversorger-Unterkünfte gab, können die Gäste nun auch in nachhaltigen Luxus-Chalets schlafen und im schön in die Landschaft integrierten **Die Slee Restaurant** (Mo–Sa 8–18, So 8–12, 16–18 Uhr, €) essen. Abends gibt es dort Lagerfeuer unter dem herrlichen Sternhimmel.

Kromrivier Farm, T 027 482 28 07, www.cederbergpark.com, €

Urige Natursteinhäuschen

Klein Cedarberg Lodge: Von der Abzweigung an der Hauptstrecke geht es 5 km auf einer guten, leicht mit einem Pkw zu schaffenden Piste bis zur Übernachtung. Fünf aus Stein und Stroh erbaute Häuschen liegen mitten in der Wildnis der zerklüfteten Cederberge. Das Essen wird im Pionierhaus aus dem 18. Jh. serviert. Hier gibt es eine Kunstausstellung zu sehen, Touren zu Buschmann-Felszeichnungen und einen Swimmingpool. Die Besitzer sprechen Deutsch.

An der R 303, nördlich von Ceres, T 023 317 07 83, www.kleincederberg.co.za, €

Bevor Sie sich wundern: Hier können Sie Birnen beim Trocknen zusehen.

Feiern

- **Ceres Festival:** Mai. Zahlreiche sportliche Aktivitäten.

Infos

- **Ceres Tourism Bureau:** Owen St., T 023 316 12 87, www.ceres.org.za. Viele Infos auch zu Sportangeboten.

Citrusdal C2

Folgt man der R 303 weiter über Buffelshoek Pass und Middelberg Pass, erreicht man bald das 1916 von der Holländisch-Reformierten Kirche gegründete Citrusdal. Wie der Name schon sagt, reiht sich in dem fruchtbaren Tal am Ufer des Olifants River ein Zitrusfruchthain an den nächsten. Der holländische Forscher Jan Dankaert hatte an diesem Ort im Jahr 1660 eine Herde Elefanten beobachtet und den Fluss daraufhin nach ihnen benannt.

Orangen für Europa

Navel- und Valencia-Orangen, Zitronen, Grapefruits und die süßen Satsumas sowie Klementinen werden zwischen

März und September von etwa 6000 Arbeitern geerntet, sortiert und verpackt. Ein schwerer, süßlicher Duft liegt dann in der Luft. Die Citrusdal-Früchte sind erstaunlich groß und schmecken besonders gut. Verantwortlich dafür sind die langen, heißen Sommer mit bis zu zehn Sonnenstunden pro Tag, die Winterregen und der sandige Boden. Die ersten Obstbäume wurden mit Setzlingen aus Jan van Riebeecks Boskloof Estate (dem heutigen Kapstädter Stadtteil Claremont) gezogen. Der älteste Baum wächst auf der Groot Hexrivier Farm, er ist über 250 Jahre alt und seine Früchte werden immer noch alljährlich gepflückt.

Die 200 Mitglieder der lokalen Goede-Hoop-Citrus-Genossenschaft (T 022 921 36 09, www.ghcitrus.com) ernten etwa 90 000 t Früchte pro Jahr, von denen rund drei Viertel exportiert werden.

Schlafen

In der Umgebung von Citrusdal gibt es B-&-B-Unterkünfte auf Farmen; im Tourismusbüro erhält man dazu Auskunft. Empfehlenswerte Unterkünfte finden sich auch im nahen Tulbagh.

Bewegen

Beliebte Früchtchen: Touren zum Packhaus der Goede-Hoop-Citrus-Genossenschaft in Citrusdal organisiert das Citrusdal Tourism Bureau.

Clanwilliam

C1

Für die Weiterfahrt nach **Clanwilliam** stehen zwei Möglichkeiten zur Auswahl: die staubig-abenteuerliche Variante rechts des Olifants River oder die jenseits des Flusses und der Bergkette parallel verlaufende, hervorragend ausgebaute N 7.

Bekannt wurde der hübsche Ort Clanwilliam durch eine Pflanze, die nur im moderaten Klima der Cederberge gedeiht. Aus den Zweigenden des Rotbusches (Afrikaans: *rooibos*) wird ein aromatischer, gesunder Tee gewonnen. Diverse Versuche, das Gewächs in anderen Teilen der Welt zu kultivieren, misslangen.

Jahrhundertealte Arznei

Die San entdeckten zuerst das Geheimnis der feinen, nadelähnlichen Blätter. Sie ernteten die wild wachsenden Büsche, zerkleinerten sie mit Steinbrocken und zerstampften sie mit Holzpflöcken. Den Brei ließen sie aufgeschichtet gären und dann von der Sonne trocknen. Seit den 1930er-Jahren wird Rooibostee kommerziell angebaut. Vor allem die Japaner sind ganz wild auf das Gebräu, das bei ihnen als teures Wunderelixier verkauft wird. In südafrikanischen Supermärkten ist der Tee nach wie vor zu zivilen Preisen erhältlich. Dem Getränk mit der typischen rotbraunen Farbe und dem feinen Aroma fehlen sowohl Koffein als auch Bitterstoffe, die gesundheitsfördernde Wirkung seiner Spurenelemente wurde bereits mehrfach wissenschaftlich nachgewiesen. Ob Magenbeschwerden oder Schlafstörungen – der Tee aus den Bergen hilft garantiert.

Schlafen

Ruhig und rustikal

Boskloofswemgat: Versteckt am Ende einer Piste gelegen. Es gibt einige Häuschen (für 4–8 Personen) für Selbstversorger, eines sogar mit Whirlpool, direkt am Fluss. Highlights sind hier die Felsenpools mit klarem Wasser zum Schwimmen. Wandern und Reiten sind aktive Alternativen.

Abfahrt Clanwilliam von der N 7, rechts Richtung Boskloof, 10 km weiter, T 027 482 25 22, www.boskloofswemgat.co.za, €

Luxuszelte

Karukareb Wilderness Reserve: In einem abgelegenen Tal stehen diese komfortablen Holz-Leinwand-Konstruktionen mit Holzdeck, Federbetten und viktorianischen Badewannen. Baden in Felsenpools, Wandern, Reiten oder einfach nur Relaxen stehen hier auf dem Programm.

Abfahrt Clanwilliam von der N 7, rechts Richtung Karukareb, T 027 482 16 75, 079 078 95 69, €

Einkaufen

Schuhe in Handarbeit

Strassbergers Shoe Factory: Hier in Clanwilliam werden Schuhe, darunter die berühmten *veldskoene,* südafrikanische Wanderschuhe, zu 80 % in Handarbeit gefertigt, man kann sie vor Ort im Factory Shop erwerben.

12 Old Cape Rd. (Ou Kaapse Weg), T 027 482 14 61, www.strassbergers.co.za, Facebook: Strassbergers Leather Shoes, tgl. 12–21 Uhr

Infos

- **Clanwilliam Tourism Office:** Im historischen Gefängnis untergebrachtes Informationsbüro, Wissenswertes zu Übernachtungsmöglichkeiten, 4 x 4-Strecken, Wanderungen.

Main Rd., T 027 482 20 24, www.clanwilliam.info, Mo–Fr 8.30–16.30, Sa/So, Fei 8.30–12.30 Uhr

Nach Wupperthal

Am Ortsausgang von Clanwilliam beginnt die etwa 70 km lange Strecke zum Missionsstädtchen **Wupperthal,** ein lohnenswerter Ausflug, jenseits vom Bushmanskloof Private Nature Reserve und dem Biedouw Valley über ungeteerte Pisten, die mit einem normalen Pkw aber leicht zu schaffen ist. Man sollte sich am besten einen ganzen Tag Zeit nehmen.

Früheste menschliche Kunst

Gleich zu Anfang geht es über den von Thomas Bain im Jahr 1887 gebauten, 905 m hohen Pakhuis Pass, von wo aus sich immer wieder grandiose Blicke zurück ins Tal des Olifants River bieten. In der Nähe der Passhöhe weist ein Schild zum Grab von Louis Leipoldt, dem berühmten, in Clanwilliam geborenen südafrikanischen Dichter und Arzt. Die Asche des 1917 Verstorbenen wurde auf seinen eigenen Wunsch hin in einer ehemaligen ›Buschmann‹-Höhle verstreut. Die ausgeblichenen Malereien sind heute noch zu erkennen: menschliche Figuren und ein Elefant.

Der weitere Weg führt vorbei an faszinierend erodierten Felsformationen ins Biedouw-Tal, das sich im Frühling (Aug./Sept.) in ein farbenprächtiges Blumenmeer verwandelt. Unglaublich, wenn man bedenkt, dass die Gegend das übrige Jahr über wie ausgebrannt erscheint.

Felsmalereien der San am Sevilla Trail ✪ C1

In den Seitentälern findet sich die größte Freilichtgalerie der Welt: Hunderte von gut bis sehr gut erhaltenen ›Buschmann‹-Felsmalereien. Zu sehen sind Bilder von Büffeln, Elefanten und einem Nashorn mit Jungtier. Andere Gemälde zeigen eine Herde flüchtender Antilopen, von denen eine Pfeil und Bogen trägt. Hier stellte der Künstler einen Schamanen in Trance dar. Die meisten Kunstwerke sind so gut erhalten, weil sie schwer zu finden sind und teilweise auf

Lieblingsort

Einen im Tee?

Den einzigen ›privaten‹ Rooibos-Tee bekommen Sie bei der Familie Engelbrecht im **Groenkol Rooibos Tea Estate** (📍 nördl. B1). Sie sind die absoluten Spezialisten in Sachen Rooibos-Tee. Und der einzige Rooibos-Vermarkter im Land, der nicht an die Genossenschaft in Clanwilliam liefert. Der Betrieb wird seit drei Generationen bewirtschaftet. Der Gründer, Willie Engelbrecht, war einer der Ersten, der Rooibos-Tee kultivierte. Die Qualität der Marke African Dawn ist legendär. Cool ist die Farmtour, stilecht im Landrover. Neben Rooibos-Büschen gibt es da auch Felsmalereien, Sandsteinformationen und eine wunderschöne Flora und Fauna zu bewundern. Besucher übernachten im kleinen Bed & Breakfast von Elandsberg Eco Tourism und trinken dort – natürlich – Rooibos-Tee. T 021 982 85 55, www.elandsberg.co.za, €, 22 km von Clanwilliam, 45 km von Lambert's Bay, Anfahrtsplan s. Website. Die hier angebauten Rooibostee-Sorten werden über folgende Websites vermarktet: www.africandawn.com, www.africandawn.de.

Die felsige Landschaft der Cederberge diente als Leinwand für die Felsmalereien der Ureinwohner, Khoi und San.

privatem Farmland liegen. Viele der leicht erreichbaren Malereien wurden hingegen durch Vandalismus zerstört.

Das Archäologie-Tourismus-Büro der Kapstädter Universität ermöglicht Touristen, diese Kunstwerke zu besichtigen. Es geht aber auch auf eigene Faust, entweder ganz luxuriös auf dem Gelände des **Bushmans Kloof Private Game Reserve** oder einige Kilometer vorher auf der Farm **Traveller's Rest,** wo es voll ausgestattete Unterkünfte für Selbstversorger gibt.

Auf der Farm hat der **Sevilla Trail** seinen Ausgangspunkt, ein etwa 4 km langer Pfad, der zu einer Reihe von außergewöhnlich gut erhaltenen San-Zeichnungen an insgesamt neun gekennzeichneten Stellen führt.

Felsmalereien-Pfad

Etwa 1 km nach Beginn des Trails, der über verwitterte Felsen verläuft, auf denen es von Klippschliefern wimmelt, trifft man auf die erste Malerei: ein seltsames schwarzes Bild einer großen Gruppe von Menschen, das sich über alten, bereits verblichenen Zeichnungen befindet. Ein paar Meter weiter finden sich drei ›Monster‹, die Sauriern ähneln, sowie ein Zebra oder das ausgestorbene zebraähnliche Quagga. Nach mehreren 100 m gelangt man zu einem mächtigen Felsen, der auf dem Untergrund zu balancieren scheint. Um seine Malereien zu sehen, muss man sich unter ihn legen. Keine Angst, er bewegt sich nicht.

Die nächsten Felszeichnungen befinden sich unter einem Schatten spendenden, jahrhundertealten Olivenbaum. An dieser Stelle erkennt man die wohl schönsten Malereien des gesamten Trails. Am beeindruckendsten sind ein Bogenschütze und ein Zebrafohlen. Wer länger in dem diffusen Licht verbleibt, wird Hunderte von Bildern entdecken.

Schlafen

Wo früher ›Buschmänner‹ lebten

Traveller's Rest: Hier bekommt man Informationen zum Sevilla-Trail (wer ihn laufen möchte, muss bei der Farm ein kleines Eintrittsgeld zahlen), zu den Selbstversorger-Cottages (teilweise sind das die alten restaurierten Farmhäuser) und der Khoisan Kitchen, wo für größere Gruppen gekocht wird.

Sevilla Trail, zwischen Pakhuis Pass und Bushmans Kloof Private Game Reserve, T 027 482 18 24, www.travellersrest.co.za, €

Bushmans Kloof Private Game Reserve C1

Einfahrt in das Reservat ist nur Gästen der Lodge gestattet. Auf dem Gelände des Bushmans Kloof Private Game Reserve gibt es **125 bekannte Felskunst-Stellen,** die Gäste mit einem kundigen Ranger besichtigen können. Alle San-Malereien stehen unter Denkmalschutz. Die berühmtesten Darstellungen sind die von Wild, das durch ein Netz getrieben wird, und von einem Schamanen, der aus der Nase blutet und dem Kraftlinien aus dem Rückgrat strömen.

Ungefähr **140 verschiedene Vogelarten** gibt es auf dem Areal des Naturschutzgebiets. Der extrem seltene *cape mountain leopard* lebt frei auf dem Gelände, bisher haben die Ranger allerdings nicht mehr als seine Spuren entdecken können. Er ist scheu und hat gerade deshalb in der Wildnis überlebt. Der **Sternenhimmel** ist hier aufgrund fehlender künstlicher Lichtquellen fantastisch zu sehen. Ranger erklären während einer Fahrt im Pirschwagen zum Sonnenuntergang die Südhemisphäre im Detail.

Schlafen

Luxus in der Wildnis

Bushmans Kloof Private Game Reserve & Retreat: Schöne, sehr luxuriöse Lodge in traumhafter Lage, mitten in den Cederbergen, geschmackvoll dekorierte Zimmer, gutes Essen.

Reservierung T 021 481 18 60, Lodge T 027 482 82 00, www.bushmanskloof.co.za, €€€

Wupperthal

Weiter geht es durch bergige, ausgedörrte Landschaft, ein letzter Passanstieg und der Blick schweift hinab ins fruchtbare **Tra-Tra-Tal** (Afrikaans: Tra-Travallei) und auf den Weiler Wupperthal mit seinen 150 reetgedeckten, weiß verputzten Häuschen samt Kirche – ein idyllischer Ort, mitten im Nichts, der im krassen Gegensatz zur schroffen Felslandschaft der Umgebung steht.

Ein Stückchen Germany

Wie der Name schon vermuten lässt, ist dies eine deutsche Gründung. 1830 entstand die erste Missionsstation der Rheinischen Kirchengemeinde auf südafrikanischem Boden. Die beiden Missionare kamen aus Elberfeld im Tal der Wupper, was auch der Grund der Namensgebung war. Das andere, etwas größere Wuppertal in deutschen Landen entstand erst ganze 99 Jahre später! Als die Missionare 1829 in den Cederbergen ankamen, fanden sie bereits eine christliche Gemeinde der Khoisan vor. Die Mission florierte, vor allem als 1830 die Sklaverei abgeschafft wurde und viele befreite Familien nach Wupperthal zogen, um ein Handwerk zu erlernen und Arbeit zu finden. Von

Wupperthal aus wurden dann weitere Missionsstädte in der Kapprovinz gegründet. 1965 wurde die Wupperthaler Mission von der Herrnhuter Brüdergemeinde übernommen.

Landrückgabe an die Locals

Heute wie damals leben die etwa 4000 farbigen Familien in und um Wupperthal auf kleinen Grundstücken, wo sie Mais und Kartoffeln für den Eigenbedarf sowie Bohnen, Trockenfrüchte und Rooibos für den Verkauf anbauen – mit einem Unterschied: Im Gegensatz zu früher, als ihnen Landbesitz gesetzlich verboten war, gehört ihnen seit 1996 der Grund und Boden.

Wenn auch die Eselskarren langsam von japanischen Kleinlieferwagen abgelöst werden, strahlt der Ort noch immer die Ruhe vergangener Zeiten aus. Die von den Deutschen gegründete Schuhmanufaktur, die **Wupperthal Shoe Factory,** gibt es inzwischen nicht mehr, nur die alten Produktionsanlagen können noch besichtigt werden (T 027 492 30 17, oder über Wupperthal Tourism, s. unten). Über 150 Jahre lang wurden hier die berühmten, widerstandsfähigen, ohne Leim oder Nägel aus Leder hergestellten *veldskoene,* südafrikanische Wanderschuhe, in Handarbeit hergestellt.

Velskoen – berühmt und bequem

Zu den besten Zeiten wurden 700 Paar pro Tag gefertigt. Altersschwache Maschinen sorgten jedoch für einen Rückgang der Produktion, die schließlich – wie auch der Verkauf – in die **Strassberger Shoe Factory** in Clanwilliam (s. S. 158) verlegt wurde. Vor ein paar Jahren startete eine Marketing-Kampagne, um die berühmten, aber etwas angejahrten Lederschlappen mit bunten Sohlen und Schnürsenkeln aus Wupperthal zum Trendprodukt zu machen. Wie schon beim Rooibostee scheint es auch hier zu klappen. Sehen Sie selbst: www.veldskoen.shoes und auf Facebook ›Veldskoen Shoes‹.

Kleines Offroad-Abenteuer

Wer mit einem Geländewagen unterwegs ist, kann, anstatt von Wupperthal zurück nach Clanwilliam zu fahren, die Tour über einen anfangs sehr steilen, 35 km langen 4x4-Track nach Süden fortsetzen. Nachdem der Ort **Eselbank** nach 20 km (kurz vor dem Ort bildet der Fluss einen erfrischenden Felsenpool!) erreicht ist, geht es weiter bis **Matjiesrivier,** wo diese Strecke wieder auf den Hauptverbindungsweg nach Ceres trifft. Vor allem während der Blumenblüte ist dies ein wunderbarer und einsamer Trip.

Infos

- **Wupperthal Tourism Bureau:** Church Square, T 027 492 34 10, www.wupperthal.co.za, Mo–Fr 8.30–16 Uhr.

Zugabe

Supersized: Red Espresso

Koffeinfreier Genuss

Wenn das Wasser mit 9 Bar durch den Rooibos in der Espresso-Maschine gejagt wird, entwickelt er eine wunderbare Crema und ein nussiges Aroma.

Man muss kein Südafrika-Kenner sein, um schon einmal von dem unheimlich gesunden Rooibos-Tee gehört zu haben. Er zeigt zahlreiche vorbeugende und aktiv heilende Eigenschaften. Vor allem die stark antioxidative Wirkung ist es, die ihn sogar für die Krebstherapie qualifiziert.

In den letzten Jahren ist der hüfthohe Busch mit seinen gelben Blüten, der weltweit nur in den Cederbergen gedeiht, neben seiner eher langweiligen Teefunktion auch anderweitig bekannt geworden: als charakteristischer Inhaltsbestandteil von Wohlfühl-Seifen, Boutique-Fleisch und Gin-Spezialitäten.

Das war allerdings immer noch nicht genug, um dem rotbraunen Tee aus den Bergen einen trendigen Kultstatus zu verleihen. Dazu mussten erst einige innovative Köpfe auf die Idee kommen, den getrockneten und gehäckselten Busch mit 9 bar Druck durch eine Espresso-Maschine zu jagen. Red Espresso war geboren. Mit zehn Mal mehr Antioxidationsmittel als normaler Rooibos-Tee. Das neue In-Getränk hat geschmacklich einen nussigen Unterton und eine schaumige Crema, die normalerweise Kaffeefans verzückt. Fast sofort folgten die Red Cappuccinos mit geschäumter Milch und einem Schuss Honig.

Roter Espresso liegt im Trend.

Aufgrund seiner gesundheitsfördernden Eigenschaften hat sich der Red Espresso mittlerweile vom Kap aus über die ganze Welt ausgebreitet. Der koffeinfreie Red Espresso ist auch der erste Tee, der einen Preis von der amerikanischen Specialty Coffee Association gewonnen hat. Und vor ein paar Jahren hat Starbucks Rooibos Lattes in seine Karte aufgenommen. Nicht schlecht für einen gammeligen Busch aus den abgelegenen Cederbergen.

www.redespresso.com ■

Overberg-Region

Wale, Wein und mehr — von der Bilderbuch-Küstenstraße zwischen Kapstadt und Kleinmond in die Wal-Metropole Hermanus. Afrikas südlichster Punkt, das Cape Agulhas, enttäuscht da fast etwas. Besucher erwarten da einfach etwas mehr.

Seite 171

Hermanus

Der Ort ist die inoffizielle Hauptstadt der Walbeobachtungen, sogar ein ganzes Volksfest widmet sich den Ozeanriesen. Auf lizenzierten Bootstouren kann man sich den gewaltigen Meeressäugern annähern. Die beste Zeit liegt zwischen Juni und November.

Seite 169

Cab of Good Hope

Mit dem Autor dieses Buches in seinem original New York Checker Taxi den Clarence Drive entlang und zur Weinprobe nach Stellenbosch.

Die Strecke zum Steenbras Dam erinnert an die Corniche des Crêtes.

Eintauchen

Seite 173

Bientang's Cave

Nichts für Gourmets, bei Bientang's treten die Fischgerichte ob der Aussicht in den Hintergrund. Der Blick geht von der natürlichen Klippenhöhle aus direkt in die Brandung.

Seite 177

Haitauchen an der Küste vor Gansbaai

Vom Räuber der Meere, dem Weißen Hai, nur durch einen Gitterkäfig getrennt: ein atemberaubendes und adrenalinförderndes Erlebnis. Unter Wasser wirken sie noch beeindruckender. Hai live!

Seite 177

Elim

Deutsche Missionare gründeten das Straßendorf mit den weißen, reetgedeckten Häuschen. Auch die alte Missionskirche von 1834 ist noch immer reetgedeckt.

Seite 179

De Hoop Nature Reserve

Eines der schönsten Naturreservate im Land mit schönen Übernachtungs- und tollen Wandermöglichkeiten.

Seite 180

Auf dem Walwanderpfad

Der Whale Trail ist der perfekte Wanderweg, um die Meeressäuger live zu erleben. Um die Wildniserfahrung exklusiv zu erhalten, sind nur 12 Wanderer pro Tag auf dem Trail zugelassen.

Seite 183

Swellendam

Die nach Kapstadt und Stellenbosch drittälteste Stadt im Land weist eine Fülle an historischen Gebäuden auf. Besonders schön ist Old Gaol, das ehemalige Gefängnis.

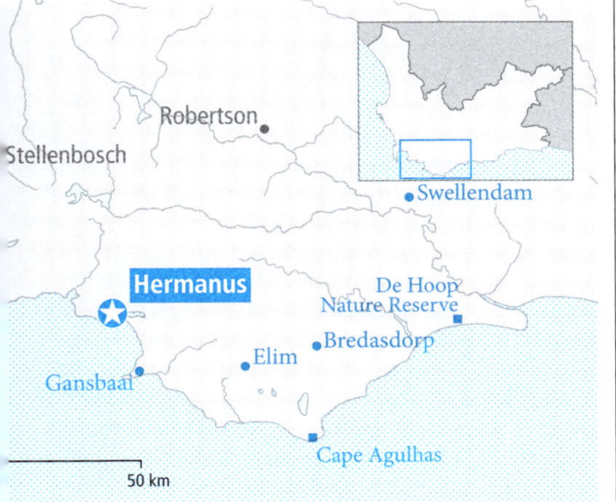

In Bredasdorp lohnt es, das Schiffswrack-Museum zu besuchen.

Am Cape Agulhas treffen Indischer Ozean und Atlantik tatsächlich aufeinander, nicht am etwa 300 Kilometer weiter südwestlich liegenden Kap der Guten Hoffnung.

Südlichster Punkt Afrikas

E

Eine herrlich aussichtsreiche Küstenstraße führt an der **False Bay** entlang, wo sich von August bis in den Dezember hinein Wale in Küstennähe tummeln. Die R 44, auch Clarence Drive genannt, zwischen **Gordon's Bay** und **Betty's Bay,** gehört definitiv zur Kategorie Traumstraße. Eine herrliche Kurve reiht sich an die nächste, immer ganz nahe am Meer entlang. Liebevoll angelegte Natursteinmauern begrenzen die Parkbuchten zur Walbeobachtung.

Am Ortsende von Gordon's Bay den nicht ausgeschilderten Abstecher zum **Steenbras-Damm-Tor** links nehmen. Die in ihrer Gesamtlänge tatsächlich steilste Teerstraße des Landes, die sehr an Südfrankreich erinnert, führt zu einem kleinen Parkplatz neben dem herrlichen Aussichtspunkt über die False Bay.

Als die Walbeobachtungs-›Metropole‹ am Kap gilt das hübsche Städtchen **Hermanus,** wo in einem der lokalen Restaurants unbedingt die Walker-Bay-Weine probiert werden sollten. Das **Whale Festival** im September zelebriert die riesigen Meeressäuger, unter anderem mit dem Oldtimertreffen »Whales & Wheels«.

ORIENTIERUNG O

Infos: Infos zum jährlichen Whale Festival finden sich auf www.hermanuswhalefestival.co.za.
Erleben: In und um Hermanus empfiehlt sich sowohl die Wal- als auch die Weißer-Hai-Beobachtung per Schiff.

Neben Walen lassen sich an der Küste von **Gansbaai** aber noch andere – deutlich agressivere – Meeresbewohner haut- oder besser neoprennah erleben: Weiße Haie. Wenn man so im Metallkäfig ins Meer abgelassen wird, hofft man inständig, dass die Konstruktion einen technischen Prüfstempel aufweist.

In der von Deutschen gegründeten Missionsstadt **Elim** reihen sich reetgedeckte Häuschen in der Hauptstraße aneinander. Die dort 1828 erbaute Mühle ist die älteste im Land. In **Bredasdorp** lohnt sich der Besuch des Schiffswrack-Museums mit interessanten, geborgenen Fundstücken. Über das pittoreske **Arniston** mit tollem Badestrand erreicht man schließlich das südlichste, überraschend unspektakuläre Ende Afrikas: **Cape Agulhas. Swellendam** und **Genadendal** bestechen durch ihr historisches Ortsbild und interessante Museen.

Von der False Bay zur Walker Bay

C–D6–7

In dem hübschen Hafenstädtchen **Gordon's Bay** fühlt sich der Besucher ans Mittelmeer versetzt. Der Fynbos ähnelt der mediterranen Macchia, dazu kommen die Berge, das türkisfarbene Meer und der Yachthafen – die Illusion ist perfekt. Ein Fußpfad verbindet den gut geschützten Bikini Beach mit dem Main Beach.

Direkt am Ortsausgang von Gordon's Bay führt eine nicht ausgeschilderte, kleine Privatstraße den Berg hinauf zum Tor des **Steenbras-Damm**-Gebiets. Bis dorthin, wo sich ein wunderbarer Aussichtspunkt über die **False Bay** befindet, ist die Straße für jedermann offen. Das pittoreske Asphaltband in perfektem Zustand ist bei Einheimischen sehr beliebt. Wer Werbespots, vor allem jene für sportliche Autos, genauer unter die Lupe nimmt, wird die herrliche, kurvenreiche Bergstraße wiedererkennen: Unzählige Reklamefilme wurden hier gedreht. Kein Wunder, die Strecke mit einzigartigem Berg- und Meer-Panorama könnte auch in Südfrankreich, Spanien oder Kalifornien sein.

Aussichts-, kurven- und steinreich

Von der kurvenreichen Küstenstraße, dem **Clarence Drive** (s. auch Kasten S. 169), der aus Gordon's Bay hinausführt, fällt der Blick immer wieder nach rechts auf das tiefblaue Wasser der False Bay und auf die gegenüberliegende Kap-Halbinsel. Links ragt die gewaltige Kette der **Hottentots Holland Mountains** auf. Während der Wal-Hochzeit zwischen Juli und November lassen sich die beeindruckenden Säugetiere zwischen die-

Das erfrischt richtig – vor allem im Sommer, nach einer schweißtreibenden Wanderung in den Hottentots Holland Mountains: die Crystal Pools bei Gordon's Bay.

Lieblingsort

Ein Traum am Berg

Minimalistische Architektur, geschmackvolle Inneneinrichtung und die unglaubliche Lage machen die **Klein-Hangklip Mountain Eco Cabin** zu einem absoluten Übernachtungs-Highlight in diesem Buch. Holen Sie sich den gechillten Sauvignon Blanc aus dem schwarzen Smeg-Kühlschrank, steigen Sie in den holzbefeuerten Badezuber und genießen Sie das Leben, mit Blick auf die Lichterkette von Kapstadt am Horizont rechts, den Cape-Point-Leuchtturm links, die False Bay direkt vor Ihnen und die Milchstraße über allem. Der Strom kommt von der tagsüber scheinenden Sonne. Das wunderbare Häuschen liegt oberhalb von **Rooiels** (C 6) direkt an Südafrikas schönster Straße, dem Clarence Drive (Infos und Buchung: www.lifetreecollection.africa/stays/klein-hangklip-eco-cabin oder @klein-hangklip auf Instagram, €€).

ser Stelle und Hermanus in Küstennähe beobachten. Bei **Rooiels** kann man an einem sicheren Strand wunderbar sonnenbaden. Die Teerstraße biegt nun ins Landesinnere ab, umgeht dabei **Pringle Bay** und **Cape Hangklip.** Der Hängende Felsen hieß einst Cabo Falso (Falsches Kap), eine von vielen Referenzen an die falsche Bucht (False Bay), weil Seefahrer, die von Osten kamen, diesen Fels für Cape Point hielten und zu früh nach Norden abdrehten.

In dieser Gegend finden sich häufig Spuren von Leoparden, die noch vereinzelt in der ursprünglichen Berglandschaft leben. Deshalb haben Naturschützer auch einen Zaun um die kleine Küstenkolonie der Brillenpinguine bei **Stoney Point** gezogen. Die gefleckten Katzen hatten sich vorher immer wieder mal einen der Vögel schmecken lassen.

In den 1930er-Jahren entstanden die netten kleinen Ferienhäuschen von **Betty's Bay.** Davor war der Ort eine Walfangstation. Die Rampe, über die tote Wale an Land gezogen wurden, ist noch bei Stoney Point zu erkennen.

UNESCO-Biosphärenreservat

Das von Cape Nature Conservation verwaltete, 30 000 ha große **Kogelberg Nature Reserve** (www.capenature.co.za) mit seinen zerklüfteten hohen Bergen und unberührten Tälern ist UNESCO-Weltnaturerbe und genießt damit höchste Schutzpriorität. In dem von einigen Wanderwegen durchzogenen Gebiet wachsen 1600 verschiedene Fynbos-Arten, es gibt etwa 70 Säugetierarten, einschließlich der bereits erwähnten Leoparden. Im **Palmiet River Valley** laden Felsenpools im Fluss zu einem erfrischenden Bad ein.

Zur Blumenblüte (Oktober bis Februar) lohnen die **Harold Porter National Botanical Gardens** einen Besuch.

T 028 272 93 11, www.sanbi.org/gardens/harold-porter, tgl. Sonnenauf- bis -untergang

Durch den Fynbos wandern

Außerhalb von Kleinmond kann man im **Kleinmond Coastal and Mountain Reserve,** das Teil des Kogelberg Biosphere Reserve ist, ebenfalls auf verschiedenen Wanderwegen durchs Fynbos-Gebiet streifen. **Kleinmond** gilt generell als einer der windgeschütztesten Küstenorte, die Lagune bietet sichere Bademöglichkeiten.

Und der kleine Hafen von Kleinmond, erreichbar über die Harbour Road, am Ortsanfang rechts abbiegen, hat sich in letzter Zeit zum attraktiven Besuchsziel entwickelt. Es gibt einige gute Restaurants zur Auswahl und ein paar schöne Geschäfte. Prima Stopp für eine Mittagspause.

CAB OF GOOD HOPE

C

Im Cab of Good Hope, dem einzigen original New Yorker Checker Taxi in Afrika, biete ich den Lesern meines Buches einen coolen Trip entlang meiner Lieblingsstrecke an, dem **Clarence Drive.** Mit anschließender Weinprobe samt Käse- und Charcuterie-Platten im höchstgelegenen Weingut am Kap: Uva Mira (s. S. 104). Und wie um Gottes willen kommt ein New Yorker Taxi hierher? Als kleiner Junge sah Dieter einen amerikanischen Film im Kino. Dort fuhr der Checker durchs Bild. Seither wollte er so ein Auto. Und er fand es, nach langer Suche, 1999 in Manhattan. Bevor er es nach Kapstadt verschiffte, cruiste er damit 15 000 km durch die Staaten – von Manhattan nach Hollywood.
Die einzigartige Taxifahrt dauert 4 bis 5 Std. (450 € für 2 Pers., jede weitere Person 70 €). Bitte vorher reservieren, da natürlich das Wetter mitspielen muss: dieter@lossis.com, FB: Checker Cab of Good Hope.

Das Kogelberg Nature Reserve bewahrt die faszinierende Welt des Fynbos.

Essen

Nah am Wasser gebaut

Antonio's Pizza Place: Wie der Name schon sagt – ein Pizzaplatz. Die runden Scheiben sind gut, aber bei schönem Wetter draußen am Pier sitzen, ist noch besser. Es gibt außerdem Pasta und Burger. Ein relaxter Platz, sehr beliebt bei Einheimischen.

The Boardwalk, Breakwater Lane, Harbour Island, Gordon's Bay, T 021 856 33 61, www.antoniospizza.co.za, tgl. 10.30–20.30 Uhr, €

USA Feeling am Clarence Drive

The Grille Shack: Dieses Roadhouse direkt am Beginn von Südafrikas schönster Straße, dem 22 km langen Clarence Drive, könnte auch irgendwo in den USA stehen. Vor allem, wenn – wie fast immer – eine Gruppe Harleyfahrer einläuft. Die Speisekarte ist grillbetont. In der angebauten, coolen **Pit Stop Lodge** (€) lässt es sich adequat nächtigen.

Clarence Drive, R44, ein paar Kurven nach Gordon's Bay rechts, T 087 150 79 72, www.thegrilleshack.co.za, Sa–Mo 9–18, Di–Fr 10–17 Uhr, €

Urige Erlebnisgastronomie

Hook, Line & Sinker: Rustikales Seafood-Restaurant, das mittags immer prima Fish & Chips serviert, abends ein Meeresfrüchte-Menü mit ein paar Auswahlmöglichkeiten. Sehr empfehlenswert.

382 Crescent St., Pringle Bay, T 083 632 75 34, www.hooklineandsinkerpringlebay.business.site, Mo 19–21, Di–Sa 12–14, 19–21, So 12–14 Uhr, €–€€

Bewegen

Schöne Aussichten beim Golfen

Arabella Golf Estate: Halfway-Haus

und Restaurant, wunderbarer 18-Loch-Platz an der Botriver-Lagune, mit Meer- und Bergblick.

R 44 zwischen Kleinmond und Hermanus, http://arabellacountryestate.co.za, Golf-Info unter T 028 284 01 05, tgl. 8–14 Uhr

Hermanus

Kurz vor Hermanus zweigt links eine kleine Straße *(Rotary Way Uitsig Pad)* zu einem Aussichtspunkt hoch über der Stadt ab. Der Weg führt direkt durch das malerische **Fernkloof Nature Reserve** (T 028 313 08 19, www.fernkloof.com), in dem ausschließlich einheimischer Fynbos gedeiht. Im 1446 km² großen Schutzgebiet gibt es insgesamt 25 km Wanderwege.

Ein Stückchen weiter liegt der Startplatz für Gleitschirmflieger, die bei entsprechend gutem Wetter zu Dutzenden im Aufwind an dem Felsabbruch entlangsegeln. Von hier oben lässt sich die gesamte Walker Bay überblicken, mit scharfen Augen oder Fernglas können sogar Wale beobachtet werden.

Wenn der Walschreier trompetet

Besser funktioniert das natürlich in der attraktiven, 1830 gegründeten Stadt Hermanus, wo sich die Tiere während der Saison bequem vom Ufer aus betrachten lassen. Ein Klippenpfad, der sich 12 km lang an der Küste entlangschlängelt, bietet interessierten Besuchern gute Aussichten. An besonders schönen Stellen stehen Bänke. Während der Saison sorgt ein eigens für diesen Zweck angestellter Walschreier dafür, dass Touristen wie Einheimische keinen der Riesen der Meere verpassen. Gute *whale watching spots* sind der **Sievers Point,** das **Castle** und der **Kraal Rock.** Am alten Hafen ist sogar ein Teleskop installiert worden, sodass die sanften Riesen formatfüllend in Augenschein genommen werden können.

Hermanus wurde ursprünglich jedoch nicht als Fischerort gegründet, das Gebiet war vielmehr zunächst von Farmern aus Caledon bewohnt, die die guten Sommerweiden für ihr Vieh schätzten.

Museen

Historischer Hafen

Old Harbour Museum: Die maritime Geschichte des Ortes wird hier anhand alter Schwarz-Weiß-Aufnahmen und restaurierter alter Fischerboote nachgezeichnet.

Marine Drive, direkt im alten Hafen, T 028 312 14 75, www.old-harbour-museum.co.za, Mo–Sa 9–13, 14–17 Uhr, 30/10 Rand

Schlafen

Grande Dame

The Marine Hermanus: Von den Zimmerbalkonen aus lassen sich im September und Oktober sogar Wale sichten. Es gibt 40 Zimmer und zwei Restaurants. Kinder ab zwölf Jahren sind willkommen.

Marine Drive, T 028 313 10 00, www.themarinehotel.co.za, €€€

Nachhaltiger Meerblick

Schulphoek House: Toller Meerblick, afrikanisch beeinflusstes Innendesign, gut ausgestatteter Weinkeller mit über 2000 Flaschen. Wurde komplett und nachhaltig grün renoviert, von Regenwassertanks bis zu Solarenergie.

44 Marine Drive, T 028 316 26 26, www.schulphoek.co.za, €€

Historisches Hotel mit Meerblick

Windsor: 60 einfache Zimmer. Vom Hotel-Biergarten aus können Sie Wale beobachten.

49 Marine Drive, T 028 312 37 27, www.windsorhotel.co.za, €

Essen

Nachhaltig Abalone genießen

Perlemoen: Perlemoen ist das Afrikaans-Wort für Abalone, die Ohrmuschel, die heftig am Kap gewildert wird, da sie in China Riesengewinne einbringt. Die im Lokal verarbeiteten Abalone stammen von einer Farm in Hermanus, beeinträchtigen also nicht den Wildbestand. Eine gute Gelegenheit, dieses Meeres-Highlight zu goutieren. Das Restaurant ist miniklein und liegt pittoresk im alten Hafen von Hermanus. Achtung: steiler Weg nach unten, bei Nässe glatt.

Old Harbour, 64 Marine Drive, T 079 314 86 58, www.perlemoenrestaurant.com, Di 12–15.30, Mi, Do 12–15, Fr, Sa 12–20.30, So 12–15.30 Uhr, €–€€

Nichts für Vegetarier

Char'd Grill & Wine Bar: Was neben dem herrlichen Steampunk-Dekor als Erstes auffällt, ist der begehbare Glaskühlschrank, in dem das Fleisch mit Salzkristallen zum ›Reifen‹ liegt und hängt. Es wird so viel wie möglich vom Tier verwendet, was zu interessanten und innovativen Stücken führt, die Gäste vorher vakuumverpackt gezeigt und erklärt bekommen. Alle verwendeten Produkte stammen von lokalen Erzeugern.

Hermanus Waterfront, Market Square St., T 028 312 19 86, www.chardhermanus.co.za, Mo–Sa 11–21.30, So 11–21 Uhr, €€€

Rustikaler Open-Air-Ess-Spaß

De Vette Mossel: Nach bewährtem Westküsten-Vorbild gibt es bei der ›dicken Muschel‹ 16 Gerichte in neun verschiedenen Gängen, alle im Freien auf offenen Feuern zubereitet. Gegessen wird nicht mit Besteck, sondern mit Muschelschalen. Die Weine sind preiswert. Nur sonntags geöffnet – da sehr beliebt, rechtzeitig reservieren.

Prawn Flats, am Ortsausgang von Hermanus, Ri. Stanford rechts der R43, T 064 552 66 27, www.devettemossel.co.za, So 11–15 Uhr, €€

Meeresfrüchte & mehr

The Pavilion: Gutes Restaurant mit freundlichem Service. Die Einrichtung ist im Gegensatz zum Hotel modern und wirkt fast schon Zen-minimalistisch. Die Küche ist durch eine Glasscheibe vom Speiseraum getrennt. Die Gerichte reichen von edlen *fish & chips* zu *local Gansbaai crayfish.*

Marine Drive, T 028 313 10 00, www.themarinehotel.co.za/restaurants-bars/the-pavilion, tgl. 12–14.30, 19–21.30 Uhr, €€€

Sushi im Hafen

Harbour Rock & Gecko Bar: Das Restaurant, hoch oben auf einer Klippe, überblickt den Hafen von Hermanus und serviert Sushi sowie andere Meeres-

Bientang's Cave in Hermanus ist der beste Platz, um meernah Seafood zu genießen.

früchte und Thai-Gerichte. Abends wird es mit weißen Tischdecken und Kerzen romantisch.

Site 24A, New Harbour, T 028 312 29 20, www.harbourrock.co.za, tgl. 9–22 Uhr, €€

Klein, aber urig

Fisherman's Cottage: Nichts für Menschen, die unter Klaustrophobie leiden, ist diese winzige Kneipe, die leckeres *seafood* anbietet, das auf einer Schiefertafel gelistet ist. Tipp: die exzellente Bouillabaisse. Rechtzeitig vorbuchen!

Lemm's Corner, Ecke Harbour/Main St., T 028 312 36 42, www.fishermanscottage.co.za, Facebook: Fishermans Cottage Restaurant, Mo–Do 17–21, Fr & Sa 12–21 Uhr, €

Mediterrane Küche

La Pentola Restaurant: Mediterrane Gerichte, stets frisch zubereitet und in relaxter Atmosphäre serviert. Wunderbare Aussicht auf die Walker Bay.

87 Marine Drive, T 028 313 16 85, http://hermanus.lapentola.co.za, tgl. Lunch & Dinner, €€

Höhlenessen

Bientang's Cave: In einer Grotte untergebrachtes, rustikales Seafood-Restaurant. Hierher kommt man wegen der Aussicht. Näher an den Wellen lässt es sich nirgendwo in Hermanus essen (s. Abb. S. 172).

Unterhalb des Marine Drive, T 028 312 34 54, www.bientangscave.com, tgl. 9.30–16 Uhr, €

Leckere Pizza

Rossi's: Rossi's gibt es schon seit vielen Jahren. Kein Wunder, die im Holzofen gebackenen Pizzas (ab 60 Rand) mit dünnem Boden sind einfach *molto bene.* Es gibt etwa 30 verschiedene Beläge, außerdem Pasta (ab 75 Rand) und über dem Feuer gegrilltes Steak. Kinderfreundlich.

10 High St., T 028 312 28 48, www.rossis.co.za, So–Mo 11–22, Fr/Sa bis 23 Uhr, €

Paarungs-Meister

Creation Tasting Room: Das Restaurant auf dem herrlich gelegenen Wine Estate paart seine ausgezeichneten, preisgekrönten und weltweit vertriebenen Weine mit nahezu allem, was man sich vorstellen kann: Käse, Wurst, Fleisch, Schokolade und sogar Eiscreme. *Wine Pairing* vorbuchen. Das Essen ist von sehr guter Qualität.

Hemel en Aarde Rd., T 028 212 11 07, www.creationwines.com, tgl. 10–17 Uhr, *Wine Pairings* €€–€€€

Feiern

- **Hermanus Whale Festival:** 3. Sept.-Woche, T 028 313 09 28, www.hermanuswhalefestival.co.za. Die Wale werden jedes Jahr mit einem Volksfest inklusive Theatervorstellungen, Konzerten und Kunsthandwerksmarkt ausgiebig gefeiert, außerdem gibt es das Oldtimertreffen Whales and Wheels.

Infos

- **Hermanus Tourism Bureau:** Mitchell St., T 028 312 26 29, www.hermanus.co.za, Mo–Fr 8–13,14–16.30, Sa 10–14 Uhr. Die netten Angestellten haben viele Infos parat, man erhält hier u. a. detaillierte Walbeobachtungskarten.

Walker Bay

D6

Hermanus scheint gar nicht mehr enden zu wollen. Etwa 6 km geht es stadtauswärts an teilweise schönen Einfamilienhäusern vorbei. Die Plaat ist ein 12 km langer Strand zwischen Lagoon Mouth und De Kelders, der zum **Walker Bay Nature Reserve** gehört. Angeln, Reiten und Wandern sind oberhalb der Flutmarke möglich.

www.capenature.co.za/reserves/walker-bay-nature-reserve

Stanford

D6

In Stanford findet sich neben zahlreichen interessanten Trödelläden auch mal statt einem *Wine* ein *Beer Estate*, eine Mikro-Brauerei namens **Birkenhead Brewery** (www.walkerbayestate.com), die aufgemacht ist wie ein Weingut (auf dessen Gelände sie sich auch befindet), also mit Garten, Herrenhaus und Restaurant. Statt Traubenpressen stehen hier allerdings Kupferbraukessel. Sechs Sorten, die von Besuchern natürlich auch probiert werden können, sind im Angebot.

Essen

Versteckte kulinarische Perle

Schneider's Cape Floral Kitchen: Sterneküche mit Aussicht gibt es hier bei Susanne und Jürgen Schneider. Sie bedient, und er kocht mit leichter Hand hingetupfte, beschwingte Kreationen, die neben exzellenter Fisch- und Fleischqualität auch virtuos die zahlreichen Kräuter und Wildpflanzen der Umgebung zum Strahlen bringen. Großartiges Preis-Leistungs-Verhältnis – für den Preis eines Fünf-Gänge-Menüs in diesem Restaurant bekommt man in Europas Sterneläden gerade mal eine bessere Vorspeise.

Zwischen Stanford und De Kelders, von der R43 links, T 082 088 03 07, www.schneiders-kitchen.com, Mi–Sa 18–23, So 12–15, 18–23 Uhr, €€–€€€

Authentisch Italienisch

La Trattoria: Das Vater-und-Sohn-Team Corrado und Lionello Giovannette haben ihr erfolgreiches Eis-Business zu einem richtigen Restaurant erweitert. Eine Enklave authentischer italienischer Küche mitten in Stanford. Gnocchi und Pasta werden mit Liebe hausgemacht und perfekt *al dente* gekocht. Es gibt sechs verschiedene Sorten Lasagne. Und natürlich hausgemachtes *gelato naturale* zum Abschluss. Neben lokalen sind auch etwa 40 italienische Weine im Angebot.

23 Queen Victoria St., T 079 840 1084, 081 805 74 70, Facebook: La Trattoria Stanford, Fr–So 12–15, Mi–Mo 18.30–21 Uhr, €

Ketten-Bäckerei

Ou Meul Bakery & Farm Stall: Hier gibt es frisch Gebackenes sowie kleine Gerichte und Hamburger, außerdem prima Frühstück, Craft-Biere und guten Kaffee von Bootlegger. Mehrere Filialen in der Western Cape Province.

1 Queen Victoria Rd., T 028 341 01 01, www.oumeul.co.za, Mo–Fr 7.30–16, Sa/So 7.30–17 Uhr, €

Schlafen

Edle Ferien auf dem ›Bauernhof‹

Stanford Valley Guest Farm: Eine gelungene Kombination aus hervorragendem Restaurant und rustikalen Zimmern, untergebracht in mehreren sehr stilvoll renovierten, historischen Farmhäuschen. Einfallsreiche Küche mit stets frischen Zutaten aus der Umgebung und natürlich aus dem eigenen Garten.

10 km außerhalb von Stanford, über die R326 erreichbar, T 072 198 08 62, www.stanfordvalley.co.za, €€–€€€

Infos

- **Stanford Tourism Bureau:** 17 Queen Victoria St., T 028 341 03 40, www.stanfordinfo.co.za. Informationsbüro mit Internetanschluss.

Grootbos Nature Reserve

D7

Wunderbare Öko-Lodge

Naturliebhaber finden kurz vor Gansbaai ihr Paradies. Auf einer ehemaligen Farm liegt dort das **Grootbos Nature Reserve.** Die Gäste der Öko-Lodge übernachten in kleinen Steinhäuschen. Auf dem Gelände wurde sämtliche Fremdvegetation entfernt, um den einheimischen Fynbos zu schützen. In den dichten *milkwood*-Wäldchen können Besucher unter Anleitung erfahrener *guides* verschiedene Vögel beobachten. Die Aussicht vom Restaurant, das ausschließlich Lodgegästen offensteht, schweift über die Walker Bay bis nach Hermanus und bei schönem Wetter bis zum 80 km Luftlinie entfernten Cape Point am Kap der Guten Hoffnung.

Schlafen

Fynbos-Paradies

Grootbos Nature Reserve Garden & Forest Lodge: Zwei Lodges auf einer dicht mit Fynbos bewachsenen Farm mit toller Aussicht auf die Walker Bay. Hier findet sich minimalistischer Afroschick inklusive Reetdach, Glas und Stahl inmitten eines 1000 Jahre alten *milkwood*-Waldes. Jedes Häuschen hat ein eigenes Holzdeck und ein riesiges Badezimmer. Ausflüge in den Fynbos zu Fuß, per Pferd oder im Geländewagen; in der Saison gibt es Waltrips. Kinder sind willkommen. Grootbos unterstützt die lokale Gemeinde mit einer Schule und Ausbildungsplätzen, u. a. für Gärtner.

13 km hinter Stanford in Richtung Gansbaai auf der R 43, T 028 384 80 00, www.grootbos.com, €€€

Whale Watching von Land aus: Entlang der Walker Bay lassen sich die großen Meeressäuger in nahezu unberührter Natur und aus nächster Nähe beobachten.

De Kelders und Gansbaai

D7

Hai live

Neben Walen lassen sich an der Küste vor Gansbaai noch andere – erheblich gefährlichere – Meeresbewohner hautnah erleben: Weiße Haie. Was früher nur Wissenschaftlern und Tierfotografen vorbehalten war, ist jetzt auch für Touristen möglich: In PS-starken Booten geht es auf das offene Meer hinaus. Etwa 20 Minuten später ist der Kanal zwischen Dyer und Geyser Island erreicht, der ideale Platz, um diese faszinierenden Tiere zu erleben. Die beiden unter Schutz stehenden Inseln gehören der Cape Nature Conservation, der Naturschutzbehörde der Kapprovinz.

Auf Geyser Island lebt eine Pelzrobbenkolonie, deren Jungtiere immer wieder Opfer der Meeresräuber werden. Die Boote ankern im Kanal, und die Skipper kippen eimerweise blutiges Wasser ins Meer *(chumming)*, um Haie anzulocken. Im Hintergrund brüllen Hunderte von Robben. Zwei Taschen mit Fischködern schwimmen an Nylonschnüren im Meer. Taucht ein Hai auf, werden die Köder Richtung Boot gezogen, die Raubfische folgen ihnen und attackieren sie direkt vor den Augen der atemlosen Zuschauer. Mutige steigen mit Schnorchel und Neoprenanzug ausgestattet in einen speziellen Käfig, der im Meer versenkt wird. Unter Wasser lässt sich das Schauspiel noch intensiver genießen: »Der Weiße Hai« live.

Hai live: im Käfig den Great White hautnah erleben

Haie brauchen Schutz

Momentan wird untersucht, ob diese Hai-Touren das Verhalten der Tiere, über die noch sehr wenig bekannt ist, beeinflussen. Erste Meldungen von Haien, die Fischerbooten folgen, weil sie auf Beute hoffen, lassen erwarten, dass den Anbietern von Hai-Touren eventuell bald ein Verbot droht.

Die Öffentlichkeitsarbeit der Naturschutzbehörde ist außerdem darauf ausgerichtet, den Menschen die Urängste vor Haien zu nehmen und die faszinierenden Tiere zu schützen. Weltweit werden jährlich mehrere Millionen Haie getötet. Wenn man aber beispielsweise weiß, dass Weiße Haie erst mit 25 Jahren geschlechtsreif werden, wird einem schnell bewusst, dass sie ohne Schutzmaßnahmen keine Chance haben zu überleben.

Heilquellen

Neben der adrenalinfördernden *white shark tour* weist De Kelders noch eine andere Sehenswürdigkeit auf: Unterhalb der Klippen befinden sich mehrere Pools, in denen sich leicht salziges Wasser sammelt, das gut gegen Rheuma helfen soll. Alten Aufzeichnungen zufolge haben Farmer bereits 1712 von den

Pools gewusst. De Kelders geht direkt in das hübsche Fischerdorf Gansbaai mit seinem pittoresken Hafen über.

Schlafen

Geschmackvoll

Whalesong Lodge: Das Hotel ist sehr geschmackvoll eingerichtet, fünf Zimmer mit Meerblick (teils nur ›um die Ecke‹). Dinner (mit gemeinschaftlichem Kochen) gibt es jeden zweiten Abend, also vorher klären, es lohnt sich.

83 Cliff St., De Kelders, T 028 384 18 65, www.whalesonglodge.co.za, €–€€

Bewegen

»Der Weiße Hai« live

Shark Cage Diving: Das berühmt-berüchtigte Tauchen im Käfig mit dem Weißen Hai kostet zwischen 2200 und 4100 Rand und ist in der Hai-›Metropole‹ Gansbaai auch für Tauchunkundige möglich. Das Tauchabenteuer beginnt im kleinen Hafen von Kleinbaai. Jeder Trip dauert etwa 3–5 Std. Es werden Infos zur Gegend und zum Artverhalten der Haie sowie ihrer Rolle im Ökosystem des Meeres geliefert. Die mutigen Kunden bekommen Neoprenanzüge, Masken und Schnorchel und können dann in einen Metallkäfig klettern, der an der Seite des Bootes befestigt ist und ins Wasser hinabgelassen wird.

White Shark Ecoventures, T 021 532 04 70, www.white-shark-diving.com
Shark Diving Unlimited, T 082 441 45 55, www.sharkdivingunlimited.com
White Shark Diving Co, T 021 671 47 77, www.sharkcagediving.co.za
Shark Lady, T 028 313 23 06, www.shark lady.co.za
Marine Dynamics, T 079 930 96 94, www. sharkwatchsa.com
White Shark Adventures, T 082 928 20 00, www.sharkadventures.co.za.
White Shark Projects, T 021 405 45 37, 028 384 17 74, www.whitesharkprojects.co.za

Danger Point

D7

Frauen und Kinder zuerst

Am östlichen Ende der Walker Bay spülen die Wellen über die Klippen des **Danger Point,** der seinen Namen nicht ohne Grund trägt: Viele Schiffe sind hier schon auf Grund gelaufen. Das britische Truppentransportschiff Birkenhead war nur eines davon. 1852 wurden ihm die Felsen des Danger Point zum Schicksal, wobei 445 Soldaten ums Leben kamen. Sie warteten in Habachtstellung auf Deck, während das Schiff unterging, bis Frauen und Kinder in Sicherheit waren. Damals wurde der berühmte Satz »Frauen und Kinder zuerst« geprägt (daher auch bekannt als »Birkenhead Drill«). Einige Überlebende ließen sich an der Küste nieder und wurden in die lokale Bauerngemeinschaft aufgenommen. Ihre Nachkommen tragen zwar typisch englische Nachnamen, gesprochen wird allerdings ausschließlich Afrikaans.

Elim

E7

Von **Pearly Beach** aus führt eine geteerte Straße nach **Elim** in eines der schönsten von Deutschen gegründeten Missionsstädtchen im Western Cape. Seit 1824 hat sich der Ort kaum verändert. Rechts und links der Hauptstraße reiht sich ein reetgedecktes, weiß verputztes Häuschen an das nächste. Auch die Giebelkirche ist ein wahres Schmuckstück. Ihre Uhr – made in Germany – zeigt die Zeit heute noch so akkurat an wie 1764, als sie angefertigt wurde. Die 1828 gebaute Mühle ist die älteste im Land. Im Frühling blüht das gesamte Gebiet um Elim herum. Einst verkauften die Dorfbewohner jedes Jahr etwa 70 000 kg Trockenblumen. In den letzten Jahren hat die Nachfrage jedoch deutlich nachgelassen.

Bredasdorp E6

Auf der R 43 geht es weiter nach **Bredasdorp** mit dem **Shipwreck Museum.** Fast alle der etwa 250 Schiffskatastrophen, die sich seit Beginn der Aufzeichnungen an der Südküste der Kapprovinz ereignet haben, sind in dem Schiffswrackmuseum dokumentiert. Es ist auf drei der ältesten Gebäude des Ortes verteilt. Die alte kapholländisch-neogotische Kirche ist das Kernstück der Ausstellung. Modelle, Bilder und Fundstücke schildern anschaulich die Katastrophen, die sich hier ereigneten.

6 Independent St., T 028 314 12 40, Mo–Fr 9–16.45, Sa 10–11.45, So 11–15.45 Uhr, 30/20 Rand

Infos

- **Suidpunt Tourism Bureau:** Bredasdorp, T 028 424 25 84, www.overberg.co.za.

Cape Agulhas E7

Von Arniston ist es nur noch ein Katzensprung bis zum südlichsten Ende Afrikas. Hier, am **Cape Agulhas,** nicht am Kap der Guten Hoffnung, treffen Indischer und Atlantischer Ozean aufeinander. Trotz des geografischen Superlativs ist der Ort wenig spektakulär: ein Hügel und davor eine unscheinbare, felsige Küstenebene, die im Meer verschwindet.

Ein Prunkstück ist der 1848 erbaute Leuchtturm, nach dem in Kapstadts Stadtviertel Green Point ist er der zweitälteste Südafrikas. Er ist dem Leuchtturm von Pharos nachempfunden, der außerhalb von Alexandria im alten Ägypten lag und zu den Sieben Weltwundern gehörte – 71 steile Holzstufen führen nach oben. Im **Cape Agulhas Lighthouse** gibt es eine umfassende Ausstellung über Leuchttürme in der ganzen Welt. Der Agulhas-Leuchtturm hatte einst die Leuchtkraft von 4500 Kerzen und wurde mit dem Öl aus den Schwänzen der lokalen Schafe befeuert. Mit den Jahren leuchtete er immer strahlender, heute mit der Intensität von 12 Mio. Kerzen, weshalb es kaum noch Schiffsunglücke gibt.

Von 4500 auf 12 Mio. Kerzenstärken in knapp 150 Jahren …

Von dem 1982 auf den Klippen gestrandeten japanischen Frachter Meisho Maru 38 ist mittlerweile nur noch der vordere Teil zu sehen. In einem der heftigen Stürme brach das einst 45 m lange Schiff auseinander. Der Rest verschwand im Meer. Hunderte von Vögeln haben den rostigen Bug, auf dem noch die chinesisch-japanischen Schriftzeichen zu erkennen sind, zu ihrem Lieblingsspähplatz auserkoren.

Agulhas National Park: www.sanparks.org/parks/agulhas, 208/104 Rand Erw./Kinder

Schlafen

Häuschen im Grünen

Agulhas National Park: Im Nationalpark gibt es Übernachtungsmöglichkeiten in verschiedenen Cottages und Häuschen, in denen bis zu 6 Personen unterkommen können.

www.sanparks.org/parks/agulhas, Online-Buchung via Website, €–€€

Waenhuiskrans

F7

Arniston ist der inoffizielle Name des nächsten Ortes, benannt nach einem Schiff, das vor dem Ort auf Grund lief. Wie die Birkenhead war die **Arniston** ein englischer Truppentransporter. Nur sechs Menschen überlebten 1815 die Katastrophe, 372 kamen ums Leben. Offiziell heißt der attraktive Fischerort mit seinen alten, weißen *fishermen's cottages* **Waenhuiskrans.** Das Afrikaans-Wort bedeutet Wagenhaushöhle und bezeichnet eine große Grotte in den Klippen, die in der Lage ist, mehrere Ochsenwagen aufzunehmen.

Schlafen

Attraktives Beachhotel

Arniston Spa Hotel: Mediterran anmutendes, schönes Hotel mit 60 Zimmern. Empfehlung: Nehmen Sie eines der luxuriöseren Zimmer (Luxury Seafacing) mit Blick aufs Meer und den kleinen Hafen. Gäste des Arniston-Hotels können nach Vorbuchung am Kassiesbaai Traditional Dinner teilnehmen. Das einfache Essen ist so lala, interessanter ist die Location: eines der historischen, original erhaltenen Fischerhäuser. Infos im Hotel, in dem auch Kinder gerne gesehen sind.

Arniston Bay, Bredasdorp, T 028 445 90 00, www.arnistonhotel.com, €

De Hoop Nature Reserve

F–G6

Eine ungeteerte Straße zweigt ein paar Kilometer nördlich von Bredasdorp Richtung Ouplas ab. Auf ihr erreicht man das 360 km^2 große, 50 km östlich von Bredasdorp gelegene **De Hoop Nature Reserve** an der südwestlichen Küste der Kapprovinz. Die landschaftliche Vielfalt in diesem Gebiet ist enorm: Neben einem 14 km langen Süßwasserdelta – dem südlichsten in ganz Afrika – gibt es riesige, weiße Sanddünen, Kalksteinhügel und die Bergkette der Potberg Mountains. Von den 1500 Pflanzenarten des Tiefland-Fynbos existieren 50 nur in diesem Naturschutzgebiet. 259 verschiedene Vogelarten wurden bisher gezählt, einschließlich des sehr seltenen Kap-Geiers, des Schwarzen Austernfischers und der Damaraseeschwalbe.

Wer größere Tiere lieber mag, ist hier ebenfalls richtig. Im warmen Nachmittagslicht grasen Dutzende von Elenantilopen, Springböcken, Buntböcken, Zebras, Duckern und Steinböcken. An kleineren Säugern leben hier Paviane, Mangusten, Karakale und Kap-Füchse. Insgesamt hat man bisher 86 verschiedene Säugetierarten im Reservat gezählt.

TOUR
Wal-Heimat

Wanderung auf dem Whale Trail

Der Whale Trail (Walwanderpfad) durch das **De Hoop Nature Reserve** ist ein Aktiv-Highlight im Land. Nur Wanderer haben Zugang zu diesem Teil des Naturschutzgebiets. Und nur zwölf pro Tag, was eine nahezu ungestörte Wildniserfahrung ermöglicht.

Meeressäuger live

Die Übernachtungshütten sind sehr komfortabel, gut ausgestattete Häuschen mit Spültoiletten, heißen Duschen, Solarlicht und geräumigen Küchen und Wohnräumen. Sehr angenehm ist der angebotene Service, das Gepäck (und die Kühlbox mit Bier) von Hütte zu Hütte bringen zu lassen. De Hoop ist das Vorzeigereservat von Cape Nature Conservation und Teil des Kap-Florenreichs, das Weltkulturerbe ist. Wer zwischen Mai und Dezember wandert, hat exzellente Chancen, die namensgebenden Meeressäuger live zu erleben. Der Pfad mäandert durch eine vielfältige, herrliche Szenerie, von den Sandsteinhügeln des **Potberg Mountain** über wild gezackte Kalksteinformati-

In der Ferne lässt sich sogar Cape Agulhas, Afrikas südlichster Punkt, ausmachen.

Infos

F–G 6

Start: Potberg

Ziel: Koppie Alleen (von dort per Shuttlebus retour nach Potberg)

Länge: 55 km

Dauer: 5 Tage/ 5 Nächte

Schwierigkeitsgrad: mittel

Saison: ganzjährig, aber Wale gibt es nur Juni–Dez.

Kosten: 50/30 Rand Eintritt zzgl. Jan.–Juni 2050 Rand bzw. Juli–Dez. 3320 Rand für die Hüttenübernachtungen

Kontakt: Cape Nature Conservation, T 021 659 35 00, www.capenature.co.za

onen und dann durch Dickicht, attraktiven Fynbos und Wildblumen bis zur zerklüfteten Küstenlinie. Die Tagesstrecken sind moderat und nicht sehr schwierig. Es bleibt also genug Zeit zum Relaxen, zum Schwimmen an den wunderbaren Sandstränden oder in den natürlichen **Felsenpools,** zum Picknicken im betörend duftenden Fynbos oder einfach zum Dasitzen und Aufs-Meer-Gucken.

Prachtvoller Fynbos

Die erste Tagesetappe führt von **Potberg** nach Cupidoskraal (14,7 km, 7–8 Std.). Die meisten Wanderer kommen am Abend zuvor an und übernachten in der **Potberg-Hütte,** einem hübschen alten Farmhaus im Ostteil des Naturschutzgebiets. Wer fürs Gepäcktragen bezahlt hat, packt seine Habseligkeiten in die bereitgestellten schwarzen Boxen. Die werden dann zur nächsten Hütte befördert. Das erste Teilstück hinauf auf den 611 m hohen **Potberg Mountain** gehört zu den anstrengendsten Abschnitten der gesamten Wanderung, also nicht verzweifeln, wenn man ordentlich schwitzt. Es bleibt nicht immer so. Der Fynbos ist hier prachtvoll, und es macht Sinn, ein Erkennungsbuch mitzunehmen, um die verschiedenen Blumen zu identifizieren. Oben angekommen, wird man durch die Aussicht für die Mühe belohnt. In der Ferne lässt sich sogar **Cape Agulhas,** Afrikas südlichster Punkt, ausmachen. Auch der **Breede River,** der durch die Weizenfelder außerhalb des Reservats mäandert, ist zu sehen. Von hier aus geht es fast nur noch bergab bis zur Hütte. Davor lässt es sich herrlich im Melkhout River baden, bevor es nochmals ein kleines Stückchen aufwärts zur geräumigen **Cupidoskraal-Hütte** mit Außendusche geht.

Grandiose Ausblicke

Der Pfad führt am zweiten Tag von **Cupidoskraal** nach **Noetsie** (15 km, 7–8 Std.). Nach einem erfrischenden Bad im Stausee führt die Route durch mit dichtem Fynbos bewachsene Berge. Die Ausblicke sind grandios. Im Frühling treibt es die Natur hier besonders bunt. In Noetsie gibt es dann zwei attraktive reetgedeckte Häuschen am Rand der Bucht.

Der Weg am dritten Tag verbindet **Noetsie** mit Hamerkop (7,8 km, 3 Std.) und folgt zunächst der Küstenlinie durch herrlichen Küstenfynbos. Es geht unter interessanten verwitterten Felsüberhängen hindurch und an Höhlen in den Klippen vorbei. Da diese Tagesetappe recht kurz ist, bleibt viel Zeit, diese und die farbenfrohen Gezeitenpools zu erkunden. Besonders der Pool in der Nähe der **Stilgat-Höhle,** erreichbar über eine Kettenleiter, lohnt einen Abstecher. Nach einigem Auf und Ab ist dann die am Strand gelegene, sehr schöne **Hamerkop-Hütte** erreicht. Von der Terrasse aus lassen sich in der Saison die Wale beobachten. De Hoop ist einer der wichtigsten Geburtsplätze für Glattwale.

Kalksteinklippe mit Meerblick

Am vierten Tag geht es von **Hamerkop** nach Vaalkrans (10,5 km, 5–6 Std.) und zunächst längere Zeit am Strand entlang. Dort sind die seltenen Oystercatcher-Vögel, Kormorane und unzählige Möwen zu beobachten. Auf etwa halber Strecke sieht man die **Lekkerwater Lodge** auf den Klippen, ein wunderbares Strandhaus, das auch gemietet werden kann. Das hier ist die wohl einzige Stelle, wo man eventuell andere Leute im Reservat trifft. Wie es schon in der Trail-Broschüre steht, bitte diese Besucher nicht stören. Hier verlässt der Wanderpfad den Strand und führt durch die herrlich bewachsenen Dünen. Die Übernachtungshütte ist wieder ausgesprochen schön: Sie steht oben auf einer spektakulären Kalksteinklippe mit grandiosem Meeresblick.

Erfrischung in den Felsenpools

Die letzte Tagesetappe führt von **Vaalkrans** nach Koppie Alleen (7 km, 3 Std.). Das kurze, leicht zu laufende Finale führt am Strand und Klippenrand entlang. Es geht an alten Muschelhaufen vorbei: Knochen und Schalen, die von den ersten hier lebenden Menschen, den *strandlopern,* hinterlassen wurden. Die tiefen, türkisfarbenen Felsenpools laden ebenso zum Schwimmen ein wie die hübschen Strände. Die **Hippo Pools** am Ende des Trails sind ein echtes Highlight und ermöglichen ein erfrischendes Bad. Je mehr man sich **Koppie Alleen** nähert, desto mehr ›normale‹ Besucher finden sich am Strand – ein Kulturschock nach Tagen der Einsamkeit. Vom Endpunkt des Trails, der über einen hölzernen *boardwalk* zu erreichen ist, bringt ein Shuttlebus die Wanderer zurück nach **Potberg.**

Neben einigen **Mountainbike-Trails** gibt es auch **Wanderwege,** wobei der Pfad am Strand entlang zu den schönsten gehört. Grund dafür sind vor allem die zahlreichen natürlichen Gezeitenpools, in denen es sich bei Ebbe hervorragend baden lässt. Vorsicht: die hier vorkommenden *blue bottle*-Quallen haben lange, schmerzhafte Tentakel. An der Wasseroberfläche sehen sie aus wie kleine, durchsichtige Plastiktüten. Südafrikaner haben für alle Fälle immer ein Fläschchen Essig dabei, denn er ist ideal zum Auftragen auf die Haut, um diese nach einem Quallenkontakt zu beruhigen. Aufs offene Meer selbst sollte man wegen der tückischen Strömungen nicht hinausschwimmen. Auch zur Walbeobachtung (Aug.–Nov.) ist De Hoop ideal. Bis zu 50 Wale pro Tag sind hier keine Seltenheit.

www.capenature.co.za/reserves/de-hoop-nature-reserve, www.dehoopcollection.co.za, T 028 542 12 53, tgl. 7–18, Fr 7–19 Uhr, 50/30 Rand

Schlafen

Einsamster Strand im Land

Lekkerwater Beach Lodge: Die Traumunterkunft liegt direkt an einem 6 km langen, weißen Sandstrand in herrlicher Einsamkeit. Nur sieben Zimmer sorgen für Exklusivität. Der letzte weiße Präsident Südafrikas und Friedensnobelpreisträger F. W. de Klerk nutzte diese Lokalität als sein ›Camp David‹. Dinner gibt es auf dem Holzdeck oder am Strand, mit Sand zwischen den Zehen. Herrlich.

De Hoop, am Osteingang, T 021 001 15 74, www.naturalselection.travel, mit allen Mahlzeiten und Aktivitäten, mindestens zwei, maximal vier Übernachtungen, €€€

Naturnaher & nachhaltiger Luxus

Morukuru Beach Lodge: Im Westen von De Hoop, ebenfalls direkt am Meer, liegt diese herrliche Lodge, die sich komplett unabhängig vom maroden, staatlichen ›Stromversorger‹ Eskom selbst mit Sonnenenergie versorgt. Nachhaltigkeit auf allerhöchstem Niveau. Es gibt sechs wunderbare Suiten mit überwältigender Aussicht. Das Restaurant, das nur den Gästen offensteht, bietet eine erlesene Küche mit den besten Weinen der Umgebung. Die auf dem gleichen Grundstück gelegene, exklusive **Ocean View Lodge** kann nur komplett gemietet werden.

De Hoop, am Westeingang, T 011 615 43 03, www.morukuru.com; Einfahrt am westlichen Tor des De-Hoop-Reservates (das Gate schließt um 18 Uhr), dort die 50 Rand pro Person und Tag Eintritt bezahlen und etwa 30 Minuten auf einer teils unbefestigten Piste zum Eingang der Lodge beim Koppie-Alleen-Parkplatz fahren; den Klingelknopf drücken und das Tor öffnet sich; mit allen Mahlzeiten und Aktivitäten €€€

Malgas

F6

In **Malgas** befindet sich eine von Südafrikas zwei Flussfähren (die andere überquert bei Sendelingsdrif in der Northern Cape Province den Orange River, den Grenzfluss zwischen Südafrika und Namibia). Der Ort, der 50 km vom Meer entfernt liegt, war einst der wichtigste Inlandshafen des Landes. Während Swellendams Blütezeit lief der Warenaustausch mit Kapstadt über den Seeweg. Endlos weite Felder erstrecken sich auf dem Weg nach Norden bis zum Horizont. Ab und zu sind ein paar weiß verputzte Farmhäuser in die gelbbraune, von der Sonne verbrannte Landschaft eingestreut.

Swellendam

F5

Wer über Malgas anreist, stößt östlich von Swellendam auf die N 2. Das 1743 gegründete **Swellendam** ist nicht nur

Südafrikas drittälteste Stadt, sondern mit seinen vielen hübschen, kapholländischen Häusern eine der schönsten. Auch die Lage ist pittoresk: im Norden die mächtige, 1600 m hohe Bergkette der Langeberg Mountains, im Süden wogende, goldene Weizenfelder. Was bei einem Stadtrundgang durch Swellendam als Erstes auffällt, ist die Voortrek Street, die ungewöhnlich breite Hauptstraße. Sie stammt, ebenso wie die sie flankierenden historischen Gebäude, aus der guten, alten Zeit, als 16-spännige Ochsenwagen in der Lage sein mussten, ohne Schwierigkeiten auf der Dorfstraße zu wenden.

Drostdy-Museumskomplex

Das architektonische Schmuckstück Swellendams ist einer der schönsten Museumskomplexe Südafrikas: Das **Drostdy Museum** war einst Wohnhaus und Gerichtsgebäude des Bezirksgouverneurs, des *landdrost*. Die Gebäude entstanden ab 1747 vor der grandiosen Kulisse der Langeberg Mountains. Das weiß verputzte Drostdy mit Reetdach diente als Modell für viele Häuser in der Stadt. Im Innern sind Beispiele edler Kap-Möbelstücke aus dem 18. und 19. Jh. ausgestellt.

Zum Museumskomplex gehören zwei weitere Gebäude. Zanddrift ist ein altes kapholländisches Farmhaus, das einst in der Nähe von Bonnievale stand, abgetragen und auf dem Museumsgelände rekonstruiert wurde. Im alten Gefängnis, dem **Old Gaol Complex** (T 028 514 38 47), sind zwei Shops untergebracht: die Bloukop Gallery und der Swellendam Alive! Craft Shop, die lokales und anderes afrikanisches Kunsthandwerk verkaufen. Und links neben dem Museum liegt das empfehlenswerte **Drostdy Restaurant** (T 079 645 53 12, €).

18 Swellengrebel St., T 028 514 11 38, www.drostdymuseum.com, Mo–Sa 8–13, 14–17 Uhr, 50/30 Rand

Schlafen

Historischer Landhausstil

Schoone Oordt Country House: Attraktives historisches Gebäude von 1853. Gäste übernachten in kleinen Häuschen in einem großen Garten. Erste Wahl des Autors in Swellendam. Prima Frühstück.

1 Swellengrebel St., T 028 514 12 48, www.schooneoordt.co.za, €€

In einem viktorianischen Haus

Roosje van de Kaap: Kleines, gemütliches B&B mit sehr gutem Restaurant.

5 Drostdy St., T 028 514 30 01, www.roosjevandekaap.com, €

Essen

Candle-Light-Dinner

Herberg Roosje van de Kaap: Wunderbare Atmosphäre, vielleicht für einen besonderen Abend: niedrige Reetdecken und viele brennende Kerzen; seit vielen Jahren von hervorragender Qualität. Große Auswahl à la carte, ausführliche Weinkarte.

5 Drostdy St., T 028 514 30 01, www.roosjevandekaap.com, Di–So 8–9.30 (Frühstück), ab 19 Uhr, €

Infos

- **Swellendam Tourism Bureau:** Voortrekker St., T 028 514 27 70, www.swellendamtourism.co.za. Alle historischen Gebäude im Ort listet das kostenlose Faltblatt »Swellendam Treasures« auf.

Bontebok National Park F5

Außer für seine hübschen Häuser ist Swellendam für den 7 km außerhalb liegenden **Bontebok National Park** bekannt. In dem 3000 ha großen Park wurde 1961 der bis auf 22 Exemplare ausgerottete Buntbock, der nur in Südafrika vorkommt, unter Schutz gestellt. Heute leben etwa 300 der rotbraunen Antilopen mit der charakteristischen weißen Markierung im Schutzgebiet. Neben weiteren Antilopen wie Springböcken und Kudus gibt es im Nationalpark Kap-Bergzebras und über 200 Vogelarten. Die blutroten Aloen blühen im Juni und Juli, im Frühling bedecken die Wildblumen des Fynbos das Land. Ein Straßennetz von 25 km Länge sowie zwei Wanderwege führen durch das Gebiet.

Beim Parkbesuch ist es unbedingt erforderlich, die Buchungsbestätigung mitzubringen. Zu Ferienzeiten buchen hier auch viele Südafrikaner. Die Website enthält neben einer genauen Beschreibung der jeweiligen Unterkünfte auch eine detaillierte Anfahrtsskizze.

T 028 514 27 35, www.sanparks.org/parks/bontebok, 160/80 Rand Erw./Kinder

Greyton und Genadendal

D5

Auf dem Rückweg von Swellendam nach Kapstadt bietet sich ein Abstecher an. Kurz hinter Caledon zweigt von der N 2 rechts die R 406 ab. Sie führt in das hübsche, von Eichen gesäumte Städtchen **Greyton.** Viele Künstler und Schriftsteller leben in dieser ländlichen Abgeschiedenheit – ein idealer Ort, um abzuschalten.

Etwa 5 km davor liegt die Missionsgründung **Genadendal,** die älteste

Im Bontebok National Park können Sie auch Ihr Zelt aufschlagen und mit den Rangern über Flora und Fauna plaudern.

In Greyton geht das Leben einen eher gemächlichen Gang …

deutsche Missionsstation in Afrika. Sie wurde 1738 von Georg Schmidt gegründet, der von den Herrnhutern (Moravian Church) geschickt worden war, um den Khoi das Evangelium näherzubringen. Der ursprüngliche Name des Ortes war Baviaanskloof. Bis zum Ende des 18. Jh. hatte sich Genadendal zur nach Kapstadt zweitgrößten Siedlung des Landes entwickelt. Kern des heute 3500 Einwohner zählenden Örtchens ist der original erhaltene Kirchplatz mit seinen denkmalgeschützten Gebäuden.

Genadendal Printing Works

Eine der ältesten Druckereien Südafrikas, die Genadendal Printing Works, ist noch immer in Betrieb. Im Vorraum stehen die schwarzen, alten Druckmaschinen aus Deutschland. Hinter einer ›Eintritt verboten‹-Tür summen Computer, Printer und Scanner – ein Kontrast, wie er größer kaum sein könnte.
T 028 251 81 40

Museen

Deutschstunde

Mission Museum: Das hochinteressante Museum zeigt die Geschichte des Ortes und viele Exponate aus dem täglichen Leben, wie Haushaltsgeräte, Druckerpressen, medizinisches Equipment und die älteste Orgel des Landes.
Church Sq., T 028 251 85 82, -251 82 20, Mo–Do 9–13, 14–17, Fr 9–15.30, Sa 9–13 Uhr, So nach Voranmeldung

Schlafen

Renoviertes Schmuckstück

The Post House: Das Post House wurde 1860 erbaut und ist damit eines der ältesten Gebäude in Greyton. Das Hauptgebäude war ein Kolonialwarenladen und eine Herberge für müde Reisende. Der Post House Country Pub erlangte durch eine Bells-Whiskey-Reklame Berühmtheit und war auch einst – nomen est omen – Greyton's Postamt. Die 14 Zimmer sind in eleganten Grau- und Brauntönen gehalten. Es gibt ein kleines Pub und das Restaurant serviert ländliche Küche.
22 Main Rd., T 028 254 99 95, www.thepost house.co.za, €

Charmant

Greyton Lodge: Einladender Pub, englisch anmutendes Ambiente, gutes Restaurant, 15 Zimmer in einem ehemaligen Laden, der 1882 erbaut worden ist.
52 Main St., T 028 254 98 00, www.greyton lodge.co.za, €

Infos

- **Genadendal Tourism Bureau:** Museum, T 028 251 82 79.
- **Greyton Tourism Bureau:** 29 Main Rd., T 028 254 95 64, www.greytontourism.com.

Zugabe
Abgesoffenes Windrad

Wegweiser im Damm

Das halb im Wasser versenkte Windrad des **Meerlust Estate** bei Stellenbosch ist eines der berühmtesten im Land. Es hat allerdings seit den 1960er-Jahren, als der Damm vergrößert wurde, kein Wasser mehr gepumpt. Vorteil ist: Wenn jemand nach Meerlust fragt, ist die Antwort einfach ›hinter dem Damm mit dem Windrad‹. Obwohl es witzigerweise so aussieht, als hätte es den See um sich herum selbst geschaffen. ■

Garden Route

Im grünen Bereich — wenige Kilometer von der gut ausgebauten N 2 entfernt, erwarten die Besucher üppig-fruchtbare Natur, verwunschene Wälder, geheimnisvolle Seen und historische Bergpässe.

Seite 192

Oystercatcher Trail: ›dekadent‹ wandern

Die komfortabelste Wanderung Südafrikas beginnt westlich von Mossel Bay.

Seite 197

Unter Dampf – historische Züge

Der Outeniqua Choo-Tjoe war der einzige noch auf seiner Originalstrecke (George–Knysna) verkehrende Dampfzug Südafrikas. Momentan wird die Trasse neu gebaut, es gibt aber eine Alternative, denn auch Ceres Rail hat ein Herz für historische Dampfloks.

Entdecken Sie die Big Five im Gondwana Private Game Reserve!

Eintauchen

Seite 206

Wanderung auf dem Otter Trail

Dies ist der absolute Klassiker unter Südafrikas Wanderrouten – die Tour zwischen Bergen und Meer. Die 43 Kilometer lange reizvolle, aber anstrengende Strecke ist in fünf Etappen aufgeteilt.

Seite 209

Tsala Treetop Lodge

Exklusive Übernachtung mit afrikanischem Ambiente in einer architektonischen Symphonie aus Holz und Glas, hoch in den Bäumen westlich von Plettenberg Bay.

Seite 211

Birds of Eden

Ein Tal mit natürlicher Vegetation und künstlichem Flusslauf wurde in eine riesige Vogelvoliere verwandelt, die die Besucher auf Holzstegen und -brücken durchqueren.

Seite 211

Monkeyland

Affen aus der ganzen Welt leben frei in diesem riesigen Gehege. Ein Führer erklärt vieles während eines Rundgangs.

Seite 211

Elephant Sanctuary ✪

Hier dürfen Erwachsene und Kinder den Dickhäutern auf die Pelle rücken. Man erfährt viel Interessantes über die Elefanten, u. a. wird die alte Schulweisheit widerlegt, dass nur indische Elefanten abgerichtet werden können.

Seite 213

Für Wagemutige

Der höchste Bungee Jump der Welt findet sich an der Garden Route: 216 m im freien Fall von der Storms-River-Brücke. Nur etwas für Mutige. Über 60-Jährige und Nackte springen gratis.

Tsitsikamma Canopy: Einfach mal abhängen und sich an Drahtseilen durch die Vegetation schwingen. *(Seite 214)*

Burgherr und Burgfräulein für eine Nacht? In Noetzie stehen einige Castles an einem einsamen Sandstrand.

erleben

An der Grünen Küste

D

Die **Garden Route** (www.gardenroute.org), die sich von **Heidelberg** im Westen bis zum **Storms River** im Osten erstreckt, gehört zu den beliebtesten Strecken im südlichen Afrika – kein Wunder, denn die Landschaft ist wunderschön. Die schmale, an Urwäldern, Seen, Lagunen und Flüssen reiche Küstenebene ist flankiert von den Sandstränden des warmen Indischen Ozeans und den beeindruckenden Bergketten der **Langeberg, Outeniqua** und **Tsitsikamma Mountains.**

Das gemäßigte Küstenklima mit warmen Sommern und kühlen Wintern sorgt für ganzjährige Niederschläge, weshalb die Besucher meist durch dichtes Grün fahren. Die feuchten Luftmassen, die vom Meer aufsteigen, bleiben auf dem Weg ins Landesinnere an den Bergen hängen und regnen sich ab. Weil das Gebiet so fruchtbar wie ein Garten ist, erhielt es seinen Beinamen.

Entlang der grünen Garden Route laden einsame Sandstrände zu Badestopps ein. Fahrten über unbefestigte historische Bergpässe, die unter Denkmalschutz stehen, und eine Fahrt durch die Tsitsikamma-Sektion des Garden Route National Park, sind unvergessliche Erlebnisse. Der **Montagu Pass** über die Outeniqua-Berge sieht noch immer so aus wie 1847, als er eröffnet wurde. Bei trockenem Wetter ist die ungeteerte Bergstrecke auch mit Pkw zu schaffen – ein sehr aussichtsreicher Abstecher in eine den Pyrenäen ähnliche Landschaft.

Auch Sportliche kommen auf ihre Kosten. Sie wandern zum Beispiel auf dem berühmten **Otter Trail,** der direkt am Meer entlang verläuft. Und Tiere gibt es in diversen Naturreservaten zu bewundern: von zahmen Elefanten und Affen bis zu den wilden Big Five im **Gondwana Private Game Reserve.**

Mossel Bay gilt, von Kapstadt kommend, als das eigentliche Eingangstor zur Garden Route. **George** ist die Golf-Metropole des Landes und in **Knysna** sind die dort gezüchteten, leckeren Austern ein Muss!

O

ORIENTIERUNG

Infos: George und Wilderness haben gute Websites: www.george.co.za, www.visitgeorge.co.za, www.wilderness-info.co.za.
Verkehr: Im Gondwana Private Game Reserve steigen Sie vom Mietwagen in einen offenen Geländewagen mit Ranger um. Heia Safari!

Mossel Bay ⚲ J6

Mossel Bay gilt, von Kapstadt kommend, inoffiziell als ›Eingangstor‹ zur Garden Route. Hier setzte der erste Europäer seinen Fuß auf südafrikanischen Boden: Am 3. Februar 1488 landete hier, nach der Umsegelung des Kaps der Guten Hoffnung, die Karavelle des portugiesischen Navigators Bartolomeu Dias. Ein großer Museumskomplex erinnert an den berühmten Seefahrer.

Dias hatte die Bucht Aguado de São Bras genannt. Erst 1601, nachdem der holländische Navigator Paulus van Carden in seinem Logbuch vermerkte, dass Muscheln das Einzige waren, was es an Essbarem an dieser Küste gab, wurde die Bucht zur Mossel Bay. Die offizielle Stadtgründung erfolgte 1848.

Ein paar Meter vom **Bartolomeu Dias Museum** entfernt steht das Dias Monument, direkt vor dem berühmten Post Office Tree, einem mächtigen, unter Denkmalschutz stehenden *milkwood*-Baum. In seinen Ästen hing früher ein Lederstiefel, in welchem die ersten Seefahrer Briefe für nachfolgende Schiffe deponierten. Heutige Besucher finden an der gleichen Stelle einen Briefkasten in Form eines Stiefels. Ein steinernes Kreuz markiert die Stelle, an der Dias angeblich an Land ging. Auch die von Dias' Männern ob ihres klaren Wassers gelobte Quelle plätschert heute noch, allerdings nicht mehr ins Meer, sondern in einen kleinen Stausee, um den herum viele einheimische Pflanzen wachsen.

Tea & Scones

Unterhalb des Hügels, von dem der bronzene Dias auf das Meer blickt, stehen drei hübsche, weiß getünchte Häuschen: die 1830 erbauten Munroeshoek Cottages, wo man Kunstgegenstände kaufen und Tee mit leckeren *scones* genießen kann.

Auf dem Weg zu einem der vielen Traumbadeplätze an der Garden Route, hier zu ›The Point‹ bei Mossel Bay.

TOUR
Discovery Channel live

Wanderung auf dem Oystercatcher Trail

Westlich von Mossel Bay, am ›Eingangstor‹ zur Garden Route, findet sich der Oystercatcher Trail, der am **Point Village** seinen Ausgang hat. Ein herrlicher Küstenwanderweg und eine Alternative zum Whale Trail, falls dieser ausgebucht sein sollte. BBC zählt den Wanderweg weltweit zu den »30 walks to do before you die« (30 Wanderungen, die du machen musst, bevor du stirbst).

Trail Jan.–Nov. geöffnet, beste Zeit ist Aug.–Okt., wenn die Wale da sind und die Wildblumen blühen

Dekadenter Wanderweg

Der Trail ist der wohl ›dekadenteste‹ in Südafrika. Hier wird nicht nur das gesamte Gepäck getragen, sondern auch am Abend sehr angenehm genächtigt und gegessen. Der Weg führt von **Mossel Bay** Richtung Westen zur Höhle am **Cape St. Blaize,** vorbei an dramatisch orangefarbenen Klippen und durch Küstenfynbos, bevor er zur Küste hin absteigt. Dort läuft man herrliche Sandstrände entlang, sammelt Muscheln, betrachtet das marine Leben in den Gezeitenpools und beobachtet den namensgebenden Black Oystercatcher (Schwarzer Austernfischer) und andere Vögel. Die angenehmen Tagesetappen führen durch ursprüngliche Naturlandschaften. Highlight sind die *guides,* die unterwegs alles erklären:

Ohne Gepäck kann man ganz stressfrei am Strand entlanglaufen und die Landschaft bestaunen.

Discovery Channel live. Am Ende des 2. und 3. Tages gibt es in den **Sandpiper Cottages** sogar Sauna und Wellnessmassagen. Komfort und viel Liebe zum Detail verleihen dem als anstrengend verrufenen Wandern eine neue Dimension und könnten auch sonst eher Fußlahme motivieren. Ein Teil der Trailgebühr geht an den Naturschutz, also tut man auch noch etwas für die Umwelt.

Infos

J 6

Start: Point Village bei Mossel Bay

Ziel: Cape Vacca bzw. Sandpiper Leisure Center

Länge: 47 km

Dauer: 4–5 Tage, abkürzbar auf 1, 2 oder 3 Tage (entweder mit Basiscamp oder jeweils anderer Übernachtung)

Schwierigkeitsgrad: leicht bis moderat; geführte Wanderung

Kosten: je nach Übernachtungstyp ab 7850 Rand/Person inkl. Guide, Gepäcktransport, Übern., Vollpension

Seafood am Meer

Am ersten Tag treffen sich die Wanderer im **Point Village** zum Meeresfrüchte-Dinner, um die Route zu besprechen. Ein wunderbarer Übernachtungspunkt mit Blick über das Meer. Wer früher ankommt, was sich sehr empfiehlt, kann an den tollen Stränden relaxen oder in der Saison Wale beobachten – oder Mossel Bay erkunden und den Cape-St.-Blaize-Leuchtturm.

Unerforschte Höhlen

Tag 2 führt vom Point Village nach Dana Bay (15 km, 4–5 Std.). Zunächst folgt der Pfad dem gut markierten Wanderweg **Cape St. Blaize Hiking Trail.** Die Wanderer treffen am Morgen ihren Guide, der alles über die Gegend weiß. So wird die Wanderung zur interessanten Naturerfahrung. Man klettert zum Klippenrand hoch und erlebt wieder eine wunderbare Aussicht. Am Weg liegen diverse Höhlen, von denen viele noch gar nicht erforscht sind. Am einsamen Strand von **Oyster Bay** ist dann Gelegenheit für ein Bad im Meer. Durch dichtes Küstengebüsch geht es nach **Dana Bay,** wo ein Taxi die Wanderer zu den **Sandpiper Cottages** von Boggoms Bay bringt, der Unterkunft für die nächsten beiden Tage. Die renovierten Fischerhäuschen sind sehr warm, gemütlich und geschmackvoll eingerichtet. Abends brennt dann ein Feuer im offenen Kamin, und im Kühlschrank findet sich kaltes Bier. Rotwein und Sherry stehen draußen bereit. Am Abend wird ein traditionelles Dinner serviert.

Am dritten Tag bringt ein Taxi die Wanderer zurück nach **Dana Bay,** von wo es dann – immer am Strand entlang – nach Boggoms Bay (12 km, 4 Std.) geht. Hier lassen sich die Schwarzen Austernfischer live erleben. Die Vögel sind vom Aussterben bedroht, kommen hier aber noch häufig vor. Im Meer sieht man oft Delfine und Wale. Im **Blind River,** 3 km von Dana Bay entfernt, besteht die Möglichkeit zu schwimmen. 3 km weiter ist Lunch neben einem riesigen Muschelhaufen, den hier einst die indigene Bevölkerung, Khoi und San, hinterlassen haben. Eine letzte Wanderung durch die Dünen und die Sandpiper Cottages von **Boggoms Bay** sind erreicht, wo zum zweiten Mal übernachtet wird.

Wer nur eine Nacht auf dem Trail wandern und übernachten möchte, bucht eines der Sandpiper Cottages in Boggomsbaai. Die beiden traditionellen Kaphäuschen, Houthuis und Mosselkraker, in der Nähe von Mossel Bay haben zwei oder drei Zimmer und sind nur 500 m vom Strand entfernt (€). Kontakt: Sandpiper Safaris, T 044 699 12 04, www.oystercatchertrail.co.za

Grillen am Abend

Die Wanderung führt am vierten Tag von Boggoms Bay nach Cape Vacca (15 km, 4–5 Std.). Wer sich am Anfang des Trails ein ›Muschelpermit‹ geholt hat, darf heute an den Strandfelsen Austern sammeln und direkt vor Ort schlürfen. Muscheln können auch fürs Grillen am Abend gesammelt werden. Und weiter geht es am Strand entlang. Nach 4 km zweigt der Pfad Richtung Landesinneres ab und führt durch Küstenvegetation, vorbei an weiteren alten Muschelhaufen und Felsenpools. Dazu gibt es immer detaillierte Erklärungen. Etwa 8 km hinter Boggoms Bay wartet dann eine Überraschung: In einem alten, steinernen Fischerhäuschen wird ein leckerer Lunch mit Pasta und Salat zelebriert. Wieder endet der Tag mit einem herrlichen Stück Strand, bevor das Strandhäuschen im Kapstil von **Kanonpunt,** auch Cape Vacca genannt, erreicht ist. Grandiose Aussichten und das Grillen am Abend machen es zur schönsten Übernachtung auf dieser Wanderung.

Am letzten Tag steht ein Ausflug von Cape Vacca zum **Gouritz River Mouth** (4 km, 1,5 Std.) an. Die Wanderstrecke folgt dem Gouritz-Fluss ins Landesinnere. In der Lagune erwartet die Hiker ein Boot. Während der *river cruise* sind viele Vögel zu sehen. Im Anschluss geht es per Taxi-Transfer zum **Sandpiper Leisure Centre,** wo ein Abschieds-Lunch mit Austern und Champagner stattfindet. Im Anschluss erfolgt der Rücktransfer nach **Point Village.**

Ureinwohner am Beach

Zur Wal-Zeit (Juli–Nov.) lassen sich die gewaltigen Säuger in der Bucht beobachten. Am besten geht das vom Cape St. Blaize aus, wo man auch eine große Fledermaushöhle besichtigen kann. Archäologische Funde beweisen, dass hier schon vor 80 000 Jahren Menschen gelebt haben, die *strandloper*. Weniger hübsch sind die gewaltigen Kessel und Industrieanlagen, die seit der Entdeckung umfangreicher Gasvorkommen vor der Küste im nördlichen Teil der Stadt aus dem Boden gewachsen sind.

Schlafen

Afrikanisches Safari-Feeling

Botlierskop Private Game Reserve: Komfortable ›Safari‹-Lodge mit persönlichem Rangerservice. Im Fireplace Restaurant, das über Holzstege erreichbar ist, werden Frühstück, Lunch und Dinner serviert. Tagesbesucher sind willkommen. Sie können, wie die Gäste auch, das Wellnesszentrum der Lodge besuchen, eine dreistündige Pirschfahrt in den Busch oder einen Ausritt buchen.

Klein Brakrivier, T 044 696 60 55, www.botlierskop.co.za, €€€

Essen

Pizza mit Meerblick

Delfino's Espresso Bar & Pizzeria: Bekannt für seine gute Pizza und Pasta.

Restaurant 2, Point Rd., T 044 690 52 47, www.delfinos.co.za, tgl. 7–23 Uhr, €

Bewegen

Am Drahtseil

Beim weltweit längsten Ziplining über dem Meer gleiten sie 1150 m weit über den Atlantik, 90 m über den Wellen und mit einer durchschnittlichen Geschwindigkeit von 80km/h. So am Drahtseil hängend, praktisch fast in der Gischt, ist das äußerst adrenalinfördernd. Mindestalter daher 8 Jahre, maximales Gewicht 120 kg und maximale Größe 1,90 m. Lange Haare müssen mit einem Netz gesichert sein. GoPros am Helm und vor der Brust sind erlaubt, aber keine Kameras oder Handys in der Hand.

6 Point Rd., Mossel Bay, T 068 022 91 83, www.mosselbayzipline.co.za, tgl. 8–17 Uhr, nur bei gutem Wetter, keine Vorbuchung möglich, direkt vor Ort beim Office zahlen, 800 Rand/Pers.

G

GONDWANA PRIVATE GAME RESERVE

Im Herzen der Garden Route, nur etwa 25 Minuten landeinwärts von Mossel Bay, liegt dieses private Naturreservat, wo sich die Big Five – Elefant, Löwe, Leopard (mit viel Glück), Nashorn und Büffel – in einer wunderbaren Fynbos-Berg- und Hügellandschaft beobachten lassen. Das Besondere an dem malariafreien, 110 km² großen Gondwana Game Reserve (J 5) ist, dass Kinder mit ihren Eltern willkommen sind. Sie übernachten in den Private Bush Villas. Alleinreisende Pärchen wählen die ruhigere Alternative, entweder die Kwena Lodge oder die Fynbos Villa. Es gibt spezielle Preise für Kinder unter 12 Jahren, Knirpse bis 4 Jahre zahlen nichts. Für Kids gibt es außerdem ein Junior- Ranger-Programm (ab 4 Jahre), wo ihnen auf lockere Art Natur, Fauna und Flora nähergebracht werden (T 044 697 70 77, www.gondwanagr.co.za, das Gondwana Game Reserve ist auch auf Facebook und Twitter vertreten, €€€).

Die historischen Dampfloks sind im Outeniqua Transport Museum zu besichtigen.

Badefreuden

Neben dem berühmten Seefahrer hat Mossel Bay noch eine andere Attraktion zu bieten: das ausgeglichenste Klima in Südafrika – in Kombination mit den herrlichen Sandstränden eine ideale Mischung. Die schönsten Stellen zum Baden sind die natürlichen Pools bei Die Poort und Die Bakke sowie der Santos Beach mit seinem attraktiven, 1915 erbauten Strandpavillon, der einem Vorbild im fernen, südenglischen Seebad Brighton nachempfunden ist.

Infos

- **Mossel Bay Tourism Bureau:** Ecke Market/Church St., T 044 691 22 02, www.mosselbay.co.za, www.visitmosselbay.co.za. Die hilfreichen Angestellten wissen mit vielen Infos zu helfen.

George

K5

Auf dem Weg nach Osten ist die alte Straße R 102 die ruhigere und schönere Alternative zur autobahnähnlich ausgebauten N 2. Der natürlichen Topografie perfekt angepasst, schlängelt sich die Straße bis nach George.

Vor dem alten Bibliotheksgebäude in der York Street erinnert eine 1812 gepflanzte Eiche, angeblich die größte auf der südlichen Halbkugel, an die Gründung von George. Früher wurden im Schatten dieses *slave tree* Sklaven zur Versteigerung angeboten. Ein Stück der Ketten hat sich in den Stamm eingefressen. Heute steht George synonym für eine Sportart: Golf. Bereits 1886 wurde hier gespielt, allerdings nur auf dem 3-Loch-Platz einer Privatfarm.

Mittlerweile sind noch ein paar Löcher hinzugekommen.

George Golf Club, www.georgegolfclub.co.za, 18-Loch-Platz

Museen

Mobil wie anno dazumal

Outeniqua Transport Museum: Bis die Bahnstrecke wieder befahren werden kann, lassen sich zumindest die historischen Züge ansehen. Sie warten geduldig im Outeniqua Transport Museum, in einer betagten überdachten Bahnhofshalle mit Bahnsteig. Dort sind insgesamt 13 historische Dampflokomotiven einschließlich einer Schmalspurbahn untergebracht. Hier soll dann hoffentlich bald wieder die Zeitreise in eine Ära der Zugfahrten beginnen, die wir heute als gemächlich bezeichnen würden. Man verpasse nicht den Blick auf den privaten Eisenbahnwaggon von Burenpräsident Paul Kruger sowie auf all die alten Kutschen, Omnibusse und Oldtimer.

2 Mission St., George, T 044 801 82 89, www.gardenroute.com/outeniqua-transport-museum-george, Sept.–April tgl. 8–17 Uhr, Mai–Aug. Mo–Fr 8–16.30, Sa 8–14 Uhr, 40 Rand, 6–11 Jahre 20 Rand, darunter frei

Essen

Edler Italiener

La Cantina: Traditioneller Italiener mit authentischer, mediterraner Küche. Von hausgemachter Pasta bis hin zu exzellenten Steaks steht hier alles auf der Speisekarte. Das Tiramisu ist bekannt gut. Und die dünnteigige Pizza aus dem Holzofen lohnt für sich allein schon den Besuch in diesem Lokal.

Fancourt Hotel, Montagu St., Blanco, T 044 804 00 00, www.fancourt.co.za/eat/la-cantina, tgl. 6.30–10.30, 18–22.30 Uhr, €€

Kaffee-Kultur

Krust Cafe: Der Coffee Shop gelangte einst zu Berühmtheit, da er die erste San Remo Café Racer Espresso-Maschine (www.sanremo.co.za/caferacer) Südafrikas in Betrieb nahm. Die wunderschöne Maschine passt zum attraktiven Ambiente des coolen Ladens mit seinen rohen, unverputzten Backsteinwänden. Der Kaffee ist erwartungsgemäß exzellent, das Essen ebenfalls. Das Frühstück dürfte das beste der Stadt sein.

Eden Meander Lifestyle Center, T 078 620 52 72, www.gapp-collective.co.za, Mo–Fr 7.30–16, Sa/So 7.30–15 Uhr

UNTER DAMPF – EINE FAHRT MIT HISTORISCHEN ZÜGEN

Eine Fahrt mit der historischen Schmalspurbahn **The Outeniqua Choo-Tjoe,** die viele Jahre entlang der Garden Route verkehrte, war ein besonderes Erlebnis. Seit Jahren ruht der Zugverkehr leider, da die aufgrund heftiger Regenfälle und Erdrutsche in Mitleidenschaft gezogene Trasse nicht mehr instandgesetzt wurde. Die Alternative bis zur Wiederinbetriebnahme bildet eine Fahrt mit **Ceres Rail,** die fast jedes Wochenende Dampfzug-Trips von Kapstadt ins Obstanbaugebiet nach Elgin zum gleichnamigen Railway Market anbieten.

Friends of Choo-Tjoe: www.friendsofthechoo-tjoe.co.za, Facebook: Friends of the Choo-Tjoe

Ceres Rail Company: T 079 077 53 32, www.ceresrail.co.za, Trip nach Elgin und zurück Erw./Kinder 750/500 Rand, andere Trips auf der Website.

Guter Türke

Kafé Serefé: Traditionelle türkische Küche mit Meze-Vorspeiseplatten und viel Lamm, dazu türkische Musik im Hintergrund. Freitags gibt es meist Bauchtanz, die Wasserpfeife täglich.

60 Courtenay St., T 044 884 10 12, www.kafeserefe.co.za, Mo–Fr 11–22, Sa 12–22 Uhr, €

Afro-französisches Ambiente

Meade Cafe: Beliebter Frühstücks- und Lunch-Platz für Einheimische, in einem renovierten, historischen Haus aus dem 18 Jh. Schöner, schattiger Garten.

91 Meade St., T 044 873 67 55, www.meadecafe.co.za, Mo–Fr 7.30–16, Sa 8–15 Uhr, €

Infos

- **George Tourism Bureau:** 124 York St., T 044 801 92 95, www.georgetourism.org.za.

Seven Passes Road und Wilderness

K–L 5

Eine Sehenswürdigkeit für sich ist die **Seven Passes Road,** die alte Straße zwischen George und Knysna. Auch sie ist wieder ein Projekt des berühmten südafrikanischen Straßenbaumeisters Thomas Bain, das er im Jahr 1867 in Angriff nahm. Um auf die historische Straßenverbindung zu kommen, fährt man auf der Knysna Road aus George hinaus und nach dem Pick-n-Pay-Supermarkt, vor der Pine Lodge direkt nach links.

Die teilweise ungeteerte Straße schlängelt sich durch dichtes Grün, man hört Affen im Unterholz kreischen und Vögel zwitschern. Nur ab und zu dringen

Der Aussichtspunkt von Wilderness wirkt auf den ersten Blick vielleicht nicht besonders einladend, aber der Ausblick macht alles wieder wett – versprochen!

Sonnenstrahlen durch die verwunschen wirkende Vegetation – eine Tour wie aus dem Dschungelbuch. Mal geht es steil bergauf, dann wieder rasant hinunter zum nächsten Fluss, der, wie die anderen auch, auf einer Brücke aus der Zeit König Edwards überquert wird.

Unterwegs zweigt die Straße nach rechts in Richtung Wilderness ab. Ein Stückchen weiter weist dann ein Schild zum Aussichtspunkt **Map of Africa** hin, der seinen Namen dem Umstand verdankt, dass der Verlauf des Kaaimans River von Süden her betrachtet den Umrissen Afrikas ähnelt. In der entgegengesetzten Richtung bietet sich ein fantastischer Blick über das Meer, das Städtchen Wilderness und die Garden Route. Bei guten Windverhältnissen starten hier Gleitschirm- und Drachenflieger, um unten am Strand zu landen.

Ein kurzes Stück hinter dem Örtchen **Wilderness** liegt der Wilderness-Teil des **Garden Route National Park,** der ein Gebiet von über 100 km² umfasst. Je nach Jahreszeit sind hier 5000–24 500 Wasservögel anzutreffen. Etwa 230 verschiedene Arten wurden bisher registriert. Wer will, kann in rustikalen Holzhütten übernachten (Infos, Übernachtungsbuchung bei www.sanparks.org).

Schlafen

Ganz natürlich

Nima Lodge: Ein idealer Platz für Naturliebhaber, der sich noch viel weiter ab vom Schuss anfühlt, als er ist. Wunderbar organische, minimalistische Architektur, die sich perfekt in die Landschaft integriert. Mit viel warmem Holz. Die ungeteerte Straße zur Lodge ist auch mit einem normalen Pkw zu schaffen, aber machen Sie langsam. *Take it easy* passt zur Landschaft – und zum Übernachtungsplatz. Insgesamt gibt es in der Boutique-Lodge sieben Häuschen für Selbstversorger. Jedes ist einzigartig: mit versenkter Badewanne, privaten Holzdecks mit Aussicht und holzbefeuertem Badezuber, Kamin, mit viel Detailliebe gebaut und eingerichtet. Außerdem gibt es noch drei Sand Cabins mit einzigartig gewundenen Holzplanken errichtet, die sich prima in die Hügel integrieren, trotz ihres modernen Designs. Das Relaxen beginnt bereits bei der Ankunft, denn es gibt kein nerviges Check-in, alle Schlüssel stecken in den Türen. Transzendentale Musik, die aus versteckten Lautsprechern kommt, und natürliches Licht, das ins Innere fließt, schaffen so mitten in der Natur, zwischen Bergen und Wald, eine magische Atmosphäre. Frühstückskörbe können vorbestellt werden. Es gibt außerdem einen kleinen Shop, der auch Wein verkauft, falls sie Ihren vergessen haben.

10 Mile Lane, Hoekwil, Wilderness, Buchung nur über die Website www.nimalodge.com, Mindestaufenthalt zwei Nächte, €€€

Luxus am See

Lake Pleasant Living: Am Lake Pleasant gelegene Ansammlung von komfortabel ausgestatteten Häusern für Selbstversorger. Es gibt außerdem ein Bistro, in dem auch Frühstück serviert wird. Das Haus ist sehr kinderfreundlich. Leider hört man nachts die N 2 nur dann nicht, wenn man bei geschlossenen Fenstern schläft.

Sedgefield, T 044 349 24 00, www.lakepleasantresort.co.za, €

An der Lagune

Moontide Guesthouse: Am Ufer der Wilderness-Lagune gelegenes Gästehaus, etwa zwei Minuten vom Strand entfernt. Es gibt acht verschieden eingerichtete Häuschen und Zimmer, alle mit eigenem Eingang und Sitzgelegenheit im Freien. Ein Paradies für Vogelbeobachter, denn Vögel zwitschern zahlreich in den über 400 Jahre alten Milchholzbäumen.

Wilderness-Lagune, Southside Rd., T 044 877 03 61, www.moontide.co.za, €

K

KNYSNA SPEED FESTIVAL

Die Geschichte des Knysna Speed Festivals begann 2009, als der Simola Hillclimb zum ersten Mal stattfand. Seither wurde das Event jedes Jahr beliebter und ist nun mit um die 17 000 Zuschauer eine der populärsten Rennsportveranstaltungen in Südafrika. 2024 findet das Speed Festival Anfang Mai zum 14. Mal statt. Es ist so etwas wie die südafrikanische Version des Goodwood Festival of Speed, das jährlich in England stattfindet. Der ganze Ort Knysna ist eingebunden: Am Freitag, dem Classic Car Day, geht es mit einer Oldtimer-Parade durch Knysna. Nach den Klassikern, die am Freitag den Berg ›hochrasen‹, folgen am Samstag und Sonntag beim King of the Hill Shootout die Supercars und Rennwagen. Es geht darum, wer die 1,9 km lange Bergstraße am schnellsten bewältigt. Dabei werden Geschwindigkeiten von bis zu 260 km/h (!) auf der engen, kurvigen Straße erreicht. Spektakulär für Zuschauer. Der Rekord liegt seit Mai 2023 bei 34,161 Sekunden, was einer Durchschnittsgeschwindigkeit von etwas über 200km/h entspricht (www.speedfestival.co.za).

Essen

Die besten Austern am Kap

Oysters R Us: Der Autor reist viel im südlichen Afrika umher, um für seine Reiseführer zu recherchieren – und er liebt Austern. Nirgendwo hat ihm die schlabbrige Delikatesse besser gemundet als hier. Da können es auch schon mal 12 Stück sein … hinuntergespült mit einem gechillten Glas Sauvignon Blanc. Und das dann noch bei schönem Wetter draußen an den Holztischen und -bänken. Paradiesisch! Natasha und Natalie haben den Platz auf der Farm 2012 eröffnet und führen das herrliche Restaurant noch immer mit dem gleichen Enthusiasmus. Was interessierten Gästen zugute kommt, die hier alles über Austern erfahren können. Und beim nicht ganz einfachen Öffnen der Meeresbewohner zusehen und filmen dürfen. Die Austern sind so frisch, dass sie Ihr Auto noch beim Reinfahren auf den Parkplatz hören. Serviert werden sie mit sechs verschiedenen Toppings. Wählen sie Ihren Favoriten.

Einfahrt gegenüber von Timberlake Village, rechts von der N2, auf dem Weg von Wilderness in Richtung Knysna, T 082 578 68 17, www.oystersrus.co.za, Mi–So 12–17 Uhr, €–€€

Knysna

L5

Von Wilderness bieten sich zwei Routen zur Weiterfahrt an: entweder zurück auf die Seven Passes Road oder weiter die Garden Route entlang. Kurz vor Knysna treffen beide Routen wieder aufeinander. Von der N 2 geht es 5 km vor Knysna nach Brenton-on-Sea ab. Der kleine Ort hat einen wunderschönen Sandstrand, die einzige Möglichkeit, um in Knysna zum Baden ans Meer zu gelangen.

Juwel der Garden Route?

Knysna selbst ist für südafrikanische Verhältnisse sehr touristisch. Der Grund für die Entstehung des Ortes war das Holz aus den umliegenden Wäldern, das von hier aus per Schiff weitertransportiert wurde. Als George Rex, angeblich ein unehelicher Sohn von König George III., 1804 anfing, damit zu handeln, entstand die erste Sägemühle. Der Grundstein für Knysna war gelegt. Die touristische Entdeckung des Ortes kam jedoch erst viele

Für Austernfans muss Knysna dem Himmel auf Erden nahekommen …

Jahre später. Noch vor 100 Jahren beschrieb der »Kap-Almanach« das Gebiet und die Straßen dorthin als »die schwierigst vorstellbare Strecke, in ein Gebiet, das nur wenige Jäger kennen und wo es von Elefanten und Büffeln wimmelt«.

Heute wimmelt es in Knysna, vor allem im südafrikanischen Sommer, von Touristen, was kaum überrascht. Die 18 km² große **Knysna Lagoon** gilt als Juwel der Garden Route. Zweimal täglich fließt der nährstoffreiche Indische Ozean in die Bucht, die außerdem ständig mit frischem Wasser aus den **Outeniqua Mountains** versorgt wird. In der Lagune lebt u. a. das seltene Knysna-Seepferdchen, das auf Tauchtrips bei seinem Unterwasserritt beobachtet werden kann. Eher etwas für die Gaumen von Feinschmeckern ist ein anderer Bewohner der Lagune: die Auster – *Knysna oysters* gelten als die besten des Landes. Viele Restaurants vor Ort bieten Gelegenheit für einen Test.

Das Portal der Lagune zum Indischen Ozean wird rechts und links von Sandsteinklippen, den sogenannten **The Heads,** eingerahmt. Auf der östlichen Seite kann man erst auf einer Straße, dann auf einem engen Fußpfad über eine Holzbrücke bis zu einem Felsen gelangen, der den besten Ausblick auf die Sandsteinfelsen und das dahinterliegende Meer bietet.

Thesen Island

Ein ungewöhnliches und ökologisch fundiertes neues Wohngebiet ist auf der Knysna vorgelagerten Insel Thesen Island entstanden. Der Name Thesen hat seinen Ursprung in Norwegen. Im Juli 1869 verließ der bekannte Holzhändler Arndt Leonard Thesen aus Stavanger in Norwegen seine Heimatstadt mit seiner Frau und seinen neun Kindern, um ein neues Leben in Neuseeland zu beginnen.

Lieblingsort

Reif für die Insel

Eines meiner Lieblings-›Wohnviertel‹ am Kap ist **Thesen Island,** das in der **Knysna Lagoon** liegt (📍 L5). Faszinierend, was da mit Engagement und Fantasie aus einem umweltbelastenden Industrie-Gebiet geschaffen wurde. Die Insel war einst ein Zentrum der Holzverarbeitung. Nach jahrelanger Planung wurde sie komplett saniert. Einige der alten Gebäude blieben erhalten, wie das faszinierende Kraftwerk, ein Industriedenkmal, das in ein herrliches Boutique-Hotel verwandelt wurde. Die ehemaligen Maschinen, Hebekräne und von den Decken hängenden Ketten sind nun Teil der Einrichtung. Selbstverständlich gibt es eine Fülle von prima Restaurants. Und jedes Wohnhaus hat eine Bootsanlegestelle (Knysna, www.thesenislands.co.za).

> M
>
> **THE MOTORCYCLE ROOM**
>
> Tolle Sammlung von typischen Brot- und Butter-Motorrädern lassen hier Erinnerungen wach werden. Besitzer Colin Stunden hat seine Privatsammlung der Öffentlichkeit zugänglich gemacht. Er hat fast alle Bikes vor Ort selbst restauriert. Thesen Island, T 079 497 47 23, www.themotorcycleroom.co.za, Mo–Sa 9–17 Uhr, Eintritt 120/60 Erw./Kinder.

Ihr Schiff, die Albatross, geriet wie so viele vor ihm in der Nähe von Kapstadt in Seenot, und nachdem sie alle gerettet wurden, beschloss Arndt, mit seiner Familie in Südafrika zu bleiben, um das Schicksal nicht noch einmal herauszufordern. Sie ließen sich im pittoresken Knysna nieder, das damals noch von Urwäldern umgeben war – der beste Platz, um seinen Holzhandel zu beginnen. 1904 kaufte sein Sohn Charles Wilhelm Thesen die im Knysna-River-Mündungsgebiet liegende Insel Paarden Island. 1922 etablierte er eine Holzverarbeitungsfabrik auf der Insel, die bald darauf Thesen Island genannt wurde.

In den frühen 1980er-Jahren kaufte der südafrikanische Industriekonzern Barlows die Insel und das Sägewerk, um kurz darauf festzustellen, dass die Holzverarbeitung in einer solch ökosensitiven Lagune keine Zukunft mehr hat. Gleichzeitig mehrten sich Sorgen um die Luft- und Wasserverschmutzung der Fabrik, was in ihrer Schließung resultierte. In den darauffolgenden Jahren verkamen die verlassenen Gebäude und Maschinen immer mehr zu einem Schandfleck und Gesundheitsrisiko.

1991 schlug der südafrikanische Umwelt-Ingenieur Dr. Chris Mulder vor, die Insel in ein einzigartiges Wohngebiet zu verwandeln.

Da es sich bei dem Knysna-River-Mündungsgebiet um eines der empfindlichsten Öko-Systeme des Landes sowie eine Haupt-Touristenattraktion handelt, verlangte die Entwicklung von Thesen Island eine sehr sorgfältige und sensitive Planung, die sowohl ökologische als auch architektonische, ästhetische, soziale und kulturelle Kriterien berücksichtigen musste. Nach acht Jahren Forschung und Planung bekamen Mulder und sein Team die Bau-Erlaubnis im Dezember 1998.

Heute ist Thesen Island nicht nur eines der beliebtesten Wohngebiete des Landes, sondern auch aufgrund der tollen Restaurants, des Motorcycle Room, des Jetty und des herrlichen Turbine Hotel eine populäre Touristenattraktion.

Noetzie Castles

L5

Auf der N 2 geht es aus Knysna hinaus Richtung Plettenberg Bay. Die Straße zieht sich einen steilen Hang hinauf,

Noch vor Reggae, Dreadlocks und Marihuana steht Rastafari für Religion und Philosophie.

vorbei an den Holzhaussiedlungen der Schwarzen. Hier lebt u. a. die größte Rasta-Gemeinde im Western Cape.
Am Ende der Steigung, etwa 8 km von Knysna entfernt, zweigt eine Piste nach rechts Richtung **Noetzie** ab. Der einsame Sandstrand ist nach 8 km erreicht. Oder vielmehr der Parkplatz, von dem es auf einer sehr steilen Treppe hinunter bis zum Beach geht. Der Strand ist nicht für seine natürliche Schönheit berühmt, sondern für die ungewöhnlichen Bauwerke, die dort entstanden sind: vier Burgen, **Noetzie Castles** genannt.

Das falsche Piratenmärchen

Ihre Entstehungsgeschichte hat nichts, wie oft und gerne behauptet wird, mit Piraten zu tun. Sie ist eher unspektakulär: 1930 baute sich ein gewisser Robert Stephen Henderson ein Ferienhaus am Strand, wobei er die dort herumliegenden Natursteine verwendete. Ein Passant scherzte, dass da ja wohl nur noch die Türmchen fehlen würden, um eine Burg daraus zu machen. Bob war von der Idee sofort angetan und setzte einen Trend, den die anderen Landbesitzer aufnahmen. Seinem Castle folgten drei weitere. Leider kann in den Burgen nicht mehr wie früher übernachtet werden. Sie sind alle in Privatbesitz.

Im Turbine Hotel sorgen alte Maschinen und Geräte für ein einzigartiges Ambiente.

Schlafen

Historisches Kraftwerk

The Turbine Boutique Hotel & Spa: Boutiquehotel in einem alten, aufgelassenen Kraftwerk der ehemaligen Holzfabrik auf Thesen Island. Die alten Maschinen und Geräte wurden komplett und herrlich dekorativ in die Gestaltung integriert: 17 Zimmer, 6 Suiten, Wellnessbereich, der zur Entspannung einlädt. Zum Restaurant gibt es empfehlenswertere Alternativen in Gehweite.

Thesen Island, T 044 302 57-45, -47, www.turbinehotel.co.za, €€€

Idyllisch gelegen

Belvidere Manor: Idyllisch am westlichen Ende der Lagune gelegenes Hotel; Gäste übernachten in ihren eigenen Cottages, von denen es insgesamt 30 gibt. Dinner und Frühstück werden im aus dem Jahr 1834 stammenden Herrenhaus serviert.

169 Duthie Drive, Belvidere Estate, T 044 387 10 55, www.belvidere.co.za, €€

Luxus in den Bergen

Simola: Das 5-Sterne-Resort mit Wellnessbereich liegt auf einem großen Landgut mitten in den Outeniqua-Bergen. Es gibt 40 geräumige DZ und im Spa eine Fülle von Behandlungen, auch für Partner. Nicht zu vergessen der 18-Loch-Golfplatz. Hier findet auch eines der bekanntesten Autorennen Südafrikas statt: der Simola Hillclimb (www.speedfestival.co.za)

1 Old Cape Rd., T 044 302 96 00, www.simolaestate.co.za, €€–€€€

Rustikal

Knysna River Club: Mehrere an der Lagune gelegene, sehr schöne und rustikale Holzhäuser (mit Service) für Selbstversorger, TV, Grill; das River Club Café and Bar ist im historischen Wohnhaus auf dem Gelände untergebracht.

Sun Valley Drive, T 044 382 64 83, www.firstgroup-sa.co.za/knysna-river-club, €

Essen

Noch frischer wäre lebendig

Freshline Fisheries: Frischester Fisch, auch Knysna-Austern, und Fleischgerichte in rustikal-cooler Beach-Atmosphäre, mit Holzbänken und -tischen und Sand unter den Füßen. Der Laden hat keine Alkohollizenz, daher bei Bedarf zum Fisch eine Flasche gut gekühlten Weißwein mitbringen.

Railway Siding Dockyard, Ecke Long/Waterfront Dr. (hinter Tait Marine), T 044 382 31 31, www.freshlinefisheries.co.za, Mo–Sa 11.30–20, So 11.30–15 Uhr, €€

Seafood in trendiger Umgebung

34 Degrees South: Hier geht in der Ferienzeit die Post ab. Trendige Inneneinrichtung, gutes Seafood, auch Austern und einige mediterrane Spezialitäten. Schöner Shop mit großer Auswahl an ausgefallenen Souvenirs, Essen und Wein für Shoppingfans.

Shop 19, Knysna Quays, Waterfront Drive, T 044 382 73 31, www.34south.biz, tgl. 8.30–22 Uhr, €

Trendy Seafood

Sirocco: Ein trendiges Lokal für Lunch und Dinner. Neben den obligatorischen Austern gibt es viele andere Fischgerichte, leckere Sushi-Platten, aber auch Thai Stir Fry und leckere Pizza (1/2 Preis Mi, Fr 18–21 Uhr). Tolle Lage am Wasser.

28 Thesen Harbour Town, T 044 382 48 74, www.sirocco.co.za, tgl. 12–22 Uhr, €–€€

Mediterraner Genuss

Île de Pain Bread & Café: Ein Paradies für Brotfreunde – der Duft allein ist einen Besuch wert. Das leckerste Frühstück und Lunch in Knysna! Mediterrane Zutaten wie karamellisierte Zwiebeln in Balsamicoessig und Knoblauch-Chili-Mayonnaise. Ständig frische Backwaren.

10 The Boatshed, Thesen Island, Knysna, T 044 302 57 07, www.iledepain.co.za, Di–Sa 8–15, So 9–13.30 Uhr (Mai, Aug. geschl.), €

Beliebter Italiener

Caffe Mario: Guter Italiener, der bei Einheimischen sehr beliebt und vor allem im Sommer sehr gut besucht ist.

Shop 7, The Quays, Waterfront Drive, T 044 382 72 50, www.caffe-mario-italian-restaurant.business.site, tgl. 7.30–22 Uhr, €

Austern pur

Tapas & Oysters: Cool, relaxt, definitiv nichts für feines Dinieren – hier wird mit den Fingern gegessen: herrliche Austern und Tapas, dazu Wein oder einen der vielen Cocktails.

Thesen Harbour Town, T 044 382 71 96, www.tapasknysna.co.za, tgl. 11–23 Uhr, €

Einkaufen

Shop til' you drop

Malls und Märkte: In Knysna gibt es zwei gute Shopping-Möglichkeiten, nämlich die **Knysna Mall** sowie die **Waterfront** (Quays) mit vielen Geschäften, Restaurants und Cafés. Außerdem finden täglich zwei Kunsthandwerksmärkte mit Ständen im Freien statt: der **Knysna Arts and Crafts Market** (Ecke George Rex/Vigilance Drive, 9–18 Uhr) sowie der **Templeman Square Craft Market** (Main Road, 9–17 Uhr).

Knysna Mall: Main Rd., T 044 382 45 74, www.knysnamall.co.za, Mo–Fr 9–17.30, Sa/So, Fei 9–14 Uhr
Knysna Quays: www.knysnawaterfront.com, tgl. 9–19 Uhr

TOUR
Der Klassiker

Den Otter Trail entlang

Der 43 km lange Otter Trail ist einer der beliebtesten Wanderwege Südafrikas. Während früher die Mehrheit der Hiker Südafrikaner waren, nimmt der Anteil an ausländischen Wanderern Jahr um Jahr zu.

Ein Trail in fünf Etappen

Genug der Warnungen, das Abenteuer beginnt. Die erste Tagesetappe (4,8 km) ist etwas zum Einstimmen. Auffälligste Naturphänomene sind eine große Höhle in den Klippen sowie ein Wasserfall. Kurz danach ist die **Ngubu Hut** erreicht.

Der zweite Tag beginnt mit einem sehr steilen Anstieg zum **Olienboomkop.** Dann führt der Pfad durch ursprünglichen Wald mit *yellowwood-* und *stinkwood-*Bäumen. Der erste breitere Fluss ist der Kleinbos River. Nach 7,9 anstrengenden Kilometern ist die **Scott Hut** erreicht. Als Belohnung bietet der Geelhoutbos River, der sich nahe der Hütte ins Meer ergießt, gute Bademöglichkeiten. Dem Reichtum an Mineralien verdankt das Wasser seine Farbe: Wie schottischer Single Malt Whiskey sieht es aus. Es ist sauber und kann sogar getrunken werden!

Am dritten Tag gilt es, den Elandsbos und den Lottering River zu queren, nach 7,7 km sind die Hütten von **Oakhurst** erreicht.

Infos

M–N 5

Tour: Storms River Mouth/Storms River Rest Camp im Tsitsikamma National Park bis zum Nature's Valley

Planung: Genehmigung (*permit*, ca. 1450 Rand/Person) erforderlich; sehr beliebter Trail, maximal 12 Personen/Tag

Vorbuchung per Fax oder online unter www.sanparks.org.za (Kreditkartenzahlung). Mit Glück bekommt man bei einer Buchungsstelle von SA National Parks kurzfristig ein *permit* (falls jemand storniert hat).

Die vierte Etappe ist mit 13,8 km die längste. Starten Sie früh, um den Bloukrans River bei Ebbe zu queren! Auch dann reicht das Wasser noch bis zur Brust. Folgen Sie der klar gekennzeichneten ›Flucht route‹ hoch zur Autobahn, falls Zweifel an der Durchquerbarkeit des Bloukrans bestehen. An der **Andre Hut** gibt es wieder frisches Wasser.

Am fünften Tag sind es dann bis **Nature's Valley** nochmals 6,8 km.

Zurück zum Ausgangspunkt

Nach Beendigung der Wanderung in Nature's Valley besteht die Möglichkeit, mit dem zwischen Kapstadt und East London verkehrenden Baz Bus (T 021 422 52 02, www.bazbus.com, tgl. 13.30 Uhr) zurück zum Ausgangspunkt des Trails zu gelangen, wo man im Normalfall das Auto parkt.

Ein Marsch im Regen

Nicht immer läuft auf dem Otter Trail alles nach Plan. Wählt man einen ›feuchten‹ Termin, mischen sich Gischt und Nebel zu einer undurchdringlichen Wand. Die Sicht ist schlecht, der Weg aufgeweicht und rutschig. Der Wind peitscht den Regen ins Gesicht. In den engen, kleinen Holzhäuschen wird es ungemütlich und muffig. Beim Start warnen die Ranger vor dem **Bloukrans River,** von anderen Flüssen ist nicht die Rede. Doch bei Dauerregen steht man schon mal unerwartet vor einer weiteren reißenden Strömung. Das Abenteuer hat auch idyllische Seiten: den Anblick saftig-grünen Grases, dazwischen Proteen und andere Fynbos-Blumen, das Zwitschern der Vögel und Quaken der Frösche …

Knallgelb leuchten die Markierungen des Pfades auf den Felsen: ein Fußabdruck des krallenlosen Otters. Fünf Tage dauert der Marsch an der Küste entlang, der nur in einer Richtung, zwischen **Storms River Rest Camp** und **Nature's Valley,** unternommen werden darf. Übernachtet wird in einfachen Holzhütten mit Etagenbetten. Der Trail ist nichts für Unsportliche, da es am zweiten, dritten und vierten Tag ständig steil bergauf und wieder bergab geht. Und bei Regen wird das Queren der Flüsse zum Abenteuer.

Knysna Elephant Park 📍L5

Auf der Garden Route, die zunächst dem Verlauf der N 2 folgt, fällt am Straßenrand das ›Vorsicht Elefanten‹-Schild auf. Ein Scherz des Tourismusbüros? Nein, Knysna-Elefanten gibt es tatsächlich – noch. Im Knysna Elephant Park bekommt man zwar keine echten Knysna-Elefanten zu sehen, einen Besuch ist er aber trotzdem wert. Der im Jahr 1994 gegründete Park war der erste seiner Art am Kap, der verwaisten Elefanten ein Refugium bot.

Harkerville, ca. 24 km östlich von Knysna bzw. 11 km westlich von Plettenberg Bay, T 044 532 77 32, www.knysnaelephantpark.co.za, tgl. 8.30–16.30 Uhr, die 45-minütigen Touren starten 8.30–16 Uhr jede halbe Stunde, 460 Rand, 5–12 Jahre 285 Rand, darunter frei, ein Eimer Ellie-(Elefanten-)Futter 50 Rand

Infos

- **Knysna Tourism Bureau:** 40 Main St., T 044 382 55 10, www.visitknysna.co.za, Mo–Fr 8–17, Sa 8.30–13 Uhr.
- **Knysna- und Garden-Route-Information:** T 086 199 91 91, www.gardenroute.org, Mo–Fr 8.30–17, Sa 9–12.30 Uhr. Vermittlung von Unterkünften.

Plettenberg Bay

📍L5

Plettenberg Bay ist aufgrund seiner ausgedehnten Sandstrände einer der beliebtesten Badeorte an der Garden Route. Zwischen November und Januar ist hier

Nicht ohne Grund der vielleicht beliebteste Badeort an der Garden Route: Plettenberg Bay

die Hölle los, während im restlichen Dreivierteljahr fast dörfliche Ruhe herrscht, da viele der Feriendomizile leer stehen. Die empfehlenswertesten Strände sind **Look out** und **Central Beach** sowie die in der Lagune. Inoffizielles Wappen von ›Plett‹ ist die *pansy shell,* das filigrane Skelett eines sehr seltenen Seeigels, der nur an der Küste zwischen Mossel Bay und Plettenberg Bay vorkommt. Das Muster auf dem Skelettrücken ähnelt einem Stiefmütterchen *(pansy).* Die geschützten *pansy shells* werden zu hohen Preisen gehandelt.

Bereits 1630 stand in Plettenberg Bay eine hölzerne Kirche, errichtet von den etwa 100 Überlebenden einer Schiffskatastrophe vor der Küste. Die nur acht Monate bewohnte Siedlung entstand aus den Wrackteilen der *São Gonçalo.* In der Nähe von Beacon Island wurde im 19. Jh. eine Inschrift der Schiffbrüchigen entdeckt: »*Hier sank die São Gonçalo im Jahr 1630. Sie bauten zwei Boote …*« Eine Nachbildung des Steins steht auf Privatland an genau der Stelle, wo man das Original fand. Es befindet sich heute in der Slave Lodge in Kapstadt. Interessant ist die 1851 auf privatem Farmland erbaute, kleine *yellowwood*-Kirche St. Andrew. Ihr guter Erhaltungszustand zeigt, wie stabil dieses Holz ist.

Schlafen

Vogelperspektive

Sky Villa Boutique Hotel: Die schönste Übernachtungsmöglichkeit in ›Plett‹. Ein cool eingerichtetes Boutique-Hotel mit fantastischer Aussicht über die Bucht, tollem Swimmingpool und einem ausgezeichneten Restaurant.

Baron's View Estate, T 082 767 33 93, www.skyvilla.co.za, €€

Spektakuläre Lage

The Plettenberg: Malerisch auf einen Felsvorsprung gebaut, bietet das Hotel entsprechend spektakuläre Ausblicke auf den Indischen Ozean. Landhausatmosphäre mit 40 Zimmern und sehr guter Küche, das Haus ist Mitglied von Relais & Châteaux.

40 Church St., Look-out-Rocks, T 044 533 20 30, www.theplettenberghotel.com, €€–€€€

Strandnah

Southern Cross Beach House: Gemütliches Bed & Breakfast mit nur fünf Zimmern, ein kinderfreundliches Haus und ganz nahe am Meer, zu dem die Besucher über hölzerne Stege gelangen. Ausgewogenes Preis-Leistungs-Verhältnis.

1 Capricorn Lane, Solar Beach, T 044 533 38 68, www.southerncrossbeach.co.za, €

Plüschig-elegantes Boutiquehotel

The Grand Rooms: Ein wunderbares, opulentes Boutiquehotel mit nur sieben fantastisch ausgestatteten Zimmern, mit märchenhaft großen, französischen Federbetten, Sat-TV, DVD, CD. Das Grand Breakfast ist ebenso legendär wie die Aussicht aufs Meer. Jedes der Badezimmer hat eine große Wanne.

27 Main St., T 044 533 33 01, www.grandafrica.com/grand-rooms-plettenberg-bay, €€–€€€

Ethnisch-afrikanisch

Tsala Treetop Lodge: Die ethnisch-afrikanische Baum-Lodge ist eine Symphonie aus Natursteinen, Holz, Glas und Wasser und bietet eine fantastische Aussicht über das Piesang-Flusstal und den Tsitsikamma-Wald. Die verschiedenen Swimmingpools befinden sich in 6 m Höhe. Hölzerne Stege verbinden die einzelnen Gebäude, der Waldboden bleibt daher unberührt. Angeschlossen ist ein sehr gutes Restaurant.

10 km von ›Plett‹ auf der N 2 Richtung Knysna, Reservierung unter T 044 501 11 11, www.hunterhotels.com, €€€

Waldblick

Hog Hollow Country Lodge: In einem privaten Naturreservat gelegenes Gästehaus mit grandioser Aussicht über den Tsitsikamma Forest, zwölf Zimmer, dreigängiges Candle-Light-Dinner, Buchung sehr vieler Aktivitäten rund um ›Plett‹.

18 km östlich von ›Plett‹, Askop Rd., The Crags, Plettenberg Bay, T 044 534 88 79, www.hog-hollow.com, €€€

Essen

Perfekter Sundowner-Platz

Emily's Restaurant: An den Ufern des Bitou River liegt die herrliche, afrikanische Lodge Emily Moon. Und das auch Nichtgästen offen stehende Emily's Restaurant profitiert von seinem Dekor und der Lage. Alles ist hausgemacht und mit frischen, lokalen Zutaten, größtenteils aus dem eigenen Garten, zubereitet, vom Karoo-Lamm bis zu den Butter Chicken Samoosas.

Emily Moon River Lodge, 1 Rietvlei Rd., T 044 501 25 00, www.emilymoon.co.za, tgl. 18–21 Uhr, €€

Nicht weit von ›Plett‹ können Sie in der wunderschönen Tsala Treetop Lodge nächtigen.

Afrikanisch

Nguni Restaurant: Das Zulu-Wort für Kuh, *nguni*, ist symptomatisch. Hier kommt vor allem Fleisch auf den Tisch wie das 300-Gramm-Ribeye-Steak, aber auch Straußenfilet oder gegrillte Prawns. Das schwarz-weiße Kuhdekor zieht sich durch den gesamten Laden.

6 Crescent St., T 044 533 67 10, www.nguni-restaurant.co.za, Mo–Fr 10–23, Sa 18–23 Uhr, Hochsaison tgl. 10–23 Uhr, €€

Schneller Lunch

The Pie Shop: Ideal für einen schnellen, günstigen und guten Take-away-Lunch. Die täglich frisch gemachten Pasteten *(pies)* haben appetitanregende, goldene Krusten, die verschiedene Füllungen umhüllen.

Church St., T 044 533 49 08, FB: The Pie Shop, Mo–Fr 8–17, Sa 8–13 Uhr, €

Bewegen

Wale und Delfine

Ocean Blue Adventures: Veranstalter von Motorboot-Touren in die Bucht von Plettenberg Bay zum Beobachten von Delfinen und Walen.

Plettenberg Bay, Melville Centre, 1 Hopwood St., T 044 533 50 83, www.oceanadventures.co.za, tgl. 8–16 Uhr, Juli–Nov. Walbeobachtung 970/500 Rand, Dez.–Juni Delfintouren 650/340 Rand

Infos

- **Plettenberg Bay Tourism Centre:** Main St., T 044 533 19 60, www.plett-tourism.co.za. Infos zu Übernachtungs- und Wassersportmöglichkeiten in und um den beliebten Ferienort ›Plett‹.

Tierreservate an der Garden Route

Von neugierigen Affen bis zu exotischen Vögeln ist die afrikanische Fauna an der Garden Route gut vertreten. Highlight ist das Füttern und Spazierengehen mit Elefanten.

Monkeyland Primate Sanctuary M5

Etwa 16 km östlich von ›Plett‹ zweigt eine Straße nach rechts in Richtung des **Monkeyland Primate Sanctuary** ab. 2 km weiter ist das private Schutzgebiet erreicht. Affen aus aller Welt wurden hier angesiedelt. Die bereits ansässigen, endemischen Grünen Meerkatzen *(vervet monkeys)* freundeten sich schnell mit den ›Ausländern‹ an und zeigten ihnen sogar, wie und wo sie in den Küstenwäldern Nahrung finden. Ein Ranger führt die sehr interessante Tour zu Fuß, der Eintritt zur Aussichtsplattform ist frei.

The Crags, T 044 534 89 06, www.monkeyland.co.za, tgl. 8–17 Uhr, Eintritt frei, Führungen 380/190 Rand, Kombitickets für Monkeyland und Birds of Eden 610/305 Rand

Birds of Eden M5

Direkt neben ihrem Monkeyland haben dessen Besitzer **Birds of Eden** eingerichtet. Ein riesiges Netz überspannt ein komplettes Tal und verwandelt dieses damit in einen gigantischen ›Käfig‹, in dem die Vögel ›frei‹ herumfliegen. Besucher laufen Hunderte von Metern über lange, auf Pfählen errichtete Holzstege in ein dicht bewachsenes Tal, darüber breitet sich der gigantische Dom mit licht- und regendurchlässigem Netzwerk (das allein schon 80 t wiegt) aus.

The Crags, T 044 534 89 06, www.birdsofeden.co.za, tgl. 8–17 Uhr, 380/190 Rand, es gibt auch Kombitickets für Monkeyland und Birds of Eden: 610/305 Rand

Elephant Sanctuary 

Auf der Nachbarfarm gibt es statt Affen und Vögeln deutlich Größeres zu bewundern: Elefanten. Wenn man nur Zeit für ein Elefantenreservat hat, empfiehlt der Autor das attraktivere **Elephant Sanctuary** anstatt des Knysna Elephant Park. Zu Fuß geht es mit einem erfahrenen Führer zu den Elefanten.

Animal Alley, The Crags, abseits der N 2 nahe Nature's Valley, T 044 534 81 45, www.elephantsanctuary.co.za, 75-minütige Führung 695 Rand, 8–14 Jahre 350 Rand

Nature's Valley

M5

Dschungelbuch

Ein paar Kilometer hinter dem Abzweig zum Elephant Sanctuary geht von der N 2 rechts die R 102 Richtung **Nature's Valley** ab – wieder eine von Thomas Bain gebaute Traumstraße. 1884 bahnte er den Weg durch die undurchdringlich erscheinende Vegetation in den Schluchten von Groot, Bloukrans und Storms River. Bärenpaviane stolzieren über die

Wackelig: die Hängebrücke über den Storms River

Straße, in den Bäumen sitzen Grüne Meerkatzen. Vögel und Zikaden tragen zur Geräuschkulisse bei. Über eine enge Dschungelstrecke folgt die Straße dem Groot River Pass 200 m steil nach unten bis nach **Nature's Valley** mit einem paradiesisch schönen Sandstrand.

Vorbei an der Groot River Lagoon schlängelt sich die Straße sofort wieder steil nach oben. Die Bäume rechts und links der engen Strecke wachsen oben zusammen, bilden einen grünen Tunnel. Hoch über Nature's Valley befindet sich links der Straße ein Parkplatz mit Aussicht über das Tal, den weißen Sandstrand und die Bilderbuchlagune des Groot-River-Deltas. Der Campingplatz in Nature's Valley, Endpunkt des Otter Trail, liegt im westlichsten Ausläufer der Tsitsikamma Section des Garden Route National Park.

Urwald-Straße

Die Straße setzte sich bis zu ihrer Sperrung nach heftigen Regenfällen im November 2007 ostwärts durch Fynbos-Vegetation fort und erreichte 6 km später den **Bloukrans Pass,** von dem es wieder bergab zum Bloukrans River ging. Hier wachsen mächtige *yellowwood*-Bäume ganz nahe an die Straße heran, und von ihren Ästen hängt *old man's beard* – Pflanzen, die tatsächlich aussehen wie die langen grauen Bärte alter Männer. Überall dazwischen wachsen gewaltige Farne.

Die Route ging weiter durch eine felsige Schlucht, von wo aus sich rechts ein guter Blick auf die 216 m hohe Bloukrans-Brücke erhaschen ließ. Hier unten rauscht das Wasser, oben rauschen die Autos vorbei. Während die Distanz von 27 km auf der N 2 mit ihren drei riesigen Brücken in einer Viertelstunde zurückgelegt ist, dauerte die Fahrt auf der kurvenreichen, alten Bain-Straße über eine Stunde. Kurz vor dem Elandsbos River geht die alte Straße in die N 2 über.

Wartung ist ein Fremdwort

An der historischen Bloukrans-Straße liegt die Grenze zwischen Western Cape und Eastern Cape Province. Während das Western Cape seinen Teil der Straße 2007 sofort reparierte, ließ das Eastern Cape, mit der Begründung, dass es sich ›nur‹ um eine Touristenstraße handelte, den Schutt auf ihrem Teilstück liegen. Bis heute. Was gesetzestreue Besucher dazu zwingt, die mautpflichtige N 2 zur Umfahrung zu wählen. Touristen, die einen Geländewagen gemietet haben, ignorieren meist die Verbotsschilder und erleben das Bewältigen der halbverschütteten Straße als kleines Abenteuer.

Bewegen

Hoch hinaus & hinunter

Bloukrans Bungy Jumping: Offiziell der höchste, kommerzielle Bungee-Jump der Welt – 216 m geht es hinunter von der Bloukrans Bridge, 1490 Rand/Person; Über 60-Jährige springen gratis.

Face Adrenalin, The Crags, T 042 281 14 58, www.faceadrenalin.com, tgl. 9–17 Uhr

Tsitsikamma & Storms River Mouth

M–N5

Etwa 7 km weiter zweigt rechts die Straße in den Tsitsikamma-Teil des Garden Route National Park, der auch die Naturschutzgebiete bei Knysna und Wilderness einschließt, ab. Der Name bedeutet klares, sprudelndes Wasser. Der 650 km^2 große Park umfasst eine Küstenlinie von 80 km Länge. Das maritime Schutzgebiet reicht durchschnittlich 5,5 km in die See hinaus – eine beeindruckende Symphonie aus Wald und Meer. Es ist berühmt für seinen Unterwasser-Trail für Schnorchler und Taucher und seine grandiose Felsenküste.

Wie Tarzan

Schwindelfreie Besucher können an einer **Canopy Tour** durch die Baumwipfel des Tsitsikamma-Waldes teilnehmen (s. S. 214).

Neben höllischem Spaß bietet der Ausflug auch Vogelsichtungen, der Guide erklärt die lokale Ökologie. Von der Rangerstation erreichen Besucher die Mündung des Storms River (Storms River Mouth) über hölzerne Boardwalks (ca. 1 Std. hin und zurück). Am Ende des Pfades überquert eine recht wacklige Hängebrücke den Fluss.

68 km von Plettenberg Bay, www.sanparks.org, T 042 281 16 07, tgl. 7–19 Uhr, Tageskarte 280/140 Rand

Schlafen

Mittendrin statt nur dabei

Wie alle Unterkünfte in den Nationalparks ist auch Tsitsikamma bei South African National Parks zu buchen. In der Saison ist es ratsam, Campingplätze oder Hotelbetten im Park mehrere Monate vorher zu reservieren.

Buchung bei www.sanparks.org

Historisches Anwesen

Tsitsikamma Village Inn: Übernachten in einem historischen Anwesen. Trotz relativer Nähe zur Straße ruhig. Guter Ausgangspunkt für die Adrenalin-Aktivitäten rund um den Storms River.

Darnell St., Storms River Village, T 042 281 17 11, www.village-inn.co.za (Website auch auf Deutsch), €

Essen

American Way of Drive

Marilyn's 60s Diner: Ein unerwartet cooler Diner, den man so eher in den USA erwarten würde. Dekoriert mit klassischen Amischlitten, Motorrädern, Pin-

Do it like Tarzan! Einfach mal von Baum zu Baum schwingen.

ball Machines und Jukeboxen. Der gute Vibe gleicht den etwas lahmen Service wieder aus. Die Gourmet-Milkshakes sind prima. Natürlich gibt es auch Burger und Steaks.

T 042 281 17 11, Facebook: Marilyn's 60's Diner in Storms River Village, Mo–Mi 9–17, Do–Sa 9–20, So 9–15 Uhr, €

Alles Käse

Fynboshoek Cheese: Das simple Konzept Käse, Salat und Brot funktioniert hier prächtig, vor allem aufgrund der preisgekrönten, auf der Farm produzierten Kuh- und Ziegenkäsesorten. Gemütlich zum Sitzen. Den Käse gibt es auch zum Mitnehmen.

N 2, Ausfahrt Forest Ferns (gegenüber Tsitsikamma Lodge), 7 km von Storms River entfernt, T 072 342 04 45, Mi–Mo 12–16 Uhr (nur bei Voranmeldung), €

Bewegen

Swinging Trees

Tsitsikamma Canopy Tours: Hoch oben in den Bäumen swingt man in Bergsteiger-Gurtzeug an langen Stahlkabeln etwa 30 m über dem Boden von Plattform zu Plattform.

Stormsriver Adventures, Storms River, T 042 281 18 36, www.stormsriver.com, Kinder ab 7 Jahren, Dauer 2,5–3 Std., 795 Rand/Person, Buchung im Voraus ist notwendig, die Teilnehmer dürfen höchstens 120 kg wiegen, max. 8 Personen/Tour, Start alle 30 Min., im Sommer 5–17, im Winter 8–15 Uhr

Wildkatzenrefugium

Tenikwa Wildlife Awareness Centre: Ursprünglich als Wildtier-Rehabilitationszentrum für die Garden Route konzipiert, bietet Tenikwa mittlerweile Touren für die Öffentlichkeit. Auf der einstündigen Tour kommen Besucher Erdmännchen, Luchsen, Leoparden, afrikanischen Wildkatzen, Servalen und Geparden näher. Tipp: der Sonnenaufgangs- oder Sonnenuntergangsspaziergang mit Geparden *(cheetah walk)*. Der Trip kostet 1350 Rand/Person (Kinder ab 1,50 m Größe) und muss vorgebucht werden.

Old Forest Hall Rd., The Crags, T 064 897 76 94, www.tenikwa.co.za, tgl. 9–17.30 Uhr, 1-stündige Tour Erw./Kinder 265/160 Rand, unter 6 Jahren frei

Infos

- **South African National Parks:** Die Buchung von Nationalpark-Unterkünften organisiert man am besten online unter: www.sanparks.org. Rechtzeitig buchen und die Buchungsbestätigung beim Parkbesuch mitbringen. Die informative Park-Website enthält eine genaue Beschreibung der Unterkünfte und bietet auch eine detaillierte Anfahrtsskizze.

Zugabe

Familienangelegenheit: Mrs Ball's Chutney

Südafrikas legendäres Relish

Wetten, dass Mrs Ball's Chutney in jedem zweiten südafrikanischen Haushalt zu finden ist?

Für viele Südafrikaner ist ein Leben ohne Mrs Ball's Chutney undenkbar. Das würzige Relish in der charakteristischen Flasche steht praktisch in jeder Küche im Land. Und was ist mit Frau Amelia Ball? Desmond Ball, einer von Amelias unzähligen Großenkeln, erinnert sich noch, wie die alte Frau immer auf der kleinen Terrasse ihres Hauses in Fish Hoek an der Kap-Halbinsel saß. Aber auch er musste in Archive, um mehr zu erfahren. Amelia wurde 1865 in King William's Town als fünftes von elf Kindern geboren. Neben all der Kindererziehung fand ihre Mutter dennoch Zeit, größere Mengen an Chutney zu produzieren, unter dem Zungenbrecher-Namen ›Mrs Henry Adkins Sen, Colonial Chutney Manufacturer‹. Amelia heiratete den Eisenbahn-Angestellten Herbert Saddelton (HS) Ball 1886 und sein Job führte sie durch das ganze Land, bevor sie sich in Kapstadt niederließen. Dort begann sie, viele Jahre und sieben Kinder später, wie einst ihre Mutter, Chutney kommerziell herzustellen, unter Verwendung des alten Rezepts.

Was in der heimischen Küche begann, benötigte eine Fabrik, nachdem Herr Ball das Chutney seiner Frau dem Marketing-Mann Frederick Metter schmackhaft gemacht hatte. Er etablierte ein nationales und internationales Vertriebsnetzwerk und war maßgeblich am charakteristischen Design der achteckigen Flasche beteiligt. Mrs Ball's und Mrs Adkin's Chutneys (produziert von Amelias Schwester Florence) waren jahrelang direkte Konkurrenzprodukte. Bis Adkin's in the 1970er-Jahren vom Markt verschwand.

Mrs Ball's hatte hingegen keine Absatzprobleme. Als sie im reifen Alter von 97 Jahren 1962 starb, produzierte ihre Fabrik in Diep River mehr als eine Million Flaschen pro Jahr. Nach ihrem Tod verkaufte die Familie das Geschäft an Brooke Bond Oxo, die wiederum an den Food-Konzern Tiger Brands. Aber Mrs Ball's lebt in jeder Flasche Chutney, die ihren Namen trägt, weiter.
www.mrsballs.com ■

Karoo

Karoo-sam — Prince Albert gehört zu den schönsten Dörfern des Landes. In den liebevoll restaurierten, historischen Häusern leben Aussteiger aus dem In- und Ausland. Und der Swartberg-Pass ist einer meiner liebsten Bergübergänge.

Seite 220

Route 62

Das südafrikanische Pendant zur amerikanischen Route 66. Es gibt viele interessante Orte, Kneipen und Menschen entlang der Strecke zwischen Calitzdorp und Montagu.

Seite 222

American Style Diner

Diesel & Crème in Barrydale ist zu einem Wahrzeichen der Route 62 geworden. Herrlich schrottig mit alten Zapfsäulen und Schildern dekoriert, serviert es unter anderem die dekadentesten Milkshakes im Land.

Im Lord Milner Hotel spukt es schon seit Jahrzehnten.

Seite 224

Swartberg Hiking Trail

Die anstrengendste und wildeste Wanderung in diesem Buch führt durch eine grandiose Berglandschaft. Da die Wanderung bis auf über 2000 Meter hoch geht, ist sie nur etwas für erfahrene Hiker.

Seite 229

Tauchen mit Krokodilen

In einem Käfig zu Krokodilen abzutauchen ist ein ganz besonderer Thrill. Die Cango Wildlife Ranch in Oudtshoorn hat diesen Tauchausflug im Programm.

Seite 230

Teuflisch heiß

Vom Swartberg Pass ins Tal führt eine spektakuläre und recht abenteuerliche Offroad-Strecke. Der Höhepunkt der Tour ist die Übernachtung ganz unten, in einem der renovierten, historischen Häuschen von Cape Nature Conservation.

Seite 233

De Bergkant Lodge

Eine Übernachtung in historischen Mauern, im alten Pfarrhaus von Prince Albert.

Seite 233

Yellow House

Im ›gelben Haus‹ von Prince Albert wechselt das kleine, aber feine Menü monatlich, und fast alle Zutaten kommen aus dem eigenen Garten – nach dem Konzept ›Von der Farm zur Gabel‹. Fleisch und Milchprodukte werden von lokalen Erzeugern eingekauft.

Seite 235

Stadtrundfahrt in Matjiesfontein

Mit zehn Minuten eine recht kurze, aber dafür umso unterhaltsamere ›Stadtrundfahrt‹. Der Fahrer des alten, ausgedienten, roten Doppeldecker-Busses aus England ist ein unterhaltsamer Tourguide.

Wie wäre es mit einer Übernachtung im Karoo Moon Motel? *(Seite 222)*

Farmer Ronnie wollte vor Jahren eigentlich nur einen Farmladen an der Route 62 aufmachen. Mit roten Lettern malte er »Ronnies Shop« auf das kleine, weiße Gebäude. Der Rest ist Geschichte … (S. 221)

erleben

Pässe und Vögel der Superlative

Nach Oudtshoorn gelangt man von George aus über **Bergpässe** oder von Robertson und Montagu über die **Route 62**, Südafrikas ›Mother Road‹. Beide Routen wurden in den 1920er-Jahren gebaut, um ländliche Gebiete mit Städten zu verbinden, und beide wurden später durch breite, neue Highways ersetzt – und schließlich fast vergessen. In den letzten Jahren hat die Alternativstrecke zur N 2 eine wohlverdiente Renaissance erlebt. Skurrile Plätze wie **Ronnie's Sex Shop** (nein, das ist ein Pub) und das hypercoole **Diesel & Crème Diner** samt **Karoo Moon Motel** in Barrydale trugen maßgeblich dazu bei.

Die sehr hübsche, über 100 Jahre alte, von deutschen Missionaren gegründete, lutheranische Kirche in **Amalienstein** wurde von der lokalen Gemeinde in ihrer alten Ockerfarbe mit roten Akzenten renoviert. Die geplante Orgel wurde aus finanziellen Gründen nie installiert. Stattdessen wurde eine Holzwand mit Orgelpfeifen bemalt.

Der nächste Ort an der Route 62 ist **Calitzdorp,** Südafrikas Portwein-Haupt-›Stadt‹. Das Ende Mai stattfindende **Port Wine Festival** wird diesem Ruf gerecht.

Angekommen in der Straußenmetropole **Oudtshoorn,** sollte man sich die Besichtigung einer **Straußenfarm** nicht entgehen lassen. Aber bitte nicht reiten. Diese Touristenattraktion ist eine Qual für das (zum Glück) flugunfähige Großgeflügel.

Durch grandiose Schluchten und über den abenteuerlichen **Swartberg Pass** erreicht man den wunderbar einsamen Ort **Prince Albert.** Dort leben viele Aussteiger aus pulsierenden Metropolen, was die Qualität der Gästehäuser und Restaurants deutlich verbessert hat. Nirgendwo sonst lässt sich der nächtliche Sternenhimmel besser erleben als hier.

Jenseits von PA geht es ab in die Wüste, in die englische Karoo-Oase **Matjiesfontein.** Die semiaride Karoo ist ein riesiges Gebiet, das aus schroffen Bergen und Canyons besteht. Liegt die Route 62 noch in der **Kleinen Karoo,** die etwas fruchtbarer ist, so führt der Swartberg Pass in die **Große Karoo,** wo es deutlich arider ist.

O

ORIENTIERUNG

Infos: Das Tourismusbüro von Prince Albert unterhält eine richtig gute Website: www.princealbert.org.za.
Aktiv: Beliebt sind die atemberaubenden Downhill-Mountainbike-Trips vom Swartberg-Pass: www.dennehof.co.za.

Robertson

📍E5

Sowohl von den hier angebauten Tröpfchen als auch von den Unterkünften und Restaurants her ist Robertson eine prima Alternative zu den traditionellen Weinorten Stellenbosch, Franschhoek oder Paarl.

Schlafen

Boutiquehotel aus dem Bilderbuch

Robertson Small Hotel: Im Weinort Robertson, kurz bevor es in die Klein-Karoo geht, findet sich dieses wunderbare Boutiquehotel. Ein Ort, wo einfach alles passt. Zehn stilvoll eingerichtete Doppelzimmer, wo, wie beim Rest des Hotels auch, Alt und Neu geschickt kombiniert werden. Der Service ist Spitze. Website-Angebote beachten. Sehr romantisch, ideal für frisch oder immer noch Verliebte.

58 Van Reenen St., T 023 626 72 00, www.therobertsonsmallhotel.com, €€–€€€

Essen

Saisonal & local

The Small Restaurant Hotel: Das kleine Restaurant findet sich in dem intimen Robertson Small Hotel. Es gibt nur gegen Vorbuchung eine gute ländliche Küche mit exzellenten Zutaten aus der Umgebung. Die Köche können durch ein großes Glasfenster bei ihrer Arbeit beobachtet werden. Wunderbarer Weinkeller.

58 Van Reenen St., T 023 626 72 00, www.therobertsonsmallhotel.com, tgl. 8–10, 12–15, 19–21 Uhr, €€–€€€

Neugierig und dumm: Das Gehirn des flugunfähigen Großgeflügels ist kleiner als eines seiner Augen.

Montagu

E5

Wer von Kapstadt in die Karoo fährt, sollte die Route 62 über Montagu nehmen. Kurz vor Montagu liegt die enge, rotsteinige Schlucht **Kogmanskloof,** wo sich die tektonischen Kräfte der Erde so richtig ausgetobt haben. Die Gesteinsschichten sind so wild verfaltet wie eine vom Teller gerutschte Lasagne. Im hübschen Städtchen Montagu mit seinen zahlreichen historischen Gebäuden beginnt die Route 62 (www.route62.co.za), Südafrikas Version des amerikanischen Originals mit den zwei Sechsen.

Schlafen

Art-déco-Perle

Montagu Country Inn: Das einzige echte Art-déco-Hotel in Südafrika. Die Besitzer haben es stilecht mit zeitgenössischen Möbeln ausgestattet. Das Gebäude wurde 1875 erbaut, brannte dann aber ab und wurde in den 1920ern/1930ern im jetzigen Stil wieder aufgebaut. Mitbesitzer Gert Lubbe ist Begründer der Route-62-Organisation. Er gibt seinen Gästen nicht nur Tipps aus erster Hand, er chauffiert sie auch für 575 Rand die Stunde in seinen American Dream Cars, einem Cadillac und einem De Soto, beide Baujahr 1956, herum. Ideal für einen stilvollen Weingutbesuch (s. auch YouTube: »American Dream Cars at Montagu Country Hotel«).

27 Bath St., T 023 614 31 25, www.montagucountryhotel.co.za, €

Gourmet-Stop

Mimosa Lodge: In einem historischen Haus aus dem 19. Jh. und diversen Außengebäuden sind insgesamt 23 Zimmer untergebracht. Einige mit schöner Art-déco-Einrichtung. Ruhiger Garten, wo u. a. die Kräuter und Gemüsesorten des Schweizer Chefkochs Bernard wachsen. Ganz in der Nähe liegt auch der vor allem im Sommer herrliche Poolbereich. Ausgezeichnetes Restaurant.

19 Church St., 023 614 23 51, www.mimosa.co.za, €

Viktorianisch

7 Church Street: Gemütliches viktorianisches Häuschen mit grün-weißer Fassade und verschnörkelten schmiedeeisernen Balkongeländern mit typisch englischem Garten, Ententeich und Pool. Es gibt insgesamt fünf Zimmer, alle ganz verschieden und mit Antiquitäten eingerichtet.

7 Church St., T 023 614 11 86, www.7churchstreet.co.za, €

Essen

Nicht nur Kaffee und Kuchen

The Rambling Rose: In dem Bäckerei-Restaurant gibt es nicht nur den besten Kaffee im Ort, die frisch gebackenen Croissants und Kuchen sind ebenfalls lecker. Frühstücks- und Lunch-Gerichte richten sich nach dem, was der Garten gerade hergibt.

36 Long St., T 083 401 45 03, FB: Rambling Rose, Mi–So 8–17 Uhr, €

Bewegen

Töff-Töff

Montagu Tractor Trips: Bereits im Jahr 1985 fingen die Traktortouren an – und sind heute so beliebt wie damals. Ein großer, kräftiger Traktor zieht dabei einen überdachten Anhänger mit Sitzbänken auf einer geschotterten Piste den Berg hoch bis auf 1500 m, prächtige Ausblicke sind dabei garantiert!

Protea Farm, R 318, Koo Valley, T 023 614 30 12, www.proteafarm.co.za, Mi, Sa 10 Uhr, 190 Rand, Mittel- und Oberschüler 120 Rand, unter 2 Jahren frei

Leider nicht mehr so cool wie früher und vielleicht seinem Untergang geweiht: Ronnie in seinem gleichnamigen »Sex-Shop«

Sanbona Private Game Reserve F5

Nach dem Verlassen von Montagu führt der Weg durch eine einsame, halbwüstenartige Buschlandschaft. Zu beiden Seiten ragen Bergketten auf. Links der Route 62 ist nach einigen Kilometern die Abzweigung zum privaten Sanbona Wildlife Reserve erreicht. Mehrere ehemalige Farmen wurden hier in ein großes Schutzgebiet verwandelt.

Zurück auf der Route 62 bietet sich Autofahrern eine Landschaft wie im Western. Der Karoo Saloon verstärkt mit seiner gigantischen Naturstein-Adlerskulptur diesen Eindruck.

15 km vor Barrydale, rechts der Straße, T 084 970 39 99, www.karoosaloon.com

Schlafen

Großwildsafari in der Karoo
Sanbona Private Game Reserve: Es gibt drei verschiedene Übernachtungsmöglichkeiten auf dem riesigen Gelände des Wildnisreservats: im Farmhaus Tilney Manor, in der Gondwana Family Lodge und im luxuriösen Zeltcamp Dwyka Tented Lodge. Die exklusiven Unterkünfte liegen weit voneinander entfernt.
40 km östlich von Montagu an der Route 62, Abfahrt ›Die Vlakte‹; Reservierung: T 041 509 30 00, www.sanbona.com, €€€

Barrydale F5

Barrydale ist der erste von vielen ruhigen und relaxten Orten an der R 62. Viele Aussteiger, darunter auch eine wachsende Gay-Community, haben sich hier in den letzten Jahren niedergelassen und geschmackvolle Restaurants sowie einige B-&-B-Unterkünfte eröffnet.

Ein paar Kilometer hinter Barrydale bleibt der Blick plötzlich an einem kleinen, weißen Häuschen kleben, das rechts der Straße steht. Was steht da? **Ronnie's Sex Shop?** Der Laden ist gut für eine Pause mit kühlen Getränken und Grillfleisch.

Sex in the Country?
Eigentlich wollte Ronnie einst farmfrische Produkte verkaufen. Und so fing er an, das alte Häuschen zu renovieren und den roten Schriftzug »Ronnie's Shop« aufzupinseln. Dann kamen seine Freunde ins Spiel. Nach durchzechter Nacht stand plötzlich das Wörtchen »Sex« hinter »Ronnie's«. Das machte

Durchreisende neugierig, und sie legten einen Stopp ein, um herauszufinden, was es mit dem ›Sex‹ auf sich hatte. Eines der bekanntesten Pubs des Landes war geboren. Um dem ›interessanten‹ Namen nun wenigstens einigermaßen gerecht zu werden, schwatzte der graubärtige und graupferdeschwänzige Ronnie weiblichen Besuchern ab und zu etwas Unterwäsche ab, die noch dekorativ die Barwände ziert. Mittlerweile ist der Platz zu einer eher schmuddeligen und unfreundlichen Touristenattraktion verkommen, die nach wie vor von ihrer einstigen Einzigartigkeit profitiert. Ronnie will auch schon länger verkaufen, aber so weit draußen funktionieren Fantasiepreise nicht. Selbst für Fake Sex Shops. Selfie machen, solange das Ding noch steht.

T 028 572 11 53, tgl. 10–24 Uhr

Schlafen

Romantisch

Karoo Art Hotel: Historisches, renoviertes Stadthotel. Die Zimmer im ersten Stock mit Himmelbetten und Balkon sind die beste Wahl. Die Dekoration ist herrlich verspielt, und das Restaurant serviert gute Gerichte – wenn es draußen kühl ist, sitzt man am offenen Kamin. Wenn Sie Glück haben, fährt Hotelbesitzer Rick Melvill frühmorgens mit Ihnen in Sputnik, seinem angejahrten, blauen Rolls Royce, zum Tradouw Pass, wo man an einer Stelle im Fluss (meist eiskaltes Wasser) schwimmen kann. Da schmeckt das Frühstück danach noch viel besser. Rick ist übrigens auch der Mitbesitzer von Südafrikas Retro-Safari-Ausstatter Melvill & Moon, seit vielen Generationen in Familienbesitz. Deren attraktive und praktische ›Out-of-Africa‹-Safari-Produkte finden sich in vielen Lodges und Hotels im südlichen Afrika, natürlich auch im Karoo Art Hotel. Es gibt kaum ein stilvolleres Südafrika-Souvenir. Überzeugen Sie sich selbst: www.melvillandmoon.com, FB: Melvill & Moon. Eine weitere Attraktion in dem außergewöhnlichen Hotel ist das kleine ›Kino‹ im Dachstuhl. Und es ist hier immer etwas los, von der Kunstausstellung über Harley-Treffen bis zum Analog-Fotokurs.

30 Van Riebeeck St., T 028 572 12 26, www.karooarthotel.co.za, €

Vintage-Traum

Karoo Moon Motel: Das passende kleine Motel zum Diesel & Crème Roadhouse. Ebenfalls mit herrlichen Trödelfundstücken eingerichtet. Neben dem Motel gibt es im Ort noch zwei wunderbare, kleine Häuschen zum Übernachten: **The Karoo Moon House & Cottage.**

2 Tennant St., T 028 572 10 08, www.dieselandcreme.co.za, €

Essen

African Diner

Diesel & Crème: Wer amerikanische Road Movies liebt, kommt an diesem coolen Karoo-Diner nicht vorbei. Definitiv einer der besten Stopps entlang der Route 62. Und das liegt nicht nur an den Hamburgern, den gigantischen Milkshakes oder dem guten Kaffee. Diesel & Crème ist fantastisch dekoriert, mit antiken Kirchenfenstern, alten Zapfsäulen, patinierten Emailleschildern und so viel Krimskrams, dass man gar nicht weiß, wohin man zuerst schauen soll. Die Bedienungen sind alle richtig freundlich. Besitzer Arthur und sein Sohn Dean sind immer auf der Suche nach neuem rostigem Gold. Nach dem Erfolg ihres Roadhouse in Barrydales Main Street wurde direkt nebenan in einem anderen Gebäude das Karoo Moon Motel eröffnet.

Main St., Barrydale, T 028 572 10 08, www.dieselandcreme.co.za, Facebook: Diesel & Crème, tgl. 8–17 Uhr, €

Ladismith und Amalienstein ⚲ G–H4

Ladismith kündigt sich schon von Weitem durch den mächtigen, gespaltenen Gipfel des Towerkop an. Einer Legende nach spaltete ihn eine Hexe, indem sie ihm vor Wut mit ihrem Besen eins überzog, weil sie nicht in der Lage war, den ihr offensichtlich im Weg stehenden Berg wegzuräumen.

Die über 100 Jahre alte, von deutschen Missionaren gegründete lutheranische Kirche in Amalienstein wurde von der Gemeinde in ihrer alten Ockerfarbe mit roten Akzenten restauriert. Kurios: Eine Orgel wurde aus Geldmangel nie eingebaut, aber stattdessen eine Bretterwand mit Orgelpfeifen bemalt. Die 1853 erbaute Kirche ist nach Amalie von Stein benannt, einer Unterstützerin deutscher Missionsstädte in Afrika.

Gegenüber von Amalienstein, auf der anderen Seite der Route 62, zweigt die Piste durch den spektakulären **Seweweekspoort** ab. Die Schluchtwände bestehen aus gefaltetem, rotem Sedimentgestein.

Calitzdorp ⚲ H4

Calitzdorp ist Südafrikas Portwein-Haupt-›Stadt‹. Das Ende Mai stattfindende Port Wine Festival wird diesem Ruf gerecht. Offroad-Freunde, die nicht nach Oudtshoorn wollen, können von Calitzdorp die Piste über **Kruisrivier** und **Matjiesrivier** wählen. Kurz vor der Auffahrt zum **Swartberg Pass** stößt diese wieder auf die R 328. Reisende mit Pkw erreichen Oudtshoorn auf der R 62.

P

ÜBER HISTORISCHE PASSSTRASSEN NACH OUDTSHOORN

Von George führen zwei Passstraßen über die Outeniqua-Berge nach Norden: die 1997 modernisierte, breit ausgebaute Straße über den **Outeniqua Pass** (⚲ K5) und der abenteuerliche, ungeteerte Weg über den **Montagu Pass** (⚲ K5). Die Piste über Letzteren wird, wie auch andere Bergübergänge in der Region, hauptsächlich während der heftigen winterlichen Niederschläge in Mitleidenschaft gezogen. Während der Pass sonst mit Pkw zu befahren ist, sind dann aufgrund der tiefen Auswaschungen Geländewagen notwendig. Am besten erkundigt man sich beim Tourismusbüro in George nach dem Pistenzustand.

Ausflug in prämotorische Zeiten
Der historische Bergübergang, nach vierjähriger Bauzeit 1847 eröffnet, ist in seiner gesamten Länge denkmalgeschützt und der älteste befahrbare Pass Südafrikas. Immer wieder bieten sich grandiose Blicke zurück in Richtung George und Meer. Die grüne Vegetation erinnert eher an Bergstrecken der Pyrenäen oder Alpen. Die stolzen Besitzer des ersten Autos in George, Dr. Owen Snow und Mr. Donald MacIntyre, waren auch die Ersten, die den Pass motorgetrieben überquerten – jedoch nicht ganz so, wie im Museum von George beschrieben: Am Regop Trek, der steilsten Stelle des Passes, blieb ihr französischer Daraq hängen. Am Sonntag darauf versuchten sie es erneut – mit einem PS mehr: Sie spannten ein Pferd vors Auto und schafften es so bis nach oben.

TOUR
Die Anstrengung lohnt sich

Auf dem Swartberg Hiking Trail

Dieser Wanderweg durchquert das zerklüftete Bergmassiv des **Swartberg Nature Reserve,** nördlich von Oudtshoorn. Wandern in den bis zu 2000 m hohen, abseits der Zivilisation gelegenen Bergen ist eher etwas für erfahrene Hiker. Die Sommer sind extrem heiß, die Winter sehr kalt, mit nicht seltenen Schneefällen. Der einzige Nachteil des Trails ist, dass die Übernachtungen nahe am Jeep Track liegen und dieser teilweise benutzt werden muss. Trotzdem ist der Swartberg Hiking Trail einer der spektakulärsten ausgeschilderten Wanderwege am Kap.

Dramatische Schluchten

Wenn man den Trail auf einer Karte lokalisiert, mag man zunächst verwirrt sein, da es verschiedene Ausgangspunkte gibt. Der beste Startpunkt ist beim **De Hoek Resort** in der Nähe der Cango Caves (s. S. 275), die diesen Bereich zum beliebtesten am Swartberg Hiking Trail machen. Allerdings sind, startet man hier, der erste und letzte Tag mit sehr steilen Wegstrecken verbunden. Doch der Bergfynbos, die unglaublichen Aussichten und die dramatischen Schluchten und Berggipfel entschädigen für die Anstrengungen.

Achtung: Verpflegung ist selbst mitzubringen, am besten auch Wasser!

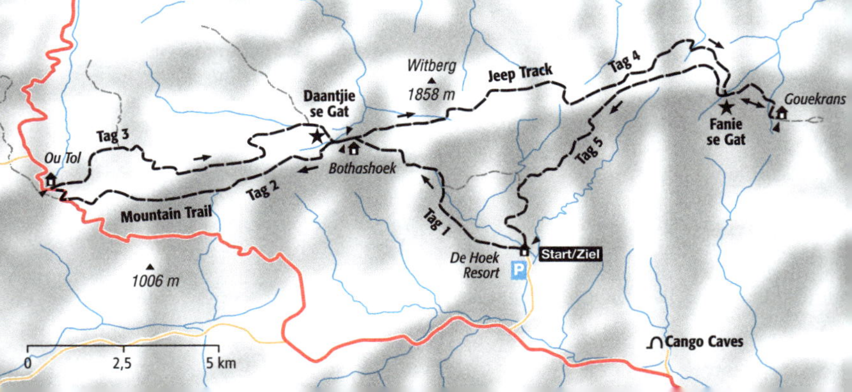

Infos

J 4

Start-/Endpunkt: Parkplatz De Hoek

Länge: 58 km, steiler und anstrengender Rundwanderweg, kürzere Routen (1–4 Tage) sind möglich, da man von den Übernachtungsplätzen immer wieder zum Jeep Track hin abkürzen kann

Dauer: 5 Tage

Kosten: Swartberg Nature Reserve 60/40 Rand zzgl. 220 Rand für den Trail

Kontakt: Cape Nature Conservation, T 021 659 35 00, www.capenature.co.za

Am ersten Tag wandert man von **De Hoek** nach Bothashoek (8,5 km, 4 Std.). Am Parkplatz quert ein Steg den Zaun. Nur hier am ersten Fluss gibt es im Sommer sicher Wasser! Also mit vollen Wasserflaschen von hier starten. Und lange Hosen tragen, da die kratzigen Büsche sehr eng stehen.

Der gut ausgelaufene Pfad führt nach oben zu einem Drehkreuz. Die meisten Wanderer nehmen die rechte Abzweigung Richtung **Gouekrans,** um dort die erste Nacht zu verbringen. Wer die gesamte, fünftägige Route läuft, sollte allerdings nach links laufen, Richtung Bothashoek, um sich das Beste für den Schluss aufzuheben.

Flechtenbewachsene Felsmassive

Zunächst folgt der Pfad dem Zaun zu einem Fluss. Der Anstieg aus diesem ersten Tal ist steil. Dann ist ein Plateau erreicht, wo das eigentliche **Swartberg-Wanderparadies** beginnt: mit Fynbos bewachsene Hänge, grandiose Ausblicke und ein richtiges Wildnisgefühl. Nach 3,9 km passiert man eine Gabelung, wo die kürzere Rundtour von De Hoek auf den Pfad trifft. In der Distanz ist der Sattel auszumachen, über den es geht. Rechts liegt eine aus dem Sandstein geformte Höhle. Dahinter türmen sich wild verwitterte und gefaltete Felsmassive, bewachsen mit orangefarbenen Flechten.

Und es geht immer weiter aufwärts. Oben am Pass selbst ist es meist sehr windig. Von dort aus sieht man im schmalen Tal unterhalb das Tagesziel, die **Bothashoek-Hütte.** In weniger als einer Stunde ist sie erreicht. Wie bei den anderen Swartberg-Hütten gibt es Stockbetten, Matratzen, Regenwasser-Tanks und sogar Spültoiletten und Duschen im neuen Sanitärblock. Die Hütte hat drei Zimmer, wobei das nach vorne raus am schönsten ist. Es gibt außerdem Küche und Wohnraum.

Felsenpool – leider trocken im Sommer

Am zweiten Tag geht es von Bothashoek nach **Ou Tol** (12,8 km, 4 Std.). Da man sich hier quasi im Zentrum einer Acht aus Wanderpfaden befindet, hat man die Wahl. Der Mountain Trail nach Ou Tol ist die empfehlenswerteste Variante. Westlich des Jeep Track führt der Pfad hier zum **Daantjie se Gat,** einem natürlichen Felsenpool, der im Hochsommer allerdings trocken ist.

Aufgrund der Höhe von über 2000 Metern gehört dieser Wanderweg zu den schwierigsten im Land.

Hier führt der Weg nach links und aufwärts. Der Weg ist rau, und es geht auf und ab, aber unglaubliche Ausblicke entschädigen einmal mehr für die Anstrengung: Wenn man bereits das Gefühl hat, fast am Tagesziel zu sein, geht es vor dem Abstieg zur Ou-Tol-Hütte noch einmal richtig steil hoch.

Wasserfall als Dusche

Der dritte Tag führt von Ou Tol zurück nach **Bothashoek** (13,8 km, 4,5 Std.). Diese Etappe folgt dem Jeep Track, durch sandige und felsige Abschnitte, mit einigen steilen Anstiegen. Der **Bobbejaans River** bietet hier einen Wasserfall, wo man sich mit Glück (im Sommer selten) herrlich erfrischen und die Wasserflaschen füllen kann.

Die vierte Etappe verbindet Bothashoek mit Gouekrans (13,4 km, 4 Std.). Von der Ou-Tol-Hütte aus sieht man den Jeep Track, der östlich aus dem Tal zu einem Pass aufsteigt. Nach einer kurzen flachen Sektion durchquert man ein sattgrünes Tal. Die Proteen sind hier gigantisch und stehen dicht zusammen. Etwa 1 km vor der Übernachtungshütte durchquert der Pfad einen Fluss. Hier befindet sich das **Fanie se Gat**, ein schöner Felsenpool: ein idealer Erfrischungsstopp auf dem Weg nach oben zur Hütte. Das Wasser ist auch im Sommer eiskalt und der Pool tief genug, um ganzjährig gefüllt zu sein. Die Zimmer der Hütte nutzen die natürlichen Fels- als Innenwände.

Von Punk bis Gold

Am letzten Tag lohnt es sich, früh aufzustehen. Es geht von **Gouekrans** zurück nach De Hoek (12,6 km, 5,5 Std.), und der Anstieg aus dem Tal ist wieder einmal sehr steil. Die Morgenkühle hilft, aber die spektakulären Farben der Felsen im ersten Licht der Sonne – von Pink bis Gold – sind der Hauptgrund für den Frühstart. Es geht wieder mal auf, mal ab durch ausgedehnte Proteenfelder. Beim finalen Abstieg kann man unten bereits das De Hoek Resort erkennen. Und eine seltsame, riesige Wand, die sich quer durch den Hang zieht bis auf die andere Seite. Wahrscheinlich diente sie früher dazu, Tiere im unteren Teil des Berges zu halten. Der letzte Abschnitt hinunter zum **De Hoek Resort** ist noch einmal so richtig steil. Und von unten wirken die Berggipfel dann so einschüchternd hoch, dass man kaum glauben kann, diese alle in den letzten Tagen bezwungen zu haben.

Schlafen

Wunderbar abgelegen

The Retreat at Groenfontein: Eine abgelegene Farm mit viktorianischem, stilvoll renoviertem Herrenhaus birgt acht schöne Zimmer – eine der ruhigsten (kein Handyempfang!) und romantischsten Übernachtungsmöglichkeiten (samt Dinner, bei schönem Wetter im Freien) im Land. Die Wanderungen am Ende des Groenfontein-Tals sind herrlich einsam.

20 km (Piste) östlich von Calitzdorp, T 044 213 38 80, www.groenfontein.com, €

Feiern

- **Calitzdorp Port Wine Festival:** Anfang Mai, FB: Calitzdorp Port Wine Festival. Tolles Fest in dem kleinen Karoo-Städtchen mit Probier- und Verkaufsständen, Tanz-, Theater-, Kabarettvorstellungen, Comedy, Klassik- und Rockkonzerten, Oldtimertreffen, Halbmarathon, Radrennen und Miss-Port-Wahl (die Gewinner erhalten ihre Preise in Port aufgewogen).

Oudtshoorn

J4

Die Halbwüste der Karoo besitzt ein ideales Klima für Strauße, die hier zu Tausenden gehalten werden. Das flugunfähige Geflügel hat die Region berühmt gemacht: Das Karoo-Städtchen **Oudtshoorn** gilt als die ›*ostrich metropolis*‹. Hier leben 97 % der weltweiten Straußenpopulation.

In den 1920er-Jahren verdienten die Straußenbarone noch ein Vermögen mit dem Verkauf der Federn. Federboas waren in Europa und Amerika bei Frauen ein unverzichtbares Accessoire. Mit dem Ende dieser Mode begann der Zusammenbruch der Industrie, und schließlich folgte die Umbesinnung. Federn sind heute nur noch für die extravaganten Kostüme der Teilnehmer des Karnevals von Rio oder im Rotlichtmilieu gefragt. Geld verdient wird nun vor allem mit dem hochwertigen Leder, aber auch dem Fleisch der Strauße, das kein Cholesterin enthält und dessen Geschmack an Rind erinnert.

Besuch von Straußenfarmen

Ein paar Kilometer außerhalb von Oudtshoorn zeigen zwei große Showfarmen, wie Strauße gehalten werden: die **Highgate Ostrich Show Farm** und die aufgrund ihres Straußenpalastes und der besseren Führung empfehlenswertere **Safari Ostrich Farm.** Besucher erfahren in ihrer Landessprache alles über das überdimensionale Federvieh. In Souvenirshops gibt es Produkte aus Straußenleder und -eiern zu kaufen. Mittlerweile wird – politisch korrekt – zum Glück nicht mehr auf den armen Vögeln geritten. Das galt noch vor wenigen Jahren als absolut ›normal‹.

Highgate Ostrich Show Farm, T 044 272 71 15, www.highgate.co.za, Führung 80 Min., 140 Rand, 6–12 Jahre 75 Rand

Safari Ostrich Farm, T 044 272 73 11 u. 73 12, www.safariostrich.co.za, tgl. 7.30–17 Uhr, Tour tgl. 8–16 Uhr jede Std., 180 Rand, bis 14 Jahre 110 Rand

Museen

Alles über Strauße

C. P. Nel Museum: In diesem Museum erfahren die Besucher allerlei interessante Fakten über die lokale Straußenindustrie und können sich umfassend über die Riesenvögel informieren.

Ecke Voortrekker Rd./Baron Van Rheede St., T 044 272 73 06, www.cpnelmuseum.co.za, Mo–Fr 8–17, Sa 9–13 Uhr, So, Fei n. V., 100/50 Rand

Die Cango Caves können mit den schönsten Tropfsteinhöhlen der Welt konkurrieren.

Schlafen

Viktorianisch

Rosenhof Country House: Das stilvoll renovierte viktorianische Anwesen mit seinen wertvollen *yellowwood*-Böden und Balken wurde 1852 erbaut; die antiken Möbel unterstreichen das historische Ambiente; wundervoll angelegter Rosengarten. Zwölf Zimmer, zwei Suiten, Kinder ab 12 Jahren willkommen, bekannt für die gute Küche, Wellnesscenter.

264 Baron van Rheede St., T 044 272 22 32, www.rosenhof.co.za, €€

Heia Safari

Buffelsdrift Game Lodge: Unerwartet professionelles Safari-Erlebnis, so nahe an Oudtshoorn. Pirschfahrten im offenen Land Rover mit kundigem Ranger. Übernachtet wird in Luxuszelten. Im Sommer sind die direkt am Stausee gelegenen Zelte kühler, und man kann die Hippos besser sehen. Kinderfreundlich. 2020 wurden einige Geparde auf dem Gelände der Farm ausgesetzt, und Besucher erfahren viel über die sprintenden Savannenjäger. Sowohl die hier lebenden Elefanten als auch die Löwen wurden gerettet. Letztere von einer Jagdfarm, wo sie von Trophäenjägern geschossen worden wären. Die sanften Riesen hätten das gleiche Schicksal erlitten. So trafen die Besitzer von Buffelsdrift die Entscheidung, den Tieren einen würdevollen Lebensabend zu ermöglichen. Die aus diversen Dokumentationen populären Erdmännchen *(meerkat)* sind allerdings Einheimische, und der Besuch des Clans im Morgengrauen ist besonders für Reisende mit Kindern eine Freude.

Rechts der R 328 Richung Cango Caves, 7 km außerhalb von Oudtshoorn, T 044 272 00 00, www.buffelsdrift.com, €€€

Caravaning und Chalets

Kleinplaas Holiday Resort: 30 Caravanstellplätze und 44 Chalets für Selbstversorger; Restaurant, Swimmingpool.

Baron van Rheede St., stadtauswärts Richtung Cango Caves gelegen, T 044 272 58 11, www.kleinplaas.co.za, €

Essen

Herzhaft südafrikanisch

Nostalgie: Herzhafte, südafrikanische Küche mit ordentlichen Portionen. Schmeckt wie bei Muttern und fühlt sich in dem gemütlichen, historischen Haus auch so an.

74 Baron van Reede St., T 044 272 40 85, www.oudtshoornrestaurant.co.za, Mo-Sa 6.30–22.30 Uhr, €

Alte Mühle

Old Mill Restaurant: Die 150 Jahre alte Mühle steht noch und ist im Innern des Restaurants zu besichtigen. Es hat fast etwas Makabres, wenn die zahmen Kudus und Elenantilopen an das Holzdeck kommen, wo sich Gäste über ebensolche Wildsteaks hermachen.

Old Mill Country Lodge, Schoemanshoek, an der R 328 Richtung Cango Caves, T 044 272 73 08, www.deoudemeulrestaurant.co.za, Mo–Sa 11–16, 18–22, So ab 18 Uhr, €

Bewegen

Tauchen mit Krokodilen

Cango Wildlife Ranch: Hier können in Freigehegen Krokodile und Raubkatzen aus nächster Nähe betrachtet werden. Attraktion ist das Tauchen mit Krokodilen. ›Lebensmüde‹ ziehen eine Badehose an, bekommen eine Taucherbrille und steigen dann in einen Käfig, der in das Panzerechsen-Becken abgelassen wird. Die Hände sollten während des Tauchgangs innerhalb des Käfigs bleiben.

Auf der R 328 von Oudtshoorn Richtung Norden. Etwa 3 km außerhalb der Stadt liegt links der Straße die Ranch, T 044 272 55 93, www.cango.co.za, tgl. 8.30–16.30/17 Uhr, Führungen tgl. 8.30–ca. 16.30 Uhr (Start der letzten Führung), Dez./Jan., Juni/Juli, Sept./Okt. Beginn der letzten Führung 17 Uhr, Dauer 45–60 Min., 210 Rand, 4–13 Jahre 130 Rand, Geparden streicheln (ab 14 Jahre, Mindestgröße 1,55 m) 200/150 Rand, Krokodil-Tauchen (ab 14 Jahre) 200/150 Rand

Infos

- **Oudtshoorn Tourism Bureau:** Baron van Reede St., T 044 279 25 32, www.oudtshoorn.com.

Cango Caves

J4

Durch die pittoreske Schoemanspoort-Schlucht geht es von Oudtshoorn 29 km nach Norden zu den Cango Caves. Die Tropfsteinhöhlen können es locker mit anderen Naturwundern dieser Art in der Welt aufnehmen. 3 km weit führen die Wege in das Innere der Erde. Die längste Halle ist 107 m lang, bis zu 54 m breit und 17 m hoch. Sie ist nach dem Cango-Caves-›Entdecker‹ Van Zyl's Hall benannt – ›Buschmänner‹ nutzten die Höhle allerdings natürlich schon viele Hundert Jahre vorher. Einige Tunnels und Passagen wie z. B. der Lumbago-Tunnel sind so eng, dass sich Besucher auf allen vieren kriechend hindurchzwängen müssen. Es gibt allerdings auch ›harmlose‹, einstündige geführte Standardtouren (Heritage Tour) ohne Krabbeleinlagen.

Nach einem kurzen Spaziergang vom Cango-Caves-Parkplatz über einen schön angelegten Pfad trifft man auf den schönen, ausgeschilderten Wasserfall **Rust en Vrede** mit See, in herrlicher grüner Umgebung. Im Sommer lädt der See zu einem erfrischenden Bad ein.

Cango Caves, T 044 272 74 10, www.cango-caves.co.za, tgl. Führungen: Heritage Tour stdl. 9–16 Uhr, 60 Min., 170/120 Rand, Adventure Tour stdl. 9.30–15.30 Uhr, 90 Min., 240/170 Rand, Vorausbuchung erforderlich

Swartberg Pass

J4

Weiter Richtung Norden liegt das Meisterwerk des Straßenkünstlers Thomas Bain vor den Rädern: der 17. und gleichzeitig letzte von ihm geschaffene Bergübergang. Der am 10. Januar 1888 eröffnete Swartberg Pass schlängelt sich als staubige Piste, die allerdings bei trockenem Wetter recht gut auch mit einem normalen Pkw zu schaffen ist, auf immerhin 1585 m hinauf. Wie der Montagu ist auch der Swartberg Pass ein National Monument. Mithilfe von 200 bis 240 Sträflingen brauchte Bain vier Jahre für das gewaltige Projekt.

Lieblingsort

Die Hölle ist ein himmlischer Platz

Vom legendären Swartberg Pass aus geht es direkt in die Hölle. Das bedeutet die Afrikaans-Bezeichnung ›**Die Hel**‹ (H 4) auf Deutsch. Der abenteuerliche Weg nach unten, ins im Sommer ›höllisch heiße‹ Tal, ist beschwerlich und nur im Geländewagen zu empfehlen. Vor allem die letzten vier der insgesamt 37 km langen Strecke, für die gute zwei Stunden zu veranschlagen sind, haben es in sich. Die steilen Kehren, die dort ohne Randbefestigung ins 1000 m tiefer liegende Tal hinunterstürzen, erfordern Mut und Geschick. Lohn der Angst sind ein kaltes Bier bei Oude Klowers Plaaskombuis und die wunderbar von Cape Nature Conservation (www.capenature.co.za) restaurierten, weiß verputzten Häuschen der ehemaligen Talbewohner, in denen Sie übernachten können.

Damals …

Das erste Auto, ein amerikanischer Panhard von 1902, überquerte den Swartberg Pass im Jahr 1904. Er gehörte einem gewissen Dr. G. Russel, der in Oudtshoorn lebte und lange Zeit der einzige Wagenbesitzer im Ort war. Im C. P. Nel Museum in Oudtshoorn hängt ein Bild von ihm, das ihn beim beherzten Queren einer Furt zeigt.

Andere Autopioniere waren weniger mutig. Viele Flachländer, so vermerkt die Chronik süffisant, ließen an den steilen Anstiegen ihre Autos stehen. Von einem frühen Dodge-Lenker heißt es, dass er sich zwar getraut hatte, hochzufahren, ihm aber auf der Höhe von Droewaterval das Benzin ausging. Glücklicherweise hatte er eine Flasche des höllisch starken, in der Umgebung von Oudtshoorn destillierten Witblits-Schnapses dabei. Er schüttete den Inhalt in seinen Tank, startete den Dodge und fuhr weiter bis zum Zollhaus. Augenzeugen berichteten damals, dass sich bei der Ankunft des Autos alle Einheimischen um den Auspuff drängten, um den herrlichen Schnapsduft einzuatmen.

… und heute

Selbst heute ist die Überquerung des Passes noch immer ein kleines Abenteuer. Eng schmiegt sich die Trasse an die Verwerfungen und Falten in den Sedimentgesteinen. Wintersperren durch Schneefälle sind hier eher die Regel als die Ausnahme. Auch im Sommer kann es durch Regenfälle und Erdrutsche zu Blockaden kommen. Immer wieder finden sich auch Mountainbiker zu atemberaubenden Downhillrennen ein. Ihre Vorgänger banden sich Anfang des 20. Jh. noch große Äste an ihre Räder, um die Abfahrt zu verlangsamen.

Die Aussicht von der windigen Passhöhe ist grandios. Richtung Norden breitet sich die Große Karoo aus, nach Süden kann man über die Kleine Karoo hinweg bis zu den Outeniqua-Bergen schauen. Mit den vielen kleinen Feldern sieht das Cango Valley von oben aus wie ein bunter Flickenteppich.

Abstecher nach Die Hel

H4

Kurz hinter der Passhöhe zweigt eine Piste nach links Richtung Die Hel/Gamkaskloof ab, die nur mit einem Geländewagen unter das grobstollige Profil genommen werden sollte. Der Ausflug in die Hölle – den Beinamen bekam das Tal aufgrund der teuflischen Sommerhitze – bedeutet allerdings weitere 37 km Staubpiste (und den gleichen Weg wieder zurück). Belohnt werden die Strapazen durch ein wunderschönes, fruchtbares Tal am Ende des Weges, der auf den letzten 4 km in sehr steilen Kehren abwärts führt.

Die ersten Einwohner des Tales waren ›Buschmänner‹. Weiße Siedler kamen 1830 hierher, das erste feste Haus entstand etwa sieben Jahre später. 1841 gab es mit Onderplaas die erste Farmgründung. Der letzte Farmer verließ 1991 das Tal. Bis 1963 die Straße zum Swartberg Pass gebaut wurde, war Gamkaskloof abgeschlossen von der Außenwelt. Zucker, Salz und Petroleum mussten mit Packeseln von Prince Albert über die Berge gebracht werden. 1992 erklärte Cape Nature Conservation ein Gebiet von 1500 ha im Tal zum Kulturreservat, um die alten Häuser von Gamkaskloof zu erhalten und in ein Freilichtmuseum umzuwandeln.

Schlafen

Camping

In Gamkaskloof/Die Hel (im Gamkaberg Nature Reserve) gibt es zehn Camping-

Sieht aus wie in Good old England: die Boplaas Cottages.

plätze ab 150 Rand/Person, Duschen mit kaltem Wasser und Toiletten. Auch in acht der restaurierten Häuschen kann übernachtet werden. 1–4 Pers. werktags ab 650 Rand, Camping ab 140 Rand. Die Buchung erfolgt über das Cape Nature Reservation Office.

T 021 659 35 00, www.capenature.co.za/reserves/gamkaberg-nature-reserve

Am Ende des Tals

Boplaas Cottages: Da, wo es in der Hölle nicht mehr weitergeht, liegt die private Farm Boplaas. Auch hier stehen noch einige der originalen Häuser der ehemaligen Talbewohner. Allerdings sehr viel liebevoller restauriert als die von Cape Nature Conservation. Und dort zu übernachten kostet nur geringfügig mehr. Nach der Buchung erhalten Sie einen Zahlencode, der das Eingangstor öffnet.

Boplaas Farm, Gamkaskloof, T 062 308 45 71, www.diehelboplaas.co.za, €

Den Swartberg Pass hinunter

Mit jeder Kehre, die es den Swartberg Pass hinabgeht, ändert sich der Blickwinkel. Immer wieder muss man anhalten, um die fantastischen Felsformationen bewundern zu können. Der Eerstewater River wird heute durch eine betonierte Furt gequert. Hier lag zur Bauzeit das Basiscamp von Thomas Bain. In den folgenden Jahren wurde dieser Platz unter dem Namen Dansbaan (Tanzfläche) bekannt, da viele junge Leute hierherkamen, um unter einem klaren Sternenhimmel Walzer zu tanzen. Heute befindet sich hier ein romantischer Picknickplatz.

Prince Albert J3

Über den Swartberg Pass steuert man auf Prince Albert zu, das aber auch auf befestigten Straßen zu erreichen ist, die ebenfalls durch eine beeindruckende Landschaft führen: Von Oudtshoorn geht es auf der N 12 in das kleine Städtchen De Rust und von dort nach Klaarstrom. Auf dem Weg nach Norden durchquert die Straße die 10,5 km lange Meiringspoort-Schlucht, die der Groot River durch das Herz der Swartberge geschnitten hat. Rote und orangefarbene Sandsteinschichten sind wild verformt und gefaltet. Über die R 407 geht es weiter nach Prince Albert.

Schöne weiße Häuschen prägen das idyllische Karoo-Städtchen. Obstbäume, Gemüse und Blumen wachsen hier, am Rande der Swartberge, besonders gut. Daher stammt auch der einheimische Name des Ortes: Kweekvallei – ›Tal, in dem alles gedeiht‹.

Schlafen

Luxus im ehemaligen Pfarrhaus

De Bergkant Lodge: Geschmackvoll restauriertes Pfarrhaus, schöner Garten mit zwei großen Pools, fünf großzügige Zimmer mit geräumigen Bädern, vier Zimmer im Cottage-Stil mit Bambusdecken in einem Anbau und die Protea Suite. Das Schweizer Pärchen Renate und Michi führt die Herberge mit Passion und Liebe zum Detail. Frühstück im Freien mit lokalen Zutaten wie Käse, Schinken, Früchte und Joghurt.

3 & 5 Church St., T 023 541 10 88, www.debergkant.com, €–€€

Farmleben

Dennehof: Auf einer der ältesten Farmen Prince Alberts gibt es hier sieben Zimmer, alle liebevoll mit Trödel eingerichtet.

20 Christina de Witt St., T 023 541 12 27, www.dennehof.co.za, €

Karoo-Stil

African Relish Cottages: Das wunderbare Karoo-Gebäude steht fotogen vor einem Aloegarten und einigen verrosteten Windrädern. Die beiden Zimmer mit Bad wirken wie einem Architekturmagazin entsprungen.

15 Deurdrift St., T 023 541 13 81, www.africanrelish.com/akkedis, €

Klassiker

Swartberg Hotel: Die viktorianische Hotelikone steht seit 1864 in PA und gilt als das Herz der Stadt. Das Swartberg Arms im Haus ist ein gutes Steaklokal.

77 Church St., T 023 541 13 32, www.swartberghotel.co.za, €

Essen

Farm to Fork

Yellow House: Im nicht zu übersehenden ›gelben Haus‹ kommt der Großteil der Zutaten von Petros Gerichten direkt aus dem Garten, von der ›Farm zur Gabel‹ eben. Fleisch und Milchprodukte sind alle aus Prince Albert, die Speisekarte wechselt monatlich. Die Holzofenpizza ist prima. Und übernachten kann man hier auch, in sechs gemütlichen Cottages (€).

519 Christina de Wit St., T 082 480 37 25, www.yellowhouse.co.za, Restaurant Do–Mo ab 18.30, Pizza 12–16 Uhr, €

Burger & Bier

Karoo Bierstro: Gute Burger, dazu ein vor Ort gebrautes Bier. Was möchte man mehr? Vielleicht noch die Chicken Wings als Vorspeise?

6a Church St., T 071 342 90 06, www.beerstro.co.za, Mi–Sa 11–20, So 12–15 Uhr, €

Einkaufen

Mohairklamotten

Prince of Africa: Authentische Mohairklamotten, sozusagen direkt vom Schaf. Ideales Mitbringsel für kalte mitteleuropäische Winter. Von Wandersocken über Decken bis zu handgestrickten Pullovern.

73 Church St., T 023 541 10 16, tgl. 9–17 Uhr

Gut gemolken

Gay's Dairy: Wenn Einheimische mit der Kanne frische, nicht pasteurisierte Milch bei Gay einkaufen, kommen fast nostalgische Gefühle auf. Seine traditionelle Molkerei produziert auch fantastische Joghurts und leckere Käsesorten.

6 Church St., T 023 541 12 74, www.gaysguernseydairy.com, Mo–Fr 7–9, 10–12, 16–17.30, Sa/So 7–10, 16–17.30 Uhr

Ausgezeichnet

Prince Albert Olives: Fantastisches, lokal produziertes Olivenöl. Prince Albert zelebriert sein Lieblingsanbauprodukt alljährlich mit einem Olivenfestival.

20 Hope St., T 023 541 16 87, www.princealbertolives.co.za, Mo–Fr 7–13 Uhr

Infos

• **Prince Albert Tourism Bureau:** Church St., T 023 541 13 66, www.princealbert.org.za.

Matjiesfontein F3

Im verschlafenen Matjiesfontein wähnt man sich plötzlich in England. Kein Wunder, verdankt die viktorianische Wüstenoase ihre Entstehung doch dem weitgereisten Schotten Jimmy Logan. Eigentlich wollte der 17-Jährige 1887 mit dem Segelschiff Rockhampton nach Australien fahren. Nach einem heftigen Kap-Sturm rettete sich das Schiff in den Hafen von Simon's Town, wo es stark beschädigt liegen blieb. Mit fünf Pfund in der Tasche marschierte Jimmy nach Kapstadt, wo er im Bahnhof als Gepäckträger arbeitete und sein kometenhafter gesellschaftlicher Aufstieg begann.

Im Lord Milner spukt es

Mit 20 Jahren hatte er es zum Vorsteher des neuen Kapstädter Bahnhofs gebracht. Ein Jahr später war er bereits verheiratet und verantwortlich für den Bahnstreckenabschnitt zwischen Hex River und Prince Albert Road. Er war in Touws River stationiert, 55 km westlich von Matjiesfontein. Beide Siedlungen lagen an der Straße und Bahnlinie nach Norden. Angelockt durch die Diamantenfelder in Kimberley und später durch den Goldrausch am Reef bei Johannesburg, strömten Hunderte von Menschen auf Ochsenwagen, Kutschen und per Zug durch die winzigen Orte. Verpflegung und Übernachten waren die Hauptbedürfnisse der Durchreisenden.

Noch während Logan bei der Eisenbahn beschäftigt war, bekam er eine Schanklizenz für Touws River. Zwölf Monate später kündigte er seinen Job bei der Bahn. 1883 zog er nach Matjiesfontein, da eine Lungenerkrankung, die er sich zugezogen hatte, im Karoo-Klima abzuheilen versprach. 1884 kam er in den Besitz einer Konzession für Matjiesfontein – und der Grundstein für seinen Reichtum war gelegt. Bis zum Ausbruch des Burenkriegs entwickelte er Matjiesfontein zu einem Gesundheits- und Ferienzentrum, in dem sich Reiche und Mächtige ein Stelldichein gaben. Überall war Jimmy als der ›Laird (Gutsherr) of Matjiesfontein‹ bekannt.

Als er 1920 starb, war die Blütezeit des Ortes bereits vorbei. Nach dem Zweiten Weltkrieg, als die N 1 gebaut wurde, begann Matjiesfontein zu verfallen. Ende der 1960er-Jahre kaufte David Rawdon den kompletten Ort, 1970 eröffnete er bereits das Milner Hotel unter seinem neuen Namen **The Lord Milner.** Seither hat sich allerdings leider nicht mehr viel getan.

Kürzeste City-Tour der Welt

Vor dem Bahnhof, in dem sich das sehr interessante viktorianische **Marie Rawdon Museum** (Mo–Sa 9–17 Uhr, 20 Rand) befindet, das größte Museum Südafrikas in Privatbesitz, erwartet Besucher eine besondere Attraktion: die wohl kürzeste Stadtrundfahrt der Welt (s. Zugabe S. 235).

Schlafen

Brexit – out of England

Lord Milner Hotel: Viktorianisches Hotel, eine englische Oase, mitten in der kargen Karoo-Wüste. Direkt neben dem Hotel befindet sich das typisch englische, original erhaltene Lairds Arms Victorian Country Pub, wo Königin Victoria in all ihrer Hässlichkeit über dem Tresen hängt. Englischer Wüstenhumor vom Feinsten. T 023 561 30 11, www.matjiesfontein.com, €

Zugabe
Angenehmer Bustourismus

Die kürzeste Stadtrundfahrt der Welt

Die kürzeste Stadtrundfahrt der Welt findet in einem ehemaligen Londoner Doppeldeckerbus in Matjiesfontein statt. Sie dauert zehn Minuten. ■

Das Kleingedruckte

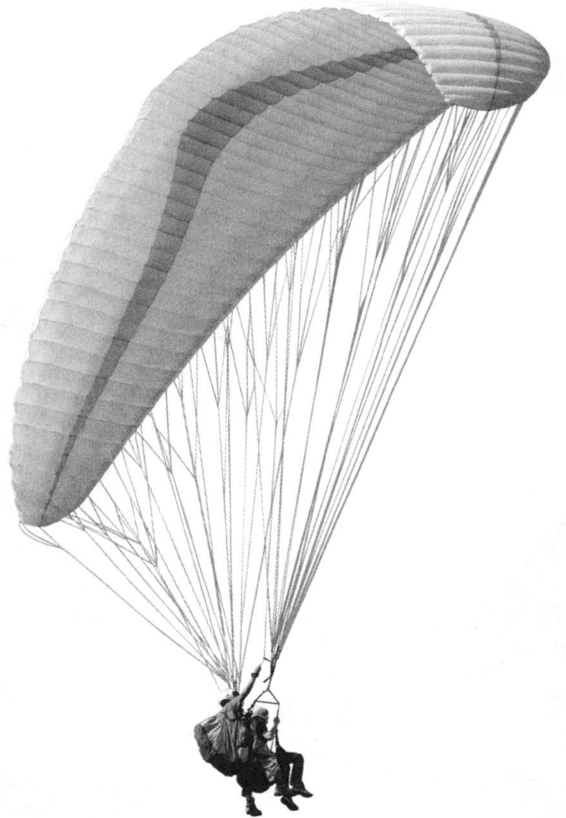

Eine der spektakulärsten Möglichkeiten, die Mother City zu erleben: von oben, als Passagier in einem Tandem-Paraglider vor dem Piloten sitzend

Anreise

… mit dem Flugzeug

Diverse Fluggesellschaften fliegen mehrmals pro Woche nach Südafrika und zum modernen Cape Town International Airport (www.airports.co.za, T 021 937 12 00). Die **Lufthansa** (www.lufthansa.com) fliegt direkt von München und Frankfurt nach Kapstadt, **Edelweiss Air** (www.flyedelweiss.com) direkt ab Zürich. Bei Flügen über Johannesburg muss dort das Gepäck neu eingecheckt werden, die Gesamtreisezeit beträgt dann über 15 Std. Beim Nonstop-Flug sind es etwa 11,5 Std. **Air France** (www.airfrance.de) fliegt via Paris nach Kapstad, KLM (www.klm.de) über Amsterdam. **Condor** (www.condor.com), **Emirates** (www.emirates.de) und **Qatar Airways** (www.qatarairways.com) fliegen ebenfalls nach Kapstadt, Condor direkt oder über Windhoek, Qatar über Doha und Emirates über Dubai.

Vom Flughafen in die City

Der Cape Town International Airport liegt 22 km östlich der City. Die direkte Verbindungsroute ist die N 2, auf der die Fahrt normalerweise rund 15–20 Min. dauert. Zu Stoßzeiten (werktags 7–9, 16.30–18 Uhr) kann sich die Fahrzeit bis auf 50 Min. erhöhen. Shuttlebusse fahren regelmäßig zwischen Airport und City hin und her (um 400 Rand/Pers.). Als Alternative gibt es Taxis (um xxx Rand) bzw. die deutlich günstigeren Uber (350–400 Rand, s. S. 66).

Shuttle-Busse: www.way2gotransfers.co.za, www.capetownshuttles.co.za, www.inflightshuttles.co.za

Bewegen und Entschleunigen

Urlaubern bietet sich in der Kapprovinz eine Fülle sportlicher Betätigungen – die Spanne reicht von beschaulich bis

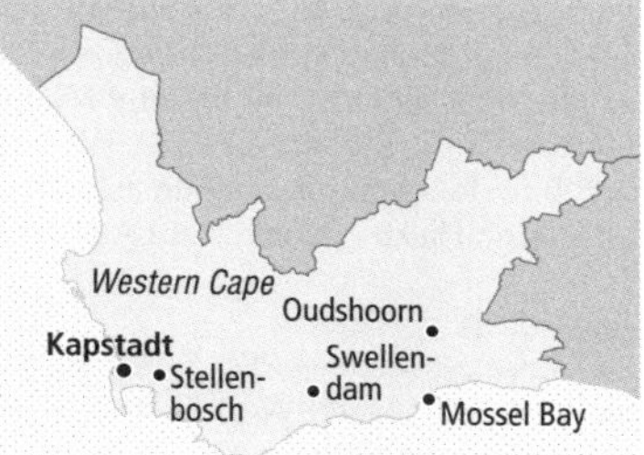

STECKBRIEF

S

Lage: Kapstadt und die Kapprovinz liegen im südwestlichsten Teil Südafrikas. Die geografische Lage wird zwischen 32° und 35° südlicher Breite und 17° und 23° östlicher Länge angegeben.
Größe: Mit 129 462 km² Fläche ist die Western Cape Province (WP) die viertgrößte der neun Provinzen des Landes.
Einwohner: Western Cape Province 7 091 000, ganz Südafrika 61,5 Mio. (alle Zahlen 2023 geschätzt)
Hauptstadt: Kapstadt (Cape Town), etwa 4 890 000 Einwohner (2023)
Sprachen: Afrikaans (Muttersprache von etwa 50 % der Bevölkerung), Xhosa (25 %) und Englisch (20 %)
Staat und Politik: Südafrika hat seit 1997 eine der liberalsten Verfassungen der Welt. Seit den ersten demokratischen Wahlen 1994 wird es von einer ANC-Regierung geführt.
Religion: Christen (80 %), Muslime (9 %), Juden (0,5 %), Angehörige sonstiger Religionsgemeinschaften (2,3 %) und Konfessionslose (8 %)
Landesvorwahl: 00 (oder +) 27
Währung: Südafrikanischer Rand (ZAR)
Zeitzone: MEZ +1 Std.; MESZ = keine Zeitverschiebung

adrenalinfördernd. Neben Abseiling am Tafelberg, Kloofing im Kamikaze Canyon, Tandem-Fallschirmspringen oder Mountainbike-Trips stehen Tauchkurse und geführte Tauchgänge zu Schiffswracks oder auch Haikäfigtauchen zur Auswahl.

Abseiling

So aufregend, dass die Südafrikaner gleich das deutsche Wort übernommen haben. Abgeseilt werden kann jeder, auch ohne Vorkenntnisse – und zwar täglich (abhängig von den Wetterverhältnissen), z. B. vom 1063 m hohen Tafelberg.

Brücken- und Bungee-Jumping

Ob kopfüber in die Tiefe mit einem Bungeeseil an den Füßen oder schwingend von Brücke zu Brücke – gesichert durch einen Gurt um die Hüfte – in Südafrika ist beides in beeindruckender Naturkulisse ein Erlebnis der Extraklasse: beim welthöchsten Bungee-Jump von der Bloukrans Bridge, der 216 m hohen Bogenbrücke.

Fahrradfahren

Mit dem Rennrad oder Mountainbike bieten sich zahlreiche Routen an. Da Mountainbiking in Südafrika boomt, werden in Nature Reserves und Parks immer mehr Wege angelegt. Mit der Argus-Tour ans Kap startet hier im März das größte Radrennen der Welt; unter www.pedalpower.org.za gibt es Mountainbike-Renninfos. Atemberaubende Mountainbike-Touren, u. a. den Tafelberg hinunter, veranstaltet Downhill Adventures, www.downhilladventures.com. Gemächlicher geht es mit dem Bike durchs Cape of Good Hope Nature Reserve, per gebuchtem Tagesausflug oder mit geliehenem Fahrrad, z. B. bei www.capetowncyclehire.co.za, www.rentabicycle.co.za.

Fallschirmspringen

Fallschirmspringen ist am Kap selbst ohne Vorkenntnisse möglich. Im Weinort Robertson, 147 km östlich von Kapstadt, folgt nach 8–9 Stunden Crashkurs am Boden bereits der erste Sprung aus dem Flieger. Keine Angst, nach 2–3 Sekunden freiem Fall ›fängt‹ Sie die Sicherheitslinie, mit der Sie am Flugzeug hängen, auf. Schneller geht's per Tandemsprung: Nach einer kurzen Einführung heben Sie bereits ab. Infos: Skydive Robertson, www.skydive.co.za.

Gleitschirm- und Drachenfliegen

In und um Kapstadt gibt es atemberaubende Plätze für Anfänger und Fortgeschrittene. Paragliding hat den Vorteil, dass der eigene Schirm im Flieger als Sondergepäck ›mitreisen‹ darf. Beliebteste Flugplätze in Kapstadt sind der Tafelberg (extrem schwierig), Signal Hill (schwierig) und Lion's Head (für Fortgeschrittene). Anfänger üben in den Dünen bei Wilderness an der Garden Route. Mit etwas Erfahrung ist Hermanus die beste Wa(h)l für Paraglider, die in der Saison oft die Wale von oben im Meer beobachten können. Vorsicht ist allerdings bei der Landung geboten, da das Terrain sehr nahe an einem Golfplatz liegt. In Kapstadt gibt es mehrere gute Veranstalter.

Golf

Kapstadt und die Kapprovinz bieten eine Fülle an ausgezeichneten Golfplätzen. Das Städtchen George hat eine lange Golftradition: Seit 1886 wird hier eingelocht. Auch bei Hermanus gibt es ein Golf Estate. Auf www.kapstadt.de/lifestyle/golf haben Sie Zugriff auf die Online-Ausgabe des Magazins »Golf am Kap« mit Infos zu den schönsten Golfplätzen im Bereich Kapstadt und Wineland.

Kloofing

Kloof ist das südafrikanische Wort für Canyon – und diese Canyons werden kletternd, schwimmend, springend und wandernd durchquert, je nachdem wie es die jeweilige Schlucht gerade erfordert. Xtreme Adventures organisiert Kloofing-Trips durch die Suicide Gorge bei Kapstadt. Einen Überblick gibt www.sa-venues.com/activities/kloofing.htm.

Tolle Wege: Wandern am Kap

Sandboarding

Die Leidenschaft fürs Sandboarden wird im beeindruckenden Sanddünengebiet an der Westküste in der Nähe von Atlantis ausgelebt. Mit modifizierten Snowboards saust man dabei steile Dünen hinunter. Aber immer dran denken: Sand sieht zwar weich aus, ist aber deutlich härter als Schnee, also Jeans und langärmeliges Hemd tragen!

Surfen

Die Kap-Halbinsel bietet fantastische Surfmöglichkeiten. Die Hotspots sind Muizenberg Beach, Olifantsbos am Kap, Scarborough, Misty Cliffs, Noordhoek, Dungeons bei Hout Bay und Llandudno. Äußerst beliebt wegen seiner idealen Bedingungen – Sandstrand, Sandboden, warmes Wasser wie in der heimischen Badewanne und perfekter Wind – ist der Muizenberg Beach, wo vor allem Anfänger gut aufgehoben sind.

Der Besitzer der dort ansässigen Gary's Surf School (www.garysurf.co.za) ist eine lokale Legende. Downhill Adventures hat die älteste Surfschule in der Stadt (Blouberg, Big Bay, Long Beach und Cool Bay): www.downhilladventures.com.

Wandern

Auch Wanderer finden in der Kapprovinz paradiesische Möglichkeiten vor. Informationen: Mountain Club of South Africa, www.mcsacapetown.co.za.

Abenteuerlustig?

Anbieter von Adrenalin-Sportarten: www.downhilladventures.com, www.abseilafrica.co.za, www.daytrippers.co.za

Sportliche Events

Die Fahrradmesse Life Cycle Week findet Mitte März in der Victoria & Alfred Waterfront statt; eine Woche vor der 105 km langen Cape Town Cycle Tour, die mit über 35 000 Teilnehmern das größte Radrennen der Welt ist.

Beim Two Oceans Marathon laufen die Teilnehmer jedes Jahr an Ostern ganze 56 km rund um die Kap-Halbinsel.

Diplomatische Vertretungen

Nur Deutschland und die Schweiz unterhalten in Kapstadt Generalkonsulate. Österreicher wenden sich an die Österreichische Botschaft in Pretoria (454 A Fehrsen St., Eingang William St., Brooklyn, T 012 452 91 55, www.bmeia.gv.at/pretoria).

Deutsches Generalkonsulat

14 Stirling St. (Eingang am oberen Ende der Stirling Street)
Zoonebloem 7925
T 021 405 30 00,
www.kapstadt.diplo.de

Schweizer Generalkonsulat

1 Thibault Sq. (26. Stock)
Ecke Long/Strijdom St.
T 021 400 75 00
(Jan.–März T 021 418 36 69)
www.eda.admin.ch/capetown

Einreisebestimmungen und Zollvorschriften

EU-Bürger und Schweizer benötigen für einen Aufenthalt von bis zu 90 Tagen kein Visum, der Reisepass muss bei Einreise aber noch mindestens 30 Tage über das Ausreisedatum hinaus gültig sein und wenigstens zwei freie Seiten aufweisen. Kinder brauchen eigene Reisepässe. Kinder in Begleitung ihrer Eltern benötigen manchmal eine beglaubigte Geburtsurkunde in englischer Sprache. Reisen die Kinder mit nur einem Elternteil, benötigt man eine Einwilligung des nicht mitreisenden Elternteils, ebenfalls auf Englisch und beglaubigt. Ab und zu wird bei der Einreise die Vorlage eines Rückflugtickets oder der Nachweis ausreichender Geldmittel verlangt.

Arbeitsvisa sind schwer zu bekommen. Sie müssen bei den diplomatischen Vertretungen Südafrikas in den Heimatländern der Arbeitswilligen gestellt werden (www.suedafrika.org). In Südafrika selbst kann ein Touristen- nicht in ein Arbeitsvisum umgewandelt werden.

Nach Südafrika eingeführt werden dürfen 20 000 Rand in bar, ausländische Devisen und Reiseschecks unbegrenzt. Gegenstände des persönlichen Gebrauchs sind zollfrei. Erwachsene dürfen ferner zollfrei einführen: Geschenke bis zu einem Wert von 200 Rand, 1 l Spirituosen, 2 l Wein, 400 Zigaretten, 50 Zigarren, 250 ml Eau de Toilette und 50 ml Parfüm.

Elektrizität

Wie in Mitteleuropa beträgt die Stromspannung 220/230 V. Aber man braucht für die dreipoligen südafrikanischen Steckdosen einen Adapter, der in lokalen Elektrogeschäften verkauft wird. Viele Hotels verleihen sie kostenlos.

Südafrika wird seit 2022 von besonders heftigen Stromabschaltungen geplagt (s. S. 276). Fehlende Wartung und Korruption brachten den staatlichen ›Stromversorger‹ Eskom Mitte 2023 nahe an einen nationalen Blackout. Die meisten Hotels und Restaurants haben Backup-Generatoren oder bereits Solarstrom. Eine kostenlose App – ESP (EskomSePush) – sagt Ihnen immer, wo und wie lange der Strom gerade abgestellt wird.

Feiertage

Fällt ein Feiertag auf einen Sonntag, ist der darauf folgende Montag frei.

1. Januar: Neujahr (New Year's Day)
21. März: Tag der Menschenrechte (Human Rights Day); erinnert an das Sharpeville-Massaker von 1960, bei dem 69 Schwarze von der Polizei erschossen wurden.
Karfreitag: Good Friday
Ostermontag: Family Day
27. April: Freedom Day; erinnert an Südafrikas erste demokratische Wahlen von 1994.
1. Mai: Tag der Arbeit (Worker's Day)
16. Juni: Youth Day; gedenkt der Schüler, die 1976 beim Soweto-Protest gegen die Einführung von Afrikaans als Unterrichtssprache von der Polizei erschossen wurden.
9. August: Nationaler Frauentag (National Women's Day)
24. September: Heritage Day; Geburtstag des Zulu-Kriegers Shaka
16. Dezember: Tag der Versöhnung (Day of Reconciliation; früher Day of the Vow – Tag des Gelöbnisses); zur Erinnerung an die Schlacht am Blood River, wo 1838 ein kleines Burenkommando Tausende von Zulukriegern besiegte, was den Tag zum höchsten Feiertag der Buren machte.
25. Dezember: Weihnachten
26. Dezember: Tag des Guten Willens (Day of Goodwill)

Geld

Die Währung Südafrikas ist der Rand (ZAR). Die verschiedenfarbigen Geldscheine (R 10, R 20, R 50, R 100, R 200) tragen das Porträt von Nelson Mandela auf der Vorderseite (daher auch scherzhaft Randelas genannt) und einen der Big Five – Löwe, Leopard, Nashorn, Elefant und Büffel – auf der Rückseite. Seit Mai 2023 gibt es Geldscheine mit neuem Design.

Mit Kreditkarte und PIN-Nummer kann ebenso wie mit Bankkarten, die dem Maestro-System angeschlossen sind, an internationalen Geldautomaten (ATM = Automatic Teller Machine), die in allen größeren Städten vorhanden sind, Geld abgehoben werden. Tankstellen akzeptieren nicht immer Kreditkarten.

Wechselkurse Juli 2023:
1 €/1 CHF = 21/22 ZAR, 1 ZAR = 0,05 €/0,05 CHF.
Aktuelle Wechselkurse: www.oanda.com

Gesundheit

In der Kapprovinz ist die UV-Strahlung der Sonne sehr intensiv – wer mit weißer Haut dem mitteleuropäischen Winter entflieht, sollte eine Sonnencreme mit hohem Lichtschutzfaktor (mindestens 25) dabeihaben.

Wasser aus der Leitung kann fast überall in und um Kapstadt problemlos getrunken werden.

Apotheken *(chemists, apteek)* sind gleichzeitig Drogerien und haben meist einen Notdienst. Für die Dauer einer Reise nach Südafrika sollte eine Reisekrankenversicherung abgeschlossen werden, da die Behandlungen in Südafrika nicht von allen gesetzlichen und privaten Krankenversicherungen bezahlt werden.

Die medizinische Versorgung in Südafrika, speziell in der Western Cape Province, ist ausgezeichnet. Die Ärzte sind hoch qualifiziert, private Krankenhäuser stehen in ihren Leistungen solchen in Mitteleuropa in nichts nach. Behandlungen sind preiswerter als in Europa.

Informationsquellen

Fremdenverkehrsämter
… in Deutschland
South African Tourism
Friedensstr. 6–10, 60311 Frankfurt/M.
T 01805 72 22 55 oder 069 929 12 9 11
www.southafricantourism.de

… in Österreich
T 08 20 50 07 39

… in der Schweiz
T 08 48 66 35 22
In Österreich und in der Schweiz Prospektversand über Deutschland. Die südafrikanischen Tourismusbüros versenden kostenlos Landkarten, Reiseführer und Unterkünftelisten.

Infostellen vor Ort
Das Büro in Kapstadts City (www.capetown.travel) ist eine moderne Touristeninformationen mit Internetanschluss, Souvenirshops, Infostellen (zu Übernachtungsmöglichkeiten, Autovermietungen & Restaurants); 24 Std. telefonischer Service für Touristen, Reservierung von SA-Nationalpark-Unterkünften möglich, Weinproben & Unterkünfte werden auf Wunsch sofort telefonisch gebucht. Es gibt außerdem Tickets für Sehenswürdigkeiten und Veranstaltungen.

Im Internet
Auf den folgenden Websites findet sich Aktuelles zum Thema Südafrika und zu Kapstadt, das mit mehreren deutschsprachigen Seiten im Netz vertreten ist.
www.iafrica.com, www.ananzi.co.za,
www.timeslive.co.za, www.kapstadt.com,

www.kapstadt.de, www.kapstadt.net, www.kapstadt.org

Viele Kap-Highlights, Restaurants und Unterkünfte sind auch mit Fanseiten auf Facebook und Twitter vertreten. Es lohnt sich, dort Kapstadt-Relevantes einzugeben, um an brandaktuelle Infos heranzukommen oder vorab Kontakte zu knüpfen.
www.capetown.travel: Informative Seite des Kapstädter Tourismusbüros (englisch).
www.places.co.za, www.airbnb.co.za: Wer sich ein paar Gästehäuser, B&Bs oder Hotels vor dem Urlaub im Netz ansehen möchte, sollte mal hier reinsehen.
www.tablemountain.net: Kapstadts Wahrzeichen, der Tafelberg, hat natürlich seine eigene Website.
www.waterfront.co.za: Website der berühmten Waterfront mit vielen Tipps zu Restaurants und Übernachtungsmöglichkeiten.
www.robben-island.org.za: ein virtueller Besuch auf Robben Island.
www.capepoint.co.za: umfangreiche Infos, Geschichte und Bilder über die Südspitze Afrikas.
www.canalwalk.co.za: Läden und Events von Afrikas größtem Einkaufszentrum im Netz.
www.grandwest.co.za: Diese Seite macht eventuell Lust auf einen Kasinobesuch oder andere Veranstaltungen.
www.wine.co.za: Ausführliche Website über die südafrikanischen Weine, Weingüter und -routen sowie Kauf und Versand.
www.eatout.co.za, www.dining-out.co.za: Zum Wein darf das Essen nicht fehlen. Unter diesen Adressen sind Kapstädter Restaurants gelistet. Man kann sogar einige der Speisekarten einsehen.
www.africam.co.za: Wer die südafrikanische Tierwelt live erleben möchte, sollte sich bei einer Webcam einklicken, wo sogar Haie beobachtet werden können.
www.aquarium.co.za: Das Two Oceans Aquarium in der Kapstädter Waterfront stellt sich und seine Bewohner vor.
www.nandos.co.za, www.evita.co.za: Humorvolle Seite von Evita Bezuidenhout, Südafrikas berühmtester Frau, die allerdings ein Mann ist.
www.karoo-biking.de: Jürgen Muess, leidenschaftlicher Motorradfahrer und begeisterter Kapstadt-Fan, veranstaltet maßgeschneiderte Enduro-Touren.
www.streetwires.co.za: Die Drahtkunst stammt ursprünglich aus den Townships.
www.saclassic.co.za: Bietet einen guten Einblick in die südafrikanische Oldtimerszene, alle Klassikertreffen und den Oldie-Markt.

Internetzugang

In Südafrika gibt es viele Hotspots, und fast alle Unterkünfte und viele Restaurants bieten, nachdem man ihr Passwort eingegeben hat, freies WLAN an.

Karten und Pläne

Die besten Detailkarten für Kapstadt und die Western Cape Province legt **The Map** auf. Sie sind sowohl für Auto- und Motorradfahrer als auch für Radler und Wanderer interessant. Auf der Website www.slingsbymaps.com lassen sie sich ganz einfach online bestellen. Es gibt zwei wasserdichte Einzelkarten zum Table Mountain National Park: Table Mountain (200 Rand) und Silvermine/Hout Bay (200 Rand).

Weitere Zielgebiete: Cape Peninsula (200 Rand), Garden Route (225 Rand), Overberg/Whale Coast (225 Rand) und Cederberg (225 Rand). Die Karten sind auch in Souvenir-, Outdoor- und Buchläden (wie Cape Union Mart, Cape Storm, Exclusive Books, CNA oder bei Cape Town Tourism in der Burg St.) erhältlich. Außerdem: Kapstadt mit Straßenverzeichnis, **Marco Polo Cityplan,** Extra Standardfaltung, International, Maßstab 1 : 15 000, 9,95 €.

Ebenfalls empfehlenswert ist die Kapstadt-Wanderkarte ›Walking Cape Town Map‹ von **Map Studio** (30 Rand). Die besten Übersichtskarten für Autofahrer bietet der Straßenatlas von Map Studio, der 2023 in seiner 28. aktualisierten Auflage erschien: Road Atlas South Africa (www.mapstudio.co.za) für 155 Rand.

Lieblingskarte des Autors ist die Abenteuer-Faltkarte **Table Mountain & Cape Peninsula Activities Map** von Map Studio (www.mapstudio.co.za) für 155 Rand. Auf einer Seite befinden sich ein ausführlicher Kapstadt-Stadtplan und eine detaillierte Tafelbergkarte mit allen Trails (Wanderrouten). Auf der anderen Seite findet sich die Kap-Halbinsel mit sehr schöner und übersichtlicher Reliefschattierung und vielen in die Karte eingetragenen Tipps.

Kinder

Fast jedes größere Hotel bietet einen Babysitterservice an. Es gibt außerdem alle Arten von Babyprodukten und -nahrung in jeder größeren Stadt zu kaufen. Einkaufszentren und Casinos bieten stundenweise Betreuung der Kleinen in Spielgruppen und haben sehr gut sortierte Spielzeugläden.

Insgesamt gesehen ist Südafrika, vor allem in der malariafreien Western Cape Province, ein Paradies für Mini-Urlauber: Delfine, Wale und Meer, Sandstrände und Berge sowie Tiere aller Art und Größe, die sonst nur im Fernsehen zu bestaunen sind. Zahlreiche geschützte Gezeitenpools bieten den Kids sichere Badefreuden. Kapstadts Waterfront veranstaltet sehr gute Kinderprogramme (Infos: T 021 418 23 69), viele Büchereien haben wöchentliche Kinderstunden.

Topattraktionen für Kids: World of Birds in Hout Bay, Gondwana Private Game Reserve, Monkeyland, Birds of Eden und Elephant Sanctuary, alle an der Garden Route, Eulen- und Adlerwarte im Spier Wine Estate bei Stellenbosch.

Im Two Oceans Aquarium können Sie zu Haien und Rochen in den Tank steigen, falls Sie sich trauen!

Klima und Reisezeit

Südafrika liegt in der südlichen Hemisphäre, die Jahreszeiten sind den europäischen also entgegengesetzt. Wenn in Südafrika der Frühling beginnt, verfärben sich auf der Nordhalbkugel die Blätter an den Bäumen. In Südafrika sind die Jahreszeiten allerdings nicht so ausgeprägt wie in Mitteleuropa.

Kapstadt hat ein mediterranes Klima ohne extreme Temperaturunterschiede. Die niedrigsten Temperaturen im Winter (Juni–Aug.) liegen bei etwa 5 °C. Auf den Bergen fällt dann manchmal Schnee. Tagsüber steigen die Temperaturen bis auf 18 °C an, es ist oft sonnig, die Winterregen kommen in heftigen Güssen.

Zwischen September und November kann es wunderschön sein, ab und zu pfeift jedoch der berüchtigte **Southeaster,** der manch karibischem Hurrikan Konkurrenz

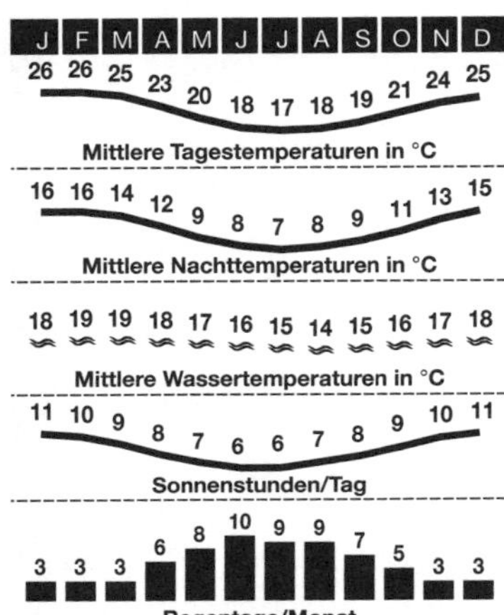

So ist das Wetter in Kapstadt.

macht, mit Geschwindigkeiten von über 120 km/h durch die Stadt. Dafür reinigt er die Luft in der abgasbelasteten City radikal und wird daher auch Cape Doctor (Kap-Doktor) genannt. Eine typische Kapstadt-Frage: Wie nennt man einen Tag mit tollem Sonnenschein nach zwei Tagen brutalem Wind und Regen? Montag!

Von Dezember bis März ist es sommerlich heiß, die maximalen Temperaturen liegen bei 30 °C. März und April gelten als die schönsten Monate in Kapstadt, denn es ist windstill und die Temperaturen sind angenehm.

Im Weinland und in der Karoo ist es weniger windig, dafür vor allem im Sommer deutlich heißer als an der Küste. Temperaturen um die 40 °C sind dann keine Seltenheit. Plötzlich auftretende, heftige Gewitterregen können kleine Bäche blitzschnell in reißende Flüsse verwandeln. Um keine bösen Überraschungen zu erleben, sollte man einen Wasserlauf unbedingt vor dem Durchqueren mit dem Auto zu Fuß abgehen, um Tiefe und Strömung zu testen.

Medien

Die beliebtesten Radiosender in der Kapprovinz sind **KFM** (www.kfm.co.za) und **Good Hope FM** (www.goodhopefm.co.za). **SAFM** (www.safm.co.za) sendet Nachrichten, Talkshows, Klassik, Sport sowie Hörspiele. Weitere Hörempfehlungen: **5FM** (www.5fm.co.za) und **Cape Talk** (www.567.co.za).

Die meisten Hotels haben Satellitenfernsehen, manche sind mit dem Deukom-Satelliten verbunden (www.deukom.co.za), dann können Gäste auch ARD, ZDF, SAT 1, RTL, PRO 7 und 3sat empfangen.

Es gibt zwei englischsprachige Tageszeitungen in Kapstadt, den **Argus** (www.capeargus.co.za) und die **Cape Times** (www.capetimes.co.za). Für ihren guten, investigativen Journalismus bekannt ist die englischsprachige Wochenzeitung **The Mail & Guardian,** die auch Artikel des britischen Guardian, der französischen Le Monde und der amerikanischen Washington Post enthält. Deutsche Zeitungen und Zeitschriften gibt es in vielen internationalen Hotels und Geschäften.

Musik

Wenn die folgenden südafrikanischen Sänger oder Bands während Ihres Kapstadt-Aufenthaltes irgendwo auftreten sollten, vor allem im herrlichen botanischen Garten (Facebook: Kirstenbosch Summer Sunset Concerts), unbedingt Tickets besorgen. Bei den bereits verstorbenen Interpreten bieten sich deren Musikaufnahmen als Audio-Souvenirs an.

Freshlyground: Eine der coolsten, südafrikanischen Afro-Fusion-Bands (gegründet 2002 in Kapstadt) mit Lead-Sängerin Zolani Mahola (www.freshlyground.com).

Mango Groove: Die erste schwarz-weiße Band Südafrikas, 1984 gegründet (www.mangogroove.co.za).

Goldfish: Das männliche Elektro-Duo aus Kapstadt gehört zu den beliebtesten Bands Südafrikas. Die coole Dance Music lehnt sich an afrikanische Musik, Jazz, Pop und House an (www.goldfishlive.com).
Arno Carstens: Südafrikanischer Singer/Songwriter, bekannt für seine sanften Rockballaden (arnocarstensmusic.wordpress.com).
Jesse Clegg: Der Sohn des verstorbenen, berühmten südafrikanischen Sängers Johnny Clegg (der weiße Zulu) hat seine eigene coole Rockrichtung gefunden (www.jesseclegg.com).
Die Antwoord: Die schräge Hip-Hop-Band, ein gemischtes Duo, besteht aus dem Rapper Ninja und Yolandi Visser. Die Videos der beiden sind legendär. Sie rappen und singen meist in Afrikaans (www.dieantwoord.com).
Watershed: Akustische Pop/Rock-Band, die 1998 in Johannesburg gegründet wurde (www.watershed.co.za).
Ard Matthews: Singer/Songwriter, der weltweit auftritt. Einst Leadsinger von Just Jinjer (https://ardmatthews.com).
Basil Coetzee: Energetischer Jazz vom verstorbenen, größten Cape-Jazz-Saxofonisten.
Jimmy Dludlu: Ansteckender Kapstadt-Jazz des schwarzen Jazz-Gitarristen.
Brenda Fassie: Fetzige Kwaito-Klänge der an einer Überdosis gestorbenen Township-Pop-Queen.
Abdullah Ibrahim: Das beste Album des berühmten Cape-Jazz-Pianisten und -Komponisten war »African Marketplace« (http://abdullahibrahim.co.za).
Bayethe: Weicher und fröhlicher afrikanischer Pop.
Juluka: »Universal Man« ist ein brillantes Album, in dem Zulu-Folk-Musik und keltischer Rock explosiv aufeinandertreffen. Die einstige Band von Johnny Clegg. Richtig gute südafrikanische Musik.
Ladysmith Black Mambazo: Die Mitglieder der Zulu-Band, ein Männer-Chor, fingen als Background-Sänger von Paul Simon an und sind heute weltberühmt.

Preise

Die im Reiseteil des Buches angegebenen Preise beziehen sich auf ein Doppelzimmer mit Frühstück bzw. ein Hauptgericht.

Schlafen

€	bis 100 Euro
€€	100 bis 175 Euro
€€€	über 175 Euro

Essen

€	bis 10 Euro
€€	10 bis 20 Euro
€€€	über 20 Euro

Reiseplanung

Kapstadt zum Kennenlernen

Kapstadt ist die einzige Millionenmetropole der Welt, die direkt in einem Nationalpark liegt. Naturnaher geht es kaum. Die Wanderung in die ›Wildnis‹ des Tafelbergmassivs beginnt mitten in der City. Weniger fitte Besucher nehmen die Seilbahn nach oben.

Wer etwas außerhalb des Zentrums nächtigt, parkt in der City am besten am **Heritage Square.** Von dort lässt sich die despektierlich ›Fressmeile‹ genannte **Bree Street** mit ihren zahlreichen Restaurants sowie die historische **Long Street** mit vielen Shops in viktorianischen Gebäuden am besten entdecken. Das älteste Viertel der Stadt ist **Bo-Kaap** mit seinen bunten Häusern. Kürzlich hat dort ein echter Döner aufgemacht, eine Seltenheit am Kap.

Zeitgenössische Kunst gefällig?

Kapstadt bietet gleich zwei Museen von Weltklasseformat, die kontemporäre, afrikanische Kunst zelebrieren. Das **Zeitz MOCAA** in der Waterfront, untergebracht

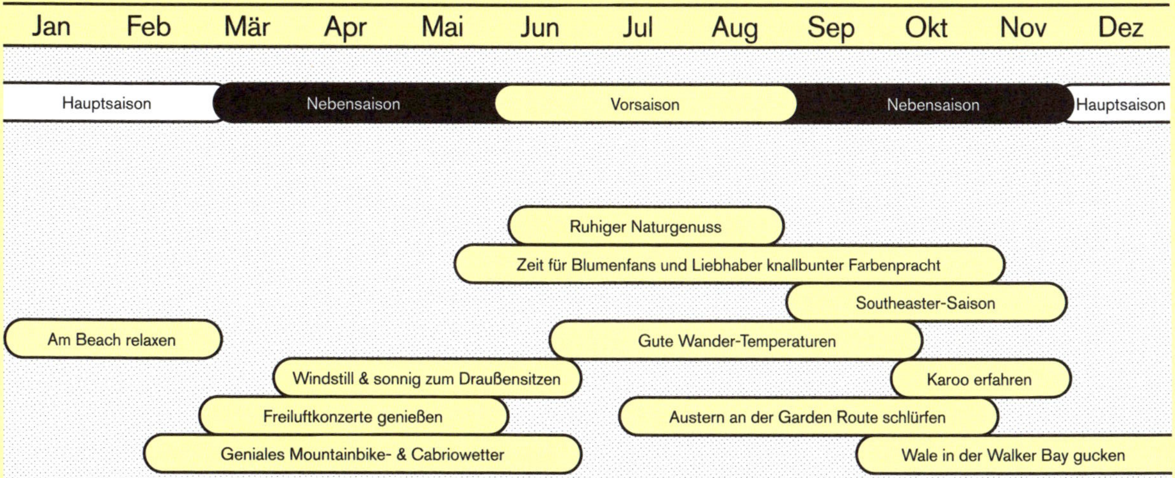

Jan Feb Mär Apr Mai Jun Jul Aug Sep Okt Nov Dez

Hauptsaison
Nebensaison
Vorsaison
Nebensaison
Hauptsaison

Ruhiger Naturgenuss
Zeit für Blumenfans und Liebhaber knallbunter Farbenpracht
Southeaster-Saison
Am Beach relaxen
Gute Wander-Temperaturen
Windstill & sonnig zum Draußensitzen
Karoo erfahren
Freiluftkonzerte genießen
Austern an der Garden Route schlürfen
Geniales Mountainbike- & Cabriowetter
Wale in der Walker Bay gucken

2. Jan.
Cape Minstrel Carnival

Anf./Mitte März.
Cape Town Cycle Tour

April
Ceres Festival,
Two Oceans Marathon

Mitte/Ende März.
Cape Town Festival

Anf. Mai
Knysna Speed
Festival

Ende April
Food and Wine Festival

3. Sept.-Wochenende
Hermanus Whale Festival

14. Juli
Bastille Festival

August
Stellenbosch Food
& Wine Festival

Nov.–Febr.
Kirstenbosch Summer
Concerts

Dez.–Jan.
Helderberg
Festival of Lights

in einer Sehenswürdigkeit für sich, einem alten Getreidesilo, der spektakulär umgebaut wurde. In Constantia direkt gegenüber der amerikanischen Botschaft befindet sich die **Norval Foundation,** ebenfalls in einem architektonischen Meisterwerk beheimatet. Und mit herrlichem Sklulpturengarten am Fuß der Berge der Kaphalbinsel.

Wo hat man die beste Aussicht?

Neben den Klassikern **Tafelberg** und **Lion's Head** bieten sich die Dachterrassen des **Silo** und des **Radisson Red Hotels** in der Waterfront an. Dort können auch Nichtgäste mit einem Glas in der Hand den Blick auf Hafen, City und Tafelberg genießen. Und ja, das Riesenrad **Cape Wheel** in der Waterfront ist ebenfalls äußerst aussichtsreich.

Wo isst und trinkt man gut?

In der **Bree Street** findet sich eine Fülle von guten Restaurants. Die meisten der Top-Restaurants am Western Cape hat der Weinvorort **Constantia** aufzuweisen, gleich drei der zehn besten Restaurants Südafrikas liegen hier direkt nebeneinander. Und dann versetzen natürlich einige der Restaurants auf den Weingütern von **Stellenbosch, Franschhoek, Paarl** und **Wellington** Liebhaber von delikaten Speisen und edlen Tropfen in Verzückung.

Die schönsten Tagesausflüge von Kapstadt aus?

Der attraktivste Tagestrip ist nach wie vor die Kap-Runde. Nach einem ersten Stopp an den schönen **Kirstenbosch Botanical Gardens** geht es an der False Bay entlang bis zum Kap. Auf dem Weg dorthin ›warten‹ einige attraktive Vertreter der südafrikanischen Fauna auf Bewunderer: Wale, Weiße Haie, Pinguine und die manchmal recht aufdringlichen Paviane. **Kalk Bay** und **Simon's Town** bieten sich für einen Bummel oder Lunch an. Im wunderbaren Nachmittagslicht geht es dann über den rockigen **Chapman's Peak Drive** zurück. Er gehört zu den spektakulären Küstenstraßen der Welt und wird nur noch vom Clarence Drive zwischen Betty's Bay und Gordon's Bay übertroffen. Und jenseits der False Bay beginnt das Weinland mit den Weinorten **Franschhoek, Stellenbosch, Paarl** und **Wellington.** Wer gerne ein Gläschen trinkt, sollte statt eines Tagesausflugs vielleicht lieber dort übernachten.

Was bietet das Western Cape noch an Highlights?

Einsamer als im Weinland oder an der Kaphalbinsel geht es an der **Westküste** zu. Die Tour über **Langebaan, Paternoster** und **Lambert's Bay** wird durch die Rückfahrt über die **Cederberge** zu einem erlebnisreichen Rundtrip. Im August und September verwandelt sich die Landschaft in ein buntes Blumenmeer. Herrlich frische Fischgerichte gibt es an der Westküste ganzjährig, und die Cederberge sind ein Wanderparadies.

Der **Clarence Drive** entlang der False Bay setzt sich von Betty's Bay über die Wal-Hauptstadt **Hermanus** bis zum südlichsten Punkt Afrikas fort, dem **Cape Agulhas.** In der Saison zwischen Juni und November lassen sich hier Wale von der Küste aus beobachten. **Mossel Bay** gilt als inoffizielles Tor zur **Garden Route,** und die Strände des Indischen Ozeans laden zum Baden ein. Die Austern in **Knysna** sind legendär. Unbedingt probieren!

Über geteerte (oder, abenteuerlicher, ungeteerte) Pässe geht es von Knysna in die **Kleine** und **Große Karoo.** Die semiaride Einsamkeit der Kleinen Karoo erlebt man am besten auf der **Route 62,** die in **Montagu** beginnt und sich über **Barrydale** (mit Südafrikas coolstem Diner) bis in die Straußenmetropole **Oudtshoorn** zieht. Von dort ist es nur noch ein Leopardensprung zum Fuß des **Swartberg Pass,** der sich ungeteert nach oben schlängelt. Auf der anderen Seite liegt das ruhige Karoo-Städtchen **Prince Albert.** Wer eines der letzten Abenteuer am Kap erleben möchte und einen Geländewagen gemietet hat, fährt von Prince Albert kommend kurz vor der

Passhöhe nach rechts in die ›Hölle‹. Für die 37 km lange, faszinierende Strecke nach **Die Hel** sollten mindestens 2 Std. eingeplant werden. Die letzten beiden steilen Kilometer ins Tal sind echt adrenalinfördernd. Unten schläft man in den restaurierten Häuschen der ehemaligen Bewohner.

Wo kann man gut wandern?

In Südafrika gibt es zahlreiche Wanderrouten, alleine auf Kapstadts Tafelberg führen über 300 schwierige bis extrem schwierige Pfade. In diesem Buch sind diverse mehrtägige Touren beschrieben: entlang der Küste – u. a. auf dem **Flower Trail** im Westcoast National Park oder auf dem bekanntesten Pfad des Landes, dem **Otter Trail** –, aber auch in den Bergen, z. B. auf dem **Swartberg Hiking Trail** durch die Karoo oder durch die **Cederberg Wilderness Area** zum Wolfberg Arch.

Reisen mit Handicap

Fast alle neuen Hotels, Restaurants und Museen in Kapstadt und der Western Cape Province sind auch auf Menschen mit Handicaps eingestellt. Einkaufszentren sowie die Waterfront sind behindertenfreundlich. Autovermietungen haben Automatikwagen im Programm. Mehr Infos im Netz unter: www.suedafrikatour.de/allgemeines/behindert.htm (deutsch). Behindertenorganisationen:

The Association for the Physically Disabled, T 021 637 12 04; The SA National Council for the Blind, T 012 452 38 11

Sicherheit und Notfälle

Die Kriminalität in Südafrika ist hoch, findet allerdings größtenteils in den Townships der Städte statt. Die Townships und abgelegene Stadtteile sollten Sie daher nicht auf eigene Faust besuchen. Schmuck und Kameras nicht offen tragen, nicht auf offener Straße hilflos ins Handy oder den Cityplan starren, sondern in einen Laden oder ein Café gehen und dort nach dem Weg oder Ziel fragen. Selbstbewusst und bestimmt auftreten.

Kapstadt hat durch die Installation von Kameras im Innenstadtbereich die Kriminalitätsrate gesenkt. Die Zugriffszeiten auf Taschendiebe und Geldautomatenbetrüger liegen meist bei wenigen Minuten. Ein Kontrollzentrum meldet den Fluchtweg der Täter an patrouillierende Polizisten. Dadurch sind selbst abends Spaziergänge in Long und Kloof Street mit Vorsicht möglich. Sicher sind die Victoria & Alfred Waterfront, Canal Walk und das Gelände des Grand West Casino in Kapstadt.

Auch auf die Gefahr hin, als unhöflich zu gelten, sollten Südafrika-Besucher keine Anhalter mitnehmen, die Gefahr des *carjacking* ist zu groß. Nichts sichtbar im geparkten Mietwagen liegen und das leere Handschuhfach am besten offen stehen lassen. Statt der meist verkehrsunsicheren Sammeltaxis und überfallgefährdeten Nahverkehrszüge empfehlen sich eher die vor Ort angebotenen Mietwagen. Abends vom Hotel aus ein Uber oder Taxi zum Restaurant bestellen, wenn dieses außerhalb der oben beschriebenen Gebiete liegen sollte.

Notruf

Bei **Gefahr** (z. B. bei Einbrüchen oder *car hijacking*): T 10 111; Handy: 112.
Ambulanzen und Bergrettung: nationale Nummer, T 10 177.
Sperrung von Handys, Bank- und Kreditkarten: +49 116 116.

Sprache

Mit Englisch kommt man in und um Kapstadt gut zurecht. Von den elf offiziellen Landessprachen werden in der West-Kapprovinz Englisch, Afrikaans und Xhosa gesprochen. Aufgrund der vielen Auswanderer am Kap folgt Deutsch an vierter Stelle.

Übernachten

Auch außerhalb der Hochsaison sollte man Zimmer rechtzeitig reservieren, vor allem in den kleinen, exklusiven *guest houses.*

Hotels

Die Hotels in Südafrika werden mit 1 bis 5 Sternen klassifiziert, was aber nicht viel bedeutet, denn das Vergabesystem ist meist nicht nachvollziehbar. Es gibt einige schöne, oft historische Landhotels und *guest houses,* die auf eine solche Klassifizierung verzichten und trotzdem, oft aufgrund ihres persönlich gehaltenen Service, ihres geschmackvollen Interieurs und der Lage, locker 5-Sterne-Niveau erreichen. Einige Hotels haben sich zu kleineren Gruppen zusammengeschlossen. Die Websites der ›Miniketten‹ bieten einen guten Einblick in die Qualität der Unterkünfte: **African Pride Hotels** (www.africanpridehotels.com), **Sun International** (www.suninternational.com), **The Collection by Liz Mc Grath** (www.collectionmcgrath.com), **Five Star Alliance** (www.fivestaralliance.com).

Bed & Breakfast

B&Bs haben in Kapstadt und Umgebung eine große Verbreitung gefunden. Im Vergleich zu Europa sind sie meist komfortabler, zudem oft in historischen Gebäuden untergebracht und inhabergeführt. Damit bieten sie eine gute Gelegenheit, mit Südafrikanern ins Gespräch zu kommen.

www.airbnb.co.za, www.sleeping-out.co.za

Landestypische Unterkünfte

Im Gegensatz zu den östlichen Provinzen des Landes gibt es in der Western Cape Province nur wenig afrikanisch angehauchte, Lodge-artige Unterkünfte. Zu den reetgedeckten, grob verputzten oder aus Holz gebauten und ethnisch dekorierten Plätzen gehören Bushmans Kloof Reserve in den Cederbergen, Tsala Treetop Lodge, Botlierskop Private Game Reserve und Gondwana Game Reserve an der Garden Route, bei Mossel Bay, sowie das Sanbona Private Game Reserve außerhalb von Montagu an der Route 62. Ihnen gemeinsam sind meist sogenannte *Bomas,* wo geschützt hinter Zäunen, aber unter freiem Himmel, das Abendessen an Tischen, die rund um ein großes Feuer gestellt werden, eingenommen wird.

Ferienwohnungen

In Südafrika laufen solche meist privaten Wohnungen und Häuser für Selbstversorger unter dem Begriff *self catering.* Auskunft erteilt Cape Town Tourism, aber auch einige Agenturen in Kapstadt vermitteln derartige Übernachtungsmöglichkeiten.

www.sa-venues.com/selfcatering, www.sleeping-out.co.za

Camping

In gut ausgestatteten Caravanparks kann man im Zelt, Wohnmobil oder in preisgünstigen Chalets, *rondavels* (komfortable Rundhütten) und Zimmern übernachten. Übernachtungen auf einem der etwa 120 Campingplätze in der Kapprovinz können bei folgenden Stellen gebucht werden:

Forever Resorts: www.foreversa.co.za, **South African Camping & Caravan Club:** www.caravanclub.org.za, **Federation of Caravan and Camping Clubs:** www.caravanparks.com

Nationalparks und Naturreservate

In den Nationalparks und Naturreservaten der Kapprovinz (Bontebok National Park, De Hoop Nature Reserve, Cederberg Wilderness Area, Garden Route National Park – Wilderness und Tsitsikamma Sections – liegen einige der schönsten Campingplätze des Landes. Da die Parkunterkünfte in der Hochsaison oft ausgebucht sind, sollten Sie möglichst schon einige Monate vor Ihrem Tourantritt reservieren.

Die Buchung von Nationalpark-Unterkünften lässt sich online über SA National Parks (SANP, www.sanparks.org)

am komfortabelsten erledigen. Alternativ besuchen Sie den SANP-Schalter in der Filiale von Cape Town Tourism in Kapstadts City Hall (T 086 132 22 23). Vergessen Sie beim Besuch des Parks nicht Ihre Buchungsbestätigung. Informationen und Buchungsformulare zu den Naturreservaten *(nature reserves),* die von Cape Nature Conservation unterhalten werden, finden Sie auf www.capenature.co.za.

Unterkünfte im Internet buchen

Neben den schon genannten Websites können Sie sich auf den folgenden Portalen einen Überblick über das Angebot an Unterkünften in der Kap-Region verschaffen und auch direkt Zimmer reservieren: www.sa-venues.com, www.places.co.za, www.hrs.de, www.hotel.de.

Spontane können ihr Glück *last minute* auf der Website www.laterooms.com (dt.) versuchen. Ein positiver Nebeneffekt: Sie schonen dabei meist auch noch ihren Geldbeutel, da die Zimmer aufgrund der späten Buchung oft verbilligt abgegeben werden. Im Internet, auf den Websites der Unterkünfte, finden sich oft auch günstigere Selbstbuchertarife, vor allem in der Nebensaison.

Verkehrsmittel

Flugzeug

Mehrere große Fluggesellschaften und einige kleinere Charterfirmen bedienen Südafrikas Inlandsflugstrecken. **South African Airways** (www.flysaa.com) und **SA Airlink** (www.flyairlink.com) verkehren mehrmals täglich zwischen Kapstadt und allen großen Städten Südafrikas sowie kleineren Destinationen. **Lift** (www.lift.co.za) und **Flysafair** (www.flysafair.co.za) fliegen etwas günstiger auf den populären Routen zwischen Kapstadt und Johannesburg, Durban, Port Elizabeth, Nelspruit und George. **British Airways** fliegt in Kooperation mit **Comair** (www.britishairways.com) zwischen den Hauptzentren. Die Strecke zwischen Kapstadt und Johannesburg kostet hin und zurück ab etwa 2500 Rand, je nach Airline, Wochentag und Tageszeit.

Busse

Golden Arrow (www.gabs.co.za) ist neben **MyCiti** (www.myciti.org.za) die andere städtische Buslinie. Wobei die MyCiti-Busse erheblich moderner, sauberer, sicherer und noch dazu behindertenfreundlich sind. Auf den Websites finden sich detaillierte Fahrpläne mit Haltestellen. Mit Myciti besitzt Kapstadt ein perfektes Busnetz mit modernen Bussen und neuen Haltestellen in allen Vororten, inklusive Camps Bay und Hout Bay. Tagestickets kosten 80 Rand. Es gibt keine Papiertickets, sondern die sogenannte Myconnect Card, die an den Haltestellen ›aufgeladen‹ werden kann. Ein Monatsticket für alle Buslinien kostet 890 Rand. Die Myconnect-Karte ist an den MyCiti-Haltestellen-Kiosken erhältlich und kostet einmalig 35 Rand. Der aufgeladene Kontostand kann dort auch jederzeit abgerufen werden. Die speziellen, verkehrsunabhängigen roten Busfahrbahnen sind mit Fuß- und Radwegen kombiniert, Fahrräder dürfen mit in die Busse genommen werden.

Folgende Busunternehmen verbinden Kapstadt regelmäßig mit allen wichtigen Städten des Landes: **Greyhound Cityliner** (www.greyhound.co.za), **Intercape Mainliner** (www.intercape.co.za) und **Translux Express** (www.translux.co.za). Die günstigste Busverbindung ist der **Baz Bus** (www.bazbus.com). Er ist vor allem bei Backpackern beliebt, da er an vielen Stellen entlang der Garden Route hält.

Taxis

Beliebter, zuverlässiger und dabei noch günstiger als reguläre Taxis ist **Uber** (www.uber.com/za/en, s. S. 66). In Kapstadt gibt es außerdem verschiedene ›normale‹ Taxiunternehmen. Die Fahrzeuge haben keine bestimmte Farbe und nicht alle ein

Schild auf dem Dach. Taxis nimmt man entweder an Taxiständen oder ruft sie per Telefon. Eher zu den Adrenalinsportarten zählt das Minibus-Taxifahren. Hier steigen nur abgebrühte und mutige Reisende ein.

Bahn

Südafrikas berühmte Luxuszüge **Blue Train** (www.bluetrain.co.za) und **Rovos Rail** (www.rovos.co.za) können über einige Reiseveranstalter in Deutschland gebucht werden. Beide verkehren u. a. auf der Hauptstrecke Pretoria–Johannesburg–Kapstadt. Während der modern-elegante Blue Train diese Strecke in nur 25 Std. bewältigt, lässt sich der historische Rovos gut zwei Tage Zeit.

Mietwagen

Günstiger und sicherer ist es, bereits im Voraus einen Camper oder Mietwagen zu buchen. Dann fällt meist auch die Kilometerpauschale weg. Und im Falle eines Problems ist es erheblich einfacher, in Deutschland Regressansprüche durchzusetzen.

Retrorentals: Marcus vermietet mehrere Dutzend klassischer Mercedes, vom Cabrio bis zur Limousine. Chauffeur-Fahrten, organisierte Touren (T 072 662 07 04, www.retrorentals.co.za). **Cape Cobra Hire:** In der südafrikanischen Replika der legendären, klassischen Cobra mit V8-Maschine die Küstenstraße entlangröhren (Cape Cobra Hire, www.capecobrahire.co.za; Cobra Experience, www.cobraexperience.co.za; um 3550 Rand pro Tag). **Hertz Rent a Car:** Vom kleinen VW Chico über Mercedes E 240 und VW-Bus bis zum Allrad-Doppelkabiner (T 021 425 82 82, www.hertz.co.za). **Avis:** T 0861 02 11 11 und 011 923 36 60, www.avis.com. **Europcar:** T 011 479 40 00, www.europcar.co.za. **Budget:** T 011 398 01 23 oder 086 101 66 22, www.budget.co.za.

Motorräder und Motorroller

Cape Bike Travel: Organisiert Harley- und BMW-Motorradtouren, vermietet Harley Heritage Softail Classic, Electra Glide, BMW F 650 GS Dakar, F800 GS, R 1200 GS und Ducati 796 Monster, ab 2400 Rand pro Tag (125 Buitengracht Street, City, T 021 424 50 13, www.capebiketravel.com).

Karoo Biking: BMW-Motorradreisen und -vermietung in Südafrika unter deutscher Leitung. Auf Wunsch wird Urlaubern auch eine individuelle Tour ausgearbeitet (www.karoo-biking.de, Infos und Reservierung in Deutschland unter T 0221 355 33 20 02).

Verkehrsregeln

Wie in allen ehemaligen englischen Kolonien wird auch in Südafrika auf der linken Seite gefahren. Es herrscht Anschnallpflicht; die Promillegrenze liegt bei 0,5 Promille.

Im Kapstädter Verkehr geht es recht hektisch zu. Während der Geschäftszeiten ist es nahezu unmöglich, einen freien Parkplatz zu finden. Man sollte auf die zahlreichen Parkhäuser ausweichen. Parkuhren gibt es in der Innenstadt zwar keine, dafür uniformierte Parkwächter, die die Parkgebühren direkt kassieren und dann die Autonummer in ihrem Handcomputer speichern. Wer länger parkt, muss nachzahlen.

Außerhalb geschlossener Ortschaften geht es etwas ruhiger zu. Nachtfahrten sind allerdings nicht zu empfehlen, da die zahlreichen Minibusse, die als Sammeltaxis fungieren, oft nicht über funktionierendes Licht oder gute Bremsen verfügen und immer wieder in verheerende Unfälle verwickelt sind.

Wer tagsüber außerhalb geschlossener Ortschaften etwas flotter unterwegs ist und von seinem Vordermann Platz gemacht bekommt, sollte sich nach dem Überholen landestypisch durch zweimaliges Betätigen der Warnblinkanlage bedanken.

Es gibt zwar Geschwindigkeitsbegrenzungen (120 km/h auf Autobahnen, 100 km/h auf Landstraßen, 60 km/h in Ortschaften), viele Südafrikaner nehmen diese jedoch trotz häufiger Kontrollen und hoher Strafen recht locker.

Sprachführer Englisch

Allgemeines

Guten Morgen	good morning
Guten Tag	good afternoon
Guten Abend	good evening
Auf Wiedersehen	good bye/cheers
Entschuldigung	excuse me/sorry
Hallo/Grüß dich	hello
bitte	please
gern geschehen	you're welcome
danke	thank you
ja/nein	yes/no
Wie bitte?	Pardon?
Wann?	When?

Unterwegs

Haltestelle	stop
Bus	bus
Auto	car
Geländewagen	four-wheel drive
Kleinbus	minivan
Wohnmobil	camper
Ausfahrt/-gang	exit
Tankstelle	petrol station
Benzin	petrol/fuel
rechts	right
links	left
geradeaus	straight ahead/ straight on
Auskunft	information
Zoll	customs
Bahnhof	train station
Flughafen	airport
Stadtplan	city map
alle Richtungen	all directions
Einbahnstraße	one-way street
Eingang	entrance
geöffnet	open
geschlossen	closed
Kirche	church
Strand	beach
Platz	place/square
Autobahn	motorway
einspurige Straße	single track road
Brücke	bridge

Zeit

3 Uhr (morgens)	3 a. m.
15 Uhr (nachmittags)	3 p. m.
Stunde/Tag	hour/day
Woche/Monat	week/month
Jahr	year
heute/gestern	today/yesterday
morgen	tomorrow
früh/spät	early/late
Montag	Monday
Dienstag	Tuesday
Mittwoch	Wednesday
Donnerstag	Thursday
Freitag	Friday
Samstag	Saturday
Sonntag	Sunday
Feiertag	public holiday

Notfall

Hilfe!	Help!
Polizei	police
Praktischer Arzt	general practitioner (G. P.)
Arzt	doctor
Zahnarzt	dentist
Apotheke	pharmacy/apteek
Krankenhaus	hospital
Unfall	accident
Schmerzen	pain
Panne	breakdown
Rettungswagen	ambulance
Notfall	emergency

Übernachten

Hotel/Pension	hotel/guest house
Einzelzimmer	single room
Doppelzimmer	double room
mit zwei Betten	with twin beds
mit/ohne Bad	with/without bathroom
mit WC	ensuite
Toilette	toilet

Dusche	shower
mit Frühstück	with breakfast
Halbpension	half board
Gepäck	luggage

Einkaufen

Geschäft	shop
Markt	market
Laden, der farmfrische Produkte verkauft	farm stall
Kreditkarte	credit card
Geldautomat	automated teller machine (ATM)
Bäckerei	bakery
Metzgerei	butchery
Laden, der Alkohol verkaufen darf	bottle store
Picknick	padkos
Drogerie	drugstore
teuer	expensive
billig	cheap

Zahlen

1	one	17	seventeen
2	two	18	eighteen
3	three	19	nineteen
4	four	20	twenty
5	five	21	twenty-one
6	six	30	thirty
7	seven	40	fourty
8	eight	50	fifty
9	nine	60	sixty
10	ten	70	seventy
11	eleven	80	eighty
12	twelve	90	ninety
13	thirteen	100	one hundred
14	fourteen	150	one hundred and fifty
15	fifteen		
16	sixteen	1000	a thousand

WICHTIGE SÄTZE

Allgemeines

Sprechen Sie Deutsch?	Do you speak German?
Ich verstehe nicht.	I do not understand.
Ich spreche kein Englisch.	I do not speak English.
Ich heiße …	My name is …
Wie heißt du/ heißen Sie?	What's your name?
Wie geht's?	How are you?
Danke, gut.	Thanks, fine.
Bis bald (später).	See you soon (later).

Unterwegs

Wie komme ich zu/nach …?	How do I get to …?
Wo ist bitte …?	Sorry, where is …?
Könnten Sie mir bitte … zeigen?	Could you please show me …?

Notfall

Können Sie mir bitte helfen?	Could you please help me?
Ich brauche einen Arzt.	I need a doctor.
Hier tut es weh.	It hurts here.

Übernachten

Haben Sie ein freies Zimmer?	Do you have any vacancies?
Wie viel kostet das Zimmer pro Nacht?	How much is the room per night?
Ich habe ein Zimmer bestellt.	I have booked a room.

Einkaufen

Wie viel kostet …?	How much is...?
Ich brauche …	I need …
Wann öffnet/ schließt …?	When does ... open/... close?

Im Restaurant

Ich möchte einen Tisch reservieren.	I would like to book a table.
Bitte warten Sie, bis Ihnen ein Tisch zugewiesen wird.	Please wait to be seated.
Die Speisekarte, bitte.	The menu, please.
Die Rechnung, bitte.	The bill, please.

Kulinarisches Lexikon

Allgemeines

appetizer/starter	Vorspeise
braai	Barbecue, Grillen
breakfast	Frühstück
dessert	Nachspeise
dinner	Abendessen
lunch	Mittagessen
main course	Hauptgericht
meal of the day	Tagesgericht
pepper/salt	Pfeffer/Salz
side dishes	Beilagen
soup	Suppe
sugar	Zucker
sweetener	Süßstoff
wine list	Weinkarte

Zubereitung

baked	im Ofen gebacken
broiled/grilled	gegrillt
deep fried	frittiert (meist paniert)
fried	in Fett gebacken, oft paniert
hot	scharf/heiß
rare/medium rare	blutig/rosa
steamed	gedämpft
stuffed	gefüllt
well done	durchgebraten

Frühstück

bacon	Schinken
boiled egg	hart gekochtes Ei
cereals	Getreideflocken
cooked breakfast	englisches Frühstück
cream	Kaffeemilch
fried eggs …	Spiegeleier
… over easy	beidseitig gebraten
… sunny side up	Eigelb nach oben
jam	Marmelade (außer Orangenmarmelade)
scrambled eggs	Rühreier

Fisch und Meeresfrüchte

bass	Barsch
crab	Krebs/Krabbe
crayfish	Kap-Languste
gamba	Garnele
kingklip	Fisch mit festem, weißem Fleisch, meist gegrillt serviert
line fish	fangfrischer Fisch des Tages
lobster	Hummer
mussel	Miesmuschel
oyster	Auster
perlemon	Abalone oder Meerohren
prawn	Riesengarnele
salmon	Lachs
scallop	Jakobsmuschel
shrimp	Krabbe
snoek	Makrelenart, meist geräuchert verkauft
sole	Seezunge
swordfish	Schwertfisch
tuna	Thunfisch
yellowtail	gelbflossiger Fisch, wird oft gegrillt

Fleisch und Geflügel

beef	Rindfleisch
biltong	durch Trocknen und Würzen haltbar gemachtes (Wild-) Fleisch
bobotie	Hackfleisch-Curry, mit herzhaftem Ei-Pudding und mit Gelbwurz gewürztem Reis
boerewors	würzige Bauernbratwurst, zum *braai* oder an Straßenständen
braaivleis	Grillfleisch

bredie	Eintopf mit Gemüse und Lamm, Hühnchen oder Fisch
chicken	Hähnchen
frikkadel	Frikadelle
ostrich	Strauß
poffade	Würste aus Innereien vom Wild
russian sausage	rote Wurst, gebraten, aber meist kalt serviert
vienna	kleinere Version der russian sausage
sosatie	gegrilltes, mariniertes Lammfleisch mit getrockneten Früchten
spare ribs	Rippchen
turkey	Truthahn
veal	Kalbfleisch
venison/game	Wildfleisch

Gemüse und Beilagen

brinjal	Aubergine
cucumber	Gurke
chips	Pommes frites
garlic	Knoblauch
geelrys	Reis mit Rosinen
ingera	Fladenbrot
lentils	Linsen
mealie	Maiskolben
mealie pap	Maisbrei
mushroom	Pilz
onion	Zwiebel
pap and sous	Maisbrei mit Soße
peas	Erbsen
potatoe	Kartoffel
pumpkin/squash	Kürbis
waterblommetjie	hyazinthenähnliche Wasserblume (für Suppen oder Bredies mit Fleisch)
welbebloontjes	Stockbrot

Obst

apple	Apfel
apricot	Aprikose
cape gooseberry	gelbe Stachelbeere
cherry	Kirsche
fig	Feige
grenadilla	Passionsfrucht
lemon	Zitrone
melon	Honigmelone
orange	Orange
peach	Pfirsich
pineapple	Ananas
plum	Pflaume
raspberry	Himbeere
strawberry	Erdbeere

Nachspeisen und Gebäck

brownie	Schokoplätzchen
cinnamon roll	Zimtschnecke
koeksisters	extrem süßes und klebriges Gebäck
malva pudding	Nachtisch aus Aprikosenmarmelade und Essig
melktart	Mischung aus Vanillepudding und Käsekuchen, mit Zimt bestreut
rusk	hartes Gebäck, wird in Kaffee oder Tee eingeweicht

Getränke

beer (on tap/draught)	Bier (vom Fass)
coffee (decaffeinated)	Kaffee (entkoffeiniert)
dumpie	kleine Bierflasche
icecube	Eiswürfel
juice	Saft
lemonade	Limonade
light beer	alkoholarmes Bier
liquor	Spirituosen
milk	Milch
mineral water	Mineralwasser
red/white wine	Rot-/Weißwein
rooibos	Tee aus den Blattspitzen des Rotbusches
root beer	dunkle Limonade
soda water	Selterswasser
sparkling wine	Sekt
tea	Tee

Das

Art in Africa: Nicht nur in den Townships von Kapstadt wird die Kultur und Geschichte Südafrikas in eindrucksvollen Graffiti präsentiert.

Magazin

Botanische Cocktails

Als ›Botanicals‹ werden alle Gewürze, Kräuter, Beeren etc. bezeichnet, die Gin beigefügt werden, um sein jeweils individuelles Aroma herzustellen. Für das einzigartige Aroma des Wilderer-Gins zeichnet der Kap-Fynbos verantwortlich.

Das kleinste Florenreich der Welt im Glas — internationale Trends erreichen Kapstadt sehr schnell und werden sogleich mit lokalem Flair versehen. Der Gin, der eine weltweite Renaissance erlebt, ist da keine Ausnahme.

Derzeit gibt es knapp 150 verschiedene Ginsorten, destilliert in mehr als 50 Brennereien. Im Weinland bei Paarl kommen bei der berühmten Wilderer-Brennerei gleich 27 verschiedene Pflanzenbestandteile und Kräuter des kleinsten Florenreichs der Welt, des Fynbos, in die Flaschen.

Branntwein-Krimi

Die Wilderer-Story klingt wie ein Drehbuch zu einem spannenden Auswanderer-Epos. 1994 hatte Helmut Wilderer genug von seinem Restaurant in Deutschland. Und wie es der Zufall so wollte, gewann er eine Amerika-Reise in einem Golfwettbewerb. Kurzerhand tauschte er das USA- in ein Südafrika-Ticket um, da ihn das Land am Kap mehr reizte.

So erlebte er Südafrika erstmals kurz vor den ersten demokratischen Wahlen. Und verliebte sich wie so viele Deutsche vor ihm. Was ihn überraschte, war, dass es keinerlei einheimische Grappas oder Obstbrände gab. Der Staat besaß damals das Alkohol-Monopol.

Nach dem demokratischen Wandel im April 1994 bewarb sich der damals 55-Jährige um eine Brennlizenz. Entgegen allen Erwartungen wurde ihm diese bereits kurz darauf gewährt. Er packte seine Sachen und wanderte mit seinem 14-jährigen Sohn Christian nach Kapstadt aus.

Christian erinnert sich: »Er hatte keine Ahnung vom Brennen und besuchte daher diverse Kurse in Österreich und Deutschland, las viele Bücher zum Thema, es gab endlose Versuche und Misserfolge, aber eine unerschütterliche Leidenschaft. Wir waren Südafrikas erste private Brennerei, und heute sind wir noch immer die mit den meisten Auszeichnungen.«

Lust auf Gin

Die Idee, das Wilderer-Angebot auf Gin auszuweiten, kam 2013. »Ich stolperte in eine Gin-Bar in Deutschland«, sagt Christian grinsend, »dachte mir zunächst nicht viel dabei. Ich war kein Gintrinker, aber ich konnte den Trend erkennen, vor allem in England, und ich war überzeugt, dass die Lust auf Gin Südafrika auch bald ergreifen würde. Es hat mich allerdings viel Zeit gekostet, Helmut davon zu überzeugen, einen Gin zu kreieren. Und bis er dann die endgültige Rezeptur zusammenhatte, dauerte es noch länger.«

Der Gin sollte natürlich einen lokalen Bezug haben. Und so begann das Wilderer-Team, mit dem Brenner Johan Monnig im Fynbos der Kapprovinz herumzuschnuppern. Wie eingangs erwähnt, finden sich 27 verschiedene Pflanzenbestandteile des Fynbos im Wilderer-Gin, einschließlich Buchu, Honigbusch, Wild Dagga, Teufelskralle und Sceletium. Alles wächst entweder auf ihrem Grundstück oder kommt von einer Firma, die in der Tafelberg-Region erntet.

»Anstatt sich nur auf ein oder zwei Bestandteile zu konzentrieren, vermittelt unser Gin die balancierte Komplexität des Fynbos-Bioms in einer harmonischen Dynamik. Er soll das herrliche Kapfloren-Reich des Fynbos symbolisieren«, philosophiert Brenner Johan.

Zwei Jahre Kräuter testen

Insgesamt vergingen ganze zwei Jahre, bis das Rezept fertig war. Die Pflanzenbestandteile werden vor der Destillation abgewogen und vorbereitet, kommen dann in ein poröses Leinensäckchen, um so eine doppelte Extrahierungstechnik zu durchlaufen. Die erste passiert, sobald der Fynbosbeutel in verdünnten, reinen Wein-Alkohol gehängt wird, um zu mazerieren. Der daraus resultierende Spirit wird mit mehr verdünntem Alkohol versetzt und in die Destillationsblase gegeben. Das Säckchen hängt darin zur Dampfextrahierung der Fynbos-Aromen. Jede der beiden Extrahierungen dauert etwa drei Stunden und es kommen etwa 110 Flaschen Gin dabei heraus.

Ganz wichtig: der Tonic

Der Wilderer Fynbos Gin ist im Gegensatz zu den charakteristischen, kräftigen wacholderbetonten und traditionellen, britischen Gins eher fein. Der zweitwichtigste, aber nicht weniger bedeutende Bestandteil des Gin & Tonic, im Land GT genannt, ist das Tonic Water. Ist dieses zu dominant, kann es den Fynbos Gin überlagern.

Als Helmut und Christian nach Südafrika zogen, hatten sie zwei Koffer und eine Brennlizenz. Mehr als zwei Jahrzehnte später ist Wilderer eine weltweit anerkannte und preisgekrönte Marke. 14 Jahre betrieb Helmut die Brennerei alleine, als sich Christian etwas vom Familienbusiness entfernte. Dann kam der Sohn zurück, um das Restaurant, das der Vater auf dem Grundstück der Destillerie gegründet hatte, zu führen. Die beiden wurden zum Dream Team. Bis zum 15. Dezember 2016, als Helmut, oder Pappa Grappa, wie er liebevoll genannt wurde, im Alter von 75 Jahren an Krebs verstarb. »Helmuts Foto steht nun neben der Destillationsanlage«, sagt Christian, »und wir wissen, dass er immer auf uns schaut.«

G

WER MACHT DEN REINSTEN GIN?

Nehmen wir an, es würde ein Reinheitsgebot für Gin geben und nur jene, die ausschließlich mit Naturprodukten arbeiten, d. h. weder Zucker noch Farb- oder Aromastoffe zugeben, blieben übrig. Dann gäbe es außer **Wilderer** lediglich zwei andere Brennereien in Südafrika: **Pienaar & Son Distilling Company** (www.pienaarandson.co.za, s. S. 53) und **Triple Three Distillery.** Letztere wird mit viel Leidenschaft und Liebe von Besitzer Rolf Zeitvogel in Strand bei Somerset West geführt. Er produziert neben Gin auch Wodka und einen herrlichen Williams Christ. Krönung ist sein Distiller's Choice Gin, der Rolls Royce unter den Wacholdern. Die Botanicals für die Gins sammelt Rolf alle selbst. Alle Spirituosen können über seine Website bestellt werden (9 Lake St., Broadlands, Strand, T 072 218 01 23, www.triplethree.co.za, FB: Triple Three Distillery, Mo–Fr 9–16 Uhr).

Das kleinste Florenreich der Welt

Die Kapprovinz ist berühmt für ihre einzigartige Fynbos-Vegetation. Das sogenannte Kap-Florenreich (Cape Floral Kingdom) ist eine von insgesamt sechs botanischen Regionen der Welt, und obwohl sie nur 0,04 % der Landfläche der Erde ausmacht, ist die Vielfalt hier mit 8500 Arten am größten. 6000 Arten sind endemisch, d. h. sie wachsen nur in einem ganz bestimmten Gebiet, das manchmal nicht größer als ein Fußballfeld ist.

Charakteristische Fynbos-Pflanzen sind Kap-Gräser und Eriken, die größten Familien bilden Gänseblümchen (über 1000 verschiedene Arten), Iris (600 Arten) und Lilien (400 Arten). Eine echte Fynbos-Besonderheit sind die Eriken mit 600 verschiedenen Arten – der Rest der Welt hat nur 26 aufzuweisen! Eine typische deutsche Balkonpflanze, die Geranie, gehört ebenfalls zur Fynbos-Vegetation.

Das Kap-Florenreich ist die kleinste und artenreichste Vegetationszone der Welt – einiges davon wandert in den lokalen Gin.

Feuer frei – ohne Flammen kein Leben

Im Kap-Florenreich des Fynbos sind regelmäßige Buschfeuer für die mehr als 8000 Pflanzenarten überlebensnotwendig. Wissenschaftlich nennt man das Brandkeimung. Erst die hohen Feuertemperaturen und der dabei entstehende Rauch lassen die Samenkapseln aufspringen. Die Asche der verbrannten Vegetation dient danach als Dünger für die neue Saat, die meist bereits ein Jahr nach einem Brand aufkeimt.

Natürliche Buschfeuer im Fynbos, meist durch Blitz- oder Steinschlag verursacht, sind ›schnelle‹ und ›kühle‹ Feuer. Die Vegetation brennt augenblicklich ab, was den meisten Tieren das Überleben ermöglicht. Antilopen und andere Großsäuger wittern die Feuer schon sehr früh und bringen sich in Sicherheit. Schildkröten und Schlangen graben sich im Boden ein oder verstecken sich in Felsspalten, während das Feuer über sie hinwegfegt.

Auch Hausbesitzer, deren Domizile in natürlicher Kap-Vegetation stehen, haben von den ›natürlichen‹ Buschfeuern in der Regel nichts zu befürchten. Die Feuer sind, häufig angefacht durch einen heftigen Südostwind, so schnell, dass Häuser meist verschont bleiben. Die Temperaturen reichen in der Regel nicht aus, um Gebäude zu entzünden. Kritisch wird es nur, wenn Fremdvegetation wie Nadel- oder Eukalyptusbäume zwischen dem Fynbos wachsen. Sie brennen länger und entwickeln dabei eine viel größere Hitze. Das hat zur Folge, dass nicht nur Häuser zerstört und zahlreiche Tiere getötet werden, sondern auch die Samenkapseln verbrennen und der Fynbos dauerhaft geschädigt wird. ■

Wasser ist Leben

Day Zero — das Schreckgespenst in den ersten Monaten des Jahres 2018 in Kapstadt. Der Tag, an dem zum ersten Mal einer Millionenstadt das Wasser ausgehen sollte. An etwa 200 Punkten sollten 25 Liter Wasser pro Person und Tag ausgegeben werden.

Polizei und Militärs feilten bereits an dem Endzeit-Szenario – ein Ding der Unmöglichkeit, bei mehr als 4 Mio. Einwohnern. Zunächst war Tag Null für April prognostiziert, dann Mai, schließlich Juni. Und plötzlich fielen die heftigsten Niederschläge seit 2015.

Im Dezember 2018 betrug die durchschnittliche Wassermenge in den Dämmen am Kap dank überraschend heftiger und anhaltender Niederschläge und sogar Schnee in den Bergen über 70 %, im Vergleich zu weniger als 20 % Mitte April. Der höchste Stand seit 2016. Damit dürfte das Ende der seit 2015 bestehenden Dürre erreicht sein. Wasserrestriktionen gelten jedoch weiterhin. Die Stadtverwaltung möchte ungern zu früh Entwarnung geben. Also bleiben die Autos dreckig und die Gärten trocken. Kapstädter lernten schnell viel Wasser zu sparen. Nur kurz duschen, Duschwasser wieder verwenden, keine Autos waschen, keine Gärten wässern und dazu der halbe Wasserdruck in den Leitungen. 50 Liter pro Kopf und Tag waren die Vorgabe. In Deutschland liegt der tägliche Verbrauch bei 120 Litern. Wer weiß, wie viel Trinkwasser eine Klospülung verschwendet, sieht, wie wenig das ist.

Regelmäßig holen sich Hunderte Anwohner sauberes Trinkwasser an einer Quelle am Fuße des Tafelbergs.

Is it yellow, let it mellow

Schilder in Restaurant-Toiletten wiesen darauf hin: ›*Is it yellow, let it mellow, is it brown, flush it down*‹. Eine recht stinkhafte Angelegenheit. Sogar Nobelhotels ließen die Stöpsel ihrer Badewannen verschwinden, um Vollbäder ihrer Gäste zu vermeiden. Aber im Vergleich zu 2015 sparte Kapstadt so insgesamt gut 60 % Trinkwasser!

Noch Mitte Februar gab es am Kap Hamsterkäufe. Die Bewohner schleppten Fünf-Liter-Kanister Trinkwasser im Dutzend aus den Supermärkten – und schlugen sich teilweise darum. In Teilen Kapstadts konnte man einige Tage lang kein Wasser mehr kaufen.

An den natürlichen Quellen am Fuß des Tafelbergs fanden sich überwiegend Menschen aus den unteren Einkommensschichten ein, die hier ihre Container befüllten. Viele mussten dafür lange Wege zurücklegen. Das kostete Zeit und Fahrgeld, das sie irgendwie zusammenkratzten. In den wohlhabenderen Vierteln ließen sich Bewohner dagegen von Tanklastern mit teurem Wasser von außerhalb beliefern, damit ihre Swimmingpool-Pumpen nicht trockenliefen. Manche von ihnen wässerten sogar nach wie vor ihre Gärten. Die drastisch gestiegenen Wasserpreise und Bußgelder interessieren diese Kapstädter kaum. Brunnenbohrunternehmen können sich vor Aufträgen kaum retten. Wenn es nicht genug regnet, muss halt das Grundwasser herhalten, lautet die wenig nachhaltige und wenig soziale Devise.

Alternatives Wasser

Aufgrund der Krise wurden von der Stadtverwaltung alternative Wasserbeschaffungsprogramme initiiert, von Desalinierungsanlagen bis Sturmwasser-Auffangsystemen und Grundwassernutzung. In den nächsten beiden Jahren investiert die Stadt in solche Projekte rund 250 Millionen Euro. Die erste Meerwasserentsalzungsanlage in der Waterfront ging bereits ans Netz, an etlichen Orten wird erfolgreich nach Grundwasser gebohrt, Abwasser soll besser aufbereitet werden. Im September 2018 hatte bereits jedes zehnte Glas Wasser einen anderen Ursprung als das Regenwasser in den Stauseen.

Zu viele Menschen

Neben natürlichen, klimatischen Ursachen und der globalen Klimaveränderung lag der Grund für die Wasserknappheit auch an der extremen Bevölkerungszunahme in Kapstadt und der Western Cape Province, an einer überlasteten Infrastruktur, an schlechter Planung und an Missmanagement. Seit 1995 ist die Stadtbevölkerung um 79 % angestiegen, von etwa 2,4 Mio. auf geschätzte 4,3 Mio. im Jahr 2018. Im gleichen Zeitraum vergrößerten sich die Dammkapazitäten nur um 15 %. 2017 war das regenärmste Jahr seit Beginn der Wetteraufzeichnungen am Kap vor etwa 100 Jahren.

Die apokalyptische Angst vor dem Tag Null machte aber auch wieder einmal ein anderes fundamentales Problem Kapstadts deutlich: die krassen sozialen Gegensätze. Für die Hunderttausenden von Menschen, die in Blechhütten in den Townships vor der Stadt leben, ist das Schleppen von Wasser seit Jahren Alltag. Die Angst der Kapstädter vor der Stunde Null ist für sie ein Luxusproblem der Mittelklasse.

Aber einen Vorteil hatte die stressreiche Krise auf alle Fälle: Fast jeder, der hier lebt, weiß mittlerweile Wasser zu schätzen. Es ist nicht endlos vorhanden. Es ist die wohl wertvollste Resource, die wir haben. Ohne Wasser kein Leben. ■

I

ICE, ICE, BABY

Kein Wunder, dass bei all der Day-Zero-Panik selbst wahnwitzige Ideen diskutiert wurden. Eisberge sollten laut Vorstellung einiger Fachleute in Kapstadts Küstennähe gebracht werden. Ein solcher Eisberg müsste mit viel Isoliermaterial umwickelt werden. Dann müssten zwei Schleppkähne den Eisberg nach Cape Columbine in der Nähe von Saldanha Bay, nordwestlich von Kapstadt, ziehen. Wasser könnte von dem Eisberg gewonnen werden, indem die Oberfläche wie eine Mine ausgebeutet wird und das Wasser der dort in der Senke schmelzenden Eisbrocken in Tanker gepumpt wird.

Kap-Fauna

Ob diese Brillenpinguine wohl Verstecken spielen? Tatsächlich dient der befestigte Pfad »Burgher's Walk« am Boulders Beach als Schutzgebiet und Rückzugsort für sie.

Pinguine und Paviane — wer an die Tierwelt von Südafrika denkt, dem fallen meist gleich die Big Five ein. Doch das Kap bietet eine weitaus größere Vielfalt an Tieren.

Am Stadtrand Kapstadts, *urban edge* genannt, lassen sich lustige Homevideos, in denen sich Tiere in den Großstadtdschungel wagen, nicht nur auf der Mattscheibe, sondern live vor der Haustür erleben. Da wackelt schon einmal ein Pinguin durch den Garten, ein Pavian räumt die Mülltonne aus oder eine Puffotter sonnt sich neben dem Pool.

Artenvielfalt zu Lande …

Die einst üppige Tierwelt der Kapprovinz ist seit Ankunft der Weißen auch vor den Toren der Stadt stark dezimiert worden. Elefanten wurden vor allem wegen ihres wertvollen Elfenbeins geschossen. Innerhalb weniger Jahrzehnte zogen sich die letzten Dickhäuter in entlegenere Gebiete zurück und wurden fast ausgerottet. Nachkommen der Tiere, die hier schon immer beheimatet waren, findet man heute noch im nahezu undurchdringlichen Knsyna Forest. Jedoch gelingt es Menschen nur ein- bis zweimal pro Jahr, diese Wildelefanten zu sehen. Die Dickhäuter im Knysna Elephant Park sowie im Elephant Sanctuary bei Plettenberg Bay stammen dagegen aus dem Krüger National Park.

Im Bereich der Fynbos-Vegetation waren größere Säugetiere allerdings schon immer selten. Das liegt daran, dass der Nährwert der ölhaltigen, immergrünen Blätter sehr gering ist.

Typisch für die Kap-Flora-Region und recht häufig zu beobachten sind das kleine, nur im Fynbos vorkommende

Greisböckchen *(cape grysbok)* und der graue Rehbock, eine Antilope, die nicht mit unseren Rehen verwandt ist, in kleineren Herden vorkommt und beim Laufen an ihrem weißen, flauschigen Schwanz zu erkennen ist. In felsigerem Gelände sieht man andere Antilopen, die Klippspringer *(klipspringer)*, aber auch Paviane *(baboons)* und – eher selten – Luchse *(caracal)*.

Der Leopard ist das größte Raubtier, das am Kap noch in freier Wildbahn lebt. Der Nachtjäger ist allerdings so scheu, dass Besucher meist nur seine Spuren bewundern können. Vor allem in den Cederbergen leben noch viele dieser wunderschönen gefleckten Katzen. Ebenfalls Nachttiere und deshalb schwierig zu beobachten sind die weit verbreiteten Honigdachse *(honey badgers)*, Ginsterkatzen *(genets)* und Stachelschweine *(porcupines)*.

Mit Glück sehen Sie vor der Küste eine Walmutter mit ihrem Jungtier.

Besucher des Tafelberges werden auf alle Fälle mit den Klippschliefern *(rock dassies)* Bekanntschaft machen, die sich dort halbzahm sonnen (Vorsicht: scharfe Zähne!) und auf Touristenbesuch warten. Kaum zu glauben: Die meerschweinchengroßen, murmeltierähnlichen Tiere sind mit den Elefanten verwandt.

… in der Luft …

Vogelbeobachter werden am Kap paradiesische Verhältnisse vorfinden. Bereits in den Parks von Kapstadt lassen sich typische Fynbos-Vögel entdecken: filigrane Rotbrustbuschsänger *(victorin's warbler)*, langschwänzige Kap-Honigfresser *(cape sugarbird)*, herrlich bunte Goldbrust- und Malachit-Nektarvögel *(orange breasted/malachite sunbird)*, die mit ihren langen Schnäbeln an Kolibris erinnern, Hottentottengirlitze *(cape siskin)*, die hohe, metallische Geräusche von sich geben, und scheue Proteagirlitze *(protea canary)*.

… und im Meer

Doch nicht nur kleine Singvögel erwarten den Besucher. Südlich von Simon's Town gibt es sogar eine Festlandkolonie von Brillenpinguinen *(African penguins)*, die dort einen sicheren Brutplatz gefunden haben. Am Boulders Beach, der Teil des Table Mountain National Park ist, kann man die an Land tollpatschig wirkenden Vögel von Holzstegen aus beobachten. Im Wasser bewegen sie sich hingegen blitzschnell wie Robben vorwärts.

Letztere gibt es übrigens auch zu bestaunen, allerdings sind sie fast ausschließlich auf den vorgelagerten Inseln anzutreffen. Wie z. B. auf Duiker Island bei Hout Bay, wo es vor Pelzrobben nur so wimmelt und das mit verschiedenen Chartergesellschaften vom Hafen in Hout Bay aus zu erreichen ist.

Pinguine und Robben sind die beliebtesten Snacks der vor allem in der False Bay an der Kap-Halbinsel und in der Walker Bay bei Gansbaai lebenden

Hoffen wir mal, dass der Kleine nur spielen will! Denn immer wieder kommt es vor, dass arglose Touristen von frechen Pavianen regelrecht überfallen werden.

Weißen Haie. Um Surfer zu schützen, gibt es an strategisch wichtigen, exponierten Standorten die Shark Spotter, also Haibeobachter, die sofort Alarm schlagen, wenn eines der ›U-Boote‹ Kurs auf die Küste nimmt. Sirenen ertönen und die weißen(!) Haiflaggen werden gehisst. Was bedeutet: Sofort aus dem Wasser. Nichtsurfer behaupten, dass Surfen in Muizenberg etwa so empfehlenswert wäre wie Skateboard-Fahren im Big-Five-Wildreservat.

Eine große Attraktion sind die Wale, die alljährlich in die Buchten der Kapprovinz kommen, um sich dort zu paaren und ihre Jungen zur Welt zu bringen. Dort wo an der Kap-Halbinsel, an der Walker Bay und am Atlantik größere Gruppen von Menschen stehen, springen und prusten dann bestimmt ein paar der grauen Riesen.

Geschützt

In zahlreichen Reservaten und Nationalparks der Western Cape Province haben heute neben Steppenzebras *(Burchell's zebra)* die seltenen Bergzebras *(mountain zebra)*, Springböcke *(springbok)*, Elenantilopen *(eland)* sowie Buntböcke *(bontebok)* und die von Farmern fast ausgerotteten, sehr seltenen Wildhunde *(cape hunting dogs)* einen sicheren Zufluchtsort gefunden. ■

PAVIAN-WÄCHTER UND PINGUIN-RANGER

Weil die behaarten Primaten mittlerweile nicht nur Picknicks am Kap verwüsten, sondern auch Autos aufmachen, wurden von der Nationalparkbehörde uniformierte ›Baboon Guards‹ abgestellt. Da moderne Autos heute schon teilautonom unterwegs sind, scheint die Gefahr zu groß, dass die Affen mit gehijackten Mietautos Demolition Derbies am Kap fahren könnten (www.baboonmatters.co.za).

Lachen jenseits der Hautfarbe

Wer ist der witzigste Südafrikaner? — nein, nicht der ehemalige Präsident Jacob Zuma. Aber der, der diesen jahrelang gekonnt und intelligent – und brüllend-komisch – auf die Schippe genommen hat: Trevor Noah.

Geben Sie »Trevor Noah« einfach bei YouTube ein, falls Sie ihn nicht kennen sollten, und lachen Sie sich tot. Der 34-Jährige ist mittlerweile weltberühmt, was vor allem daran liegt, dass er jahrelang die amerikanische »Daily Show« erfolgreich moderierte.

Born a Crime

Das Apartheidgesetz, das es Menschen verschiedener Hautfarbe bei Strafe verbot zu heiraten, führte zum Titel von Trevor Noahs 2016 veröffentlichter und mit diversen Preisen ausgezeichneter Autobiographie »Born a Crime«. Sein Vater ist Schweizer (Zitat Trevor: ›Schweizer lieben Schokolade‹), seine Mutter eine schwarze Südafrikanerin vom Stamm der Xhosa. Das Buch wird gerade verfilmt. Trev hat eine beispiellose Karriere hinter sich, wenn man bedenkt, dass er als Jugendlicher damit Geld verdiente, illegal CDs in Soweto zu verkaufen. Die Chance, ihn live in Kapstadt zu erleben, ist allerdings aufgrund seiner Popularität eher gering.

Diese Frau ist ein Mann

Einer seiner Vorreiter, der während düsterster Apartheidzeiten den Humor nicht verloren hat, sondern ihn als Protest gegen das System nutzte, war Pieter-Dirk Uys (www.evita.co.za). Der 1945 in Kapstadt als Sohn eines Afrikaner-Vaters und einer deutsch-jüdischen Mutter geborene Uys ist mit der Verkörperung Evita Bezuidenhouts zu einem von Südafrikas bekanntesten Kabarettisten geworden.

The King of Comedy: Trevor Noah – »Trump gab mir mehr Material als Zuma.«

Während der Apartheid umging Uys die Zensur, indem er sich in Evita verwandelte, die dann auf der Bühne fröhlich losplapperte. Ende der 1970er-Jahre erschien Evita erstmals in einer wöchentlichen Kolumne des Johannesburger »Sunday Express«.

Imaginäres Homeland

Das Publikum nahm die Seitenhiebe auf das Burenregime mit Begeisterungsstürmen auf. Die Mitglieder der National Party bezeichnete Pieter-Dirk einmal als seine besten Scriptwriter: »Die haben mir Material geliefert, das kein gesunder Mensch sich hätte ausdenken können. Ich war mit einer weißen Minderheit gesegnet, die absolut keinen Sinn für Humor hatte.«

Die Absurdität der südafrikanischen Homeland-Politik führte dazu, dass Uys Evita Bezuidenhout zur Botschafterin Südafrikas im imaginären Homeland Bapetikosweti ernannte. Schließlich wurde Evita auch über die Grenzen Südafrikas hinweg bekannt. Uys reiste mit ihr nach Australien, Europa und in die USA.

Seit dem demokratischen Neubeginn in Südafrika nimmt Pieter-Dirk Uys die neue ANC-Regierung auf die Schippe. Auch Staatspräsident Nelson Mandela war einst ein absoluter Evita-Fan, er hatte ›sie‹ sogar in seinem Buch »Der lange Weg zur Freiheit« verewigt. Der Kabarettist meint, dass Humor Südafrika half, den Gestank der Apartheid loszuwerden: »Wir haben uns so getrennt entwickelt, dass es 100 Jahre dauern wird, bis wir den Rest von Menschlichkeit entdecken. Aber es gibt eine Abkürzung zur Erlösung: Humor.«

Von der Kapstädter Rhodes-Universität bekam Uys 1997 die Ehrendoktorwürde verliehen. Er lebt im winzigen Örtchen Darling an der Westküste, wo er sein eigenes Theater unterhält (s. S. 138). Ansonsten tritt er ab und zu in Kapstadt auf.

Die Alternativen der komischen Art

Nic Rabinowitz (FB: Nic Rabinowitz) gilt – nomen est omen – als der witzigste Jude Südafrikas. Er wurde auf einer Farm in Afrika geboren und wuchs eine Zeit lang dort auf. So lernte er Xhosa perfekt zu sprechen, was natürlich zum Erfolg seiner Shows enorm beiträgt. Seine Besonderheit ist nach eigenen Angaben die Tatsache, dass er erst der zweite jüdische Junge in 2000 Jahren ist, der in einem Stall geboren wurde. Sie sehen schon, politische Korrektheit ist in Nics Shows ein Fremdwort.

Marc Lottering (www.marclottering.com) mit seinem charakteristischen Afrolook ist in Kapstadt geboren und seit seinem ersten Auftritt 1997 einer der bekanntesten und mehrfach ausgezeichneten Komiker des Landes, der in seinen Shows verschiedene Charaktere spielt.

Riaad Moosa (www.riaadmoosa.co.za) ist Inder, in Kapstadt aufgewachsen und zur Uni gegangen – und der einzige ausgebildete Doktor unter Südafrikas Komikern. Ein großer Vorteil, falls sich jemand im Publikum totlachen sollte – bei seinen Gags, oft unter der Gürtellinie, nicht unwahrscheinlich.

Loyiso Gola (FB: Loyiso Gola) ist schließlich der Schwarze im Bunde. Er ist vom Stamm der Xhosa und im Township Gugulethu bei Kapstadt geboren und aufgewachsen. Er tritt mittlerweile weltweit auf und oft im südafrikanischen Fernsehen. ■

C

CAPE TOWN FUNNY FESTIVAL

Kapstadts Comedy Festival findet jedes Jahr im Juni statt. Veranstaltungen gibt es in verschiedenen Locations, u. a. The Baxter Theatre Concert Hall und Amphitheatre V&A Waterfront (Tickets T 082 450 31 51, www.funnyfestival.co.za).

Kap-Kaffee-Kultur

Verwöhnaroma & Steampunk — David Donde gilt als der Mr. (Coffee-)Bean am Kap und spürt die besten Bohnen der Welt auf, die er dann selbst in seinem Collosus röstet.

David Donde sieht mit seinem rasputinhaft wilden Haarwuchs eher aus wie ein Nebendarsteller in der Serie »Game of Thrones« als der Besitzer eines der trendigsten Coffee-Shops der Welt.

Der Name ist Programm. Colossus heißt der gewaltige, schmiedeeiserne Trommelröster aus den 1940er-Jahren, der bei David Donde mitten im herrlichen Steampunk-Coffee-Shop steht. Hier sieht es mehr nach einer Neuverfilmung der »Zeitmaschine« (Time Machine von HG Wells) aus als nach einem Café: von den Klamotten der hypercoolen, dennoch kundigen Bedienungen bis zum Dekor, das aus alten Vintage-Stücken besteht.

Steampunk vom Feinsten

David kauft seine Bohnen in der ganzen Welt. Aber das Geheimnis für eine exzellente Tasse liegt im Röstprozess, daher der kolossale Röster im Laden. Muss starker Kaffee bitter sein? Nein, natürlich nicht. Laut David kommen verschiedene Kaffeebohnen von verschiedenen Böden. Jeder Kaffee ist ein landwirtschaftliches Produkt, abhängig vom jeweiligen Boden. Das Ziel eines jeden Mikro-Rösters ist es, diese Nuancen herauszustellen und dabei das Geschmackspotenzial zu maximieren. Wenn ein Kaffee durch den Röstprozess geht, durchläuft er verschiedene Stadien. Geschmack und Textur entwickeln sich. Und brennen schließlich weg.

Wie weit soll man gehen? Untergerösteter Kaffee schmeckt zusammenziehend, übergerösteter bitter. Beim Rösten ›explodieren‹ Kaffeebohnen ähnlich wie Popcorn. Es gibt zwei solche Pops oder Cracks. Vor dem Rösten schmecken die grünen Kaffeebohnen wie ungekochte Pasta. Mit dem ersten Knall kommt der Kaffeegeschmack, da die Stärke in der Bohne karamellisiert.

Ein Kaffee mit beispielsweise herrlichem Blaubeer-Aroma und -Nachgeschmack verliert diese Eigenschaft, wenn um 1 Grad Celsius zu dunkel oder 2 Grad Celsius zu früh geröstet wurde. »Folge dem Geschmack«, ist die Devise des Kaffee-Gurus, »und lass den Kaffee reden.«

Und wie erkennt Mr. (Coffee-)Bean David Donde miesen Kaffee?

Es gibt immer ein paar Hinweise darauf, ob der Kaffee, den man gerade bestellen möchte, gut sein wird oder nicht. Hinweis 1: Gibt es nur Filterkaffee, dann bist du entweder in einem Kaffee-Mekka oder einer Koffein-Hölle. Der Unterschied liegt auf der Hand. Wenn die Filterkaffee-Maschine eine mit Glaskanne auf Heizplatte ist, vergiss es. Wenn jede Tasse auf Bestellung gebrüht wird, besteht etwas Hoffnung. Kaffee darf niemals aufgewärmt werden. Frisch brühen und sofort trinken.

Niemals vormahlen

Wenn es eine Espresso-Maschine gibt, checken, wie der Barista (den es hoffentlich gibt) die Mahlmaschine benutzt. Wird pro Tasse gemahlen? Oder steht da irgendwo ein Eimer mit vorgemahlenem Kaffee? Oder noch schlimmer: eine Packung mit vorgemahlenen Bohnen? David ist das Entsetzen bei dieser Vorstellung ins Gesicht geschrieben. Dann der Mahlgrad. Zu fein und der Kaffee extrahiert zu langsam, was einen bitteren Geschmack zur Folge hat. Zu kurz und er wird sauer. Kaffee schmeckt bereits ein paar Minuten nach dem Mahlen fahl.

Sind die Espresso-Portionierer in der Maschine? Liegen diese auf der Theke, kühlen sie ab und geben dem kleinen Schwarzen einen sauren Geschmack. Wie wird das Kaffeepulver gepresst? Wenn das nicht gleichmäßig passiert, unter- oder überextrahiert der Kaffee zur selben Zeit. Ergebnis: Bitter und sauer in der gleichen Tasse.

Erinnert stark an das Labor eines verrückten Professors, tatsächlich handelt es sich hier um einen der trendigsten Coffee-Shops der Welt.

Ein Profi bei der Arbeit – die Baristas vom Espresso Lab wissen genau, was sie tun.

Perfekte Crema

Dampft die geschäumte Milch so richtig ordentlich? Dann ist sie überhitzt und verliert komplett ihre Süße. Wenn der Barista beim Erhitzen das Milchgefäß auf- und abwärts schüttelt, hat er offensichtlich keine Ahnung von dem, was er tut, und wird nie den wünschenswerten feinen Milchschaum mit Mikro-Textur hinbekommen. Gut hinhorchen. Perfekt geschäumte Milch klingt nicht wie eine Dampfmaschine oder ein startender Jet. Sie klingt wie eine Zeitungseite, die langsam zerissen wird.

Latte-Kunst (diese charmanten Muster oben im Schaum) können ein Indiz für eine gute Tasse sein, aber kein Garant. Den Espresso ansehen, bevor die Milch draufkommt. Hat er eine feine, bräunliche Cremaschicht? Dann ist er perfekt extrahiert. Ist die Crema weißlich, wurde er zu lange extrahiert und wird definitiv bitter sein. Ein perfekt extrahierter Doppel-Espresso benötigt 25 Sekunden. Ein guter Kaffee hat subtile, interessante Nuancen und einen anhaltenden, delikaten Nachgeschmack. ■

KAPSTADTS BESTE KOFFEIN-TANKSTELLEN

Den ›echten‹ Italiener **Giovanni's Deliworld** (www.giovannisdeliworld.co.za) gibt es mit Abstand am längsten. Italophile Selbstversorger finden hier frische Zutaten für ihre Gerichte.
Truth Coffee Roasting (www.truth.capetown) von David Donde röstet erlesene Bohnen in kleinen Mengen, um die Qualität gleichmäßig hoch zu halten. Die unangefochtene Nummer 1 im Land. Truth beliefert viele Hotels und Gästehäuser in Südafrika, ›einschließlich‹ Baristas zur Ausbildung von Koffein-Novizen. Tribe Coffee gehört seit Juni 2023 auch zu Truth.
Origin Coffee Roasting (www.originroasting.co.za) röstet, wie der Name schon andeutet, die frischen Bohnen direkt im Laden (über 20 Sorten!).
In Woodstocks Old Biscuit Mill findet sich **Espresso Lab Microroasters** (www.espressolabmicroroasters.com), wo Baristas interessante Bohnenmischungen brühen und dann kunstvoll mit geschäumter Milch veredeln.
Vida e Caffe (www.vidaecaffe.com) hat den Vorteil, dass es etliche der rot-weißen Filialen in Kapstadt und Umgebung gibt.

Keine Aschenbottles mehr

Kap der guten Tropfen — Südafrikas (landschaftlich wie klimatisch!) überaus abwechslungsreiche Weinanbaugebiete stehen heute für ein qualitativ hochwertiges Weinangebot. Zu Beginn sah das jedoch noch ganz anders aus …

Wie kam der Wein ans Kap?

Die Geschichte des südafrikanischen Weinbaus begann damit, dass die Niederländisch-Ostindische Kompanie (VOC) den jungen Kaufmann Jan van Riebeeck 1652 ans Kap strafversetzte, um dort eine Versorgungsstation für ihre Schiffe auf halbem Weg nach Indien einzurichten. Das Kap galt im 17. Jh. als unwirtlicher Ort, aber Riebeeck zog es einem Gefängnisaufenthalt in Holland vor.

Kaum angekommen, erkannte er, dass das mediterrane Klima, mit feuchten, frostfreien Wintern und langen, heißen sowie gleichmäßig temperierten Sommern, ideal für den Weinbau sein müsste. Sein Problem war, an die Reben heranzukommen, denn es galt den 17-köpfigen Rat der alten Herren in Amsterdam davon zu überzeugen, ihm diese per Schiff zukommen zu lassen. Die profitgierigen Geizhälse der VOC waren immer skeptisch, wenn einer ihrer Überseeangestellten Sonderwünsche anmeldete, und verdächtigten ihn sofort, Privatgeschäfte tätigen zu wollen. Erst eine tragische Tatsache half van Riebeeck schließlich weiter. Während die Flotten der weinproduzierenden Länder Frankreich, Spanien und Portugal fast ohne Todesfälle um die Welt segelten – ihre Seeleute bekamen täglich Rationen jungen Rotweins –, starben die Holländer reihenweise an Skorbut. Der Rotwein hatte außerdem den Vorteil, dass dieser an Bord länger genießbar blieb als Wasser.

Die Anfänge

Anderthalb Jahre nach seiner Anfrage erhielt van Riebeeck die ersten Reben. Die Zweige waren in Erde gebettet und in Leinensäckchen genäht; die Seeleute sollten sie während der Überfahrt ständig feucht halten. Das ständige Gießen übertrieben sie wohl etwas. Als die Reben in Kapstadt ankamen, waren sie alle verrottet. Weitere Monate vergingen, bis die ersten gesunden Weinpflanzen eintrafen.

Es wird heute angenommen, dass diese ersten Setzlinge aus Frankreich stammten. 1656 landeten zwei holländische Schiffe am Kap – die Dordrecht und die Pavel –, die französische Reben mit an Bord hatten. Es ist sehr wahrscheinlich, dass damals die Rebsorte Chenin Blanc eingeführt wurde. Egal aber welche Sorte – Hauptsache, die Pflanzen waren gesund. Van Riebeecks Obergärtner Hendrik Boom und sein Helfer Jacob Cloete van Kempen pflanzten die Weinreben neben das Gemüse im Company's Garden (dem heutigen Botanischen Garte<en Kapstadts: The Gardens) – mediterrane Fremdlinge unter holländischen Gurken und Tomaten.

Der Wind blies, die jungen Reben hielten stand und überlebten sogar ihre Gärtner, die wie van Riebeeck selbst keine Ahnung vom Weinbau hatten. Noch bevor die ersten Trauben gekeltert wurden, stieg dem Gouverneur der Wein zu Kopf. Immer wieder forderte er von seinen Vorgesetzten in Amsterdam neue Reben an. Rund um seine Kolonie suchte er nach neuen und besseren Lagen, um seinen Wein anzupflanzen. Am heutigen Liesbeek River, den die holländischen Siedler nach dem Fluss, der durch Amsterdam fließt, Amstel nannten, entstand die erste große Weinfarm Wijnbergen, die später in Bosheuvel umgetauft wurde.

Die Gärtnerei im Company's Garden wurde beibehalten, um neue Rebensetzlinge zu ziehen. Im August 1658 schrieb van Riebeeck in sein Tagebuch: »Mit der Hilfe freier Bürger und Sklaven haben wir einen Großteil von Bosheuvel mit jungen Weinreben bepflanzt.« Innerhalb von vier Tagen wurden 1200 Pflanzen eingesetzt.

Die ersten Winzer

Die Verträge der Arbeiter der VOC liefen nach fünf Jahren aus, danach konnten sie sie verlängern, nach Holland zurückkehren oder als freie Bürger *(free burgher)* ein Stück Land am Kap erhalten und bewirtschaften. Die ersten neun freien Bürger wurden im Jahr 1657 entlassen, ihnen folgten immer mehr. Alle bekamen Weinpflanzen aus dem Garten und pflanzten sie rechts und links des Liesbeek River an.

Am 2. Februar 1659 findet sich ein weiterer bedeutender Eintrag in van Riebeecks Tagebuch: »Heute, der Herr sei gepriesen, wurde das erste Mal Wein aus Kap-Trauben gepresst.« Über die Qualität schweigt er sich aus. Zeitgenossen berichteten von einem Geschmack nach einer Mischung aus Essig und Putzmittel.

Duck-Force: Die Schnecken-Terminatoren sind bereit zum Einsatz im Weinberg.

1662 verließ Jan van Riebeeck das Kap und segelte neuen Aufgaben im heutigen Indonesien entgegen. Der Weinbau ging weiter. Um zu vermeiden, dass die Vögel sich über die reifen Trauben hermachten, wurde immer viel zu früh geerntet, was sich verheerend auf die Weinqualität auswirkte.

Ohne van Riebeecks feste Hand brach die Organisation der Kolonie immer mehr zusammen, die VOC verlor allmählich das Interesse an ihrer Kap-Besitzung. 17 Jahre nach van Riebeeck wendete sich mit Simon van der Stel als neuem Gouverneur das Blatt. Auf einer Inspektionsreise erforschte er ein langes, grünes Tal, das ihm als gutes Farmland und ideal für eine Siedlung erschien. Im November 1679 gründete er Stellenbosch, die erste *free-burgher*-Stadt im Landesinneren und heute ein bedeutendes Weinbauzentrum.

Von Riebeecks Essig zu exzellentem Bio-Wein

Besucht man heute das **Avondale Estate,** sind die mühsamen Anfänge des Weinbaus in der Region nur sehr schwer vorstellbar. Die auf dem Weingut angebotene **Eco Wine Safari** macht Besucher mit dem Ethos von Avondale vertraut. ›Terra Est Vita‹ (Boden ist Leben) ist das Motto des Besitzers und Vinikulturisten Johnathan Grieve, basierend auf dem Prinzip, dass ein gesunder Boden gesunde Pflanzen produziert.

Die interaktiven Safaris nehmen Gäste auf eine informative Tour durch das Weingut mit. Sie beginnt mit dem ultra-modernen Schwerkraft-Keller, der sich drei Stockwerke unter der Erde befindet. Darauf folgt der Traktor-Anhänger-Trip über das Anwesen. Dort bekommen Besucher ein besseres Verständnis der biodynamischen landwirtschaftlichen Methoden, die die Farm anwendet, um zertifizierte Bio-Weine zu keltern.

Biodynamischer Energie-Sender

Zur Begrüßung schenkt der erfahrene Guide gleich einmal ein Glas vom frischen, lebendigen Avondale-Sekt Armila Blanc de Blanc aus – ein perfekter Toureinstieg. Auf der 300 Hektar großen Farm wird das natürliche Wasseraufbereitungssystem erklärt, das aus drei miteinander verbundenen Dämmen besteht.

Noch faszinierender ist ein von Johnathan eingesetzter biodynamischer Energie-Sender *(field broadcaster energy device),* der natürliche, kosmische Energien empfängt, bündelt und an den Boden weitergibt, um gesundes Wachsen der Weinreben zu stimulieren. (Wissenschaftlich mag das keinen Sinn machen, aber hier scheint es zu funktionieren!)

Die landschaftlich reizvollen Stopps am Weg bieten die Chance, weitere fünf Weine der Avondale-Kollektion vor ihren jeweiligen Rebstöcken zu verkosten. *Camissa,* ein Blanc de Noir, *Cyclus,* ein erfrischender, weißer Cuvée, *Anima,* ein lebendiger Chenin Blanc, *La Luna,* ein klassischer, roter Verschnitt, und *Samsara,* ein Syrah.

Gäste erfahren mehr über Avondales Bemühungen, die natürliche Fynbos-Vegetation auf der Farm zu regenerieren. Wer Glück hat, sieht einige der in den Weinbergen lebenden Vogel- und Säugetierarten, typisch für toxinfreie Bio-Güter. Selbst Stachelschweine und Luchse wurden schon gesehen, von einem Leoparden nur die Spuren.

Auch die Angus-Rinder der Farm grasen hier und hinterlassen ihre Verdauungsendprodukte als Dünger. Eine gefiederte Armee weißer Enten entfernt Reben-Schädlinge wie Schnecken auf natürliche Art und Weise und erledigt so den Rest. Mutter Natur als Weinbauer.

Ob Jan van Riebeeck es 1659 für möglich gehalten hätte, dass der Weinbau am Kap später mal so ausgefeilt sein würde? ■

Blackout

Das kaum hörbare Klicken — wenn im eigenen Haus wieder einmal der Strom ausfällt, kennt inzwischen jeder Südafrikaner. Und wenn zeitgleich viele Ampeln, Zapfsäulen, Straßenlampen und Bankautomaten den Geist aufgeben. Loadshedding nennt sich das verharmlosend, auf Deutsch ›Lastabwurf‹.

Loadshedding soll das massiv unter Druck geratene Stromnetz am Kap ›entlasten‹. Im Klartext sind das Stromausfälle, nur eben kontrollierte und auch zeitlich gestaffelte. Abgeschaltet werden einzelne Abnehmer oder Stadtteile. Im Falle eines akuten Strommangels würde so etwas in Deutschland ähnlich praktiziert, um einem Zusammenbruch des gesamten Stromnetzes und die damit verbundenen, katastrophalen Folgen zu verhindern.

Kapstadt, hell erleuchtet – wie lange kann der staatliche Stromversorger Eskom das noch garantieren?

Strom häppchenweise

In Südafrika wird der Strom so seit Anfang 2023 jeden Tag für bis zu 11 Stunden gekappt – und betroffen sind natürlich vor allem die Privathaushalte. Damit man weiß, wann dies passiert und für wie lange, gibt es ein System aus derzeit acht Warnstufen, die aber gerade erweitert werden, weil sich die Ausfälle immer mehr verschärft haben. Je höher die Stufe, desto länger der Stromausfall. Während bei Stufe vier der Strom für etwa fünf Stunden in Etappen über den Tag hinweg gekappt wird, sind es bei Stufe sechs bereits fast doppelt so viele Stunden. Angeblich ist nun sogar eine Stufe 16 geplant, was 32 Stunden am Stück ohne Strom entsprechen würde. In Tabellen und einer speziellen App, die sich jeder kostenlos auf sein Handy hochladen kann, lässt sich ablesen, wann und wie lange ein Stadtteil vom staatlichen Strommonopolisten Eskom vom Netz genommen wird. Die von Privatleuten entwickelte Load-Shedding-App (EskomSePush) reagiert sofort auf Veränderungen der Lage und wird inzwischen von vielen Südafrikanern zur Planung ihres Alltags genutzt. Es ist so, als ob man jeden Morgen auf die Wetter-App schaut, um dem Klima entsprechend gekleidet zu sein.

Korruption und Kriminalität
Die Enttäuschung über die verschärfte Lage im Land ist riesengroß. Lange hatten die Südafrikaner nach den vielen Stromabschaltungen im Jahr 2022 die Hoffnung gehegt, dass sich die Stromversorgung 2023 wieder stabilisieren und die Lage in dem wirtschaftlich arg gebeutelten Land insgesamt ein wenig entspannen würde. Doch inzwischen wird Südafrika von täglichen und zunehmend längeren Stromausfällen geplagt – den schlimmsten seit 2008, als hier zum ersten Mal im ganzen Land die Lichter ausgingen. Seit Jahren verspricht der marode staatliche Strom-Monopolist Eskom eine Besserung der Lage. Stattdessen sind die Lastabwürfe mit jedem Jahr nur heftiger geworden.

Die Tatsache, dass es 2023 praktisch keinen einzigen Tag ohne Stromausfälle gab, ist nach Ansicht von Energieexperten ein Indiz dafür, wie fragil die Lage bei Eskom inzwischen ist – so fragil, dass allen Beschwichtigungen zum Trotz eine gestaffelte Abschaltung über 12 Stunden oder mehr am Tag nicht mehr ausgeschlossen werden kann. Hauptgrund dafür ist die über Jahrzehnte sträflich vernachlässigte Instandhaltung vieler der im Schnitt rund 40 Jahre alten Kraftwerke. Hinzu kommt eine Kostenexplosion bei den beiden großen, neuen Kohlekraftwerken Medupi und Kusile, die Südafrikas Stromversorgung – nach angeblich zu spät bemerkten Konstruktionsfehlern, aber auch korrupter Praktiken bei Ausschreibung und Bau – allenfalls ansatzweise stabilisieren können.

In einem gerade veröffentlichten Buch hat der im März 2023 vorzeitig aus dem Amt geschiedene Eskom-Chef Andre de Ruyter schonungslos offen skizziert, was neben dem hohen Alter noch hinter diesen Stromausfällen steckt: organisierte Banden, die jeden Bereich der Stromerzeugung unterwandert haben. Hochwertige Kohle werde demnach geklaut und ins Ausland exportiert. Im Gegenzug bekämen die südafrikanischen Eskom-Kraftwerke oft Steine oder stark minderwertige Kohle geliefert.

Fachkräfte dringend gesucht
Der Niedergang in den letzten 25 Jahren ist umso ernüchternder, weil Eskom einst einer der größten und profitabelsten Stromproduzenten der Welt war. Dann aber nutzte der seit dem Ende der Apartheid 1994 regierende Afrikanische Nationalkongress (ANC) den Konzern vor allem dazu, altgediente Mitglieder mit hochbezahlten Posten im Management zu versorgen. Im Gegenzug wurden viele (weiße) Techniker entlassen, weil im Zuge des von der Regierung verordneten Black Empowerment die Hautfarbe über die Qualifikation gestellt wurde. Mittlerweile sucht Eskom händeringend nach kompetentem Personal, das es aber kaum noch gibt. »Der Imageschaden, als Land keinen Strom zu haben, ist enorm und vergrault zunehmend Investoren«, warnt Terrence Corrigan vom Institute of Race Relations in Johannesburg. Denn eine verlässliche Stromversorgung ist Grundlage jeder modernen Wirtschaft. ■

von Wolfgang Drechsler

ZUM AUTOR

Wolfgang Drechsler lebt seit 30 Jahren in Kapstadt und arbeitet u. a. als Auslandskorrespondent für das »Handelsblatt«. Wolfgang liebt das Land am Kap, ist deshalb in seinen Wirtschafts- und politischen Reportagen sehr kritisch.

Kreative Stadt der Kunst

Art in Africa — dort, wo Afrika zu Ende ist, konzentriert sich die Kunst. In Kapstadt gibt es gleich zwei Highlights von Weltklasseformat: das Zeitz Museum of Contemporary Art Africa (MOCAA) und die Norval Foundation.

Der beeindruckende 10 000 m^2 große, nachhaltige Komplex der Norval Foundation, ein Traum aus Beton und Glas, wurde von den renommierten Kapstädter DHK Architects entworfen. Im Skulpturengarten, angelegt in rehabilitiertem Sumpfland, mit Brücken, Speckbäumen und Aloen steht die sechs Meter hohe Granitstatue von Angus Taylor, die einen Kopfstand probiert. Und die Vögel aus Bronze und Edelstahl von Wim Botha fliegen praktisch aus dem Riedgras auf.

Bisher unbekannte Künstler
Es gibt weitere Skulpturen von zeitgenössischen Bildhauern zu entdecken, von William Kentridge, Gerhard Marx und Brett Murray. Innen im ›Modern Pavilion for Art‹ wird die Kunst des 20. Jh. zelebriert: mit wechselnden Ausstellungen und Exponaten, von Sydney Kumalo (1935–88) und seinem Bildhauer-Kollegen Ezrom Legae (1938–99). Die Skulpturen und Bilder dieser afrikanischen Künstler erinnern an Picasso und Henry Moore. Fast niemand kennt sie, da über sie während der Apartheid-Ära nicht berichtet wurde. Unglaublich, wenn man heute nach ihrem Tod sieht, wie bahnbrechend und beeindruckend ihre Werke waren. Im Hintergrund durch die großen, deckenhohen Fenster steigert die natürliche Kulisse des Tafelberg-Massivs noch den Kunstgenuss.

Tonnenschweres Monstrum
Zu den Skulpturen des Italo-Südafrikaners Edoardo Villa, die zwischen 1958 und 1968 entstanden sind, gehört »Monumental Africa«, ein sieben Meter hoch aufragender, kubischer Kaktus, den er für den Union of South Africa Pavilion bei der Rand Easter Show 1960 gefertigt hatte. Das tonnenschwere Monstrum in das Museum zu bekommen war eine echte Herausforderung.

Serge Alain Nitegekas temporäre Installation füllt das gesamte Atrium von Norval aus: ein undurchdringlicher Wald aus schwarzen, durcheinander zusammengenagelten Holzplanken, in die

Ein Besucher im Zeitz Museum of Contemporary Art Africa (MOCAA) fotografiert das Kunstwerk »Hanging Piece« des südafrikanischem Künstlers Kendell Geers.

der Künstler mit einer Kettensäge Pfade geschnitten hat, was die schwierige Reise zwangsumgesiedelter Menschen symbolisieren soll. Ein weiteres konstruktivistisches Werk des in Burundi geborenen Einwanderers steht im Villa Room, mit deutlich erkennbaren Parallelen zu dessen Werken. Villa kam als italienischer Kriegsgefangener in den 1940er-Jahren nach Südafrika. Im gleichen Geist der Vernetzung verbindet eine Zeitachse geschickt die beiden Künstler-Karrieren mit denen von Kumalo und Legae und Südafrika im Allgemeinen sowie signifikanten, geschichtlichen Ereignissen, wie dem Sharpeville-Massaker (1960) und dem Soweto-Aufstand (1976). Museumsdirektorin Elana Brundyn möchte, dass die Institution mit ihren neun Galerien und der ruhigen, besinnlichen Atmosphäre das Zusammenspiel und den Einfluss unter den Künstlern hervorhebt.

Elana Brundyn war auch Teil des Teams, das im Silo District der Waterfront das architektonische Meisterwerk des **Zeitz Museum of Contemporary Art Africa (MOCAA)** realisiert und eröffnet hat. Es teilt sich den Gebäudekomplex der alten Getreidesilos mit dem **Silo-Hotel** (s. S. 47). Das MOCAA ist zweifellos neben der Norval Foundation eines der besten Kunstmuseen Südafrikas und eines der schönsten der Welt. Die beiden neuen, kulturellen Institutionen Kapstadts konkurrieren nicht miteinander, sie ergänzen sich perfekt. Und sie liegen beide innerhalb touristischer Hotspots, zum einen in der Waterfront und zum anderen an der Constantia-Weinroute. Also beide besuchen.

Beton-Kathedrale

Zurück in die Waterfront. 12 Jahre hat es gedauert, den fast 100 Jahre alte Industrie-Komplex, der zunächst abgerissen werden sollte, zu transformieren. Vom Atrium gehen neun Stockwerke nach oben, mit 80 individuellen Galerieräumen. Für die Gestaltung des Atriums wurde ein Getreidekorn, das man in einem der Silos gefunden hatte, digital gescannt und auf eine Höhe von zehn Stockwerken vergrößert. Nach diesem Modell wurden die riesigen, röhrenförmigen Betonspeicher angeschnitten und die Schnittflächen poliert. Das geschah mit gewaltigen Diamantschleifern, Millimeter für Millimeter. So entstand eine einzigartige, kolossale Industrie-Kathedrale. Die Hommage an die agrarische Vergangenheit des Gebäudes wird somit selbst zum Kunstwerk. Das MOCAA-Museum wurde vom Wallpaper-Magazin zum schönsten öffentlichen Gebäude der Welt gekürt, und für das TIME-Magazin gehört Zeitz MOCAA zu den 100 Top-Destinationen der Welt. Es zeigt die mit Abstand größte Sammlung zeitgenössischer afrikanischer Kunst weltweit. Als das Gebäude eingeweiht wurde, zog der mittlerweile verstorbene, humorvolle Anti-Apartheid-Kämpfer Erzbischof Emeritus und Friedensnobelpreisträger Desmond Tutu sein Handy heraus und tat so, als würde er von dem verstorbenen Nelson Mandela aus dem Himmel angerufen werden: »Ja«, sagte Tutu zu Mandela, »genau dafür haben wir gekämpft.«

I

INFO

Zeitz Museum of Contemporary Art Africa (MOCAA): V&A Waterfront, Silo District, South Arm Rd., T 087 350 47 77, www.zeitzmocaa.museum, Di–So 10–18 Uhr, Eintritt 230 Rand, unter 18 J. frei, am Geburtstag freier Eintritt
Norval Foundation: 1 Ou Kaapse Weg, Steenberg Rd., gegenüber der US-Botschaft, Tokai, T 087 654 59 00, www.norvalfoundation.org, Mo–Sa 9–17, So 10–16 Uhr, Eintritt 210/180 Rand
Skotnes Restaurant & Bar: 4 Steenberg Rd., T 087 654 59 02, www.norvalfoundation.org/skotnes-restaurant

Graffiti & Art in Woodstock

Kontemporäre Kunst der etwas anderen Art sehen Sie auf einer der maßgeschneiderten Touren durch den trendigen Stadtteil Woodstock mit Artroute (www.artroute.co.za). Kunstkenner führen kleine Gruppen zu von ihnen ausgewählten lokalen Künstlern und Galerien, zwischendrin gibt es ein leckeres Pop-up-Lunch.

Wer informativ und sicher in einer kleinen Gruppe eine hochinteressante Graffiti-Safari durch Woodstock erleben möchte, ist bei Juma Art Tours gut aufgehoben (66 Albert Rd., T 073 400 40 64, www.jumaarttours.co.za, ab 450 Rand/Pers.). ■

Die Skulpturen und Bilder der afrikanischen Künstler Sydney Kumalo (1935–88) und Ezrom Legae (1938–99) erinnern an Picasso und Henry Moore.

Überall in Kapstadt, im Trendviertel Woodstock als auch in den Townships, findet man Graffiti. Die Giraffen stammen vom Künstlerkollektiv The Story Room Creatives.

Zwei Kunstgalerien auf Weltklasse-Niveau und fantastische Street Art

Wal-Heimat

Das Comeback der sanften Riesen — zwischen Juni und Oktober kommen die Wale aus den planktonreichen, eiskalten Antarktisgewässern in die subtropische, 8000 km entfernte False Bay und ihre Nachbarbuchten.

In der Walker Bay, unterhalb der Klippen in der Nähe des alten Hafens und vor dem 40 km weit entfernt liegenden Städtchen Die Kelders, befinden sich die Lieblingsplätze der Südlichen Glattwale (Southern Right Whales). Bis zu 70 von ihnen tummeln sich dort oft gleichzeitig, was Einheimische dann scherzhaft-despektierlich als ›Walsuppe‹ bezeichnen.

S

SEHEN UND GESEHENWERDEN

Die Whale Watching Hotline ist unter T 028 312 26 29 zu erreichen. Infos zum jährlichen Walfestival: www.capetownmagazine.com/whale-watching-hermanus, www.sa-venues.com/attractionswc/cape-whale-coast.htm.
Es gibt außerdem eine Liste mit allen lizenzierten Walbeobachtungsbooten entlang der Küste, die Fahrten anbieten, einzusehen beim Tourismusbüro in Hermanus (Checkers Building, Mitchel Street, T 028 312 38 46, z. B. www.hermanus-whale-cruises.co.za).

Von Wal zu Wal
Die Wale legen bestimmte Verhaltensmuster an den Tag. Schon von Weitem erkennt man die Wasserfontänen, wenn die Tiere ›ausatmen‹ *(blowing)*. Walforscher sprechen von *breaching*, wenn ein Wal rückwärts aus dem Wasser schießt und mit viel Getöse wieder auf der Wasseroberfläche landet. Dieser Vorgang, der meistens vier- bis fünfmal hintereinander zu beobachten ist, kann eine Art von Spiel oder Kommunikation sein, manchmal auch Zeichen von Agressivität. Das Schlagen der Schwanzflosse auf die Wasseroberfläche – *lobtailing* – ist viele Kilometer weit zu hören und informiert andere Wale. Um ihre Umgebung besser in Augenschein nehmen zu können, stehen die Wale manchmal senkrecht, bis zu den Flossen aus dem Wasser ragend, im Meer *(spyhopping)*.

Bei der Begattung geht es recht liberal zu. Gleich mehrere Männchen versuchen, in einer sogenannten *mating session* ein einziges Weibchen zu begatten.

Walfang gestern, Walschutz heute
Zwischen 1908 und 1925 wurden etwa 25 000 Buckelwale (seit 1963 geschützt)

Um seine Fähigkeiten zu verfeinern, nimmt der Walschreier von Hermanus jährlich an der in London stattfindenden Stadtschreier-Konferenz teil.

in den Gewässern um das südliche Afrika getötet. Auch die mittlerweile wieder häufig zu sehenden Glattwale (seit 1935 geschützt) standen einst kurz vor ihrer Ausrottung. Professionelle Walfänger jagten sie seit dem Ende des 18. Jh. gnadenlos, vor allem wegen des Trans, der als Brennstoff und als Grundlage für Arzneimittel Verwendung fand, und wegen der Barten, aus denen insbesondere Korsettstangen hergestellt wurden. Der englische Name *right whale* stammt von seinen ehemaligen Jägern: Er war der ›richtige‹ Wal zum Töten, da er langsam schwamm und dadurch leicht zu harpunieren war und zudem nach seinem Tod nicht unterging wie andere Wale, sondern an der Wasseroberfläche trieb.

Schätzungen ergaben, dass, als der Walfang verboten wurde, nur noch 10 bis 30 geschlechtsreife Weibchen am Leben geblieben waren. Heute sind es wieder ungefähr 450, bei einer Gesamtpopulation an dieser Küste von etwa 1700 Tieren.

Ein 12 km langer Klippenpfad folgt dem Verlauf der Walküste und bietet viele gute Möglichkeiten, die majestätischen Ozeanriesen, die bis auf 10 m Entfernung ans Ufer herankommen, zu beobachten.

Kommunal-Wal

Der einzige fest angestellte Walschreier der Welt, Bulelani Ngidi, patrouilliert stilecht mit Seetanghorn zwischen Juni und November durch die Straßen von Hermanus. Wann immer einer der Großsäuger gesichtet wird, bläst er in sein Horn und vermerkt die Location auf einer Schiefertafel. Bulelani ist in der Saison auch über Facebook zu verfolgen: Hermanus Whale Crier.

Walbeobachtung per Schiff

Wer keine Lust mehr hat, auf den Felsen sitzend Wale zu beobachten, kann einen der in Hermanus und Gansbaai angebotenen Bootstrips buchen. Lizenzierte Tourboote dürfen bis auf 50 m an die Wale heranfahren.

Bei **Hermanus Whale Cruises** (www.hermanus-whale-cruises.co.za) werden die Ausflügler mit einem authentischen Fischerboot zur Walbeobachtung in die Walker Bay geschippert, während **Southern Right Charters** (www.southernrightcharters.co.za) nicht nur mit Walbeobachtungen, sondern auch mit einem modernen Speedboot aufwarten können.

Walsichtungsgarantie gibt es dagegen bei Rudy Hughes von Ivanhoe Sea Safaris (www.whalewatchingsa.co.za), zumindest in den Monaten August und September. ■

Tatort Kap

Verbrechen macht sich bezahlt — Ist es wirklich wahr, dass sich Verbrechen nicht auszahlt? Fragen wir doch einfach mal vier von Südafrikas populärsten Thriller-Autoren.

In der Nacht, als sie gehijacked wurden, dinierten Roxy Palmer und ihr Mann mit einem afrikanischen Kannibalen und dessen ukrainischer Hure.« Nie werde ich diesen ersten Satz im ersten Roman, den ich von Roger Smith gelesen habe, vergessen. Es war sein zweites Buch »Wake up dead« (auf Deutsch: »Blutiges Erwachen«). Und als Leser wusste man sofort, woran man war: ein knallharter, schonungsloser Krimi-Thriller, der mal nicht in Europa oder den USA spielt, sondern in der Mother City. Jenseits vom Tafelberg liegt ein anderes Kapstadt. Eines, das geplagt wird von Bandenkriegen. Ein krasser Kontrast zur Bilderbuch-Idylle am Meer. Und, laut Roger und seinen Kollegen Michele, Deon und Andrew, die perfekte Location für mörderische Tatorte.

Roger Smith

Was motiviert die vier Autoren, Thriller zu schreiben? Als Roger ein Kind war, hatte sein Vater immer einen Stoß Krimiromane neben seinem Stuhl gestapelt und er war etwa 12 Jahre alt, als er sich »The Hunter« schnappte, einen Parker-Roman von Richard Stark. Roger war hin und weg. Und völlig unvorbereitet auf diese amoralische Weltanschauung und den knallharten Schreibstil. Noch heute besitzt er das mittlerweile recht zerfledderte Taschenbuch. Roger schreibt, was er gerne liest.

Thriller und Bikes

Deon denkt nie nur im Genre selbst. Er liebt es, Geschichten zu erzählen. Etwa die Hälfte seiner Storys sind Krimis. »Heart of the Hunter« (Das Herz des Jägers) war ein Spionage-Thriller, »Blood Safari« (Weißer Schatten) ein politischer Roman und »Trackers« (Rote Spur) ein Spannungsroman. Und dann war da noch »Dirt Busters«, ein Handbuch für Endurofahrer. Offroad Motorrad fahren ist Deons zweite große Leidenschaft nach dem Schreiben.

Micheles Hauptinteresse gilt Südafrika, seinen Kulturen und seinem sich rapide verändernden sozialen Gefüge und den politischen Landschaften. Sie ist überzeugt, dass Krimis mehr als andere Romane in der Lage sind, praktisch jeden in der Gesellschaft anzusprechen.

Andrew Brown

Was auch fast der Ansicht von Andrew entspricht, der denkt, dass ihn Krimiromane die Schatten jeder Gesellschaft erforschen lassen. Sie geben dem Schreiber die Freiheit, etwas zu Papier zu bringen, was eine Story hat, verschiedene Charaktertypen und ein Thema. Und etwas, was den Leser hoffentlich packt.

Wie schreibt man einen Krimi?

Roger beginnt immer mit einem Bild. Etwas Lebhaftes, das aus einem tiefen, dunklen Platz kommt, ihn an der Kehle packt und zwingt zu schreiben. Er schreibt keine Gliederungen, er weiß meist überhaupt nicht, wie sein Buch enden wird. Er lässt einfach die Protagonisten auf sich zukommen und geht mit ihnen.

Bei Deon entwickelt sich so eine Story langsam im Kopf. Meist wenn er gerade noch dabei ist, einen anderen Roman zu beenden. Dann recherchiert er sehr intensiv über alles, was zum Thema gehört, um sich schließlich hinzusetzen und die Geschichte in 12 bis 18 Monaten zu schreiben.

Micheles Job ist das Schreiben und für sie ist es mehr oder weniger ein Job wie jeder andere auch. Allerdings mit längeren Arbeitszeiten und weniger Vergütung. Sie verfasst unter anderem Drehbücher (und lehrt das Schreiben derselben) und sie folgt einer täglichen Routine. Sie hat immer eine Fülle von Ideen im Kopf, die sie beschäftigen, und sie versucht, Geschichten um sie herum zu kreieren. Wie Deon recherchiert sie erst intensiv und beginnt dann zu schreiben. Ihre Romane folgen einem Handlungsfaden und ihre Strukturierung ist oft nicht ganz einfach. Dagegen hat sie mit den handelnden Personen keine Probleme. Sie erscheinen fast automatisch und die Versuchung ist groß für Michele, mehr und mehr von ihnen ins Leben zu rufen. So sind es am Ende immer zu viele Personen, die sie dann rigoros eliminieren muss.

Andrew hat immer noch ein Problem, sich als Roman-Autor zu titulieren. Für ihn ist es eher ein angenehmes Hobby als ein Job oder eine Karriere. Er schreibt, wenn er Zeit hat, und nimmt sich nicht extra Zeit zum Schreiben.

Andrew ist selbst Bulle

Andrews Recherche-Vorteil ist die Tatsache, dass er seit 18 Jahren als Polizei-Reservist arbeitet. Aus dieser Erfahrung resultieren viele seiner Ideen und Storys. Er liest andere Krimi-Autoren, um zu sehen, wie sie schreiben, aber am Ende schreibt er das, was aus ihm kommt, nicht das, was er bei anderen gelesen oder in Filmen gesehen hat. Als Sergeant hat er einmal die Woche Dienst. Dann ist er vollwertiger Polizist und es gibt keinen Unterschied zwischen ihm und seinen permanenten Kollegen.

Rogers Frau Sumaya wuchs in den Cape Flats auf, versteht und spricht den Gangster-Slang Sapila – ein schnell gesprochenes Mischmasch aus Englisch, Afrikaans and Zulu – und um in diesem Gebiet zu überleben, musste sie häufig selbst eine Waffe benutzen, um Angreifer auszuschalten. Sie konnte ihren Mann so mit sehr viel Stoff für seine Bücher aus erster Hand versorgen.

Deon denkt und schreibt jeden Tag, Tag für Tag. Er liest viele Zeitungen, Magazine, Bücher und Internet-Nachrichtenseiten.

Gib deinen normalen Job nicht auf
Michele hat viel Zeit mit der Recherche von politischen Dokumentationen und Filmen verbracht, aber sie war auch viel in Archiven, um Historisches nachzulesen. Alle diese Erfahrungen gelangen in ihre Bücher. Wie Andrew auch folgt sie dem Rat ihres Agenten: Gib deinen normalen Job nicht auf! Beide sind überzeugt, dass Autoren, die Geld mit Krimis verdienen, die Ausnahme sind.

Roger und Deon gehören zur glücklichen Minderheit jener, die ihren Unterhalt mit Schreiben verdienen und mittlerweile ihren ›normalen‹ Job aufgegeben haben. Sie sind international bekannt. Beide haben in Deutschland bereits mehrfach Krimipreise gewonnen.

Und was ist das Beste und was das Schlimmste, wenn man Krimi-Autor ist? Das Unangenehmste für Deon ist die Tatsache, dass das Buch sein Leben 12 Monate lang dominiert. Und das Beste? Alles andere. Er sieht die Welt, trifft Menschen und macht etwas, was er wirklich liebt. Was Michele nicht mag, ist der konstante Druck, Bücher zu produzieren. Darunter kann die Schreibqualität leiden. Sie gibt zu, eine langsame Schreiberin zu sein, was Verleger so gar nicht mögen.

Andrew hat viel Spaß dabei, Geschichten zu finden, Menschen zu treffen und von Verbrechen zu hören. Alles, was in seine Bücher passen könnte. Das ist gleichzeitig auch das Schlimmste, sagt er: »Als Krimischreiber schaltest du nie ab.«

Serienmörder und Fynbos
Das Leben eines Krimi-Autors muss doch voller toller Erfahrungen und Anekdoten sein. Roger lacht. Er sagt, dass die meisten Menschen denken, dass Buchtouren glamourös seien. Und erinnert sich an eine

Michele Rowe & Deon Meyer – sie hat ihren normalen Job behalten, er lebt bereits gut vom Krimi-Schreiben

eiskalte Nacht, vor ein paar Jahren, als er in der öffentlichen Bücherei von Wien aus einem seiner Romane vorlas und nur zwei Leute im Publikum saßen. Ein Obdachloser, der steif und fest behauptete, ein Serienmörder zu sein. Und eine ältere Dame, die die Fynbos-Tafelberg-Vegetation am Kap im Detail und auf Deutsch diskutieren wollte.

Deons Highlight war, zu hören, dass seine Bücher einen mit seiner Tochter zerstrittenen Senator in Hamburg wieder mit ihr zusammengebracht hatten.

Andrews Kollegen im Buch

Andrew liebt ganz besonders die Reaktionen seiner Polizei-Kollegen auf die Bücher. Sein letzter Roman »Good Cop, Bad Cop« verursachte viel Aufregung. Aus verschiedenen Gründen: Das Senior-Management war wenig amüsiert und wortkarg, während sich die Streifenpolizisten um die Kopien rissen, in denen sie eine Rolle spielten. Andrew hatte zwar die Namen und Beschreibungen verändert, aber es dauerte nur ein paar Sekunden, bis sie sich wiedererkannten.

Schreib einfach!

Gibt es irgendeinen Rat von den Profis für aufstrebende Schreiber, die einen Krimi verfassen wollen? Lies, lies, lies, sagt Deon. Das Genre richtig gut kennen, bevor man anfängt zu schreiben. Michele gibt nicht gerne Ratschläge, da sie selbst nie welche annimmt und die meisten Menschen sie sowieso ignorieren. Alles, was sie sagt, ist: Wenn du ein Krimi-Autor sein willst, schreib einen Krimi. Ganz einfach.

Andrew macht denselben Punkt. Schreib, schreib's einfach nieder. Mach dir keine Gedanken über den ersten Satz, den ersten Absatz, das erste Kapitel. So viele Leute bleiben auf der ersten Seite hängen und kommen nicht weiter. Vergiss die Leserschaft, schreib, was du schreiben willst, und wenn alle Wörter auf dem Bildschirm sind, kannst du zurückgehen und an der Story feilen. Und Roger bringt es mal wieder auf den Punkt: »Verdammt noch mal, das ist Südafrika. Halte deine Augen und Ohren offen. Und den Kopf unten.« ■

HOCHSPANNUNG GARANTIERT

Deon Meyer: Dead Before Dying (Der traurige Polizist, 1999), Dead At Daybreak (Tod im Morgengrauen, 2000), Heart of the Hunter (Das Herz des Jägers, 2003), Devil's Peak (Der Atem des Jägers, 2007), Blood Safari (Weißer Schatten, 2009), Thirteen Hours (13 Stunden, 2010), Trackers (Rote Spur, 2011), 7 Days (Sieben Tage, 2012), Cobra (Kobra, 2014), Icarus (Icarus, 2016), Fever (Fever, 2017), The Woman in the Blue Cloak (Die Amerikanerin, 2017), The Last Hunt (Beute, 2018), The Dark Flood (Todsünde, 2021), Leo (ein Benny-Griessel-Roman, 2023); www.deonmeyer.com

Roger Smith: Mixed Blood (Kap der Finsternis, 2009), Wake up Dead (Blutiges Erwachen, 2010), Dust Devils (Staubige Hölle, 2011), Capture (Stiller Tod, 2012), Sacrifices (Leichtes Opfer, 2015), Man down (Mann am Boden, 2015), Nowhere (Nirgendwo, 2018), Ash (2019)

Michele Rowe: What hidden lies (2011), Hour of Darkness (Stunde der Dunkelheit, 2018); www.penguinrandomhouse.co.za/author/michele-rowe

Andrew Brown: Cold Sleep Lullaby (Schlaf ein. Mein Kind, 2009), Refuge (Würde, 2012), Solace (Trost, 2016), Devil's Harvest (Teuflische Saat, 2018).

Info: Die deutschen Titel, wenn vorhanden, stehen in Klammern hinter dem Original.

Alt vor Neu: Jan van Riebeecks Statue vor dem Bürogebäude der südafrikanischen Absa Bank

Reise durch Zeit & Raum

Von Buschmännern bis zu weißen Afrikanern — Vor mehr als 30 000 Jahren siedelten bereits die ersten Menschen am Kap. Europäer kamen ab 1652 – und blieben.

Die ersten Graffiti

Vor mehr als 30 000 Jahren

Die vor mehr als 30 000 Jahren am Kap lebenden San und Khoi hinterlassen faszinierende Felsmalereien und -gravuren als Beweis ihres Daseins. Sie sind die Ureinwohner des Südlichen Afrika. Bevor die Europäer kamen, zogen sie jahrhundertelang mit ihren Schafen und Kühen ungestört durch die Winterregen-Gebiete des heutigen Südafrika. Der gebräuchlichste Name für dieses Hirtenvolk ist heute Khoikhoi, für die Jäger und Sammler San. Scherben- und Knochenfunde legen nahe, dass die Khoikhoi vor knapp 2000 Jahren aus dem heutigen Botswana mit kleinen Schafherden nach Süden vordrangen. Bevor die ersten Europäer am Kap eintrafen, lebten dort also, in Unterclans gegliedert, die Vieh züchtenden Khoikhoi und die als sozial niedriger stehend betrachteten Jäger und Sammler der San.

Zum Anschauen:
Felsmalereien in den Cederbergen, S. 158

Die ersten europäischen Besucher am Kap

Ab 1487

Der portugiesische Kapitän Bartolomeu Dias navigiert 1487 sein Segelschiff erfolgreich um das Kap der Guten Hoffnung und nennt es aufgrund seiner Erfahrungen Kap der Stürme. Zehn Jahre später segelt sein Landsmann Vasco da Gama auf dem Weg nach Indien um das südliche Ende Afrikas. Im Jahre 1503 segelt ein weiterer Portugiese, der Seefahrer Antonio de Saldanha, in die Tafelbucht und besteigt als erster europäischer ›Tourist‹ den Tafelberg.

Es dauert dann noch 150 Jahre, bis die ersten Holländer in der Tafelbucht landen. Der holländische Kaufmann Jan van Riebeeck errichtet eine Versorgungsstation für die Schiffe seines Landes, legt Gemüse- und Obstgärten an und züchtet Vieh. Aus dem temporären Etappenziel auf halbem Weg zwischen Amsterdam und Batavia wird die erste feste europäische Siedlung in Südafrika.

Zum Anschauen:
Company's Garden in Kapstadt, S. 19

Die Engländer kommen

1795–1910

Anderthalb Jahrhunderte nach den Holländern zieht es die Briten 1795 ans Kap. Sie besetzen die Umgebung von Kapstadt. Die Vormachtstellung der Holländer ist beendet. Und schon 1814 wird das Land um Kapstadt zur britischen Kronkolonie.

Die Briten schaffen 1834 die Sklaverei ab. Die Buren, Nachfahren der

Holländer und Deutschen, verweigern den Gehorsam, geben ihre Farmen auf und verlassen die Kapprovinz Richtung Nordosten. Da die Buren nur durch die Ausbeutung ihrer Sklaven riesige Farmen bewirtschaften können, wird ihnen mit dem Verbot der Sklaverei die wirtschaftliche Grundlage entzogen. Auch die zunehmende Anglisierung am Kap ist ihnen ein Dorn im Auge. Sie möchten irgendwo im Landesinnern wieder ›frei‹ und unter sich sein. Während des sogenannten Großen Trecks ziehen etwa 10 000 Voortrekker in Gebiete, die seit Jahrhunderten von schwarzen Ethnien besiedelt sind. Es kommt zu blutigen Auseinandersetzungen.

Auch zwischen Buren und Engländern kommt es 1880 zum Ersten Englisch-Burischen Krieg *(First Anglo-Boer War).*

England will weiterhin die rohstoffreichen neuen Buren-Republiken annektieren, was zwischen 1899 und 1902 zum Zweiten Englisch-Burischen Krieg (Second Anglo-Boer War) führt, den die Briten durch die Taktik der ›verbrannten Erde‹ gewinnen.

Durch den Zusammenschluss von Oranje-Freistaat, Transvaal, Natal und Kap-Kolonie entsteht 1910 die Südafrikanische Union.

Zum Anschauen:
Matjiesfontein, S. 234

Die Jahrzehnte der Apartheid

1913–1977

Die Apartheid in Südafrika beginnt 1913 mit der Homeland-Politik: Schwarze werden in unfruchtbare ›Stammesgebiete‹ zwangsumgesiedelt.

1948 gewinnt die National Party unter Daniel François Malan die (rein weißen) Wahlen. Sie macht sich daran, die Apartheid weiter gesetzlich zu verankern.

Im Januar 1953 verhängt die Regierung der National Party aufgrund der Proteste den Ausnahmezustand im Land, um jede Opposition gegen ihre Politik im Keim zu ersticken. Doch der Widerstand wächst. Am 25. Juni 1956 verkündet der Congress of the People die Freedom Charta. Vertreter aller Rassen fordern ein demokratisches Südafrika. Als Folge werden 156 Personen wegen Hochverrats angeklagt. Die Coloureds verlieren am Kap ihr Wahlrecht.

In Panik geratene Polizisten eröffnen am 21. März 1960 in Sharpeville bei Johannesburg mit Maschinengewehren das Feuer auf Anti-Apartheid-Demonstranten und töten 69 von ihnen.

Am 5. August 1962 wird Nelson Mandela verhaftet und zusammen mit Walter Sisulu und anderen im Rivonia-Prozess erst zum Tode, dann zu lebenslanger Haft auf der Kapstadt vorgelagerten Gefängnisinsel Robben Island verurteilt.

Der Anfang vom Ende der Apartheid wird 1976 eingeleitet. Schüler demonstrieren in Soweto gegen Afrikaans als alleinige Unterrichtssprache. Die Polizei feuert in die Menge und tötet viele der Kinder. Massenproteste im ganzen Land zwingen die Regierung zu ersten Zugeständnissen.

Zum Anschauen:
District Six, S. 26

Vom Ausnahmezustand zum Ende der Apartheid

1984–1993

Politiker des ANC fordern ab 1984 die Jugend auf, Südafrika unregierbar zu machen. Über 2300 Menschen kommen bei den folgenden Auseinandersetzungen ums Leben, mehr als 50 000 werden verhaftet. Weltweite Sanktionen und die anhaltenden Proteste im Land zeigen Wirkung: Erstmals nehmen Regierungsmitglieder geheime Gespräche mit dem inhaftierten Nelson Mandela auf.

Im Februar 1989 wird Frederik Willem de Klerk Parteivorsitzender der National Party, schließlich im August dann Staatspräsident. Er verkündet umgehend das Scheitern der Apartheidpolitik, hebt das Verbot des ANC auf und entlässt am 11. Februar 1990 Mandela nach 27 Jahren aus der Haft. In seiner ersten Rede vor Hunderttausenden von Menschen ruft er zur Versöhnung auf. De Klerk verspricht die Abschaffung aller Apartheidgesetze binnen zwei Jahren und hebt den Ausnahmezustand auf. Südafrikas weltweite Isolation endet und das Land wird zum Boom-Reiseziel. Eine Mehrparteienkonferenz unter Führung von Mandelas ANC und de Klerks NP verabschiedet eine neue Verfassung mit gleichen Rechten für alle Rassen. Mandela und de Klerk erhalten am 10. Dezember 1993 gemeinsam den Friedensnobelpreis.

Zum Anschauen:
Robben Island, S. 292

Demokratischer Neubeginn bis heute

1994–2023

Ende April 1994 finden die ersten demokratischen Wahlen in Südafrika statt. *One man, one vote* ist endlich Realität. Von den 23 Mio. wahlberechtigten Südafrikanern sind 18 Mio. Schwarze. Vor den Wahllokalen bilden sich kilometerlange Warteschlangen. Wie erwartet führt Mandela den ANC, der 62,7 % der Stimmen erhält, zu einem grandiosen Wahlsieg. Mandela leistet am 10. Mai den Amtseid als erster schwarzer Staatspräsident Südafrikas. Bei den zweiten demokratischen Wahlen 1999 gewinnt wieder der ANC und Thabo Mbeki wird zum Staatspräsidenten gewählt. Wie zu erwarten, gewinnt der ANC auch die dritten demokratischen Wahlen des Landes im Jahr 2004 mit mehr als zwei Dritteln der abgegebenen Stimmen, Mbeki wird im Amt des Staatspräsidenten bestätigt.

Bei den vierten demokratischen Wahlen Südafrikas 2011 wird der umstrittene Jacob Zuma Präsident.

Nelson Mandela, einer der größten Staatsmänner der Neuzeit, stirbt nach langer Krankheit am 5. Dezember 2013 im Alter von 95 Jahren. Mit ihm stirbt auch die Idee einer friedlich zusammenlebenden Gesellschaft verschiedener ethnischer Gruppen.

Bei den fünften demokratischen Wahlen am 7. Mai 2014 verliert der ANC unter dem offen kriminellen Zuma deutlich an Stimmen, bleibt aber landesweit stärkste Partei. Die einzige nicht vom ANC regierte Provinz ist nach wie vor das Western Cape, wo die DA mit Helen Zille mit überwältigender Mehrheit gewinnt.

Zuma tritt 2018 endlich zurück. Cyril Ramaphosa wird fünfter Präsident. Seine größten Herausforderungen bislang waren die Coronapandemie sowie die seit Ende 2022 massiv verschärfte Stromkrise. 2023 gab es praktisch keinen Tag ohne Lastenabwürfe (s. S. 276) – bis zu 12 Stunden am Tag! Grund: Korruption, Sabotage und fehlende Wartung beim staatlichen ›Stromversorger‹ Eskom.

27. April 1994: Nelson Mandela bei der ersten demokratischen Wahl Südafrikas

Robben Island

Mandelas Universität — Berühmt oder besser berüchtigt ist Robben Island durch den wohl prominentesten Gefangenen der Welt geworden: Nelson Mandela. Seit Anfang 2000 zählt die Insel zum Welterbe der UNESCO.

Jahrhundertelang war Südafrikas Alcatraz eine Gefängnisinsel. Doch 1996 verließen die letzten 300 Gefangenen, 90 Wärter und 18 Killerhunde sowie Handwerker und deren Familien das Eiland, das mittlerweile zum National Monument erklärt worden ist. Einige der Insulaner hatten über 30 Jahre dort gelebt.

Ein Blick in die Gefängnisgeschichte

Schon im 16. Jh. wurde Robben Island von den Holländern als Gefängnis genutzt. Sträflinge mussten in den Schiefer- und Kalkbrüchen (engl. *quarry*) arbeiten oder Muscheln sammeln, aus denen der Verputz für den Bau des Castle und anderer Steingebäude gewonnen wurde. Bei der Restaurierung des Castle 1985 wurde wieder Robben-Island-Schiefer verwendet.

1658 verbannte Kap-Gouverneur Jan van Riebeeck seinen einheimischen Dolmetscher Autshumato während des Krieges zwischen den Holländern und den Khoi nach Robben Island. Ihm soll trotz der tückischen Strömungen in einem Ruderboot die Flucht aufs Festland gelungen sein. Makanna, der Anführer der Xhosa-Truppen, der im Vierten Grenzkrieg gegen die Engländer 10 000 Mann gegen Grahamstown führte, wurde 1819 auf Robben Island verbannt und ertrank bei einem Fluchtversuch.

1843 wurden die Sträflinge abgezogen, anschließend isolierte man hier bis 1931 Leprakranke *(Leper Colony)* und geistig Behinderte. Ein makabres Andenken aus dieser Zeit sind die Ketten im Keller des Insel-Clubhauses, die dazu dienten, die ›Wahnsinnigen‹ ruhigzustellen.

Kurz vor dem Zweiten Weltkrieg unterhielt die südafrikanische Armee eine Militärbasis auf der Insel, die in den 1950er-Jahren von der Marine übernommen wurde. 1961 ging es dann zurück zu den Anfängen: Robben Island wurde wieder zum Gefängnis, diesmal für politische Gefangene, die sich gegen das Apartheidregime gestellt hatten. Nach dem Ende der Apartheid übernahm 1997 das Department of Arts and Culture, Science and Technology die Verwaltung von Robben Island. Seither besteht die Möglichkeit zu diesem Inselbesuch, der tiefe Einblicke in die Geschichte des Landes gewährt.

›Wir sind frei‹

Das Robben-Island-Schiff legt an Kapstadts Waterfront ab, genauer gesagt am Nelson Mandela Gateway. Eine Ausstellung zeigt dort neben Fotos von Nelson Mandela auch Originalbriefe und -dokumente. Seit 2008 ersetzt die Sikhululekile (Xhosa für: Wir sind frei) die früheren Tragflächenboote. Die Seepassage kann bei Wind recht heftig werden. In der Vergangenheit liefen viele Schiffe, schon in Sichtweite der rettenden Tafelbucht, an der Inselküste auf Grund. Zwei der jüngeren Wracks sind heute noch bei der Inselrundfahrt zu sehen.

Die Sikhululekile legt im alten Hafen der Insel an, Murray's Bay Harbour, wo einst auch die Häftlinge an Land gingen. Wer Nelson Mandelas spannende Autobiografie »Der lange Weg zur Freiheit« gelesen hat, wird die Ankunft auf der Insel nicht ohne Gänsehaut erleben. 1806 wurde der hübsche, kleine Hafen zu einer Walfangstation umgebaut. 1820 stellte man den Walfang wieder ein, weil die unbewachten Schiffe eine zu große Versuchung für die Häftlinge darstellten.

Inselrundfahrt

Vom Landungspier im Hafen starten Minibusse zu etwa 45-minütigen Rundfahrten. Diese Bustouren werden manchmal noch von den wenigen überlebenden Ex-Häftlingen begleitet, die heute als Guides arbeiten. Einer von ihnen ist Lionel Davis, der im April 1964 zu sieben

Nur noch wenige der einstigen Gefangenen und Wärter leben noch, um den Besuchern auf Robben Island eine besonders authentische und eindrucksvolle Führung geben zu können.

Jahren Haft verurteilt wurde. Sabotageplanung, so lautete das Urteil. Heute lebt Lionel mit seiner Familie auf der Insel und ist Vorsitzender der Robben Island Village Association. Während der Tour spricht er offen über seine ehemaligen Wärter und die Zustände, die er 1964–71 im Robben Island Maximum Security Prison zu ertragen hatte. Guides wie er legen von Südafrikas jüngster Geschichte ein lebendiges Zeugnis ab.

Vor dem eigentlichen Gefängnisbesuch stoppt der Bus am *Limestone Quarry* (Kalksteinbruch), in dem Nelson Mandela und seine Mitgefangenen arbeiten mussten. Im Februar 1996 trafen sich hier die ehemaligen politischen Häftlinge; jeder von ihnen hob einen Stein auf und legte diesen vor dem Kalksteinbruch ab. So schufen sie ein immerwährendes Mahnmal der Geschichte.

Dann steuert man den Hochsicherheitstrakt, das *Maximum Security Prison,* an, in dem sich die wohl berühmteste Gefängniszelle der Welt befindet: die des Gefangenen mit der Nummer 46664, Nelson Mandelas winzige Zelle, in der er 18 seiner insgesamt 27 Jahre Haft verbrachte.

Von der Gefängnisinsel zum Naturdenkmal

Seit dem Verlassen der letzten Häftlinge im Jahr 1996 bildet die 7 km westlich von Bloubergstrand und 9 km nördlich von Kapstadts Hafen liegende, 574 ha (4,5 x 1,5 km) große Insel einen natürlichen Lebensraum für Vögel, Säugetiere und Pflanzen. Robben Island beherbergt also nicht nur die Mahnmale vergangener Schrecken, sondern bietet sich dem Besucher mit beeindruckender Fauna und Flora dar:

Neben den namengebenden Kap-Pelzrobben *(Seal Colony)* leben hier Pinguine *(Main Penguin Nesting Area)* und viele Seevögel, Antilopen und Klippschliefer, außerdem Hirsche, Elen-Antilopen, Spring-, Stein- und Buntböcke. Immer mehr Seehunde kehren zurück, und die Möwen-Brutkolonie ist die größte der gesamten südlichen Hemisphäre.

Im Jahr 1654 brachte übrigens Jan van Riebeeck, der erste Kap-Gouverneur, neben Sträflingen auch Kaninchen auf die Insel, um die Nahrungsversorgung der Kap-Kolonie zu ergänzen. Da es keine natürlichen Feinde für die fruchtbaren Nager gab, vermehrten sich diese stetig. Und als James Cook gut 100 Jahre später auf der Insel landete, war er von den Tierchen so entzückt, dass er ein paar von ihnen mitnahm. So gelangten die Robben-Island-Nager nach Australien, wo katastrophale Kaninchenplagen bis heute große Teile des australischen Farmlandes zerstören. ■

I

INFOS

Ticketreservierung unter T 021 413 42-00, -01, empfehlenswert: Online-Buchung vor Reiseantritt unter www.robben-island.org.za (bei schlechtem Wetter Ticket umtauschen); 600 Rand, unter 18 Jahren 310 Rand. Achtung: Um Tickets für Robben Island zu buchen, muss der Reisepass vorgelegt werden und bei Kindern die Geburtsurkunde. Am Tag der Tour genügen dann Kopien der Dokumente. Die südafrikanische Schifffahrts-Sicherheitsbehörde (SAMSA – South African Maritim Safety Authority) verlangt das.
Die Fähren legen tgl. (wetterabhängig) um 9, 11, 13, 15 (Winter 14) Uhr in der V&A Waterfront vor dem Clock Tower am Nelson Mandela Gateway ab. Ratsam ist es, 30 Min. vor Tourstart vor Ort zu sein, 10 Min. vor Start letztes An-Bord-Gehen. Die Tour dauert ca. 4 Std.

Schwarzer Sommelier

Wein ist mein Leben — Als Tinashe Nyamudoka 2008 nach Kapstadt auswanderte, hatte er keine Ahnung von Wein. Heute ist er einer der respektiertesten Wein-Sommeliers Südafrikas.

Bevor Tinashe nach Kapstadt kam, arbeitete er als Buchhalter in einem Supermarkt in Simbabwe. Der einzige Job, der in Kapstadt angeboten wurde, war Bäcker in einem Supermarkt. Also gut. Zum Glück arbeitete dort auch ein Kongolese, der wusste, wie man backt. Ein Deal zwischen den beiden war schnell vereinbart: »Ich brachte ihm Englisch bei, er mir das Backen.«

Keine Ahnung von Wein

Dann suchte das edle Restaurant **The Roundhouse** in Camps Bay Personal. Tinashe bewarb sich mit seiner ruhigen und ehrlichen Art. Er gab zu, keinerlei Ahnung vom Restaurant-Business (und von Wein) zu haben – und wurde angestellt. Das war der Beginn seiner Karriere.

Tinashes Erfolg basiert auf Ambition, einem starken Arbeitsethos, dem Mut Risiken einzugehen, wo es notwendig ist, und der Passion für Wein. »Wein ist meine Leidenschaft. Wein ist mein Leben. Ohne Wein wäre ich nicht da, wo ich heute bin. Es ist ein faszinierendes Getränk, da es dich mit anderen Menschen verbindet. Als Sommelier versuche ich nicht den Wein zu verkaufen, sondern die Erfahrung, die Geschichte und die Liebe.«

Seine einstige Position als Chef-Sommelier von Test Kitchen, vor dessen Schließung 2021 eines der besten Restaurants der Welt, bezeichnet er als surreal. »Als ich das erste Mal in die Küche reinmarschierte und das Team traf, war ich überrascht, wie normal dort alles ablief. Klar, das Arbeitstempo war rasant und die Konzentration intensiv, aber es war ein richtig guter Vibe in der Küche. Da war zum Beispiel dieses Gefühl von Vorfreude auf Knochenmark, das perfekt acht Stunden lang geräuchert wurde. Diese Art von Leidenschaft und Hingabe färbt unvermeidlich auf dich ab. Es war aufregend und manchmal beängstigend, aber meistens war es herausfordernd und machte Spaß. Es war fantastisch.«

Bester Wein-Steward

Doch zurück auf Start. Nach The Roundhouse arbeitete der heute 43-Jährige bei **Nobu** und **Reuben's** im One-&-Only-Hotel in der Waterfront. Und er lernte schnell. Im One & Only gewann er 2013 die Auszeichnung ›Bester Wein-Steward‹ in der Cape Legends Inter-Hotel Challenge. Daraufhin folgten 14 Monate im **Oyster Box Hotel** in Umhlanga Rocks. Bis ihn Rockstar-Koch Luke Dale-Roberts abwarb, um das dynamische Team im Test Kitchen weiter zu perfektionieren. Eindeutiges Indiz dafür, was für ein Ansehen sich Tinashe in der Food-&-Wine-Industrie Südafrikas in der Zwischenzeit erarbeitet hatte.

Er bezeichnet sich selbst als lockeren Sommelier und besteht darauf, dass es exzellente Weine in jeder Preisklasse gibt. »Die besten von uns wollen nicht die teuerste Flasche Wein verkaufen«, sagt er, »die Herausforderung und das Vergnügen besteht darin, eine Flasche zu empfehlen, die der Kunde dann mag.« Tinashe denkt auch, dass sich Leute von der Protzigkeit des Weins lösen sollten. Wenn sie es wagen, der Mehrheit nicht mehr zu folgen, werden sie anfangen, Weine mehr zu genießen. Wein sollte nicht einschüchternd wirken. Niemand soll sich unangenehm fühlen, wenn bei einer Weinprobe nicht die vorgegebenen Geschmacksexplosionen im Mund stattfinden. Es geht um die eigene, persönliche Erfahrung. Ehrlich probieren. Die eigene Erfahrung des Weines ist die ›wahre‹.

Die richtige Weinwahl

Tinashe ist einer von elf unabhängigen Experten-Juroren, die regelmäßig blind Wein testen, der dann Wein des Monats im Wine of the Month Club wird.

Sich mit Weinen gut auszukennen ist eine Sache, aber die richtigen Weine zu einem exzellenten Essen auszuwählen, ist die Kunst, die ein Sommelier beherrschen muss.

»Ich bin in Simbabwe aufgewachsen mit Sadza (einem weißen Maisbrei, dem Grundnahrungsmittel in Afrika), gekochtem Rindfleisch und grünblättrigem Gemüse. Zwischendurch gab es mal gegrillten Fisch und am Wochenende als Highlight Hühnchen mit Reis«, sagt Tinashe. »Trotzdem und selbst ohne professionelle Ausbildung entwickelte ich einen Appetit für gutes Essen und eine Lust auf edle Weine.«

Im Roundhouse in Camps Bay stieß Tinashe dann erstmals auf für ihn exotische Gourmetgerichte. Zunächst einmal bestand die Herausforderung darin, die Namen richtig auszusprechen. Lachend erinnert er sich daran, wie *foie gras, amuse-bouche, oyster* und *beurre noisette* zum ersten Mal über seine Lippen kamen.

Im One & Only in der Waterfront lernte er das Kobe-Rind kennen. Natürlich nicht persönlich, sondern in der Küche. Er erfuhr, wie es grasgefüttert und handmassiert wird, während es klassische Musik hört. Das Fleisch schmolz im Mund, erinnert er sich. Chefkoch Reuben Riffel servierte ihm, ebenfalls im One & Only, außerdem den besten Schweinebauch *(pork belly)* seines Lebens.

Der schwarze Löwe

Und dann der kulinarische Zenit im mittlerweile geschlossenen Restaurant **Test Kitchen.** Die Popularität seines Arbeitsplatzes machte es einem gemeinen Journalisten damals recht schwierig, Tinashe live in seinem Element zu erleben. Nur die erlesene Gästeschar konnte hautnah verfolgen, wie Tinashes Nase in das dünnwandige, große Rotweinglas eintauchte, wie er schnüffelte, probierte, schnorchelte und sich durch die verschiedenen Geschmackserlebnisse eines **De Toren Black Lion** schmatzte, ein auf wenige Flaschen pro Jahr limitierter erstklassiger Wein, den er einst mitgelauncht hat. Die Abgabemenge ist auf vier Flaschen pro Familie beschränkt, der Preis liegt bei 3666 Rand pro Flasche. Als Wein-Juror weiß Tinashe, worauf es ankommt.

Tinashes eigener Wein

Kein Wunder, dass er 2017 seinen ersten eigenen Wein kreiert hat: **Kumusha,** was in seiner Muttersprache Shona ›Heimat‹ bedeutet. Der weiße Blend von Chenin Blanc & Sémillon ist »ein Wein, der meine Sprache spricht, eine afrikanische Sprache. Ein Wein, der mich zu meinem Zuhause und zu meinen Wurzeln und meiner Herkunft zurückführt.« Und während auf europäischen Weinetiketten meist Schlösser und Burgen zu sehen sind, entschied sich Tinashe für die Rundhütte seines Großvaters.

Selbstverständlich ist Tinashe auch Gründungsmitglied im Black Cellars Club (Facebook: BLACC), einer Organisation, die jungen Schwarzen in Südafrika den Einstieg in die Weinindustrie ermöglichen möchte. »Fang mit Kellnern an, ganz unten«, rät Tinashe jungen ambitionierten Schwarzen, »lern das Business von Grund auf.«

»Als Sommelier versuche ich nicht den Wein zu verkaufen, sondern die Erfahrung, die Geschichte und die Liebe.«

Als Tinashe noch Sommelier bei Test Kitchen war, gehörte der Gourmet-Tempel zu den 50 besten der Welt. Noch bevor das Restaurant coronabedingt 2021 schließen musste, kündigte er, um sich mehr auf die eigenen Weine zu konzentrieren. Inzwischen exportiert er seine Kreationen in die USA, in die alte Heimat nach Simbabwe, nach Kenia und in die Niederlande. Auch sonst hat er viel zu tun: Mal fungiert er als Weinjuror bei den Vini Grand International Wine Awards (www.capreo.com) in Deutschland, mal als Diskussionsteilnehmer im ›Wein-des-Monats-Club‹ (www.wineofthemonth.co.za), mal als Preisrichter bei den Michelangelo Wine & Spirit Awards (www.maiwsa.co.za), der Chenin Blanc Top Ten Challenge (www.chenin.co.za) oder den Platter Awards im Fünfsterne-Gremium (www.wineonaplatter.co.za).

FB: Tinashe Nyamudoka, www.kumushabrands.com, www.de-toren.com ■

Leckeres Kapstadt

Schlemmen Sie sich durch die unzähligen Street-Food-Märkte Kapstadts (z.B. in der Old Biscuit Mill).

Gourmet-Ziel Kap — am südlichen Ende Afrikas liegen die besten Restaurants des gesamten Kontinents. Farmfrische Zutaten, Freilandhaltung und mehrere kreative Köche sind dafür verantwortlich. Und die Preise sind überraschend günstig.

Kulturelle Vielfalt

Die Speisekarte der Kap-Küche spiegelt die kulturelle Vielfalt der Bewohner wider. Es begann mit Holländern und Deutschen, dann folgten Portugiesen, Engländer, Franzosen und Seefahrer aller möglichen Nationen, die ihre Rezepte mitbrachten. Orientalische Würze kam mit den Sklaven aus Indonesien (fr. Niederländisch-Indien), Madagaskar und Indien. Die französischen Hugenotten gaben dem Ganzen etwas Finesse, die Briten brachten *roast beef,* Puddings und den *high tea* mit Gurken-Sandwiches oder *scones.* Italienische Einwanderer steuerten nach dem Zweiten Weltkrieg ebenso Rezepte bei wie Immigranten aus Griechenland.

Mittlerweile finden sich in Kapstadt auch kantonesische, indische, chinesische, thailändische, französische und peruanische Restaurants. Da Capetonians sehr trendy sind, setzen sich Trends aus L. A., New York, Paris und London auch am Kap schnell durch. So gibt es einige Steak- und orientalische Lokale und die Delis, die immer sonnengetrocknete Tomaten und Pesto auf ihren Speisekarten haben. Cafés, Tapas- und Espressobars sowie Bistros finden sich vor allem in der Waterfront und entlang der Bree, Long und Kloof Street sowie rund um den Greenmarket Square und in der Fußgängerzone der St. George's Mall.

Essen gehen

In den meisten Restaurants am Kap empfiehlt sich eine Dinner-Reservierung. Meist wird man zu seinem Tisch geführt, d. h. schnurstracks auf einen freien Tisch zuzusteuern, kommt nicht gut an. Dasselbe gilt abends für Shorts oder Sandalen. *Smart casual* (lässig-elegant) ist der Dresscode.

Bei der Rechnung ist zu beachten, dass das Service-Entgelt fast immer nicht enthalten ist, also je nach Einsatz mindestens 10 % mehr gezahlt werden sollten.

Fleisch, Fisch und Desserts

Die beliebtesten traditionellen südafrikanischen Gerichte sind *sosaties* (Fleischspießchen von Hammel und Rind), *bobotie* (Auflauf aus Lammhackfleisch mit Curry) und verschiedene Versionen von *bredie* (Eintöpfe mit Fleisch und Gemüse). Eigenwillig schmeckt der Zungenbrecher *waterblommetjie-bredie,* das mit frischen Wasserblumen zubereitet wird. Currys mit Rind, Lamm, Huhn und Fisch schmecken im kapmuslimischen Viertel Bo-Kaap besonders gut, aber dort wird leider kein Alkohol serviert.

Die oft am Straßenrand verkauften frittierten *chili bites* (Chili-Bissen) gibt es in der stark gewürzten, auf Kartoffeln basierenden indischen Version und der auf Erbsenmehl basierenden kapmalaiischen Variante.

Die noch heute gebräuchlichste Art und Weise, Fleisch haltbar zu machen, hat lange Tradition. *Biltong* ist durch kräftiges Würzen und anschließende Trocknung konserviertes Fleisch, meist von Antilopen (Springbock, Kudu, Oryx), aber auch von Rindern und Straußen, seltener von Elefanten und Büffeln. Schon die ersten Siedler schufen sich so haltbaren Reiseproviant. Auf den Wochenendmärkten in und um Kapstadt wird *biltong* an Ständen verkauft – in mundgerechte Häppchen gehackt, an denen man oft ganz schön zu kauen hat.

Kapstadt ist bekannt für ausgezeichnetes Seafood – am besten direkt an der Waterfront serviert bekommen und genießen!

Berühmt ist die Kapprovinz für ihr ausgezeichnetes, immer frisches *seafood* in üppiger Auswahl. Vor allem Languste oder Felshummer (*crayfish* oder *rock lobster*) sind beliebte Delikatessen. Auf den meisten Speisekarten der *seafood*-Restaurants ist *line fish* aufgeführt. Das ist keine Fischsorte, sondern bedeutet, dass der Fang, meist Kabeljau *(cod), yellowtail* oder *cape salmon,* frisch aus dem Netz kommt. Etwas seltener gibt es den eiweißreichen, empfehlenswerten *butterfish.* Ebenfalls festes, weißes Fleisch – mit einem etwas kräftigeren Geschmack – bieten *white stumpnose* und *steenbras.* Zum Fisch gibt es in den meisten Fällen eine Zitronenbutter- *(lemon butter)* oder Knoblauchsoße *(garlic sauce),* Gemüse *(veggies)* und entweder eine Folienkartoffel *(baked potato),* Pommes frites *(chips)* oder kleine gekochte Kartoffeln *(baby potatoes).* Für die besten Austern *(oysters)* der Kapprovinz lohnt der Weg nach Wilderness und Knysna, die leckersten Muscheln *(mussles)* kommen von der Westküste.

Von den Nachspeisen seien *malva pudding* (süßer, kalorienreicher Kuchen aus Milch, Zucker, Sahne und Aprikosenmarmelade) und *melktart* (eine Art burischer Käsekuchen) empfohlen. Wem es nicht süß genug sein kann, der sollte sich an den in Sirup ›ertränkten‹, klebrigen *koeksisters* versuchen.

Barbecue? – Braai!

Lange Tradition hat das *Braai,* das vor allem bei den weißen Afrikanern burischer Abstammung ein wichtiges Ereignis ist. Braai heißt Grill, ist ›Männersache‹ und entspricht dem amerikanischen Barbecue. Als die Voortrekker mit ihren Ochsenwagen ins Landesinnere Südafrikas vordrangen, mussten sie jagen, um zu überleben. Das Wildfleisch grillten sie über dem offenen Feuer – *braaivleis* war ›erfunden‹. Heute gehören Rind-, Schweine- und Hammelfleisch sowie die gekringelte *boerewors* (mit Koriander und anderen Gewürzen angereicherte Bratwurst) und *pap* (trockener Maisbrei) zu einem Original-Braai dazu.

Was zum Trinken?

Das Kap-Getränk ist Wein, der qualitativ gleichberechtigt neben den Traditionsgewächsen der europäischen, kalifornischen und australischen Weinbaugebiete steht.

Für Biertrinker interessant: Viele lokale Brauereien bieten schmackhafte Alternativen zu den faden ›Chemie‹-Produkten Castle, Lion, Amstel und Carling Black Label. Aus Namibia kommen die nach dem deutschen Reinheitsgebot gebrauten Windhoek- und Tafel-Lager-Biere. An Minibrauereien empfehlen sich Mitchells in der Kapstädter Waterfront (www.mitchellsalehouse.co.za), Foresters aus Knysna, Darling Brew Slow Beer (www.darlingbrew.co.za) und Union Craft Beers (www.andunion.com). Nach Meinung des (in Bayern geborenen) Autors dieses Buches sind die in unmittelbarer Nähe zur Weinstadt Paarl auf dem Spice-Route-Weingut (www.spiceroute.co.za) gebrauten Biere der Cape Brewing Company CBC (www.capebrewing.co.za) die besten am Kap: vom kristallklaren oder naturtrüben Weizen über Pilsener bis zum Lager sowie dem saisonalen Maibock und dem Oktoberfestbier. Kein Wunder, Braumeister Wolfgang Ködel kommt ursprünglich aus Bayreuth und hat früher bei Paulaner für den gleichnamigen Biergarten in der Waterfront gebraut, bis dieser leider vor einigen Jahren schließen musste. Eine der besten Bieradressen in Kapstadts City ist Beerhouse on Long in der quirligen Long Street. ■

DIE TOP TEN 2023

Sie gelten als die Gourmet-Oscars Südafrikas und werden jedes Jahr mit Spannung erwartet: die **Eat Out Woolworths Restaurant Awards** (www.eatout.co.za) für die zehn besten Restaurants des Landes. 2023 schaffte es nur ein Restaurant außerhalb von Kapstadt und Umgebung unter die Top Ten.

1. La Colombe in Constantia mit Chefkoch James Gaag (www.lacolombe.restaurant), s. S. 103

2. Pier in der V&A Waterfront mit Chefkoch John Norris-Rogers, der 2023 zum Koch des Jahres in Südafrika gekürt wurde (www.pier.restaurant), s. S. 58

3. Salsify at the Roundhouse in Camps Bay mit Chefkoch Ryan Cole (www.salsify.co.za), s. S. 93

4. The Livingroom at the Summerhill Guest Estate in Pinetown (KwaZuku/Natal) mit Chefkoch Johannes Richter (www.summerhillkzn.com)

5. Wolfgat in Paternoster mit Chefkoch Kobus van der Merwe (www.wolfgat.co.za), s. S. 144

6. Arkeste in Franschhoek mit Chefkoch Richard Carstens (www.arkeste.com), s. S. 113

7. Belly of the Beast in Kapstadt-City mit den Chefköchen Anouchka Horn und Neil Swart (www.bellyofthebeast.co.za), s. S. 51

8. Chefs Warehouse Beau Constantia in Constantia mit Chefkoch Ivor Jones (www.chefswarehouse.co.za), s. S. 103

9. Ëlgr in Kapstadt-City mit Chefkoch Jesper Nilsson (www.elgr.co.za), s. S. 48

10. Foxcroft in Constantia mit Chefkoch Glen Williams (www.foxcroft.restaurant), s. S. 103

Das zählt

Zahlen sind schnell überlesen — aber sie können die Augen öffnen. Nehmen Sie sich Zeit für ein paar überraschende Einblicke. Und lesen Sie, was in Kapstadt und Umgebung zählt.

2

Pärchen machen sich durchschnittlich jeden Tag auf dem Tafelberg einen Heiratsantrag.

21

Grad Celsius beträgt die jährliche Durchschnittstemperatur in Kapstadt.

350

Jahre beträgt das ungefähre Alter des Birnbaums, der im Company's Garden gepflanzt wurde, als Jan van Riebeeck das Kap verwaltete. Er steht heute noch da – das älteste kultivierte Gewächs im Land.

114

Kurven können Sie auf der berühmten Küstenstraße Chapman's Peak Drive, zwischen Noordhoek und Hout Bay, unter die Räder nehmen.

200

Rand ist die größte südafrikanische Banknote wert (entspricht etwa 10 Euro). Größere Beträge in bar zu bezahlen artet da leicht in Schwerarbeit aus.

216

Meter hoch ist der höchste kommerzielle Bungee-Jump der Welt – von der Bloukrans-Brücke an der Garden Route, zwischen Knysna und Plettenberg Bay.

1.085

Meter hoch ragt das Wahrzeichen von Kapstadt, der mystische Tafelberg, der zu den sieben natürlichen Weltwundern gehört, über dem Atlantik auf.

5

Grad Celsius – die niedrigste Temperatur mitten im Winter in Kapstadt. Der Vorteil der mediterranen, frostfreien Subtropen.

35.000

Teilnehmer machen die alljährlich Anfang März stattfindende Cape Town Cycle Tour zum mit Abstand größten Radrennen der Welt.

25 Mio.

Besucher zählt die Victoria & Alfred Waterfront pro Jahr. Sie ist Südafrikas Besuchermagnet Nummer 1.

62

lautet die Nummer der Straße, die Sie auf Ihrem Weg durch die Karoo unter die Räder nehmen sollten – Route 62.

104

Tage auf See unterwegs waren die ersten drei holländischen Schiffe, die 1652 in der Tafelbucht landeten.

99

Biere in der Flasche gibt es im Beer House in der Long Street in Kapstadt – und etwa 20 vom Fass.

9

von zehn Top-Restaurants Südafrikas liegen in Kapstadt und Umgebung.

2.500

Brillenpinguine leben am Boulders Beach an der Kap-Halbinsel.

4.005.016

Menschen leben im Großraum Kapstadt. Die Mother City ist damit nach Johannesburg die zweitgrößte Metropole im Land.

50

Leoparden sollen noch wild in der Berglandschaft rund um Kapstadt leben. In Bettys Bay kommen sie manchmal an den Beach, um sich einen Pinguin zu holen. Seine Fähigkeit, sich ›unsichtbar‹ zu machen, hat die wunderschöne Katze so lange so nahe am Menschen überleben lassen.

500

Mio. Rand kostete der Bau des ikonischen Zeitz MOCAA im Silo-District der Victoria & Alfred Waterfront.

33

Monate dauerte der Bau des neuen Cape Town Stadium in Green Point, das zur Fußball-WM 2010 fertiggestellt wurde.

253

Jahre ist der älteste, noch Trauben tragende Weinstock in Kapstadt alt. Er findet sich im Innenhof des Heritage Square, mitten in der City und wurde 1771 gepflanzt.

3.000

Meeresbewohner haben im Two Oceans Aquarium in Kapstadt ein neues Zuhause gefunden – vom Hai bis zum Seepferdchen.

120

km/h erreicht der berüchtigte Southeaster in den Straßen Kapstadts schon mal im Sommer. Dann heißt es festhalten und auf umfallende Busse achten.